高等院校经济管理类系列教材

物流与供应链管理
(第3版)

孙国华　主　编

罗彦芳　刘伟华　祝翠玲　副主编

清华大学出版社
北京

内 容 简 介

本书根据物流与供应链管理工作的实际需要，共分两篇、十二章，全面、系统地介绍了物流管理概论、包装、装卸搬运、仓储与保管、运输、流通加工与配送、物流信息技术、供应链管理概述、供应链环境下的采购管理、供应链环境下的库存控制、农产品供应链管理、绿色供应链管理等内容，并结合具有代表性的案例对理论进行深入、生动的探讨，使读者更容易理论联系实际，提高解决实际问题的能力。本书在《物流与供应链管理》(第2版)的基础上，有机融入课程思政内容，引入国内物流优秀案例实践成果，吸取行业最新的理论研究成果及教学改革成果，注重国际视野。

本书可用作高等院校物流管理与工程、电子商务、管理科学与工程、工商管理等经济管理类专业的教材，也可用作从事相关专业管理、规划和研究工作的人员的参考书。

本书封面贴有清华大学出版社防伪标签，无标签者不得销售。
版权所有，侵权必究。举报：010-62782989，beiqinquan@tup.tsinghua.edu.cn。

图书在版编目(CIP)数据

物流与供应链管理/孙国华主编. —3版. —北京：清华大学出版社，2023.1(2024.8重印)
高等院校经济管理类系列教材
ISBN 978-7-302-62291-8

Ⅰ.①物… Ⅱ.①孙… Ⅲ.①物流管理—高等学校—教材 ②供应链管理—高等学校—教材 Ⅳ.①F252.1

中国版本图书馆 CIP 数据核字(2022)第 253149 号

责任编辑：桑任松
封面设计：李 坤
责任校对：吕丽娟
责任印制：曹婉颖

出版发行：清华大学出版社
网　　址：https://www.tup.com.cn, https://www.wqxuetang.com
地　　址：北京清华大学学研大厦 A 座　　邮　编：100084
社 总 机：010-83470000　　邮　购：010-62786544
投稿与读者服务：010-62776969, c-service@tup.tsinghua.edu.cn
质量反馈：010-62772015, zhiliang@tup.tsinghua.edu.cn
课件下载：https://www.tup.com.cn, 010-62791865

印 装 者：三河市人民印务有限公司
经　　销：全国新华书店
开　　本：185mm×260mm　　印　张：17.5　　字　数：417千字
版　　次：2014年1月第1版　 2023年1月第3版　　印　次：2024年8月第5次印刷
定　　价：54.00元

产品编号：097510-01

前　　言

在党的二十大报告要求推进中国式现代化的进程中，我们面临着建设高效顺畅的流通体系，降低物流成本及提升供应链韧性和安全水平等任务和挑战。只有对供应链不断进行优化整合，并不断力求降低物流成本，物流业才能为推进中国式现代化提供有力的支撑。

随着我国经济的复苏和飞速发展，国家对物流与供应链管理相关人才的需求在逐步增加。在物流与供应链管理教学方面，存在重理论轻实践等问题，人才培养与社会需求存在一定的差距，因此有必要加强和改进物流与供应链管理的教学工作。

本书在修订过程中，保留了第2版的基本结构，依然由物流管理、供应链管理两篇组成。第一篇从物流系统的重要功能出发，由物流管理概论、包装、装卸搬运、仓储与保管、运输、流通加工与配送、物流信息技术等内容组成。第二篇从供应链管理的角度入手，包括供应链管理概述、供应链环境下的采购管理、供应链环境下的库存控制、农产品供应链管理和绿色供应链管理等内容。本书的整体编排符合物流与供应链管理教学的特点，层层铺垫，逐步推进，科学合理。

本书具有如下鲜明特点：①紧跟时事热点。本书将二十大报告中涉及的区块链、绿色低碳、智能化技术、供应链安全、乡村振兴等相关内容通过知识讲解和案例分析等形式进行了详细介绍。②融入思政元素。本书新加入了许多国内物流企业的优秀实践成果，在学习知识的同时引导学生树立社会主义核心价值观。③内容新颖。本书包含国内外最新的理论研究成果及教学改革成果，并将物流与供应链管理的发展趋势和前沿信息以课外资料等形式进行了介绍。④注重案例式教学。本书融入了经典的、最新的实例及可操作性较强的案例，将理论教学与案例分析有机地结合在一起。⑤注重拓宽学生知识面。本书除了对基本知识点进行介绍外，还涵盖了丰富的课外资料和知识拓展，让学生在掌握必要知识的同时也能了解其他相关知识。⑥注重培养学生的国际视角。本书内容包括许多国外的先进经验与经典案例，同时对重要的专业术语给出了英文注释，为学生查阅国外专业资料奠定了基础。

本书修订编写工作由山东财经大学四位在物流与供应链管理理论研究和教学实践工作中积累了丰富经验的老师共同完成。各章编写分工为：孙国华负责第一、二、三、六、八、九、十、十一、十二章；刘伟华负责第四章；罗彦芳负责第五章；祝翠玲负责第七章。全书由孙国华负责框架的拟定、统稿和定稿。

本书在修订过程中参考了许多国内外同行的著作和论文，作者已尽可能地在参考文献中列出，在此对这些专家学者表示真挚的感谢！

限于作者的知识范围和学术水平,加之物流与供应链管理的理论和实践仍在不断发展,书中难免会有疏漏和不妥之处,敬请广大读者批评指正。

编　者

读者资源下载

教师资源服务

目 录

第一篇 物 流 管 理

第一章 物流管理概论 1

第一节 物流的定义 2
一、国外对物流的定义 2
二、我国对物流的定义 3

第二节 物流管理 3
一、物流管理的定义 3
二、物流管理的内容 3
三、物流管理的特点 3

第三节 物流的效用和作用 4
一、物流的效用 4
二、物流在国民经济中的地位和作用 5
三、物流对企业的作用 8

第四节 现代物流的特征 9
一、物流过程一体化 9
二、物流技术专业化 9
三、物流管理信息化 10
四、物流服务社会化 10
五、物流活动国际化 10

第五节 现代物流的分类 11
一、按照物流涉及的领域分类 11
二、按照所从事业务的属性分类 11
三、按照物流活动的覆盖范围分类 12
四、按照物流活动的执行主体分类 13
五、按照物流活动的特殊性分类 15

第六节 重要的物流观点和学说 17
一、商物分离学说 17
二、第三利润源泉学说 18
三、物流森林说 18
四、黑暗大陆学说 18
五、物流冰山学说 18
六、效益悖反学说 19
七、成本中心学说 19
八、服务中心学说 19
九、物流战略学说 19

习题 20

第二章 包装 21

第一节 包装的概念、功能和分类 22
一、包装的概念 22
二、包装的功能 22
三、包装的分类 22

第二节 包装容器和包装材料 23
一、包装容器 23
二、包装材料 25

第三节 包装标记和包装标志 27
一、包装标记 27
二、包装标志 27

第四节 现代包装技术和包装机械 28
一、现代包装技术 28
二、包装机械 32

第五节 集装单元化技术 33
一、集装箱 33
二、托盘 37
三、其他集装方式 41

第六节 包装合理化的要求及发展趋势 42
一、包装合理化的要求 42
二、包装合理化的发展趋势 43

习题 44

第三章 装卸搬运 45

第一节 装卸搬运的概念和特点 46
一、装卸搬运的概念 46
二、装卸搬运的特点 46

第二节 装卸搬运的分类 47

一、按照装卸搬运施行的设施、设备
　　　　分类 47
　　二、按照被装物的主要运动形式
　　　　分类 47
　　三、按照装卸搬运的作业方式分类 47
　　四、按照装卸搬运对象分类 48
　　五、按照装卸搬运的作业特点分类 49
　　六、按照装卸搬运的内容分类 49
　第三节　装卸搬运机械 49
　　一、起重搬运机械 50
　　二、装卸搬运车辆 54
　　三、输送机 57
　第四节　装卸搬运机械的选择 61
　第五节　装卸搬运活性理论与合理化 62
　　一、装卸搬运活性理论 62
　　二、装卸搬运合理化 65
　习题 67

第四章　仓储与保管 69

　第一节　仓储概述 69
　　一、仓储的概念与性质 69
　　二、仓储的分类 70
　第二节　仓储设施与设备 74
　　一、仓储设施 74
　　二、仓储设备 75
　第三节　仓储作业管理 77
　　一、入库作业 77
　　二、储存保管 79
　　三、出库作业 80
　第四节　货物的盘点作业 81
　　一、盘点的方法 81
　　二、盘点结果的处理 82
　第五节　货物的保管与养护 84
　　一、货物的保管 84
　　二、货物的质量变化 87
　　三、货物养护 92
　习题 96

第五章　运输 97

　第一节　运输概述 98

　　一、运输的定义 98
　　二、运输的地位 98
　第二节　运输方式及设备 99
　　一、公路运输 99
　　二、铁路运输 106
　　三、水路运输 110
　　四、航空运输 115
　　五、管道运输 117
　第三节　运输合理化 119
　　一、运输合理化的定义 119
　　二、影响运输合理化的因素 120
　　三、不合理运输的表现 120
　　四、运输合理化的措施 122
　习题 122

第六章　流通加工与配送 124

　第一节　流通加工 125
　　一、流通加工的定义 125
　　二、流通加工的作用 126
　　三、流通加工的分类 127
　　四、流通加工合理化 129
　第二节　配送 130
　　一、配送的定义 130
　　二、配送的作用 130
　　三、配送的分类 131
　　四、配送合理化 136
　习题 140

第七章　物流信息技术 142

　第一节　物流信息概述 143
　　一、物流信息的定义 143
　　二、物流信息的特点 143
　　三、物流信息的分类 143
　第二节　物流信息技术 144
　　一、条码技术 144
　　二、射频识别技术 150
　　三、全球定位系统 153
　　四、地理信息系统 154
　　五、电子数据交换技术 157
　第三节　物联网 158

  一、物联网的定义 158
  二、物联网的特点 159
  三、物联网的关键技术 159
 第四节 大数据 160
  一、大数据的定义 160
  二、大数据的特点 161

 第五节 区块链 161
  一、区块链的定义 161
  二、区块链的特点 162
  三、区块链的基础技术 162
 习题 164

第二篇 供应链管理

第八章 供应链管理概述 165

 第一节 供应链概述 166
  一、供应链的定义 166
  二、供应链的特征 167
  三、供应链的分类 168
 第二节 供应链管理 169
  一、供应链管理的定义 169
  二、供应链管理的关键业务过程 ... 172
  三、供应链管理的特征 173
  四、供应链管理与物流管理的区别
    和联系 175
 第三节 供应链管理的发展趋势 ... 178
  一、供应链全球化 178
  二、供应链敏捷化 180
  三、供应链绿色化 181
 习题 181

第九章 供应链环境下的采购管理 ... 183

 第一节 采购概述 184
  一、采购 184
  二、采购管理 187
  三、传统采购的局限性 188
  四、供应链环境下的采购 189
 第二节 供应链环境下的供应商管理 ... 190
  一、供应商的基本类型 191
  二、供应链环境下供应商的选择 ... 192
  三、供应链环境下供应商的评价 ... 195
  四、供应商的激励机制 198
 第三节 供应链环境下的采购方式 ... 201
  一、准时采购 201
  二、全球采购 205
  三、联合采购 207
  四、电子采购 208
 习题 212

第十章 供应链环境下的库存控制 ... 213

 第一节 库存与库存控制 214
  一、库存的定义 214
  二、库存的分类 214
  三、库存的作用和弊端 215
 第二节 传统的库存控制方法 217
  一、概述 217
  二、库存成本的构成 218
  三、常用的库存控制方法 218
 第三节 供应链环境下的库存问题 ... 226
  一、供应链环境下的库存控制
    问题 226
  二、供应链中的"牛鞭效应" 227
 第四节 供应链管理下的库存控制方法 ... 232
  一、供应商管理库存 232
  二、联合库存管理 234
 习题 236

第十一章 农产品供应链管理 237

 第一节 农产品供应链概述 238
  一、农产品供应链的定义 238
  二、农产品供应链的特点 239
 第二节 农产品供应链的主要模式 ... 239
  一、以批发市场为核心的农产品
    供应链 239

二、龙头企业带动型农产品
   供应链.................................. 241
三、"农户+公司+协会+零售商"
   农产品供应链......................... 242
四、以专业合作组织为核心的农产品
   供应链.................................. 243
五、"农超对接"农产品供应链...... 244
第三节 农产品供应链中的违约问题........ 246
   一、订单农业概述......................... 246
   二、订单农业违约问题分析............ 248
习题.. 251

第十二章　绿色供应链管理......................... 252
第一节　绿色供应链概述...................... 253

一、绿色供应链的定义................. 253
二、绿色供应链的目标................. 253
第二节 绿色供应链的内涵和特征............ 255
   一、绿色供应链的概念模型............ 255
   二、绿色供应链的内涵.................. 256
   三、绿色供应链的特征.................. 256
第三节 绿色供应链管理的定义、内容
       和流程.. 257
   一、绿色供应链管理的定义............ 257
   二、绿色供应链管理的内容............ 259
   三、绿色供应链管理的流程............ 261
习题.. 267

参考文献... 268

第一篇 物流管理

第一章 物流管理概论

【案例导入】

国家物流枢纽建设促进经济发展

党的十八大以来,我国物流业发展较快,相关专业设施和交通基础网络设施不断完善,特别是一些地区自发建成一批物流枢纽,在促进物流资源集聚、提高物流运行效率、支撑区域产业转型升级等方面发挥了重要作用。与发达国家相比,我国物流枢纽发展还存在系统规划不足、空间布局不完善、资源整合不充分、发展方式粗放等问题,亟待加快国家物流枢纽网络布局和建设。

2018年,国家发展和改革委员会与交通运输部联合印发《国家物流枢纽布局和建设规划》(以下简称《规划》),提出到2020年布局建设30个左右国家物流枢纽,形成国家物流枢纽网络基本框架;到2025年,布局建设150个左右国家物流枢纽,推动全社会物流总费用与GDP的比率下降至12%左右;到2035年,依托国家物流枢纽,形成一批具有国际影响的枢纽经济增长极,使国家物流枢纽成为产业转型升级、区域经济协同发展和国民经济竞争力提升的重要推动力量。

2019年,国家发展和改革委员会与交通运输部又印发了《关于做好2019年国家物流枢纽建设工作的通知》,确定了首批共23个国家物流枢纽。2020年,又公布了22个入选国家物流枢纽的城市。入选的物流枢纽涵盖陆港型、空港型、港口型、生产服务型、商贸服务型、陆上边境口岸型6种类型,考虑了区域和类型的均衡性,有利于支持"一带一路"建设、京津冀协同发展、长江经济带发展、粤港澳大湾区建设、长三角区域一体化发展、西部陆海新通道等国家重大战略项目的实施和深化国内国际物流体系的联动协同。

为了加快国家物流枢纽网络布局和建设,中央和地方都提出了一系列配套扶持政策。对于业内普遍关注的土地扶持政策,《规划》提出,对国家物流枢纽范围内的物流仓储、铁路站场、铁路专用线和集疏运铁路、公路等新增建设用地项目,经国务院及有关部门审批、核准、备案的,允许使用预留国家计划;地方相关部门审批、核准、备案的,由各省(自治区、直辖市)计划重点保障。鼓励通过"先租后让""租让结合"等多种方式供应土地。

在加大投资和金融支持力度方面,《规划》提出,研究设立国家物流枢纽中央预算内投资专项,重点支持国家物流枢纽铁路专用线、多式联运转运设施、公共信息平台等公益性较强的基础设施建设,适当提高中西部地区枢纽资金的支持比例。引导商业金融机构积极支持国家物流枢纽设施建设,支持符合条件的国家物流枢纽运营主体通过发行公司债券、

> 非金融企业债务融资工具、企业债券和上市等多种方式拓宽融资渠道。按照市场化运作原则，支持大型物流企业或金融机构等设立物流产业发展投资基金，鼓励包括民企、外企在内的各类社会资本共同参与国家物流枢纽规划的建设和运营。

物流与人们的物质生活和生产共生共存，源远流长。作为服务业的重要分支领域，物流业与其他行业密切相关，既是连接各行业的重要纽带，也是使国内外市场相连的重要载体。面对以国内大循环为主体、国内国际双循环相互促进的发展新格局，物流业正迎来新的挑战和机遇。以国家物流枢纽建设为标志，构建物流大通道，建设现代物流体系，正成为引领新一轮经济增长的重要引擎。

第一节　物流的定义

一、国外对物流的定义

目前，物流还没有一个统一的定义，各国的专家、学者和相关组织机构从不同的角度给出了不同的定义。同时，物流还是一个发展中的定义，随着理论和实践的发展，物流的定义也将不断地发生变化。比较有代表性的物流定义主要有以下几个。

(一)美国对物流的定义

2002年，美国物流管理协会(Council of Logistics Management，CLM)将物流定义为："物流是供应链运作的一部分，是以满足顾客要求为目的，对货物、服务和相关信息在产出地和消费地之间实现高效且经济的正向和反向的流动和储存所进行的计划、执行和控制过程。"

(二)日本对物流的定义

在日本，不同学者对物流有不同的定义，最有代表性的是1981年日本日通综合研究所给出的物流定义："物流是将货物由供应者向需求者的物理性位移，是创造时间价值和场所价值的经济活动，包括包装、搬运、保管、库存管理、流通加工、运输、配送等活动领域。"

(三)欧洲对物流的定义

1994年，欧洲物流协会(European Logistics Association，ELA)发表的《物流术语》(Terminology in Logistics)中将物流定义为："物流是在一个系统内对人员及/或商品的运输、安排及与此相关的支持活动的计划、执行与控制，以达到特定的目的。"

(四)加拿大对物流的定义

1985年，加拿大物流管理协会(Canadian Association of Logistics Management，CALM)给出的物流定义为："物流是对原材料、在制品库存、产成品及相关信息从起运地到消费地的有效率的、成本有效益的流动和储存进行计划、执行与控制，以满足顾客需求的过程。"

二、我国对物流的定义

根据中华人民共和国国家标准《物流术语》(GB/T 18354—2021)，物流的定义为："根据实际需要，将运输、储存、装卸、搬运、包装、流通加工、配送、信息处理等基本功能实施有机结合，使物品从供应地向接收地进行实体流动的过程。"

第二节 物 流 管 理

一、物流管理的定义

根据中华人民共和国国家标准《物流术语》(GB/T 18354—2021)，物流管理(logistics management)的定义为："为达到既定的目标，从物流全过程出发，对相关物流活动进行的计划、组织、协调与控制。"

二、物流管理的内容

从基本过程、组成要素和管理职能等方面来看，物流管理的主要内容包括以下三个部分。

(1) 对物流活动诸环节的管理，包括运输、储存、装卸、搬运、包装、流通加工、配送等环节的管理。

(2) 对物流各活动过程中诸要素的管理，包括人、财、物、设备、方法和信息等的管理。

(3) 对物流活动中具体职能的管理，主要包括对物流计划、质量、技术、经济等的管理。

三、物流管理的特点

(一)以客户满意为第一目标

现代物流是基于企业经营战略，从客户服务目标的设定开始，进而追求客户服务的差别化战略。它通过物流中心、作业系统、信息系统和组织架构等综合运作，提供客户所期望的服务，在追求客户满意最大化的同时，求得自身的不断发展。

(二)以整体最优为目的

物流既不能单纯追求某个物流功能的最优，也不能片面追求各"局部物流"的最优，而应实现物流系统的整体最优。

(三)以信息管理为中心

信息技术的发展带来了物流管理的变革。无论是物流信息技术的运用，还是供应链物流管理方法的实践,都是建立在信息化基础上的,信息管理成为物流管理的核心。

(四)重近期效率,更重远期效果

传统物流以提高效率、降低成本为重点,而现代物流不仅重视物流系统的近期效率,更重视物流系统的远期效果。比如,仅从成本角度看,有些活动虽然使成本增加,但如果它能促进整个企业战略目标的实现,则这些活动仍然是可取的。

第三节 物流的效用和作用

一、物流的效用

经济效用是指产品或服务在满足顾客需求时所提供的价值或用途。经济效用包括时间效用(time utility)、空间效用(place utility)、形式效用(form utility)和占有效用(possession utility)四种基本类型,通过这四种基本类型增加产品和服务的价值。物流作为一种社会经济活动,同样具有创造经济效用的功能。

(一)物流创造时间效用

时间效用是指通过改变"物"的供应与需求之间的时间差创造的效用。物流主要通过以下三种形式创造时间效用。

1. 缩短时间创造时间效用

缩短时间,可以获得多方面的好处,如减少物流损失、加快库存周转、节约资金等。生产和消费之间的流通时间越短,企业的资金周转速度越快,越能实现企业资金的快速增值。

2. 弥补时间差创造时间效用

一般来说,产品的供给和需求之间存在时间差。例如,粮食的生产具有季节性,而粮食每天都要消费。只有弥补生产与消费之间的时间差,产品才能取得最高价值,获得理想的效益,而物流就是以科学的、系统的方法来弥补和改变这种时间差,以实现其时间效用。

3. 延长时间差创造时间效用

在某些情况下,可人为地、能动地延长物流时间创造价值。例如,通过事先储存一定量的产品,以寻找进入市场的最佳时机。在这种情况下,所采用的物流方式便是有意识地延长物流时间,人为地增加时间差,从而创造时间效用的方式。

(二)物流创造空间效用

物流创造空间效用是由现代社会的产业结构、社会分工决定的,主要是供给和需求之间的空间差,商品在不同的地理位置有不同的价值,通过物流将商品由低价值区转移到高价值区,便可获得价值差,即"空间效用"。物流创造空间效用主要有以下几种形式。

1. 从集中生产地流入分散需求地创造空间效用

专业化、规模化的集中生产是现代化生产的主要特点。在小范围内集中生产的产品可以覆盖大面积的需求地，有时甚至可以覆盖一个国家乃至若干个国家。通过物流将产品从集中生产的低价值区转移到分散于各处的高价值区，有时可以获得很高的利益。例如，钢铁、水泥、化工原料等的生产，往往在一个地区以几百万吨甚至几千万吨的规模进行生产，通过物流流入分散的需求地。

2. 从分散生产地流入集中需求地创造空间效用

现实中和上一种情况相反的情况也不少见。例如，粮食是由众多小农户分散生产出来的，而大城市的需求却相对集中；一个汽车厂的零部件供应商分布非常广泛，但最后却集中在一个工厂完成组装，这就形成了分散生产和集中需求，物流便以此创造了空间效用。

3. 在甲地流入乙地创造空间效用

产品的生产地和需求地通常不在一个地方，这除了是由社会分工造成的之外，还有很多是由自然条件、地理条件和社会发展因素决定的。我们的日常生活用品几乎都不是就近生产的，错综复杂的生产与需求的空间差都是靠物流来实现的，物流也从中创造了空间效用。

(三)物流创造形式效用

形式效用是指产品被客户使用并具有使用价值。物流的形式效用主要通过加工来创造。加工是生产领域常用的手段，并不是物流的本来职能。现代物流可以根据自己的优势从事一定的补充性加工活动，这种活动并不创造产品，而是带有完善、补充、增加性能的加工活动，如将钢卷剪成钢板、原木加工成板材等。

(四)物流创造占有效用

产品或者服务的占有效用是通过营销、技术和财务部门创造的，通过广告、技术支持、销售等手段，企业帮助客户或者消费者获得产品或者服务。在商品经济时代，物流依赖占有效用存在，只有当客户对产品或者服务有需求时，时间效用和空间效用才得以实现。随着第三方物流的发展，配销形式中的代收货款、代理采购、金融融资等一系列的新型服务方式的出现，使物流也在不同程度上改变了占有效用。

二、物流在国民经济中的地位和作用

(一)物流是国民经济的基础之一

我国在经济发展过程中经常提到的交通运输基础作用、先行作用和瓶颈问题，从另一个角度看，就是指物流或者物流的主要组成部分。

(1) 物流在国民经济中起着动脉的作用。物流通过向生产者不断运送原材料、能源来保证生产的正常进行，同时又不断地将其生产的产品运送给最终客户，以保证这些客户的生产或生活所需。由此可见，国民经济的正常运转完全是依靠物流来维系的，只有通过物流国民经济才得以成为一个具有内在联系的有机整体。

(2) 物流对经济体制的正常运转起着至关重要的作用。经济体制的核心问题是资源配置，资源配置不仅解决生产关系问题，而且解决资源的实际运送问题。有时候，并不是某种体制不成功，而是物流不能保障资源配置的最终实现。

另外，物流还以本身的宏观效益支持国民经济的运行，改善国民经济的运行方式和结构，促使其优化。

(二)特定条件下，物流对国民经济影响重大

在一些国家，物流对国民经济具有很强的带动作用。这些国家处于特定的地理位置或特定的产业结构环境下，物流在国民经济和地区经济中能够发挥带动作用和支持整个国民经济发展的作用，成为国家或地区财政收入的重要来源，成为现代科技的应用领域，如欧洲的荷兰、亚洲的新加坡、美洲的巴拿马等。

(三)物流是改善社会经济效益的有效手段

经济效益是对社会实践活动中各种劳动占用和物质消耗有效性的评价。合理的物流不仅能够节约大量的物质资料，而且对于消除不合理运输、节约运力具有重要的作用。同时，合理的物流，还可以减少库存，加速资金周转，更充分地发挥现有物资的效用。

此外，装卸搬运、包装、配送、流通加工等物流功能对提高社会效益和经济效益的作用也是显而易见的。

(四)物流业的发展能加速国民经济产业结构的调整

发展物流产业是我国经济结构全面调整的现实要求，而加快经济结构的战略性调整既是当前扩大内需、促进经济增长的迫切要求，也是适应我国经济发展的阶段性变化，应对日趋激烈的国际竞争的根本措施。

我国多年来结构性矛盾的积累，造成市场需求不足、大量产品滞销、生产能力不强，使就业压力日渐突出，经济增长缺乏动力，许多产业处于分散化和盲目化的过度竞争中，从而形成了大批没有市场规模、没有产业升级能力的企业组织。面对我国经济形势的变化和经济全球化的要求，我国必须完成调整传统产业结构和企业组织结构这两个重要任务，必须解决我国经济战略性调整中出现的流通环节的重要瓶颈问题。我国缺少大规模的流通组织和流通网络来支撑工业的产业结构调整，分散的流通加剧了分散企业之间的盲目竞争，使公司间进行大规模产业整合没有合理的、低成本的流通环节的保障。20世纪90年代末期，跨国公司和国内一批流通企业纷纷进军我国连锁商业和市场网络，但我国的物流产业基础不足以支撑全国网络的运营，使各种异地发展的商业网络纷纷出现运营黑洞和网络陷阱。因此，没有大流通就没有大产业，没有大物流就没有大流通，发展物流产业对完成我国经济结构的调整至关重要。

(五)物流业对其相关产业快速发展起着推动作用

现代物流是一个复合型行业，涉及运输、仓储、包装、配送、通信、信息技术等与流

通有关的行业，它的发展可以带动各行业(包括广告业、房地产业、金融业等)的发展，为社会提供大量的就业机会。同时，与流通有关的各部门的技术进步、科技发展，也促进了物流业的合理化发展。因此，它们互相促进，共同促进社会经济的发展。

【案例分析1-1】

物流业与制造业的联动发展

物流业与制造业的融合程度决定着"双业"发展水平和国民经济的综合竞争力。早在2007年，发改委就联合有关部门组织召开首届全国制造业与物流业联动发展大会。2009年，国务院在《物流业调整和振兴规划》中把"制造业与物流业联动发展工程"列入"九大工程"之一。2020年，国家邮政局、工信部印发的《关于促进快递业与制造业深度融合发展的意见》指出，促进快递业与制造业深度融合发展，对推动制造业提质增效和快递业转型升级、建设制造强国和邮政强国，实现经济高质量发展具有重要意义。

目前来看，我国制造业与物流业的融合发展仍存在融合层次不高、范围不广、程度不深等问题。在大多数产品的生产销售时间里，用于加工和制造的时间为10%左右，用于物流过程的时间接近90%。我国工业企业的直接劳动成本占总成本的比重不到10%，而物流成本占总成本的比重约为40%。工业物流的运输要求高但利润较低，长期存在的运输成本过高、货物损坏赔偿纠纷、服务体验差等问题至今难以解决。

制造业的竞争已不局限于单纯的拼劳动力成本与发展规模，竞争力更多体现在工业技术应用、物流及供应链管理水平、工业运行效能之上，物流成为制造企业必须重点考量的因素。有观点认为，制造企业在产业规划、工业布局及厂房设计时，需要认真考虑物流方面的内容架构，从而保证获得一定的市场竞争优势。物流环节很大程度上影响着制造企业的生命线，原材料需"进得来"，产品得"出得去"。如果物流环节出现问题，就可能导致制造企业失去价格优势，交付能力受到影响甚至无法交付，长此以往，会被市场与消费者抛弃。

物流不畅困扰产业发展的难题应引起业内的重视，深刻理解不同行业对柔性物流的需求尤为关键。在部分行业领域，工业物流与该行业的景气情况息息相关。以钢铁行业为例，钢铁企业的运营成本主要包含劳动力成本、原材料成本及物流成本，其中最可控的是物流成本，钢铁行业与物流行业深化联动融合的趋势越发显现，无论是传统的仓储与运输，还是商品贸易、钢材加工以及供应链管理，物流都日益成为钢铁行业发展的新动能。

物流业与制造业的关联度极高，需要从整体到细节逐一剖析制造企业所属的行业类别和产品、原料特点，按照物流布局规律进行合理的安排，保障物流全链条畅通。制造业的物流转型升级，需要深度理解不同模式的应用场景，梳理不同行业、不同产品类别的供应链特点，在结合自身中长期发展战略的同时，根据产品、工艺、设备和订单的特质，合理规划与运用物流服务，构建出一套服务于生产的现代化物流体系。

(资料来源：陆钦纹.工业物流柔性之变[J].产城，2021(7).略有改动)

思考题：

结合案例，分析物流业与制造业的关系。

三、物流对企业的作用

(一) 物流是企业生产的前提保障

从企业这一微观角度来看,物流对企业的作用有以下几点。

1. 物流为企业创造经营的外部环境

企业的正常运转,必须有这样一个外部条件:一方面,要保证按照企业生产计划和生产节奏供应原材料、零部件和能源;另一方面,要把产成品不断运出,送达最终客户。这个最基本的外部环境正是依靠物流及有关的其他活动创造的。

2. 物流是企业生产运行的保障

现代化生产的重要特征之一就是连续性。企业在生产过程中,各种物资要在不同部门和工序之间流转,经过层层环节,形成最终的产成品。在现代企业经营中,物流贯穿于生产和消费的全过程,企业生产经营的全部职能都要通过物流得以实现,物流对企业生产运行的保障作用是不可或缺的。

3. 物流是企业发展的重要支撑力量

企业的发展要依靠产品质量和效益,同时要靠服务来赢取客户。物流作为全面质量管理的一环,是接近用户阶段的质量保障手段。物流是连接企业和用户的重要环节,整个供应链的水平,往往通过物流为客户提供的服务来体现。

(二) 降低运营成本

国家通过发展物流,能够有效地降低全社会的流通成本,从而降低企业供应及销售的成本,起到改善外部运营环境的作用。而企业生产过程的物流合理化,能够降低生产成本,提高生产效率。

(三) 增加企业利润

物流可以通过降低企业运营成本来提高企业盈利能力,但这只是物流为企业增加利润的一个方面。另外,企业也可以通过改善物流服务,从而增加销售收入来直接增加企业利润。对于专门从事物流服务的第三方物流企业来说,通过有效的经营,可以为企业创造源源不断的利润。也就是说,通过提供优质的服务,可以为企业创造利润。

(四) 提高服务水平

物流可以提供良好的服务,这种服务有利于参与市场竞争,有利于树立企业品牌形象,有利于和服务对象形成长期的、稳定的战略合作伙伴关系,这对企业长远的战略发展具有重要意义。物流的服务价值,实际上就是促进企业战略发展的价值。

【案例分析 1-2】

Wayfair 的物流服务

Wayfair 成立于 2011 年年底，是美国一家经营家具、家电、家纺、灯具、建材、户外用品等家居类产品的"一站式"家居电商平台。新冠肺炎疫情暴发以来，全球消费品零售业普遍受到重创，但 Wayfair 却实现了逆势增长。

从创立之初起，Wayfair 就不生产任何产品，而是为供应商和消费者搭建库存信息管理系统。当顾客确认购买商品时，商品会直接从供应商处发货，这样有利于企业节省库存成本。虽然 Wayfair 本身不配备任何重资产，但是企业自建的物流系统却让顾客十分满意。

Wayfair 的物流体系分为 Castle Gate 仓库和 Wayfair Delivery Network(WDN)两个部分。其中，Castle Gate 仓库通过将供应商库存前置，将小件包裹的配送时间缩短在两个工作日之内。WDN 主要用于大件包裹的配送，通过集散中心、转运中心、长途运输和"最后一公里"送货上门完成货物的配送过程，整个过程是由专用车辆和专业人员协同完成的，降低了运输成本、时间损耗，同时也减少了商品在途中的受损状况。

家居产品普遍具有重、大、易碎等特点，在运输过程中极易受损。如果委托第三方物流公司来完成，运输速度慢、服务态度差等问题不可避免；同时，购买后提供的安装服务、货品不满意进行退换货的服务、货物出现问题进行售后维修等的服务态度也比较差，顾客的购物体验非常糟糕。而 Wayfair 自建的物流体系在保障顾客拥有良好的物流服务体验的同时，也增加了企业的收入。

思考题：
Wayfair 为什么要自建物流体系？

第四节　现代物流的特征

根据国内外物流实践与发展的情况，现代物流的主要特征有以下几个方面。

一、物流过程一体化

现代物流将运输、仓储、配送等活动及相关的信息流动视为一个动态的整体，不再孤立地关注某一个环节的运行，而是更多地关注整个物流系统的运行效果。随着物流实践的不断深入，现代物流从企业内部物流要素的整合逐步扩展到企业的外部资源，将供应商、生产商、批发商、零售商和用户资源进行一体化运作，力求通过为用户提供更优质的服务和降低运营成本，来提高企业的竞争力。

二、物流技术专业化

现代物流区别于传统物流的一个重要特征就是先进的科学技术在物流活动中的广泛应用，例如条码(bar code)技术、射频识别(radio frequency identification，RFID)技术、电子数据交换(electronic data interchange，EDI)技术、全球定位系统(global positioning system，GPS)、地理信息系统(geographical information system，GIS)、无线通信技术、信息化技术、智能化和柔性化技术等。运输、仓储、装卸、搬运等也普遍采用专业化、标准化、智能化的物流设施和设备。这些现代化技术和设施设备的应用大大提高了物流效率，扩大了物流活动的范围。

三、物流管理信息化

物流管理信息化是整个社会信息化的必然趋势。现代物流高度依赖于对大数据、信息的采集、分析、处理和即时更新。在信息技术、网络技术高度发达的今天，从客户资料的取得和订单数据处理的数字化、物流信息处理的电子化，到信息传递的实时化和标准化，信息化渗透至物流运营的方方面面。众多没有任何物流设施设备的第三方物流提供商正是依赖其信息优势展开业务运作的。从某种程度上来说，现代物流竞争已经成为物流信息化水平的竞争。

四、物流服务社会化

物流服务社会化突出表现为第三方物流与物流中心的迅猛发展。随着社会分工的深化和市场需求的日益复杂化，企业在运营过程中更倾向于将有限的资源集中于自身的核心业务，将自身并不擅长的物流服务交由专业的物流公司，或者在企业内部设立相对独立的物流专业部门。专业的物流部门由于具有人才优势、技术优势和信息优势，可以采用更为先进的物流技术和管理方式，取得规模经济效益，从而达到物流合理化——产品从供应方到需求方的全过程中，达到环节最少、时间最短、路程最短、费用最省的目的。

五、物流活动国际化

在经济全球化的浪潮中，跨国公司普遍采取全球化战略，在全世界范围内选择原材料、零部件，选择产品或服务的销售市场。因此，物流的选择和配置已不局限于某个国家，而是着眼于全球市场。例如，耐克公司在全球范围内招标采购原材料，在东南亚或中国台湾生产(中国大陆也有生产企业)，将产品分别运送到欧洲、亚洲的几个中心仓库，然后就近销售。

【课外资料1-1】

中国早期的"物流实践"与"物流思想"

1. 世界上最早、最长的物流和军事通道——京杭大运河。
2. 经济全球化最早的物流通道——丝绸之路。
3. 中国西部最早的国家级"高速公路"——古栈道。
4. 水利工程史上的璀璨明珠——都江堰。

5. 体现先进物流工程技术的最早的人工隧道——石门隧道。
6. 现代快递的"鼻祖"——驿运与八百里加急。
7. 神奇的物流输送技术——木牛流马。
8. 中国综合运输的主体、最早的水上物流网——漕运制度。
9. 其他诸如黄帝指南车、指南针、航海罗盘、鲁班木车马和计程里车的发明,故宫宫殿等大型古建筑所用的巨石、巨木、大量建筑材料的采集、装卸、运输和安装所采用的先进的物料搬运技术。

第五节 现代物流的分类

根据分类的标准不同,物流可以划分为不同的类型,目前还没有一个统一的分类标准。常见的物流分类有以下几种。

一、按照物流涉及的领域分类

按照物流涉及的领域,物流可分为宏观物流(macroscopical logistics)和微观物流(microcosmic logistics)。

(1) 宏观物流是从社会再生产总体角度进行认识和研究的物流活动。研究的重点是社会再生产总体物流,主要特点是综观性和全局性。

(2) 微观物流主要是指企业、消费者所从事的实际的、具体的物流活动。企业的供应物流、生产物流、销售物流、逆向物流等都属于微观物流,主要特点是具有具体性和局部性。

二、按照所从事业务的属性分类

按照所从事业务的属性,物流可分为供应物流(supply logistics)、生产物流(production logistics)、销售物流(distribution logistics)、逆向物流(reverse logistics)和废弃物物流(waste material logistics)。根据《物流术语》(GB/T 18354—2021),它们的定义表述如下。

(1) 供应物流是指为生产企业提供原材料、零部件或其他物料时所发生的物流活动。

(2) 生产物流是指生产企业内部进行的涉及原材料、在制品、半成品、产成品等的物流活动。

(3) 销售物流是指企业在销售商品过程中所产生的物流活动。

(4) 逆向物流是指为恢复物品价值、循环利用或合理处置,对原材料、零部件、在制品及产成品从供应链下游节点向上游节点反向流动,或按特定的渠道或方式归集到指定地点所进行的物流活动。

(5) 废弃物物流是指将经济活动或人们生活中失去原有使用价值的物品,根据实际需要进行收集、分类、加工、包装、搬运、储存等,并分送到专门处理场所的物流活动。例如,生产过程中产生的废渣废水、销售过程中产生的废弃包装材料、消费过程中产生的垃圾等的回收。

三、按照物流活动的覆盖范围分类

按照物流活动的覆盖范围,物流可分为国际物流(international logistics)和区域物流(regional logistics)。

国际物流是指跨越不同国家(地区)之间的物流活动。国际物流是伴随和支撑国际经济交往、贸易活动和其他国际交流所发生的物流活动,是现代物流系统中发展很快、规模很大的一种物流。

相对于国际物流而言,一个国家范围内的物流、一个城市的物流、一个经济区域的物流都处于同一法律、规章、制度之下,都受相同文化及社会因素的影响,都处于基本相同的科技水平和装备水平上。因此,区域物流既有其独特的特点,又有其区域个性化的特点。区域物流研究的一个重点是城市物流。世界各国的发展,都有一个非常重要的共同点,那就是社会分工。国际合作的加强,使一个城市及周边地区逐渐形成小的经济地域,而这成了社会分工及国际分工的重要微观基础。

【知识拓展1-1】

国际物流的特点

(1) 物流环境存在差异。国际物流的一个非常重要的特点是各国物流环境存在较大差异,尤其是物流软环境的差异。不同国家的不同物流适用法律使国际物流的复杂性远高于一国的国内物流,甚至会阻断国际物流;不同国家的不同经济和科技发展水平会使国际物流处于不同科技条件的环境下,甚至有些地区根本无法应用某些技术而使国际物流全系统水平下降;不同国家的不同标准也造成国际接轨的困难,因而国际物流系统难以建立;不同国家的风俗文化也使国际物流受到很大影响。物流环境的差异使一个国际物流系统需要在几种不同法律、人文、习俗、语言、科技、设施的环境下运行,这无疑会大大增加物流的难度和系统的复杂性。

(2) 物流系统范围广。物流本身的功能要素、系统与外界的沟通就很复杂,国际物流再在这个复杂的系统上增加不同国家的要素,这不仅是地域的广阔和空间的广阔,而且所涉及的内外因素更多,所需的时间更长,广阔的范围带来的直接后果是难度和复杂性增加,风险增大。正因为如此,国际物流一旦融入现代化系统技术之后,其效果将比以前更显著。

(3) 信息化水平要求更高。国际化信息系统是国际物流,尤其是国际多式联运非常重要的支持手段。国际化信息系统建立的难度,一是管理困难,二是投资巨大,而且世界上有些地区物流信息水平较高,有些地区物流信息水平较低,信息水平的不均衡也让信息系统的建立更为困难。

(4) 国际物流的标准化要求较高。要使国际物流畅通起来,统一标准是非常重要的。可以说,如果没有统一的标准,国际物流水平是很难提高的。目前,美国、欧洲基本实现了物流工具、设施的统一标准,如托盘采用1000毫米×1200毫米,集装箱的几种统一规格及采用条码技术等,这大大降低了物流费用和转运的难度。而不向这一标准靠拢的国家,必然在转运、换装等方面耗费更多的时间和费用,从而降低其国际竞争力。

(5)"游戏规则"的国际性。国际物流活动的复杂性、差异性较大,要求其参与者不能强迫其他参与者都遵守其本国的相关规定。因此,国际物流的发展过程中也逐渐形成了一些各国普遍遵守的国际通则。例如,我国国内水路运输对承运人实行严格责任制,而在国际海运中对承运人实行不完全的过失责任制。由此可见,国际物流中的"游戏规则"具有国际性。

四、按照物流活动的执行主体分类

按照物流活动的执行主体,物流可分为第一方物流(first party logistics)、第二方物流(second party logistics)、第三方物流(third party logistics)和第四方物流(fourth party logistics)。

(1) 第一方物流是指卖方物流,即生产者或者供应方组织的物流活动。这些组织的主要业务活动是组织生产和供应商品。

(2) 第二方物流是指买方物流,即销售者或流通企业组织的物流活动。这些组织的核心业务是采购并销售商品,为了满足销售业务的需求而投资建设物流网络、物流设施和设备,并进行具体的物流业务运作组织和管理。

(3) 第三方物流是指由独立于物流服务供需双方之外且以物流服务为主营业务的组织提供物流服务的模式。这里所指的第三方,是相对于买方和卖方来说的,通过与第一方或者第二方的合作来提供专业化的物流服务。一般的第三方物流还应该是独立的,是与第一方物流和第二方物流相比具有明显资源优势的物流公司。

(4) 第四方物流是一个供应链集成商,调集和管理组织自己的以及具有互补性的服务提供商的资源、能力和技术,以提供一个综合的供应链解决方案。它不是物流的利益方,而是通过信息技术、整合能力及其他资源提供一套完整的供应链解决方案,以获取一定的利润。

【案例分析1-3】

麦当劳与夏晖公司的合作

成立于1974年的夏晖公司是麦当劳全球的物流供应商,麦当劳在哪里开店,夏晖公司就把冷链物流覆盖到哪里。如同自然界中的"共生"一样,如果把麦当劳比作鲨鱼,那么夏晖公司则是与之共生的鱼,双方各取所需,实现双赢。

夏晖公司设立的物流中心就好像麦当劳的"心脏",不断地向分布在四面八方的餐厅输送着新鲜"血液",使整个麦当劳系统得以正常运作。

在中国,为了满足麦当劳冷链物流的要求,夏晖公司在北京地区投资5500多万美元建立了1个1200平方米的多温度物流中心。干库用于存放麦当劳餐厅用的各种纸杯、包装盒和包装袋等货物;冷冻库温度设定为-18℃,存储派、肉饼、薯条等冷冻食品;冷藏库的温度保持在1℃~4℃,存放生菜、鸡蛋等需要冷藏的食品。物流中心的设备设计精细,目的是最大限度地保鲜。在干库和冷藏库、冷藏库和冷冻库之间,设有自动门控制的隔离带,这样不同库房的冷热气就不会互相干扰。专用卸货平台和运输车在装卸货物时,衔接密封性能良好,不仅能防止外面的灰尘进入库房,还能保障冷藏冷冻食品在装卸运转中保持适当的低温。物流中心还配有电脑控温设施，用于检查每一批货物的温度。需保鲜的货物通过自动装卸系统流转在仓库和运输车辆之间，由供应商送到夏晖公司的物流中心，然后再根据麦当劳的餐厅采购订单，送到各个门店。

麦当劳餐厅的运转，离不开精心、细致的采购。训练有素的麦当劳餐厅经理会对销售、进货和库存量进行预测，在以一周为单位的进货周期中，餐厅经理需要预先估计安全库存，再与夏晖物流中心联系下订单。餐厅采购要按时完成盘存报告，这项工作包括货品信息表、库存及货品盘点表、每日送货及退货单、损耗表及餐厅调拨单等数据。夏晖公司根据这些数据，精心计算出每周的运货数量和次数。即使出现紧急情况，订单一经确认，2小时后补货也会被送到麦当劳的餐厅门口。

在食品供应链管理中，供应链的链条越来越长，而安全体系却越来越薄弱。麦当劳冷链物流的顺畅流转，需要麦当劳餐厅与物流中心的精细对接，标准化和跟踪技术在这一过程中至关重要。麦当劳的冷链物流标准，包括温度记录与跟踪、温度设备控制、商品验收、温度监控点设定等环节。比如，在货物装车前，必须根据冷冻食品对温度的敏感程度，按照由外向里分别是苹果派、鱼、鸡、牛肉、薯条的顺序装车；接货时，则要对这些情况进行核查。接货的检查项目应细致周到，提前检查冷藏、冷冻库温度是否正常；收货时检查单据是否齐全，记录接货的时间和地点，抽检产品的接货温度，检验产品的有效期，检查包装是否有破损和污染等；最后才是核对送货数量，签字接收。

麦当劳怎么知道货车发出之后货物是否处在冷冻状态？要知道，通常一台8吨标准冷冻车的冷机价值约48万元，使用500小时之后就必须进行一次大修，不少企业在考虑成本的情况下会选择"偷工"，只在运输的一头一尾开放冷机。

在运输途中，夏晖公司的每辆冷藏车都安装有温度测量仪，可以全程监控温度变化。当然，在不同地区，采取的监控手段会有所不同。比如，夏晖公司在中国并没有使用昂贵的温度跟踪手段，而是使用了类似于民航飞机上黑匣子的技术。借助这种技术，不仅可以记录车的位置，也可以记录车的状态。只要在事后打开记录，有关车的发停时刻、温度变化等数据就会悉数被掌握。

夏晖公司作为专业的第三方物流服务商，其优势不仅体现于硬件的优良，还体现在其物流中心强大、高效的后台支持系统。通过这个后台支持系统，夏晖公司不仅可以分析麦当劳的订单、存货，调配车辆，实现最优化的网络配置，还可以监控冷库内的温度变化。通过排路系统软件，输入门店位置、最新路况和时间，系统就会给出一个最优化的行车路线。夏晖公司根据麦当劳的采购清单，会在规定的时间内完成所有储藏、运输等工作。通过这些措施，夏晖公司配送的准点率达到98%以上。任何一个物流企业，面对遍布在方圆几百公里内的数百家门店，达到这样的准点率都是难能可贵的。夏晖公司信息化的管理创造出不菲的服务价值，其平均库存远远低于竞争对手，由此保障麦当劳的物流产品损耗率仅有万分之一。

(资料来源：张晶. 夏晖物流：与麦当劳"共生"的"鱼"[J]. 物流技术(装备版), 2011(8). 略有改动)

思考题：
麦当劳借助夏晖公司运营物流具有哪些好处？

【案例分析1-4】

菜鸟如何重塑物流

2013年，阿里巴巴、银泰联合复星、富春、申通、圆通、中通、韵达等共同组建菜鸟，旨在通过整合上下游资源，建设一个数据驱动、社会化协同的开放、共享的物流基础设施平台。菜鸟不直接从事物流业务，而是通过数据系统连接不同的物流服务商，从而改善物流服务效率。即便是菜鸟建设的仓储业务，也是交给其仓内物流合作伙伴来运营，配送交给落地配送公司运营，菜鸟起到系统串联作用。

成立第一年，菜鸟自主研发出帮助商家和快递公司监测实时物流干线拥堵情况，以便做出最优决策的"物流雷达预警"系统，保障了"双11"1.56亿个包裹顺利运送。2014年，菜鸟开启电商仓库的自运营体系并自主研发仓储管理系统，初步铺设起全国自建仓库网络，联合国内13家主流快递企业打造物流大数据平台，推出电子面单，同时发布4级地址库项目，开始建立行业数据标准。电商企业想提速物流，提高消费者体验，需要改变原来电商快件单点发全国的模式，实现多地分仓。2015年，菜鸟开始着手仓储配送，旨在改变当前缺少标准化、智能化、现代化电商仓库的窘境。截至当年年底，菜鸟累计拿地面积8100亩（1亩≈667平方米），运营仓库总面积超过160万平方米。同时，菜鸟开始打造末端配送网络，推出菜鸟驿站以及大数据路由分单和中国首个物流云平台。同年，菜鸟与美国邮政达成战略合作，开始布局跨境电商。2016年，菜鸟联合快递企业、仓配企业、末端服务企业等成立菜鸟联盟，同时加速布局农村物流。菜鸟还将在金华建设首个电商产业园，集电商、仓储、金融、大数据、云计算等功能于一体，打造全国领先的电商生态圈。

目前，菜鸟已经形成仓配网络、快递服务平台、末端配送、跨境网络、农村物流五大支柱业务，搭建起全链路物流服务网络，正在呈现"大一统"的趋势。菜鸟平台拥有128个仓库，接入了超过20家落地配公司。菜鸟物流覆盖全球224个国家和地区，在国内覆盖2800个区县，专业线路609万条；合作伙伴数量超过3000家，合作伙伴运输车辆超过23万辆，接入快递员数量超过170万人。借助庞大的网络和功能强大的系统，菜鸟体系物流配送效率得到大幅度提高。菜鸟大数据平台可以实现日处理数据量超过7万亿条，日接收物流详情超过6亿条；覆盖全国70%以上的快递包裹；每天累计快递运输里程超过500亿公里，包裹与网点精准匹配率超过98%。成立仅3个月左右的菜鸟联盟在7个城市实现了当日达，90个城市实现次日达，当日达和次日达的达成率稳定在99%。

(资料来源：任芳. 菜鸟将如何重塑物流行业[J]. 物流技术与应用，2016(7). 略有改动)

思考题：
结合案例，分析菜鸟属于第几方物流？在物流系统中起什么样的作用？

五、按照物流活动的特殊性分类

按照物流活动的特殊性，物流可分为一般物流(common logistics)和特殊物流(special logistics)。

(1) 一般物流是指具有普遍性、通用性和共同性的物流活动，或者说没有特殊要求的物流活动。

(2) 特殊物流是指专门范围、专门领域、特殊行业，在遵循一般物流规律的基础上，带有特殊制约因素、特殊应用领域、特殊管理方式、特殊劳动对象、特殊机械装备特点的物流。例如，危险品具有腐蚀性、自燃性、易燃性、毒害性、爆炸性等特点，其对运输工具、保管条件、物流设施设备都有特殊的要求。

【课外资料1-2】

危险品的分类和运输标示

根据中华人民共和国《危险货物品名表》(GB 12268—2012)和《道路运输危险货物车辆标志》(GB 13392—2005)，危险品分为九大类，有些类别分若干项别，在运输过程中应悬挂相应的标示。

一、爆炸品

1.1项：有整体爆炸危险的物质和物品[标示见图1-1(a)];
1.2项：有迸射危险，但无整体爆炸的物质和物品[标示见图1-1(a)];
1.3项：有燃烧危险并有局部爆炸危险或局部迸射危险或这两种危险都有，但无整体爆炸危险的物质和物品[标示见图1-1(a)];
1.4项：不呈现重大危险的物质和物品[标示见图1-1(b)];
1.5项：有整体爆炸危险的非常不敏感物质[标示见图1-1(c)];
1.6项：无整体爆炸危险的极端不敏感物品。

二、气体

2.1项：易燃气体[标示见图1-1(d)];
2.2项：非易燃无毒气体[标示见图1-1(e)];
2.3项：毒性气体[标示见图1-1(f)]。

三、易燃液体

易燃液体[标示见图1-1(g)]。

四、易燃固体、易于自燃的物质、遇水放出易燃气体的物质

4.1项：易燃固体、自反应物质和固态退敏爆炸品[标示见图1-1(h)];
4.2项：易于自燃的物质[标示见图1-1(i)];
4.3项：遇水放出易燃气体的物质[标示见图1-1(j)]。

五、氧化性物质和有机过氧化物

5.1项：氧化性物质[标示见图1-1(k)];
5.2项：有机过氧化物[标示见图1-1(l)]。

六、毒性物质和感染性物质

6.1项：毒性物质[标示见图1-1(m)、(n)、(o)];
6.2项：感染性物质[标示见图1-1(p)]。

七、放射性物品

放射性物品[标示见图1-1(q)、(r)、(s)]。

八、腐蚀性物质

腐蚀性物质[标示见图1-1(t)]。

九、杂项危险物质和物品

杂项危险物质和物品，包括危害环境物质[标示见图1-1(u)]。

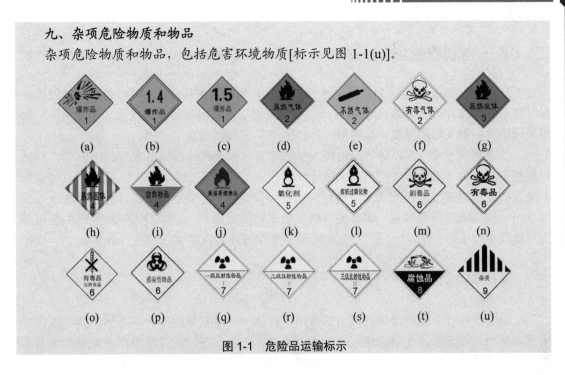

图1-1 危险品运输标示

第六节 重要的物流观点和学说

随着人们对物流活动的不断认识和物流实践的不断发展，物流学说也呈现百花齐放、百家争鸣的局面。下面列举几个比较重要的物流观点和学说。

一、商物分离学说

商品从生产领域到消费领域的转移过程称为商品流通。在这个过程中，商流和物流的活动表现有两点：一是商品价值的转移，即商品所有权的转移；二是商品使用价值的转移，即商品实体的转移。前者称为商流，后者称为物流。商流和物流的统一，构成了商品流通。

随着商品经济的发展，商流与物流产生了分离，即商业流通和实物流通各自按照自己的规律和渠道独立运动。

商流与物流产生分离的根本原因是商流运动的基础——资金流和实物运动具有相对独立性，实物运动是通过资金的流动来实现的。也就是说，资金的分配是实物运动的前提，两者的运动渠道、运动形态不同。商物分离实际是商品流通中的专业分工、职能分工的产物，是通过这种分工实现大生产式的社会再生产的产物，这是物流科学中重要的新概念。学者正是在商物分离的基础上对物流进行独立的科学考察，进而形成物流科学的。

总之，商流和物流构成了商品流通的两个支柱。商流搞活了，能加速物流的速度，给物流带来活力，而物流的畅通无阻能使商品源源不断地被运送到消费者手中。商流与物流分离的积极意义是充分发挥资金运动和实物运动各自的规律性和有效性，从而推动商品流通向更现代化的方向发展。

二、第三利润源泉学说

"第三利润源泉"是指企业除了通过资源和劳动力创造利润,还可以通过物流创造利润。在资源领域和人力领域两个利润源潜力越来越小,利润开拓越来越困难的情况下,物流领域的潜力被人们所重视,按时间序列排为"第三利润源泉"。

"第三利润源泉"学说最初是由日本早稻田大学教授西泽修提出来的。1970年,西泽修教授把其著作《流通费用》的副标题写作"不为人知的第三利润源泉",认为物流可以为企业提供大量直接或间接的利润,是形成企业经营利润的主要活动。同样的解释还反映在日本另一位物流学者谷本谷一编著的《现代日本物流问题》一书和日本物流管理协会编著的《物流管理手册》中,之后"第三利润源泉"学说逐步在其他国家流传开来。

三、物流森林说

"物流森林说"是美国学者提出的,该学说认为物流整体效应如同森林,其过程包括一系列活动,如运输、仓储、包装、配送、流通加工等。在物流过程中,不是单纯地追求各项功能要素的优化,更主要的是追求整体效果的有机联系,即追求总体效果最佳。

"物流森林说"强调的是总体观念。在物流理论中,还有很多提法也反映了类似的观念,如物流系统论、多维结构论、物流一体化观念、综合物流观念等。

四、黑暗大陆学说

1962年,美国著名的管理学家彼得·德鲁克在《财富》杂志上发表了《经济的黑色大陆》一文,他将物流比作"一块未开垦的处女地",强调应高度重视流通及流通过程中的物流管理。彼得·德鲁克认为,"流通是经济领域的黑暗大陆",流通中物流活动的模糊性尤为突出,物流是流通领域中人们认识不清的领域。现在看来,"黑暗大陆学说"主要是针对物流而言的,认为物流领域未知的东西太多了,理论和实践都不成熟,这也意味着物流可以产生的利润空间很大。

在某种意义上讲,"黑暗大陆学说"是一个未知学的研究结论,是战略分析的结果,带有哲学的抽象性。这一学说对研究物流这一领域起到了启迪和动员的作用。

五、物流冰山学说

"物流冰山学说"是日本早稻田大学西泽修教授提出来的。他在研究物流成本时发现,现行的财务会计制度和会计核算方法都不可能掌握物流费用的真实情况。一般情况下,企业会计科目中,只把支付给外部运输企业、仓库企业的费用列入成本,而实际上这些费用在整个物流费用中只占很小的一部分。真正的主要部分是企业内部发生的各种物流费用,如物流基础设施建设费用,企业利用自营车辆运输、利用自有仓库保管货物、由自己的工人包装并装卸货物等费用,这些都没有计入物流费用科目。因而西泽修教授说,物流费用犹如一座海里的冰山，露出水面的仅是冰山的一角。

六、效益悖反学说

效益悖反是指物流系统的若干功能要素之间存在着交替损益的矛盾，即某一个功能要素的优化和利益发生的同时，往往会存在另外一个或另外几个功能要素的利益损失。这种此长彼消、此盈彼亏的效益悖反现象，在许多领域都存在着，但在物流领域中更为常见和普遍。

在一个系统中，局部的合理化和最优化并不代表系统整体的合理化和最优化。物流系统作为一个有机整体，其要素之间存在着效益悖反的关系。例如，提高物流服务水平要以增加物流成本为代价；仓库采用高层堆码保管货物，虽然能够提高仓库利用率，却降低了拣选作业的效率。掌握效益悖反原理，对于正确理解和把握物流系统各个部分之间的关系十分重要。认识效益悖反规律后，物流学的学者正在不断寻求解决和克服各功能要素效益悖反现象的方法，寻求物流的整体最优化。

七、成本中心学说

"成本中心学说"认为，物流成本是企业成本的重要组成部分。解决企业的物流问题，主要不是物流的合理化、现代化，也不在于物流对其他活动的支持和保障，而是通过物流的管理来降低物流成本，以及通过物流的一系列活动来降低企业其他环节的成本。因此，这里的"成本中心"既指主要成本的产生点，又指降低成本的关注点。

八、服务中心学说

"服务中心学说"主要反映了欧美等国家的一些学者对物流的认识。他们认为，物流活动最大的作用不是为企业节约消耗，降低成本或增加利润，而是提高企业对用户的服务水平，进而提高企业的竞争能力。因此，在使用描述物流的词语上选择了"后勤"一词，特别强调其服务保障的职能，通过物流的服务保障，让企业以其整体能力实现成本的降低和利润的增加。

九、物流战略学说

随着世界经济的全球化发展，越来越多的实践工作者和理论工作者逐渐认识到，物流具有战略性。无论是行业、部门还是企业，只有从战略高度认识和把握物流，才能真正重视物流的影响，全力以赴地推进或推动物流的建设和发展。从战略上认识和理解物流，人们才不会将物流仅仅看作一项具体的可操作性任务，而是将其看作关系一个国家、一个地区或一个企业生存和发展的大事。因此，有必要将物流上升到战略高度加以认识和研究。

习 题

一、单选题

1. 现代物流的概念源于(　　)。
   A. 第一次世界大战期间　　　　　B. 20 世纪 90 年代
   C. 第二次世界大战期间　　　　　D. 20 世纪 70 年代
2. 第三利润源泉是指(　　)。
   A. 资源领域　　B. 人力领域　　C. 物流领域　　D. 流通领域
3. 效益悖反是指物流(　　)之间存在损益的矛盾。
   A. 与流通　　B. 若干功能要素　　C. 与生产　　D. 各供需方
4. 克服产品生产与消费在时间上的差异，创造时间效益的物流活动是(　　)。
   A. 运输　　　B. 仓储　　　C. 包装　　　D. 流通加工

二、多选题

1. 物流的经济效用有(　　)。
   A. 时间效用　　B. 空间效用　　C. 速度效用　　D. 占有效用
2. 企业物流按照所从事业务的属性划分，可以分为(　　)。
   A. 销售物流　　B. 供应物流　　C. 生产物流　　D. 废弃物物流
3. 物流对企业的作用有(　　)。
   A. 增加企业知名度　　　　　B. 提高企业的服务水平
   C. 降低企业的经营成本　　　D. 增加企业的利润

三、简答题

1. 物流创造空间效用的方法有哪些？
2. 物流创造时间效用的方法有哪些？
3. 现代物流的特征有哪些？

第二章 包 装

【案例导入】

农产品物流包装亟待改善

据统计，我国蔬菜年产量将近7亿吨，蔬菜种植面积占全球的55%以上，产量也超过全球总量的50%；水果年产量2亿吨，占全球总产量的40%左右。然而，我国蔬菜、水果在物流运输过程中的损耗非常大，占总量的25%~30%。损耗大直接带来成本增加、利润下降。农产品采摘后的加工、存储、运输和配送等环节都离不开物流包装。所以，要想改善农产品物流需从包装开始。

作为国内最大的连锁零售企业之一，物美特别重视生鲜产品的经营，实现了"农超对接"，仅北京地区每天销售的果蔬产品就在1000吨左右。据悉，起初物美使用近5万个塑料包装箱用于果蔬包装、存放，但是经过2年左右的使用后，很多包装箱已经损坏，而且原来的包装箱不能进行堆叠，否则会对下层货物造成损坏，在装载一些重物的时候货品相互压伤情况非常严重。包装箱对果蔬产品的保护性较差，致使损耗率高达20%。同时，物美使用的包装箱有5种规格，作业人员在装卸货物时需要花时间考虑如何区别处理，影响了物流效率。物美每天晚上6:00收货，第二天8:00必须配送到各个门店。而生鲜配送中心的面积只有6000平方米左右，要服务120家门店。如果装卸货效率不高，则无法保证在规定的时间内完成货物配送。

针对果蔬物流包装存在的问题，物美改换了可折叠式高强度包装箱，这种新型包装箱具有以下特点：①可折叠式设计，折叠后体积仅为原来的1/5，大大节省了返程运输及存储空间，降低了回收成本，适用于长途往返运输；②表面光滑，易清洁，易干燥；③可循环使用，寿命长；④可直接用于果蔬在终端卖场的展示与销售；⑤采用食品级PP材料制成，安全环保；⑥可维修。箱子由5个部件组成，任何一个部件损坏了都可以更换，节省了后续费用。而物美原先使用的包装箱都是一体成型的，并且大多采用再生塑料制造，强度不高，损坏后无法维修，只能购买新的。

物美在北京地区使用舒乐阿卡为其提供的专门针对西瓜这类重量大、体积大货品的大型包装箱后，西瓜的损耗量减少了2/3，而且该包装箱可以直接配送果蔬进入卖场销售，不再需要倒换包装，这使每辆车的装卸货时间节约3~4小时，大大提高了物流效率。

(资料来源：http://wlzb.chinawuliu.com.cn/bzjs/ShowArticle.asp?ArticleID=1589. 略有改动)

包装在整个物流过程中具有特殊的地位。在社会再生产过程中，包装处于生产过程的末尾和物流过程的开头，既是生产的终点，又是物流的起点。在整个物流过程中，包装时刻存在。与生产相比，包装与物流的关系更加密切。在对产品进行包装时，采用何种包装材料、包装容器、包装技术和包装结构，将直接影响到仓储、运输、装卸、搬运和配送等物流活动实现的效率和质量，关系到整个物流的服务水平、经济效益和社会效益。

第一节　包装的概念、功能和分类

一、包装的概念

包装(package/packaging)，是指为在流通过程中保护产品、方便储运、促进销售，按一定技术方法而采用的容器、材料及辅助物等的总体名称，也指为了达到上述目的而采用容器、材料和辅助物的过程中施加一定技术方法等的操作活动(GB/T 18354—2021)。

二、包装的功能

包装具有三大特性，即保护性、单位集中性和便利性，这三大特性决定了包装具有保护、方便物流、促进销售和方便消费四大功能。

1. 保护功能

在整个物流过程中，产品会因为受到外力的作用而产生破损变形，因为鼠、虫以及其他有害生物的啃咬而遭到破坏，因为受潮、发霉、变质、生锈而发生理化性质的变化。因此，包装的首要功能是保护产品。同时，包装还应具有防止异物混入、污物污染、丢失、散失、盗失等作用。

2. 方便物流功能

包装应具有方便物流的功能，包装大小、包装形态、包装材料、包装重量及包装标志等各个要素都应为装卸搬运、仓储保管、运输等物流作业提供方便，能够方便地区分不同的产品并进行计量、包装及拆装作业，应简便、快速，同时拆装后的包装材料应容易处理，等等。

3. 促进销售功能

包装是很重要的一种产品促销手段。精美的包装能对产品起到宣传作用，并激发消费者的购买欲望。因此，精美的包装可以促进产品的销售。

4. 方便消费功能

包装应根据消费者正常使用的用量，对产品进行适当的分割，提供可靠的保存手段，便于消费者携带和使用，起到方便使用和指导消费的作用。

三、包装的分类

(一)按照包装在流通过程中的作用分类

按照包装在流通过程中的作用，包装可分为工业包装(industrial package)和商业包装(commercial package)。

工业包装是指对原材料部件和从制造商销售到制造商或其他中间商的半成品或成品的包装。工业包装以强化运输、便于仓储和装卸搬运、保护商品为主要目的。

商业包装是指根据包装的数量、包装类型、包装质量或包装设计要求，使其符合各自贸易要求的包装。商业包装的主要目的是促进销售。商业包装的特点是：外形美观，有必要的装潢，包装单位适合顾客购买量和商店陈设的要求。

(二)按照包装容器质地分类

按照包装容器质地的不同，包装可分为硬包装(rigid package)、半硬包装(semi-rigid package)和软包装(flexible package)。

硬包装是指取出内装物后，容器形状基本不发生变化，材质坚硬或质地坚牢的包装。典型的硬包装如木盒、玻璃瓶、瓷瓶、铁罐、锡罐等。

半硬包装是指介于硬包装和软包装之间的包装。典型的半硬包装如硬纸盒。

软包装是指包装内的充填物或内装物取出后，容器形状会发生变化，且材质较软的包装。典型的软包装有塑料袋、纸袋等。

(三)按照包装使用范围分类

按照包装的使用范围，包装可分为通用包装(general package)和专用包装(special package)。

通用包装是不进行专门设计制造，而根据标准系列尺寸制造的包装，用于包装各种无特殊要求的或标准尺寸的产品。

专用包装是根据被包装物的特点进行专门设计的、专门制造的、只适用于某种专门产品的包装，如蛋糕盒、药物包装等。

(四)按照包装使用的次数分类

按照包装使用的次数，包装可分为一次性包装(portion package)、多次用包装(multi-use package)和周转包装(returnable package)。

一次性包装是指只能使用一次，不再回收复用的包装。一次性包装随同产品一起出售或者在销售过程中被消费掉。

多次用包装是指回收后经适当的加工整理，仍可重复使用的包装。

周转用包装是指工厂和商店用于固定周转、多次使用的包装容器。典型的周转用包装有托盘、周转箱等。

第二节　包装容器和包装材料

一、包装容器

包装容器(package container)是指为储存、运输或销售而使用的盛装物品或包装件的总称(GB/T 4122.1—2008)。

常见的包装容器有包装箱、包装袋、包装盒、包装瓶和包装罐。

(一) 包装箱

包装箱是一种刚性包装。包装操作主要为码放，然后将开闭装置闭合或将一端固定密封。包装箱的整体强度较高，抗变形能力强，包装容量也较大。

【课外资料 2-1】

包装箱的种类

(1) 瓦楞纸箱是采用具有空心结构的瓦楞纸板，经过成型工序制成的包装容器。常用的瓦楞纸板有单瓦楞、双瓦楞和三瓦楞三种。大型纸箱所装载的货物重量可达 3000 公斤。瓦楞纸箱的应用范围非常广泛，水果蔬菜、加工食品、针棉织品、玻璃陶瓷、化妆品、药物等各种日用品以及自行车、家用电器、精美家具等均可以采用瓦楞纸箱进行包装。

(2) 木箱是一种常用的包装容器，其用量仅次于瓦楞纸箱。木箱主要有木板箱、框板箱和框架箱。

① 木板箱。木板箱是用木质条板钉制而成的，是一种小型的运输包装容器。木板箱作为运输包装，具有较高的抗戳穿强度和抗压强度，能够有效地保护产品。但是，木板箱有箱体重、体积大、弹性小、缓冲抗震性能差，受潮后不易干燥，拼缝留有孔隙且难以密封，表面粗糙、印刷标记容易模糊不清等缺点。

② 框板箱。框板箱是采用条木与人造板材制造，再经钉合装配而成的一种包装容器。从框板箱整体来看，其框架为条木，而箱面则通常为整块的胶合板、纤维板和纸板等。框板箱是条木框架结构，承载能力大，堆码层数多；箱面为整块人造板材，防尘防潮性强；当箱内尺寸相同时，与木板箱相比，框板箱自重较轻，框架结构相对更方便搬运；人造板材较木板光滑，印刷标记清晰；采用胶合板、纤维板、纸板，有利于节省木材资源。但是，框板箱的抗戳穿强度低于木板箱；框架在箱外，使其体积增大；箱面较易损坏，降低了回收复用率。

③ 框架箱。框架箱是由一定截面的条木构成箱体骨架，然后再根据需要在骨架外面加装木板或其他板材覆盖的大型包装容器。框架箱主要有无木板覆盖的敞开式框架箱和有木板覆盖的覆盖式框架箱两种。框架箱由于有坚固的骨架结构，所以有较大的抗压强度，能承受较大的堆积负荷；可装载 1000～15 000 公斤的较大物资和设备。缺点是框架箱设计制作比较复杂，自重大，大型框架箱搬运比较困难。

(3) 塑料箱一般用作小型运输包装容器，优点是自重轻，耐蚀性好，可装载多种商品，整体性好，强度和耐用性能满足反复使用的要求，可制成多种色彩以便于装载物的分类，手握搬运方便，没有木刺，不易伤手。

(4) 集装箱是一种大容积、标准尺寸的物流设备。从包装的角度看，集装箱属于大型集合包装容器。

(二) 包装袋

包装袋是一种重要的软包装容器。包装袋材料是挠性材料，有较强的韧性、抗拉性和耐磨性。包装盒一般是筒管状结构，一端预先密封，包装结束后再封装另一端。包装操作以充填为主。

【课外资料 2-2】

包装袋的主要类型

(1) 集装袋是一种软包装容器，一般多用聚丙烯、聚乙烯等聚酯纤维纺织而成，盛装重量通常在 1 吨以上，具有防潮、防尘、耐辐射、牢固安全等优点，结构上也具有足够的强度。集装袋的顶部一般装有金属吊架或吊环等，用起重机或叉车可以实现集装单元化运输。根据形状，集装袋可以分为圆形、方形和 U 形；根据起吊结构，集装袋可以分为顶吊型、侧吊型和底吊型。

(2) 一般运输包装袋的盛装重量是 0.5~100 公斤，大部分是由植物纤维或合成树脂纤维纺织而成，或者是由几层挠性材料构成的多层材料包装袋。例如，麻袋、草袋、水泥袋等，其主要包装粉状、粒状和个体小的货物。

(3) 小型包装袋盛装重量较轻，通常用单层材料或双层材料制成。某些具有特殊要求的包装袋也有用多层不同材料复合而成的。

(三)包装盒

包装盒是介于硬包装和软包装之间的包装容器。包装材料有一定挠性，不易变形，有较高的抗压强度。

包装盒的包装结构和包装箱相同，都是规则几何形状的立方体，有开闭装置。包装盒也可裁制成圆盒状、尖角状等其他形状。包装盒的容积比包装箱小，两者通常以 10 升为界，小于 10 升的为包装盒。包装盒一般采用码入或装填包装操作，然后将开闭装置闭合或将一端固定封死。

(四)包装瓶

包装瓶是瓶颈尺寸有较大差别的小型容器，结构是瓶颈的口径远小于瓶身，且在瓶颈顶部开口。包装操作是填灌后采用瓶盖将瓶口封闭，使包装物与外界隔绝。根据外形，包装瓶可以分为圆瓶、方瓶、高瓶、矮瓶、异形瓶五种。根据瓶口与瓶盖的封盖方式，包装瓶可以分为螺纹式、凸耳式、齿冠式和包封式。

(五)包装罐

包装罐是指罐身各处横截面形状大致相同，罐颈短、罐颈内径比罐身内径稍小或无罐颈的一种包装容器。包装材料强度较高，罐体抗变形能力强。包装操作是装填操作，然后将罐口封闭。根据容量的大小，包装罐可以分为小型包装罐、中型包装罐和集装罐。

二、包装材料

包装材料(package material)是指用于制造包装容器和构成产品包装的材料(如木材、金属、塑料、玻璃和纸等)的总称(GB/T 4122.1—2008)。包装材料的选择十分重要，因为它直接关系到包装质量和包装费用，有时也会影响物流作业的进行。

(一)木材包装材料

木材是应用广泛的传统包装材料，主要使用板材制作各种包装箱，常用的包装木材有杉木、松木等。木材加工方便，并具有良好的抗冲击、震动、重压的能力；木材可以加工成胶合板，具有自重轻和外观天然美观的优点。但是木材资源紧缺，价格较高，同时易潮湿、变形开裂、腐朽和受白蚁蛀蚀等。

(二)金属包装材料

金属包装材料主要有镀锡薄板、涂料铁和铝合金等。金属材料具有牢固、易加工、易装潢及再生使用等优点。同时，金属包装材料具有成本高、能耗大、易变形及生锈等缺点。

(三)塑料包装材料

常用的塑料包装材料有聚乙烯、聚丙烯、聚苯乙烯、聚氯乙烯及钙塑材料等。塑料包装材料具有优良的物理机械性能和稳定的化学性能，具有自重轻、易加工和装潢等优点。塑料包装材料的缺点是强度不及钢铁，耐热性不及金属和玻璃，而最大的缺陷是易产生公害，造成白色污染。

(四)玻璃和陶瓷包装材料

玻璃、陶瓷是历史悠久的包装材料，主要特点是有很强的隔绝性能和耐腐蚀性能，强度较高，具有很强的保护产品的作用，其装潢、装饰性能好。但是，玻璃和陶瓷包装材料存在耐冲击强度低、易碎、自重大、运输成本高和能耗大等缺点。

(五)纸包装材料

采用纸进行包装的产品非常多，常见的纸包装材料有牛皮纸、玻璃纸、植物羊皮纸、沥青纸、油纸、蜡纸、纸板、瓦楞纸板和蜂窝纸板等。纸包装材料具有重量轻、耐摩擦、耐冲击、无毒、无味、易黏合、易印刷、价格低、易进行机械加工和回收等优点，但是纸包装材料具有受潮后强度降低、气密性、防潮性、透明性差等缺点。

(六)复合包装材料

为了打破单一材料的局限性，发挥多种材料的优点，复合包装材料开始被广泛使用。复合材料是将两种或两种以上的材料通过各种方法复合在一起制成的包装材料。现在使用较多的复合包装材料有薄膜复合材料、纸基复合材料、塑料基复合材料和金属基复合材料。

此外，为了完成产品的包装，还需要黏合剂、黏合带和捆扎材料等包装用辅助材料。

第三节 包装标记和包装标志

一、包装标记

物资包装标记是根据产品本身的特征用文字和阿拉伯数字等在包装上标明规定的记号。

(一)一般包装标记

一般包装标记也称为包装的基本标记，是指在包装上写明产品的名称、规格、型号、计量单位、数量(毛重、净重、皮重)、长、宽、高、出厂时间等。

对于具有使用期限限制的产品还要注明储存期限和保质期限。

(二)表示收发货地点和收发货人的标记

通过这种标记，可以清楚地知道产品的起运地、目的地及收发货单位或个人的具体信息。

对于进口物资，对外经济贸易部还统一编制了向国外订货的代号，称为收货人唛头。这种标记主要有以下三个方面的作用。

(1) 加强保密性，有利于保障产品全物流过程的安全。
(2) 减少了签订合同和运输过程中的翻译工作。
(3) 在运输中起导向作用，可减少错发、错运事故。

(三)标牌标记

标牌标记是在产品包装上钉打说明商品性质特征、规格、质量、产品批号、生产厂家等内容的标识牌。标牌一般用金属制成。

二、包装标志

包装标志是为了运输、装卸、搬运、储存、堆码等的安全要求或理货分运的需要，在外包装上用图像或文字标明包装内容物性质的规定记号。常见的包装标志有指示标志和危险品标志。

(一)指示标志

指示标志用来指示运输、装卸、搬运、保管人员在作业时需注意的事项，以保障产品的安全。在水、陆、空储运中怕湿、怕震、怕热、怕冻等有特殊要求的货物的外包装上，可采用印刷、粘贴、拴挂、钉附及喷涂等方法打印易碎物品、向上、怕晒、怕辐射、怕雨、重心、禁止翻滚、此面禁用手推车、禁用手钩、禁用叉车、由此夹起、由此吊起、禁止堆码、堆码重量极限、堆码层数极限、温度极限等标志。

在国际物流中，要求在包装上正确绘制货物的运输标志和必要的指示标志。标志至少应包括下列内容。

(1) 目的地：收货人的最终地址、中转地点、订货单号。

(2) 装卸货指示标志：对于易碎商品，更应在包装上标记出装卸操作的方向，以防商品损坏。

(二)危险品标志

危险品标志是用来表示危险品的物理性质、化学性质，以及危险程度的标志，起提醒作业人员注意的作用。根据国家标准《危险货物包装标志》(GB 190—2009)，危险品标志分为标记和标签，其中标记有危害环境物质和物品标记、方向标记和高温运输标记，标签用于标识爆炸性物质或物品、易燃气体、非易燃无毒气体、毒性气体、易燃液体、易燃固体、易于自燃的物质、遇水放出易燃气体的物质、氧化性物质、有机过氧化物、毒性物质、感染性物质、放射性物质、裂变性物质、腐蚀性物质等危险货物的特性。

第四节　现代包装技术和包装机械

一、现代包装技术

包装技术是指产品在包装作业时采用的技术和方法，按照功能不同可分为缓冲包装(cushioning packaging)、防霉包装(mouldproof packaging)、防锈包装(rustproof packaging)、防潮包装(moistureproof packaging)、防水包装(waterproof packaging)、防虫包装(insect-resistant packaging)、防静电包装(electrostaticpro of packaging)、防辐射包装(radiation resistant packaging)、防磁包装(magnetic field-resistant packaging)等九种。

(一)缓冲包装

缓冲包装，是指在产品外表面周围放置能吸收冲击或振动能量的缓冲材料或其他缓冲元件，使产品不受物理损伤的一种包装方法。按照缓冲程度的不同，缓冲包装可分为全面缓冲包装、部分缓冲包装和悬浮式缓冲包装三种。

(1) 全面缓冲包装，是指内装物和外包装之间全部用缓冲材料填满进行缓冲的包装方法。常见的有压缩包装法、浮动包装法、裹包包装法、模盒包装法、就地发泡包装法(见图2-1)。

图2-1　全面缓冲包装

【课外资料 2-3】

常见的全面缓冲包装

(1) 压缩包装法，是指用丝状、薄片状或粒状缓冲材料把产品和内包装填塞加固，这样能把材料吸收的冲击或振动能量引导到内装物强度最高的部分。这种方法对形状复杂的产品也适用。

(2) 浮动包装法，是指用块状缓冲材料把产品和内包装固定在其中。这种材料在包装箱内可以位移和流动，并利用材料流动来分散内装物所受的冲击力。

(3) 裹包包装法，是指用片状缓冲材料把产品和内包装裹包起来置于外包装箱内。这种方法多用于小件物品。

(4) 模盒包装法，是指用聚苯乙烯泡沫塑料预制成与产品形状一样的模盒，将产品固定在其中。这种方法适用于小型轻质产品。

(5) 就地发泡包装法，它所采用的设备是盛有异胺酸酯和多元醇树脂的容器及喷枪。使用时先把盛有两种材料的容器内的温度和压力按规定调好，然后进行混合，用单管道通向喷枪，由喷枪的喷头喷出，喷出的化合物 10 秒后即开始发泡膨胀，不到 40 秒即可发泡膨胀到原来体积的 100～140 倍，形成聚氨酯泡沫体，经过 1 分钟变成硬性或半硬性的泡沫体。这种泡沫体可现场喷入外包装内，能够将任何形状的物品包裹住，起到缓冲衬垫的作用。具体步骤如图 2-2 所示。

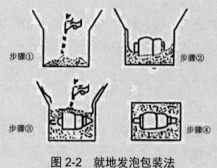

图 2-2 就地发泡包装法

(2) 部分缓冲包装适用于整体性能好的产品和有内装容器的产品，仅在产品或内包装的拐角或局部地方使用缓冲材料进行衬垫。部分缓冲主要有八角衬垫和侧衬垫等类型（见图 2-3）。

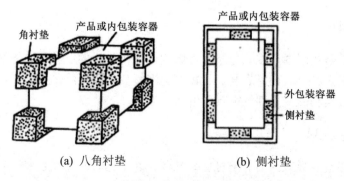

(a) 八角衬垫　　　　(b) 侧衬垫

图 2-3 部分缓冲包装

(3) 悬浮式缓冲包装主要针对精密机电设备、仪器、仪表等贵重易损的物品,为了保证物品在流通过程中不被损坏,常采用比较坚固的外包装容器,然后用绳、带、弹簧等将被装物悬吊在包装容器内。在物流运输过程中,内装物被稳定悬吊而不会与包装容器发生碰撞,从而减少损坏(见图2-4)。

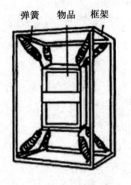

图2-4 悬浮式缓冲包装

(二)防霉包装

防霉包装,是防止内装物长霉影响货物品质的一种包装方法。物品霉变是由霉菌作用导致的。由有机物构成的物品,包括生物性物品及其制品或含有生物成分的物品,它们在日常环境条件下容易受霉菌作用发生霉变和腐败,使物品质量受到影响和损害。霉菌危害的范围非常广泛,有机物之外的材料在一定条件下也会遭到霉菌的侵蚀。

【知识拓展2-1】

防霉包装的种类很多,常用的有药剂防霉包装、气相防霉包装、气调防霉包装、低温防霉包装、低湿防霉包装以及电离辐射防霉包装、微波辐射防霉包装、紫外线照射防霉包装等。

(三)防锈包装

防锈包装是防止内装物锈蚀的一种包装方法,其目的是消除或者减少导致锈蚀的因素。在物流运输过程中,除了要防止防锈材料的功能受到损伤外,还要防止一般性的、外部的物理性破坏。

【知识拓展2-2】

金属防锈可在金属表面涂刷防锈油(脂),从而使金属表面与引起大气锈蚀的各种因素隔绝;也可采用在密封包装容器中放置气相缓蚀剂,其挥发或升华出的缓蚀气体就会充满包装容器,同时吸附在金属制品的表面,从而起到抑制大气对金属锈蚀的作用;还可采用可剥性塑料封存,通过在金属表面喷涂可剥性塑料,阻隔腐蚀介质对金属的作用。同时,在塑料薄膜与金属之间析出一层油膜,使塑料薄膜易于剥落。此外,还可以采用充氮和干燥空气等防锈方法。

(四)防潮包装

防潮包装,是防止因潮气浸入包装件而影响内装物品质的一种包装方法。例如,有些易吸潮的产品如医药品、农药、食盐、食糖等会潮解变质,纤维制品、皮革等会受潮变质甚至发霉变质,金属制品会受潮气影响而生锈,等等。

【知识拓展2-3】

防潮包装的形式多样,主要有绝对密封包装、真空包装、充气包装、贴体包装、热收缩包装、泡罩包装、泡塑包装、油封包装、多层包装等。

(五)防水包装

防水包装是防止因水浸入包装件而影响内装物品质的一种包装方法。防水包装一般用在外包装上。必要时，内包装也可采用防水措施，防水包装容器在装填产品后应封闭严密；外包装箱开设通风孔时，应取防雨措施，以防雨水浸入。

【知识拓展 2-4】

防水包装材料应具有良好的耐水功能，常用的防水包装材料有聚乙烯低发泡防水阻隔薄膜、复合薄膜、塑料薄膜、油纸等。辅助材料有防水胶粘带、防水黏结剂等。

(六)防虫包装

防虫包装是为保护内装物免受虫类侵害的一种包装方法。防虫包装常用驱虫剂，即在包装中放入有一定毒性和臭味的药物，利用药物在包装中挥发的气体杀灭和驱除各种害虫。常用驱虫剂有萘、对位二氯化苯、樟脑精等，也可采用真空包装、充气包装、脱氧包装等技术，使害虫没有生存环境，从而防止虫害。

(七)防静电包装

防静电包装是防止被包装的物品之间产生静电感应的一种包装方法。在运输过程中，包装件由于受震动、冲击等影响，内装物品与包装的表面之间不断相互摩擦可产生静电；在雷击过程中，云内或地面物体内会产生大量的电荷移动，产生的强大磁场就会穿透包装容器外壳，形成大电流，导致元器件损坏。

【知识拓展 2-5】

防静电包装通常采用具有导电性的静电屏蔽材料包裹住物品，或用抗静电材料制成容器将内装物品封闭起来，使内装物品与外界干扰电场或静电感应隔离开以免其受危害，使包装在起防护作用的同时也能对物品起到防静电的有效屏蔽保护。另外，还可以在包装材料中加入少量金属纳米微粒消除静电。

(八)防辐射包装

防辐射包装是防止外界射线通过包装容器损害内装物品质的一种包装方法。例如，利用能够防止光线照射的容器盛装感光胶卷。

【知识拓展 2-6】

防辐射包装主要有：采用能防止光线透过的黑色纸、炭黑型导电塑料膜、铁皮等制成容器，可有效防光辐射；配合其他密封与无漏光的措施，导电性纸盒和导电性瓦楞纸箱、硬质密闭塑料盒、金属容器也可作为光敏感产品的运输包装容器。对于各种电子元器件、电子精密仪器、医疗器械、计算机、自动化办公设备等对电磁辐射敏感的产品通常都需要采用防电磁辐射的包装方法。

(九)防磁包装

防磁包装是防止磁场干扰内装物的一种包装方法。由于产品的材质、结构及其性能不同,当外界场强的变化超过一定限度时就会对某些特殊产品造成损坏或影响其使用性能。对于危险品、精密电子产品、军用产品及高技术产品等对场强有特殊要求的产品,包装设计人员必须检测它们对外界场强的感度,并采取有效的屏蔽或抗场强变化技术,以保证元器件或整机的可靠性能和使用寿命。

【知识拓展 2-7】

场强变化是指电场、磁场、电磁场、静电场、辐射场等强度的变化。

二、包装机械

包装机械(packaging machinery)是指完成全部或部分包装过程的机器。包装过程包括成型、充填、封口、裹包等主要包装工序,清洗、干燥、杀菌、贴标、捆扎、集装、拆卸等前后包装工序,转送、选别等其他辅助包装工序。采用包装机械代替人工包装,能够降低劳动强度,降低成本,提高劳动生产率,保证产品的包装质量。根据国家标准《包装术语》(GB/T 4122.1—2008),常见的包装机械有以下几种。

(1) 充填机(filling machine)是将产品按预订量充填到包装容器内的机器,包括直接充填包装机和制袋充填包装机两类。

(2) 灌装机(filling machine)是将液体按预订量灌注到包装容器内的机器。按照灌装产品的工艺可分为常压灌装机、真空灌装机、加压灌装机等。

(3) 封口机(sealing machine)是在包装容器内盛装产品后,对容器进行封口的机器。按封口的不同工艺又可分为玻璃罐加盖机械(压盖、旋盖等)、布袋口缝纫机械、封箱机械、塑料袋和纸袋的各种封口机械。

(4) 干燥机(drying machine)是对包装容器、包装材料、包装辅助物及包装件上的水分进行去除以达到预期干燥程度的机器。

(5) 杀菌机(sterilization machine)是对产品、包装容器、包装材料、包装辅助物及包装件等上的微生物进行杀灭,使其减少到允许范围内的机器。

(6) 清洗机(cleaning machine)是对包装容器、包装材料、包装辅助物及包装件进行清洗以达到预期清洁度的机器。

(7) 裹包机(wrapping machine)是用挠性包装材料全部或者局部裹包产品的机器。按照裹包的不同工艺可分为扭结式包装机、端折式包装机、枕式包装机、信封式包装机、拉伸包装机等。

(8) 捆扎机(strapping machine)是使用捆扎带缠绕产品或包装件,然后收紧并将两端通过热效应熔融或使用包扣等材料连接的机器。按照接头方式分类,捆扎机可分为熔接式捆扎机、扣接式捆扎机。

(9) 集装机,又称单元包装机(setup machine for the assembly of unit load)是将若干个包装件或产品包装在一起,形成一个合适的搬运单元的机器。按集装方式分为托盘集装机、无托盘集装机。

(10) 标签机(labeling machine)是采用黏合剂将标签贴到包装件或产品上的机器。

第五节 集装单元化技术

集装单元化是物流系统实现机械化和自动化的前提，也是现代物流区别于传统物流的一个显著标志。集装单元化是指用集装单元器具或采用捆扎方法，把物品组成标准规格的货物单元，以便进行装卸、搬运、储存、运输等物流活动的作业方式。采用集装单元化技术后，物品可以与集装单元化器具、装卸搬运设备、运输设备和仓储设备等组成高效、快速的物流作业系统。集装单元化器具主要有集装箱、托盘、周转箱、集装袋、散装罐、仓库笼等。

一、集装箱

(一)集装箱的概念

根据国家标准《集装箱术语》(GB/T 1992—2006)中的定义，集装箱(freight container)是指一种供货物运输的设备，应满足以下条件。

(1) 具有足够的强度和刚度，可长期反复使用。
(2) 适合一种或多种运输方式载运，途中转运时，箱内货物不需换装。
(3) 具有便于快速装卸和搬运的装置，特别是从一种运输方式转移到另一种运输方式。
(4) 便于货物的装满和卸空。
(5) 具有 1 立方米及其以上的容积。
(6) 是一种按照确保安全的要求进行设计，并具有防御无关人员轻易进入的货运工具。

(二)集装箱的特点

集装箱的优缺点都很明显，其优点主要有以下几点。
(1) 集装箱箱体强度大，保护、防护货物的能力强。
(2) 集装箱本身还是一个小型储存仓库，使用集装箱可以不用配置仓库。
(3) 集装箱进行整体运输和保管，方便物流作业，便于管理，并能有效利用运输工具和保管场所的空间。
(4) 使用集装箱无须倒装箱内货物，便于各物流环节的有效衔接。
(5) 集装箱具备标准化装备的一系列优点。例如，集装箱的尺寸、大小、形状有一定规定，便于对运输车辆、仓储和装卸搬运设备进行规划。

集装箱也有一些显著的缺点，主要有以下几点。
(1) 自重大，因而无效运输、无效装卸的比重大。
(2) 集装箱本身造价高，在每次物流中分摊由集装箱本身造价所派生的集装箱使用费的成本较高。
(3) 集装箱返空困难，如果空箱返回会造成很大的运力浪费。

(三)集装箱标准

集装箱的应用范围非常广泛,这与其国际标准被广泛采纳有关。国际标准集装箱共有13种规格,其宽度均一样(2438毫米)、长度有四种(12 192毫米、9125毫米、6058毫米、2991毫米)、高度有四种(2896毫米、2591毫米、2438毫米、<2438毫米),如表2-1所示。

国际上集装箱运输最常用的是20FT(1C型)集装箱和40FT(1A型)集装箱。

表2-1 国际标准集装箱规格

箱 型	长/mm	宽/mm	高/mm	总重量/kg
1AA	12 192	2 438	2 591	30 480
1A	12 192	2 438	2 438	30 480
1AX	12 192	2 438	<2 438	30 480
1BB	9 125	2 438	2 591	25 400
1B	9 125	2 438	2 438	25 400
1BX	9 125	2 438	<2 438	25 400
1CC	6 058	2 438	2 591	24 000
1C	6 058	2 438	2 438	24 000
1CX	6 058	2 438	<2 438	24 000
1D	2 991	2 438	2 438	10 160
1DX	2 991	2 438	2 438	10 160
1AAA	12 192	2 438	2 896	30 480
1BBB	9 125	2 438	2 896	25 400

【知识拓展 2-8】

为便于统计,将20英尺(1英尺=0.304 8米)的标准集装箱作为国际标准集装箱数量的标准换算单位,称为换算箱或标准箱,简称TEU(twenty-foot equivalent unit)。一个20英尺型的国际标准集装箱换算为一个TEU,一个40英尺的集装箱,简称FEU(forty-foot equivalent unit),其中,1FEU = 2TEU。

【知识拓展 2-9】

国际标准集装箱的长度关系如图2-5所示。

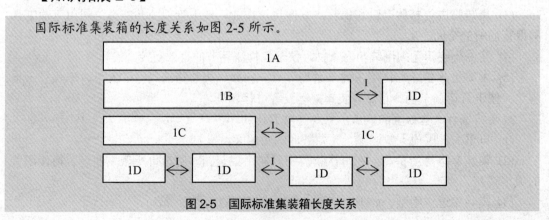

图2-5 国际标准集装箱长度关系

1A 型 40FT(12 192 毫米)，1B 型 30FT(9125 毫米)，1C 型 20FT(6058 毫米)，1D 型 10FT(2991 毫米)，间距 I 为 3in(76 毫米)，满足：1A=1B+I+1D=9125+76+2991=12 192 毫米；1B=1D+I+1D+I+1D= 3×2991+2×76=9125 毫米； 1C=1D+I+1D=2×2991+76=6058 毫米。

(四)集装箱的分类

1. 按照箱内适装货物分类

按照箱内适装货物，集装箱可分为普通货物集装箱(general cargo container)和特种货物集装箱(specific cargo container)。

(1) 普通货物集装箱是指除装运需要控温的货物、液态或气态货物、散货、汽车和活的动物等特种货物的集装箱以及空运集装箱以外其他类型集装箱的总称(GB/T 1992—2006)。普通货物集装箱的种类如图 2-6 所示。普通货物集装箱分为通用集装箱(general purpose container)和专用集装箱(specific purpose container)。

(a) 通用集装箱

(b) 敞顶式集装箱

(c) 平台式集装箱

(d) 台架式集装箱

图 2-6 普通货物集装箱的种类

通用集装箱是指具有风雨密性的全封闭集装箱。设有刚性的箱顶、侧壁、端壁和底部结构，至少在一个端部设有箱门，以便于装运普通货物(GB/T 1992—2006)。

【知识拓展 2-10】

风雨密性是指在箱门关闭的情况下，该箱体能够经受特定风雨密试验的能力。

专用集装箱是指普通货物集装箱中某些具有一定结构特点箱型的总称，包括可以不通过箱体的端门进行货物装卸以及具有透气或通风功能的集装箱(GB/T 1992—2006)。

专用集装箱分为封闭式透气/通风集装箱(closed ventilated container)、敞顶式集装箱(open top container)、平台式集装箱(platform container)和台架式集装箱(platform-based container)：①封闭式透气/通风集装箱类似于通用集装箱，但具有与外界大气进行气流交换的装置。其通风的方式可以是自然流通的，也可以借助通风机械来实现。②敞顶式集装箱是指没有刚性箱顶的集装箱，但具有通过可以转动或可拆卸的顶梁来支撑的柔性顶篷或可以移动的刚性顶盖，其他部分与通用集装箱类似。③平台式集装箱是一种没有上部结构的卸货平台，其平面尺寸和最大总质量以及供搬运和紧固作业的设施等均符合标准集装箱的要求。④台架式集装箱没有刚性侧壁，也没有像通用集装箱那种能够承受箱内载荷的侧壁等效结构，其底部结构类似于平台式集装箱。

(2) 特种货物集装箱是指用以装运需要控温货物，液态、气态和(或)固态物料以及汽车等特种货物集装箱的总称(GB/T 1992—2006)。

保温集装箱(thermal container)是指具有隔热功能的箱壁、箱门、箱底和箱顶，能够减缓箱体内外热量交换的集装箱(GB/T 1992—2006)。保温集装箱包括隔热集装箱(insulated container)、机械式制冷集装箱(mechanically refrigerated container)、冷藏和加热集装箱(refrigerated and heated container)。

干散货集装箱(dry bulk container)用于装运无包装干散货,设有便于装满和卸空的开口。按照有无压力,干散货集装箱可分为无压干散货集装箱(non-pressurized dry bulk container)、有压干散货集装箱(pressurized dry bulk container);按照外形,干散货集装箱可分为箱型干散货集装箱(box type dry bulk container)、漏斗型干散货集装箱(hopper type dry bulk container)。

罐式集装箱(tanker container)是指专门用于装运各种液体货物,如液体化学药品、液体食品、各种石油制品及酒类货物等的集装箱。这种集装箱主要由箱体框架和罐体两部分组成。

汽车集装箱是一种专门设计用来装运汽车,并可分为两层装货的集装箱。

动物集装箱主要用于装运牲畜、家禽等货物,箱内有良好的通风设备及喂养设备。

2. 按照运输方式分类

按照运输方式,集装箱可分为联运集装箱、海运集装箱、铁道集装箱和空运集装箱。

3. 按照开门位置分类

按照开门位置,集装箱可分为侧开门集装箱、前开门集装箱、前后双开门集装箱和顶开门集装箱。

4. 按照制造材料分类

按照制造材料,集装箱可分为钢制集装箱、铝合金集装箱和玻璃钢集装箱。

【案例分析2-1】

"一箱难求"问题待解

2021年,全球贸易开始复苏,一些国家开始在全球爆买商品,导致全球海运出现了"缺箱少柜"、集装箱价格大幅上涨的现象。然而,这种情况并不是集装箱真的短缺,而是人为造成的。由于人工不足,致使很多国家的港口集装箱堆积如山,但另一些国家的港口却"求箱若渴",可谓"冰火两重天"。

首先,就生产能力而言,中国是全球最主要的集装箱生产国,全球100%的冷藏集装箱、96%的干货集装箱,都是由中国制造的。中国每年能生产近500万个集装箱。但问题是,全球运营的集装箱已经超过4000万个,如果港口箱子堵塞的问题不能及时处理,根本问题还是很难解决。

那么,全球港口集装箱拥堵的问题到底达到了什么程度?据报道,在美国10个最繁忙的港口中,经常面临拥堵的港口至少有7个。例如,美国加州滞留的集装箱多达10 000～15 000个,往往是空箱还没来得及处理,又有源源不断的集装箱需要装卸,使港口拥堵的情况更加雪上加霜。除了美国,很多国家也面临着港口集装箱拥堵的问题。例如,新西兰奥克兰港,最多时积压的空集装箱接近6000个,澳大利亚各港口超过5万个,英国费利克斯托港积压的集装箱蔓延至周边郊区……

其次，亚洲地区的不少港口，却经常面临"一箱难求"的局面。为什么会这样？因为亚洲地区是主要的商品生产地，欧美等国家进口的商品主要来自这里。但货物出口到欧美等发达国家之后，箱子难以按时返回，就造成了"一箱难求"的局面。

(资料来源：https://new.qq.com/rain/a/20210630a04s5n00. 略有改动)

思考题：
造成"一箱难求"局面的原因是什么？你有什么好的解决对策？

二、托盘

(一)托盘的概念

托盘(pallet)是指在运输、搬运和存储过程中，将物品规整为货物单元时，作为承载面并包括承载面上辅助结构件的装置(GB/T 18354—2021)。

(二)托盘的特点

托盘是同集装箱一样重要的集装器具，是集装系统的两大支柱之一。托盘和集装箱在许多方面优点和缺点互补。托盘的主要特点有以下几点。

(1) 自重小，装卸搬运和运输托盘所消耗的劳动较少，无效运输也较集装箱少。

(2) 返空容易且占用的运力少。托盘造价不高，又很容易相互代用，互以对方托盘抵补，因此其不像集装箱那样有固定所有者，也不会像集装箱出现返空情况；即使返空，也较集装箱容易。

(3) 装盘容易。装卸搬运作业无须像集装箱那样深入箱体内部进行，操作更加方便；装盘后可以采用加固措施，使用也更简便。

(4) 托盘的装载量较集装箱少，但也能集中一定的数量，比一般包装的组合量大得多。

(5) 托盘对货物的保护性比集装箱差，露天存放困难，一般需要仓库等配套设施。

(三)托盘的种类

1. 平托盘

平托盘(panel pallet)是托盘中使用量最大的一种。

(1) 按照承载货物的台面分类，平托盘可分为单面托盘(single-deck pallet)、双面托盘(double-deck pallet)和翼型托盘(wing pallet)。其中，双面托盘又可分为双面双用托盘(reversible pallet)和双面单用托盘(none-reversible pallet)，如图2-7所示。

(a) 单面托盘　(b) 单面托盘　(c) 双面使用托盘　(d) 双面双用托盘　(e) 双面单用托盘　(f) 翼型托盘

图2-7　平托盘(1)

(2) 按照货叉的叉入方式分类,如图 2-8 所示,平托盘可分为双向进叉托盘(two-way pallet)、四向进叉托盘(four-way pallet)和局部四向进叉托盘(partial four-way pallet)。局部四向进叉托盘又分为纵梁上有 U 形槽的托盘(notchet stringer pallet)和纵梁板重叠托盘(overlap pallet)。其中,双向进叉托盘仅允许叉车或托盘搬运车的货叉从两个相反方向插入,四向进叉托盘允许叉车或托盘搬运车的货叉从四个方向插入,局部四向进叉托盘允许叉车的货叉从四个方向插入,而托盘搬运车的货叉从两个方向插入。

(a) 双向进叉托盘　　(b) 四向进叉托盘　　(c) 纵梁上有 U 形槽的托盘　　(d) 纵梁板重叠托盘

图 2-8　平托盘(2)

(3) 按照制造材料分,平托盘可分为木质托盘、钢质托盘、塑料质托盘、胶质托盘和纸质托盘。

2. 立柱式托盘

立柱式托盘(post pallet)带有用于支撑堆码货物的立柱,可以装配可拆卸式联杆或门。立柱式托盘分为固定的立柱式托盘(fixed post pallet)、可折的立柱式托盘(collapsible post pallet)和可拆卸的立柱式托盘(demountable post pallet),如图 2-9 所示。

(a) 固定的立柱式托盘　　(b) 可折的立柱式托盘　　(c) 可拆卸的立柱式托盘

图 2-9　立柱式托盘

立柱式托盘的主要作用有以下两个。
(1) 防止托盘里的货物在运输、装卸、搬运和保管等过程中发生塌垛。
(2) 利用柱子支撑称重,可以将托盘货物堆高叠放,不用担心压坏下部托盘上的货物。

3. 箱式托盘

箱式托盘(box pallet)是箱状的托盘,包括整板式、密装板条式及格式箱壁三种结构形式,其中一个或多个箱壁上设有铰接的或可拆装的装卸用门,可能装有顶盖。箱式托盘有固定式、可折式和可拆卸式三种,如图 2-10 所示。

(a) 固定式箱式托盘　　(b) 可折式箱式托盘　　(c) 可拆卸式箱式托盘

图 2-10　箱式托盘

箱式托盘的主要特点有以下两个。

(1) 防护能力强，能有效避免塌垛，防止货损。

(2) 四周有护板护栏，不仅能装运可码垛的具有整齐形状的货物，也可以装运各种异形的不能稳定堆码的货物。

4. 轮式托盘

轮式托盘的基本结构是在立柱式托盘和箱式托盘下部装有小型轮子，这种托盘不仅具有一般立柱式托盘和箱式托盘的优点，而且可以利用轮子做短距离的移动，无须借助装卸搬运设备，推动轮式托盘就可以完成搬运工作；也可以利用轮子做滚上滚下式的装卸，如图2-11所示。

图 2-11 轮式托盘

5. 特种专用托盘

对于某些需要大批量运输和具有特殊要求的货物，可相应制造出装载效率高、装运方便、适用的专用托盘。常见的有航空托盘、平板玻璃托盘、油桶专用托盘、长尺寸货物托盘、轮胎专用托盘，如图2-12所示。

(a) 航空托盘　　(b) 平板玻璃托盘　　(c) 油桶专用托盘　　(d) 长尺寸货物托盘　　(e) 轮胎专用托盘

图 2-12 特种托盘

【案例分析 2-2】

远达物流的"托盘运输"

远达物流成立于2012年，是扬州第一家专门从事快消品物流的平台企业，为厂商、经销商、分销商提供仓储配送的"一站式"服务。

快消品的物流环节很多，导致货物周转和搬运次数多，效率和成本没有优势；多次中转，导致货损货差多等问题，因此对库存管理的准确性、库容利用率、库存周转率、车辆周转率、信息化水平、装卸与搬运等作业成本、单位物流成本等方面都有着很高的要求。如何通过资源整合提升管理水平，达到降本增效的目的，成为困扰第三方物流企业的难题。

公司成立初期，远达物流采用货物地堆的传统作业模式，尽管节省了固定资产成本，但整个库区"脏乱差"，货物来回倒拨，既耗时又效率低下。随着业务量的不断增加，公司开始购置托盘，引入单元化物流管理模式，这一做法尽管在一定程度上提升了作业效率，但由于托盘大小标准不一，无法叠堆，且淡旺季需求量差异明显，管理上仍存在诸多难题。

在传统的人工搬运模式下，商品从入库、分拣到出库涉及3~4次的人工触碰，极大地影响了仓储作业的效率，尤其在出货高峰期，人手不足和人工搬运的低效直接影响出货速度和月台空间利用率，进而导致订单满足率和客户满意度下降。随着劳动力短缺和人工成本不断攀升，招工难、用工成本高等问题成为第三方不得不面对的一项挑战。

2017年，远达物流的仓库内全部采用包装设备循环共用租赁服务商路凯提供的标准托盘，借助其仓储运输、异地回收的托盘循环共用服务模式，逐步推动上游品牌商和下游零售终端的带板运输。

远达物流服务的下游客户主要是永辉超市，其首先推动到永辉配送中心的托盘运输。远达物流与永辉使用相同规格的标准托盘，可实现托盘随货物流转后的无障碍循环及回收，避免额外的倒板作业。为保障带板的顺利进行，远达物流和永辉双方明确了货物码板规则、订单规则、收验货规则等，同时永辉为远达带板提供收货绿色通道及免费叉车，在双方的共同努力下，带板测试成功并常态化运作，订单整板率大幅提高，已实现从远达仓库到永辉配送中心的一贯化、机械化操作，不仅大幅削减了人力投入，更提高了端到端的配送效率。在解决了配送端的问题后，远达物流继续与上游品牌商合作，实现从入库、存储到出库的一贯化托盘运作。2020 年，远达物流成功地推动恒顺、海天两大供应商从工厂到远达仓库的全品商品的托盘运输。

通过推动上下游托盘运输，远达物流在实现自身降本增效的同时，也提高了客户服务体验和订单响应速度。以 17.5 米挂车为例，卸货环节由原来需要两个人卸货三小时到现在的一个人一台叉车半小时，缩短了卸货时间，同时节省了人力成本。采用托盘运输后，远达物流对永辉超市的综合送货时效提高了 30%以上。同时，远达物流在单元化作业和仓库管理系统的支持下，库内盘点和拣货效率提升 33%以上，库存准确率提高 5%。

(资料来源：赵皎云，王玉. 远达物流：用"共享"推动快消品行业供应链优化[J]. 物流技术与应用，2021(5). 略有改动)

思考题：
远达物流采用托盘运输对物流运营有什么影响？

(四)托盘堆垛方法

一般用平托盘运输形状规则的包装货物。装盘是一项重要的操作，整个物流过程的托盘货体稳定情况，主要取决于堆垛方式和稳固方式。在托盘上堆放统一形状的立体形包装货物，可以采取各种交错咬合的办法码垛，这样可以保证足够的稳定性，甚至无须再用其他方式加固。托盘上的货物堆垛方式有很多，其中主要有四种堆垛方式，如图 2-13 所示。

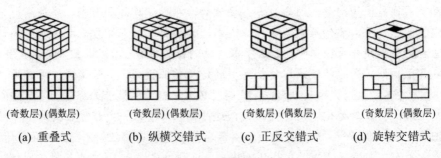

图 2-13　托盘堆垛方式

(1) 重叠式，即各层码放方式相同，上下对应。这种方式的优点是操作速度快，包装物四个角和边重叠垂直，能承受较大的荷重；这种方式的缺点是各层之间缺少咬合作用，稳定性差，容易发生塌垛。

(2) 纵横交错式，即相邻两层货物的摆放旋转90°，一层横向放置，另一层纵向放置。这种方式具有一定的咬合效果，但咬合强度不高。

(3) 正反交错式，即同一层中，不同列的货物以90°垂直码放，相邻两层的货物码放形式是另一层旋转180°的形式。这种方式的不同层之间咬合强度较高，相邻层之间不重缝，因而码放后稳定性很高，但操作较为麻烦，且货物之间不是垂直面互相承受荷载，所以下部货物容易被损坏。

(4) 旋转交错式，即每一层相邻的两个货物都互为90°，相邻两层之间的码放相差180°，这样相邻两层之间咬合交叉，托盘货体稳定性较高，不容易塌垛。这种方式的缺点是码放难度大，而且中间形成"空穴"，会降低托盘的装载能力。

【课外资料2-4】

托盘加固方式

为了进一步增强货体的稳固性，防止发生塌垛，可以采用捆扎、网罩、框架、中间夹摩擦材料、专用金具、黏合、胶带黏扎、周边垫高、收缩薄膜和拉伸薄膜等方式对托盘货体进行加固，如图2-14所示。

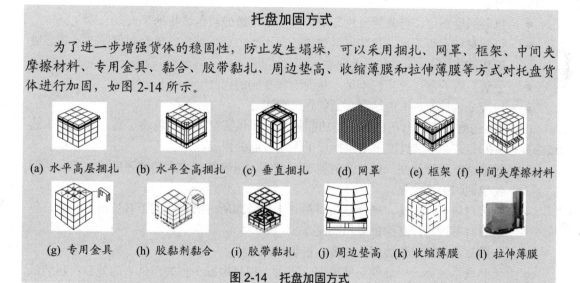

图2-14 托盘加固方式

三、其他集装方式

除了集装箱和托盘两种常用的集装器具外，还有集装袋、集装网络、货捆、框架、滑板和挂车等集装方式，如图2-15所示。这些集装方式适用于某些货物和某些领域，能提高物流运输的效率，起到特殊的保护作用。

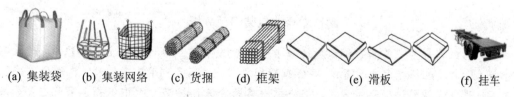

图2-15 其他集装方式

第六节　包装合理化的要求及发展趋势

一、包装合理化的要求

包装合理化是物流合理化的组成部分。从现代物流观点看，包装合理化不但是包装本身合理与否的问题，而且是整个物流合理化的前提条件。

包装合理化除了要实现整体物流效益和微观包装效益的统一外，还要对包装材料、包装技术和包装方式加以合理组合及应用，更要避免不合理包装。在当前的物流环境下，不合理包装主要体现在包装不足、包装过度和包装污染等方面。

(1) 包装不足会造成物流过程中的损失，并降低物流效率。包装不足主要包括以下四个方面的内容。

- 包装强度不足，容易导致包装防护性不足，造成被包装物的损失。
- 包装材料水平不足，包装材料如果选择不当，就不能很好地起到保护产品和促进销售的作用。
- 包装容器的层次及容积不足，从而造成货物的损失。
- 包装成本过低，不能达到必要的包装要求。

(2) 包装过度是指超出正常的包装功能需求，即包装空隙率、包装层数、包装成本超过必要程度的包装。包装过度主要包括以下四个方面的内容。

- 包装强度设计过高，如包装材料截面过大，包装方式大大超过强度要求等，从而使包装防护性过强。
- 包装材料选择过高，选择包装材料时，应考虑所选的材料能否有效保护产品，包装材料是否与产品的价值相匹配。
- 包装技术过高，包装层次过多，包装体积过大。
- 包装成本过高，可能使包装成本支出大大超过由减少损失而带来的效益；包装成本在商品成本中比重过高，损害了消费者的利益。

(3) 包装污染主要体现在以下两个方面。

- 包装材料中大量使用纸箱、木箱、塑料容器等，消耗大量的自然资源。
- 商品包装中大量采用一次性和豪华包装材料，甚至采用不可降解的包装材料，严重污染环境。

【案例分析2-3】

网红零食的包装问题分析

"某网红零食企业前高管倒卖废纸箱牟利超68万元"的新闻曾登上微博热搜，让人不禁惊呼"原来废纸箱能卖这么贵！"据公布的判决书，该高管利用职务便利，伙同他人采取销售不入账或者调整过磅表等方式，将公司出售的价值68.4万元废旧纸箱占为己有。如果以2000元/吨的价格计算，在18个月的时间内被倒卖的废纸箱有342吨。也就是说，每个月有19吨的废纸箱被倒卖。

由于产品、渠道均趋向同质化，各网红零食品牌企业为了提高竞争力，除了研发新产品外，在包装设计上都格外用心。以某品牌售卖的"蔓越莓曲奇"为例，一包100克的蔓越莓曲奇，里面分成5个独立小包装，小包装中又有塑料托盒，该款蔓越莓曲奇因为价格便宜，经常有促销活动，购买者颇多，在淘宝旗舰店的月销量为3万以上。也就是说，每个月被丢弃的独立小包装就至少有15万个。对此，某品牌的客服表示，一些零食的多层包装是为了更好地密封食品，防潮湿漏气；独立小包装的设计也是为了方便购买者随吃随拆。

便利和环保成了天平上难以平衡的两点。在一些网红零食的线下店面，小包装的零食更受消费者的喜爱。"没尝试过的零食可以一样买一点，万一不喜欢也不用担心造成浪费。"一位消费者表示。小包装零食能够"随吃随开"的特点也成为其受欢迎的原因之一。

(资料来源：左雨晴. 高管倒卖纸箱年利68万元，网红零食过度包装该停了[J]. 中国食品工业，2021(12).
略有改动)

思考题：
结合案例，谈谈你对网红零食包装的看法，并给出合理的建议。

二、包装合理化的发展趋势

(1) 包装的轻薄化。包装对商品的使用价值不起主要作用，在强度、寿命、成本相同的条件下，更轻、更薄、更短、更小的包装，可以节约包装材料，提高装卸搬运和运输的效率，减少废弃包装材料对环境的影响，降低包装成本。

(2) 符合集装单元化和标准化的要求。单元化和标准化是包装必须考虑的因素，包装的规格尺寸应当一致，并与托盘、集装箱、运输工具和装卸搬运机械相匹配。

(3) 包装的机械化与自动化。为了提高物流效率和包装的现代化水平，降低包装的劳动强度，各种包装机械的开发和应用十分重要。

(4) 注意与其他环节的配合。包装是物流系统的一部分，需要和其他物流功能要素一起综合考虑，因此包装应便于装卸、搬运、保管和运输，应便于堆垛、摆放、陈列、提取和携带。

(5) 有利于环保。包装会产生大量的废弃物，处理不好就会造成环境污染，包装材料最好可以反复多次使用并能回收再利用，尽可能选取"绿色包装"，因其对人体健康不会产生不利影响，对环境不会造成污染。

【案例分析2-4】

德邦快递的包装

在定制化包装方面，德邦快递全力打造安全高效、绿色环保的高品质交付服务。德邦快递发挥在大件领域的优势，为家具、家电等大件货物开发专属包装。例如，针对医药货物推出了12种方案，其中包括循环围板箱包装方案，不仅将医药运输过程中的破损率降到0，而且包装的循环利用也完美契合环保理念。

除了快递包装的定制化战略，德邦快递也在推广绿色包装，采取包装减量、循环再利用、可降解塑料等战略。

为了减少包装废弃物的排放，德邦快递设置了 2352 家标准包装废弃物回收装置的网点，加强包装产品回收再利用。同时，德邦快递利用科技手段，将一般包装袋厚度从 7 微米降到 5 微米。截至 2020 年年底，已累计投入使用 19 860 万个，直接减少塑料消耗 1324 吨。

德邦快递推出了大量的循环袋、循环包装箱、智能循环箱、无胶带纸箱。截至 2021 年 2 月，已投放循环中转袋 116 259 个，累计使用 570 万次，平均循环次数 49 次，最高循环次数 155 次；已覆盖 84 个外场，1622 条线路，干线覆盖率峰值达 73.1%。同时，德邦快递将循环快递箱运用于医药、贵重工业品等领域，循环快递箱的使用寿命是 2 个月左右，一年大约可减少 80% 的纸质快递箱用量。

思考题：

德邦快递在包装合理化方面做了哪些工作？具有什么效果？

习 题

一、单选题

1. 以下不属于包装功能的是（　　）。
   A. 方便消费　　B. 提高价值　　C. 方便物流　　D. 促进销售
2. 为了缓冲内装物体受到冲击和震动，保护其免受损坏所采取的一定的防护措施的包装为（　　）。
   A. 防锈包装技术　　　　　　B. 防潮、防水包装技术
   C. 防震包装技术　　　　　　D. 防霉包装技术
3. 同一层相邻的两个包装体互为 90° 角，两层间码放又相差 180° 角的是（　　）堆码方式。
   A. 纵横交错式　　B. 正反交错式　　C. 旋转交错式　　D. 重叠式

二、多选题

1. 按照缓冲程度的不同，防震包装可以分为（　　）。
   A. 全面缓冲包装　　　　　　B. 部分缓冲包装
   C. 就地发泡包装　　　　　　D. 悬浮式缓冲包装
2. （　　）属于托盘加固方法。
   A. 捆扎　　B. 周边垫高　　C. 拉伸薄膜　　D. 网罩
3. 常见的包装容器有（　　）。
   A. 包装盒　　B. 包装瓶和包装罐　　C. 包装袋　　D. 包装箱
4. （　　）属于托盘的特点。
   A. 装盘容易　　B. 返空容易　　C. 自重小　　D. 便于露天存放

三、简答题

1. 不合理包装主要有哪些体现？
2. 包装合理化的趋势有哪些？

第三章　装卸搬运

【案例导入】

飞鹤乳业的自动化物流系统

飞鹤乳业是中国最早的专业奶粉生产企业之一。飞鹤乳业在智能化婴幼儿奶粉加工项目中引入了先进的自动化与智能化的物流技术，实现了工厂物流运作的高效率，为生产出高质量产品提供了保障。该项目的装卸搬运解决方案如下。

1. 收发货区

库前收发货区域设有一个机器人码垛站台，原料通过伸缩皮带机进行搬运，经过风淋后贴码，由码垛机器人进行自动码垛后入库；另设置了3个人工拣选站，满足成品拣选发货以及物料盘点的工作。由于飞鹤乳业采购的多种进口原料的托盘负载过重，货物码放较高，原料包装采用的又是编织袋形式，为避免出入库环节进行多次托盘货物缠膜工序，码垛机器人上设置了视觉系统，用于优化各种不同货物的垛型。

该项目投入使用后，每台机械手在完成抓取任务的同时，不断地收集错误图片，以补充整个模型的图片库。操作人员可通过授权的标注工作站，检查、浏览、标注图片。标注工作完成后，上传标注后的图片到服务器，由服务器训练图片，生成新模型。负责人工审核新模型并判断是否有提升，再决定是否发布。当机械手检测到有新模型产生时，自动更新新模型，投入新生产使用，整个过程再实现回归循环，做到自动学习、智能柔性适应。

2. 智能立体仓库区

智能立体仓库需要同时储存原料、包装材料以及成品，出入库峰值流量达340托/时。为此，在托盘货架区使用了8台堆垛机，其中双深位堆垛机与单深位堆垛机各4台，托盘货位数总计9456个。成品入库区设置4个出入库作业站台，通过双工位穿梭车实现包装车间成品的入库，以及包装材料和空托盘对包材车间的供给。

由于立体仓库需储存多种物料，因此特别对立体仓库的库位进行了精确划分，设置了3种库位高度。为了确保各种高度的物料能安全、自动地上架及下架，库前输送线的外形检测系统也设置了3种不同的高度，以读码反馈的货物特性启动相应光电设备，确保对应不同的货物高度。

3. 二楼生产作业区

二楼生产作业区设置3个输送机出入库站台，采用潜伏式AGV进行原料搬运以及余料回库。潜伏式AGV小车拥有柔性好、作业半径小、节省作业空间、灵活性高、效率高等特点。AGV小车从出入库站台将托盘送至投料站台，投料机器人将4个工作站台的原料，根据生产需求进行拆包，等待投料。AGV小车在投料完成后，将余料搬回出入库站台完成回库。使用AGV系统，为后期工厂扩大产能提供了快速部署的可能性。

制粉车间和生产车间连廊区域，采用货架式的穿梭板进行货物搬送，连接10米层及

物流与供应链管理(第3版)

> 8.5 米层区域，通过人工驾驶叉车进行货物取放来实现空粉箱与满粉箱之间的搬运。
>
> 　　自动化与智能化物流系统的应用，实现了产品制造全过程的数字化与可视化管理，提高了工厂的运作效率和管理水平，为飞鹤乳业生产"更适合中国宝宝体质的奶粉"奠定了坚实基础。
>
> (资料来源：崔羚. 飞鹤乳业智能化婴幼儿奶粉加工项目的自动化物流系统[J]. 物流技术与应用，2021(8). 略有改动)

　　装卸、搬运贯穿物流始终，联系着物流的其他功能，既是物流活动的重要环节，也是物流的主要功能。装卸、搬运在物流活动中不断出现和反复进行，并渗透到物流各领域、各环节，对提高物流能力和效率、降低物流成本、改善物流条件、保证物流质量起着非常重要的作用。

第一节　装卸搬运的概念和特点

一、装卸搬运的概念

　　装卸(loading and unloading)是指在运输工具间或运输工具与存放场地(仓库)间，以人力或机械方式对物品进行载上、载入或卸下、卸出的作业过程(GB/T 18354—2021)。

　　搬运(handling)是指在同一场所内，以人力或机械方式对物品进行空间移动的作业过程(GB/T 18354—2021)。

　　在物流作业中，装卸与搬运是密不可分的，两者是相伴而生的。在物流领域，不特别强调两者的差别，而是将装卸与搬运看作一种活动。

二、装卸搬运的特点

　　装卸搬运具有以下特点。

　　(1) 附属性和伴随性。装卸搬运在物流每一环节开始及结束时必然发生，被视为其他物流功能(运输、仓储、配送等)不可缺少的组成部分。例如，在配送过程中，产品首先需要从配送中心移出装车，到达目的地后再将货物从车内移出交给客户，装卸搬运对配送质量具有重要影响。

　　(2) 支持与保障性。附属性和伴随性的特点决定了装卸搬运对物流活动的支持、保障作用。这种作用在某种程度上对其他物流活动还具有一定的决定性。例如，装卸搬运会影响其他物流活动的质量和速度，装车不当，会引发运输安全问题；装卸能力不足，会使物流活动不畅。因此，物流活动只有在有效的装卸搬运支持下，才能实现高效率运作。

　　(3) 衔接性。装卸搬运是衔接其他物流活动的必要环节，是物流各功能之间形成有机联系和紧密衔接的关键。高效的物流系统，衔接是顺畅的。例如，集装箱多式联运，正是运用适宜的运输载体(集装箱)、良好的装卸搬运设备(集装箱门吊、叉车等)，使一贯性运输得以实现的。

第二节 装卸搬运的分类

一、按照装卸搬运施行的设施、设备分类

按照装卸搬运施行的设施、设备，装卸搬运可以分为仓库装卸搬运、汽车车站装卸搬运、铁路站场装卸搬运、港口装卸搬运、机场装卸搬运等。

(1) 仓库装卸搬运配合出库、入库、维护保养等活动进行，并且以堆垛、上架、拆垛、取货等作业为主。

(2) 汽车车站装卸搬运一般一次装卸批量不大。汽车具有灵活性，可以减少或消除搬运作业，可以直接、单纯地利用装卸作业达到车辆与物流设施之间货物转移的目的。

(3) 铁路站场装卸搬运是指在铁路站场将货物装进及卸出火车车皮的作业活动，特点是一次作业就可实现一整车皮的装进或卸出，较少出现仓库装卸时整装零卸或零装整卸的情况。

(4) 港口装卸搬运包括码头前沿的装船和后方的支持性装卸搬运。受泊位条件的限制，有些港口大船无法停靠，只能在锚地停泊进行装卸，采用小船在码头与大船之间"过驳"，其装卸搬运的流程较为复杂，往往经过多次的装卸搬运作业才能最后实现船与陆地之间货物过渡的目的。

(5) 机场装卸搬运是指在机场进行的货物装进及卸出飞机进行的作业活动，这种装卸搬运的时效性要求较高。

二、按照被装物的主要运动形式分类

按照被装物的主要运动形式，装卸搬运可分为垂直装卸和水平装卸两大类。

(1) 垂直装卸是指采取提升和降落的方式进行装卸，这种装卸需要消耗较大的能量。垂直装卸是采用比较多的一种装卸形式，所用的机具通用性较强，应用领域较广，如吊车、叉车等。

(2) 水平装卸是指对装卸物采取平移的方式进行装卸。这种装卸方式不改变被装物的势能，因此比较节能，但是需要有专门的设施，如和汽车水平接靠的高站台、汽车与火车车皮之间的平移工具等。

三、按照装卸搬运的作业方式分类

按照装卸搬运的作业方式，装卸搬运可以分为吊上吊下式、叉上叉下式、滚上滚下式、移上移下式及散装散卸式等。

(1) 吊上吊下式是采用各种起重机械从货物上部起吊，依靠起吊装置的垂直移动实现装卸，并在吊车运行的范围内或回转的范围内实现搬运或依靠搬运车辆实现小搬运。由于吊起及放下属于垂直运动，因此这种装卸方式属于垂直装卸。

(2) 叉上叉下式是采用搬运车或叉车从货物底部托起货物，并依靠搬运车、叉车的移动进行货物位移，搬运完全靠叉车，中途无须落地，便可将货物直接放置到目的地。这种方式主要是水平方向的移动，垂直方向的位移不大。

(3) 滚上滚下式是公路与水运、铁路联合运输的一种装卸搬运方式。这是一种利用叉车、半挂车或载货汽车承载货物，将货物连同车辆一起开上滚装船或铁路平板车，到达目的地之后再将货物从滚装船或铁路平板车上直接开下的运输形式。

(4) 移上移下式是在两车之间(如火车及汽车)进行靠接，然后利用各种方式，不使货物垂直运动，而靠水平移动从一辆车上推移到另一辆车上。移上移下式需要使两种车水平靠接，因此，需要对站台或车辆货台进行改变，并配合移动工具实现这种装卸搬运。

(5) 散装散卸式是对散装物进行装卸搬运，一般从装点直到卸点，中间不再落地。这种方式主要采用管道运输，管道输送的长度可以改变，因而装点、卸点无须靠近在一起，可以保持相当长的距离。这是一种集装卸与搬运于一体的装卸方式。

四、按照装卸搬运对象分类

按照装卸搬运对象，装卸搬运可分为散装作业法、单件作业法和集装作业法三大类。

(1) 散装作业法是指对大批量粉状、粒状物品进行无包装的散装、散卸的装卸搬运方法。装卸搬运可连续进行，也可采取间断的装卸搬运方式，一般采用机械化设施、设备进行装卸搬运。在特定情况下，当货物批量不大时，也可采用人力装卸搬运，但是劳动强度很大。

【知识拓展 3-1】

散装作业法

散装作业法主要有重力法、倾翻法、气力输送法和机械作业法等。

(1) 重力法。重力法是利用货物的重力来完成装卸作业的方法。例如，漏斗车在卸车坑道上自动开启车门，煤或矿石依靠重力自行流出。

(2) 倾翻法。倾翻法是将运载工具载货部分倾翻将货物卸出的方法。例如，自卸汽车可以依靠液压油缸顶起货厢进行卸货。

(3) 气力输送法。气力输送法利用风机在气力输送机的管内形成单向气流，依靠气体流动或气压差来输送货物。

(4) 机械作业法。机械作业法是指利用能承载粉粒货物的各种机械进行装卸的方法。例如，用吊车、叉车改换不同机具或用专用装载机，通过送、舀、抓、铲等作业方式，达到装卸搬运的目的。

(2) 单件作业法是指对非集装的、按件计的物品逐个进行装卸搬运操作的作业方法。单件作业可采取人力装卸搬运、半机械化装卸搬运及机械装卸搬运方式。由于逐件处理，装卸速度慢，且装卸要逐件接触货体，因而容易出现货物损坏的情况。另外，反复作业次数较多，也容易出现货差。

单件作业的装卸搬运对象主要是包装杂货，多种类、少批量物品及单件大型、笨重物品。

(3) 集装作业法是对集装货载进行装卸搬运的作业方法。集装作业和单件作业都是按件处理的，区别在于集装作业"件"的单位大于单件作业每件的大小。集装作业一次作业装卸量大，装卸速度快，且在装卸时并不逐个接触货体，而仅对集装体进行作业，因而货损较小，货差也较小。

【知识拓展 3-2】

集装作业法主要有集装箱作业法、托盘作业法、货捆作业法、滑板作业法、框架作业法、集装网(袋)作业法和挂车作业法。

五、按照装卸搬运的作业特点分类

按照装卸搬运的作业特点，装卸搬运可以分为连续作业与间歇作业两大类。

(1) 连续作业是指在装卸搬运过程中，设备不停作业，物资可连续不断、持续流水般地实现装卸搬运作业的方法，如带式输送机、链斗装车机作业。

(2) 间歇作业是指装卸搬运过程中有重程和空程两次作业，即在两次作业中存在一个空程准备过程的作业方法，如门式起重机和桥式起重机作业。

六、按照装卸搬运的内容分类

按照装卸搬运的内容，装卸搬运可以分为堆垛、拆垛作业，分拣、配货作业，搬送作业和移送作业。

(1) 堆垛作业是把货物从预先放置的场所，移动到卡车等运输工具或仓库等保管设施的指定场所，再按要求的位置和形状，将货物整齐、规则地摆放成货垛的作业活动。拆垛作业则是堆垛作业的逆作业。

(2) 分拣是在堆垛、拆垛作业前后或配送作业之前把物品按品种、出入库的先后顺序进行分类整理，再分别存放到指定位置的作业活动。配货作业是指在向运输工具装货前和从仓库等保管设施出库前发生的作业，这种作业按照不同客户的要求，把货物从所定的位置，按品种、规格、作业先后顺序、发货对象等进行分类、配货、集中，并分别送到指定的位置。

(3) 搬送作业是为了进行装卸、分拣、配送活动而发生的货物移动的作业，包括水平、垂直、斜行搬送以及几种组合的搬送。

(4) 移送作业是指用传送带对货物进行运送的作业。

第三节　装卸搬运机械

装卸搬运机械是指用来搬移、升降、装卸和短距离输送物料或货物的机械，不仅用于各种运输工具的装卸搬运，而且用于仓库、站场、港口和机场货物的堆垛、拆垛、运送及库内、舱内、车内货物的起重、输送和搬运。

按照装卸搬运设备的主要用途或结构特征分类，装卸搬运机械可以分为起重搬运机械、装卸搬运车辆和输送机。

一、起重搬运机械

起重搬运机械主要包括起重机械(hoisting machinery)、堆垛起重机(stacker crane)、起重电梯等。

(一)起重机械

起重机械是指以间歇、重复的工作方式，将起重吊钩或其他吊具起升、下降或升降、运移重物的机械设备。根据构造和性能的不同，起重机械主要有轻小型起重设备(series lifting equipments)、桥架型起重机(overhead type crane)、臂架式起重机(jib type crane)和缆索型起重机(cable type crane)等。

1. 轻小型起重设备

轻小型起重设备是指构造紧凑，动作简单，作业范围投影以点、线为主的轻便起重机械。轻小型起重设备主要包括千斤顶(jack)、手扳葫芦(level block)、手拉葫芦(chain block)、电动葫芦(electronic hoist)和卷扬机(winch)等。它们具有轻小简单、使用方便的特点，适用于流动性和临时性的作业。手动的轻小型起重设备尤其适于在无电源的场合使用。

(1) 千斤顶。千斤顶是一种用刚性顶举件作为工作装置，通过顶部托盘或底部托爪在小行程内顶升重物的轻小型起重设备，分为螺旋千斤顶、齿条千斤顶和液压齿条千斤顶。其结构轻巧坚固、灵活可靠，一人即可携带和操作，主要用于厂矿、交通运输等部门承担车辆修理及其他起重、支撑等工作[见图 3-1(a)]。

(2) 手扳葫芦。手扳葫芦是由人力通过扳柄驱动钢丝绳或链条，以带动取物装置运动的起重葫芦，具有使用简单、携带方便等特点。它可以进行提升、牵引、下降、校准等作业，起重量一般不超过 50 吨，广泛应用于造船、电力、运输、建筑、矿山、邮电等部门的设备安装，物品起吊、机件牵拉等[见图 3-1(b)]。

(3) 手拉葫芦。手拉葫芦，又称神仙葫芦、斤不落、环链葫芦、倒链，是一种使用简单、携带方便的手动起重机械。它适用于小型设备和货物的短距离吊运，起重量一般不超过 100 吨。手拉葫芦的外壳材质是优质合金钢，坚固耐磨，安全性能高[见图 3-1(c)]。

(4) 电动葫芦。电动葫芦由电动机、传动机构和卷筒或链轮组成，一般安装于桥式起重机(天车)、龙门吊之上，具有体积小、自重轻、操作简单、使用方便等特点，是工厂、矿山、港口、仓库、货场、商店等常用的起重设备之一[见图 3-1(d)]。

【知识拓展 3-3】

电动葫芦的分类

电动葫芦分为钢丝绳电动葫芦和环链电动葫芦两种。钢丝绳电动葫芦的起重量一般为 0.5~20 吨，起升高度为 3~30 米；环链电动葫芦的起重量一般为 0.1~100 吨，起升高度为 3～120 米。大部分电动葫芦由人按动按钮在地面跟随操作，也可在司机室内操作或采用有线(无线)远距离控制。

(5) 卷扬机。卷扬机，又称绞车，是由动力驱动的卷筒通过挠性件(钢丝绳、链条)起升、运移重物的起重装置，可以垂直提升、水平或倾斜拽引重物[见图 3-1(e)]。

(a) 千斤顶　　(b) 手扳葫芦　　(c) 手拉葫芦　　(d) 电动葫芦　　(e) 卷扬机

图 3-1　轻小型起重设备

2. 桥架型起重机

桥架型起重机是一种常见的起重设备，它的桥架沿铺设在两侧高架上的轨道纵向运行，起重小车沿铺设在桥架上的轨道横向运行，构成一个矩形的工作空间，可以充分利用桥架下面的空间吊运物料，不受地面设备的阻碍，适用于车间、仓库、露天堆场等场所。

【课外资料 3-1】

桥架型起重机的主要类型

桥架型起重机包括桥式起重机(overhead travelling crane)、门式起重机(portal bridge crane)和半门式起重机(semi-portal bridge crane)等。

1. 桥式起重机

桥式起重机是指桥架两端通过运行装置直接支撑在高架轨道上的一种桥架型起重机。桥式起重机的特点是可以使挂在吊钩或其他取物装置上的重物实现垂直升降或水平运移。桥式起重机包括起升机构和大小车运行机构，依靠这些机构的配合动作，对货物进行起升和搬运。

梁式起重机是最简易的桥式起重机，通过起重小车在"工"字形梁或其他简单梁上运行，实现货物的起升和搬运。梁式起重机主要包括单梁桥式起重机和双梁桥式起重机，如图 3-2 所示。

(a) 单梁桥式起重机　　　(b) 双梁桥式起重机

图 3-2　梁式起重机

2. 门式起重机

门式起重机，又称龙门起重机，其桥架通过两侧支腿支撑在地面轨道或地基上，是桥式起重机的一种变形。它的金属结构像门形框架，承载主梁下安装两条支脚，可以直接在地面的轨道上行走，主梁两端具有外伸悬臂梁。门式起重机具有场地利用率高、作业范围大、适应面广、通用性强等特点。

按用途分类，门式起重机可分为通用门式起重机、造船门式起重机、集装箱门式起重机、集装箱装卸桥、装卸桥(见图3-3)。

(a) 通用门式起重机 (b) 造船门式起重机 (c) 集装箱门式起重机 (d) 集装箱装卸桥 (e) 装卸桥

图3-3 门式起重机

3. 半门式起重机

半门式起重机，又称半龙门起重机，是桥架一侧直接支撑在高架或高架建筑物的轨道上，另一侧通过支腿支撑在地面轨道或地基上的桥架型起重机(见图3-4)。

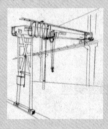 

图3-4 半门式起重机

3. 臂架式起重机

臂架式起重机，是一种取物装置悬挂在臂架顶端或挂在可沿臂架运行的起重小车上的起重机，其特点与桥式起重机基本相同。臂架类起重机配有起升结构、旋转结构、变幅结构和运行结构，液压起重机还配有伸缩臂结构。依靠这些结构的配合，可在圆柱形场地及上空作业。臂架式起重机可安装在车辆上或其他运输工具上，构成运行臂架式起重机，这种起重机具有良好的机动性，可适用于码头、货场、工厂等场所。

常见的臂架式起重机有门座起重机(portal slewing crane)、半门座起重机(semi-portal slewing crane)、塔式起重机(tower crane)、铁路起重机(railway crane)、流动式起重机(mobile crane)、浮式起重机(floating crane)、甲板起重机(deck crane)、桅杆起重机(derrick crane)和悬臂起重机(cantilever crane)。悬臂起重机又可分为柱式悬臂起重机(pillar jib crane)、壁上起重机(wall crane)和自行车式起重机(walking crane)(见图3-5)。

(a) 门座起重机 (b) 半门座起重机 (c) 塔式起重机 (d) 铁路起重机 (e) 流动式起重机 (f) 浮式起重机

图3-5 臂架式起重机

　　(g) 甲板起重机　　(h) 桅杆起重机　　(i) 柱式悬臂起重机　　(j) 壁上起重机　　(k) 自行车式起重机

图 3-5　臂架式起重机(续)

4. 缆索型起重机

缆索型起重机是指挂有取物装置的起重小车沿架空承载索运行的起重机。同其他起重机相比，它具有跨度大、速度快、效率高、总体结构简单、造价低廉、施工周期短等突出优点，并且不受气候和地形条件的限制，在特定的条件下能发挥其他起重机和起重技术所不能发挥的作用，因而被广泛应用于采矿工业、森林工业、工业原料场、码头、渡口以及桥梁、水电建筑工程的起重和施工作业中。

缆索型起重机主要有缆索起重机(cable crane)和门式缆索起重机(portal cable crane)(见图 3-6)。

　　　(a) 缆索起重机　　　　　　　　(b) 门式缆索起重机

图 3-6　缆索型起重机

(二)堆垛起重机

堆垛起重机，是用货叉或串杆攫取、搬运、堆垛或从高层货架上存取单元货物的专用起重机。堆垛起重机分为桥式堆垛起重机和巷道式堆垛起重机。

1. 桥式堆垛起重机

桥式堆垛起重机具有起重机和叉车的双重结构特点，像起重机一样，具有桥架和回转小车，桥架在仓库上方运行，回转小车可以在桥架上来回运行以服务多条巷道；同时，其又具有叉车的结构特点，即具有固定式或可伸缩式的立柱，立柱上装有货叉或者其他取物装置，取物装置在立柱上运行完成堆垛和取货作业，立柱可以回转，保证工作的灵活性。因为受限于立柱高度，桥式堆垛起重机的作业高度不能太高。另外，为了保证桥架的正常运行，货架和仓库顶棚之间需要有一定的空间。

桥式堆垛起重机主要适用于 12 米以下中等跨度的仓库，巷道的宽度较大，适用于笨重和长形、大件物料的搬运和堆垛(见图 3-7)。

2. 巷道式堆垛起重机

巷道式堆垛起重机是由叉车、桥式堆垛起重机演变而来的。由于桥式堆垛起重机的桥架十分笨重，使运行速度受到很大的限制，因此其仅适用于出入库频率不高或存放长形原材料和笨重货物的仓库。巷道式堆垛起重机能够在高层货架的巷道内穿梭运行，将位于巷道口的货物存入货格，或者取出货格内的货物运送到巷道口(见图3-8)。

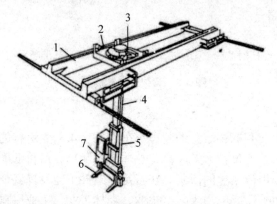

1—桥架；2—小车；3—回转平台；4—立柱固定段；5—立柱伸缩段；6—货叉；7—司机室。

图3-7　桥式堆垛起重机

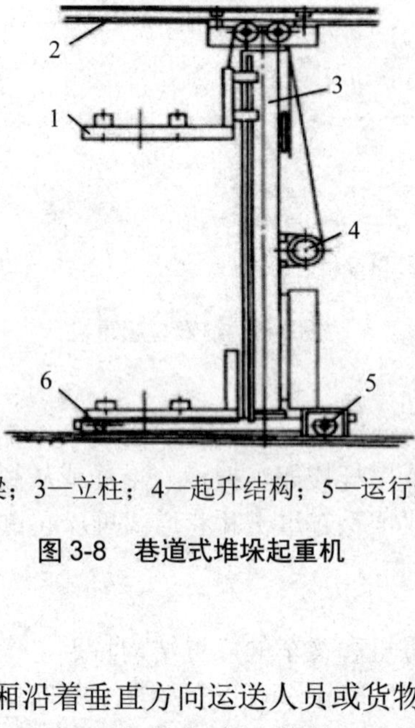

1—载货台；2—上横梁；3—立柱；4—起升结构；5—运行结构；6—下横梁。

图3-8　巷道式堆垛起重机

(三)起重电梯

起重电梯，是一种依靠轿厢沿着垂直方向运送人员或货物的间歇性运动的主要起升机械。在选择起重电梯时，首先要根据服务对象选择类型，再根据速度要求、起升高度、操作方式等选择电梯型号。

二、装卸搬运车辆

装卸搬运车辆是指依靠自身的运行和装卸结构的功能，实现货物的水平搬运、短距离运输及装卸的各种车辆。

装卸搬运车辆具有无轨行走结构，绝大多数是轮胎式行走结构，少数是履带式行走结构。它们的行走距离较短，活动范围有限，能够实现货物在仓库、港区等区域内的水平搬运。

(一)叉车

叉车(fork lift truck)是指具有各种叉具及属具，能够对物品进行升降和移动及装卸作业的搬运车辆。叉车是物流领域最常用的具有装卸、搬运双重功能的机械，能够减轻装卸工人繁重的体力劳动，提高效率，缩短车辆的停留时间，降低装卸成本。常见的叉车如图3-9所示。

(a) 平衡重式叉车　　(b) 侧叉式叉车　　(c) 前移式叉车　　(d) 多方向堆垛叉车　　(e) 拣选叉车

图3-9　常见的叉车

叉车的种类很多，结构特点和功能也各不相同，因此在选择叉车时，应根据物料的重量、状态、外形尺寸，以及叉车的操作空间、动力、驱动方式进行合理选择。

【知识拓展3-4】

叉车属具

叉车除了和托盘配合使用外，还能够和各种叉车属具(attachments of fork lift trucks)配合，通过在叉车的货叉架上增设叉车属具或采用叉车属具替代货叉进行多种作业。这就扩大了叉车的使用范围，提高了叉车的作业效率。图3-10列举了几种安装不同属具的叉车。

(a) 装旋转货叉　(b) 装吊钩　(c) 装刚性管插柱　(d) 装瓦楞纸箱夹板　(e) 装集装箱吊具　(f) 装桶罐夹具

(g) 装铲斗　(h) 装倾翻叉　(i) 装调距叉　(j) 装双栈板货叉　(k) 装左右侧移货叉　(l) 装前移叉

图3-10　安装不同属具的叉车

(二)搬运车

搬运车是指依靠自身的运行和装卸结构的能力，实现货物的水平搬运和短距离运输、装卸的各种车辆。常见的搬运车有托盘搬运车(pallet jack)、手推车(hand cart)、固定平台搬运车(fixed platform truck)和无人搬运车(automatic guided vehicle，AGV)。

1. 托盘搬运车

托盘搬运车是一种轻小型的搬运设备，它有两个货叉似的插腿，可插入托盘的叉孔内，插腿前端有两个小直径的行走轮，用来支撑托盘货物的重量。货叉通过机械或液压传动可以抬起，使托盘或货箱离开地面，然后进行移动。

按照动力方式分类，托盘搬运车可以分为手动托盘搬运车(hand jack)和电动托盘搬运车(walkie rider)，如图 3-11 所示。

(a) 手动托盘搬运车　(b) 步行式电动托盘搬运车　(c) 站驾式电动托盘搬运车　(d) 座驾式电动托盘搬运车

图 3-11　托盘搬运车

托盘搬运车广泛应用于收发站台的装卸或车间各工序间无须堆垛的搬运作业。

2. 手推车

手推车是一种以人力驱动为主，一般为不带动力在路面上水平运输货物的小型搬运车辆的总称。搬运作业距离一般不大于 25 米，承载能力一般在 500 公斤以下。手推车的特点是轻巧灵活、易操作、转弯半径小，被广泛应用于工厂、车间、仓库、商场、站台、货场等场所，是短距离运输较小、较轻物品的一种方便且经济的运输工具(见图 3-12)。

图 3-12　常见的手推车

3. 固定平台搬运车

固定平台搬运车是具有较大承载物料平台的搬运车。相对承载卡车而言，承载平台离地近，装卸方便，结构简单、价格便宜，轴距、轮距较小，作业灵活。一般用于库房内、库房与库房之间、车间与车间之间、车间与仓库之间的运输(见图 3-13)。

4. 无人搬运车

无人搬运车，又称自动导引车，是指装备有电磁或光学等导引装置、计算机装置、安全保护装置，能够沿设定的路径自动行驶，具有物品移载功能的搬运车辆。其显著特点是无人驾驶，AGV 上装备有自动导引系统，可以保障系统在无须人工引航的情况下能够沿预定的路线自动行驶，将货物或物料自动从起始点运送到目的地。常见的无人搬运车如图 3-14 所示。

图 3-13　固定平台搬运车

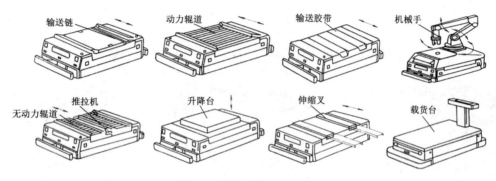

图 3-14　常见的无人搬运车

【课外资料 3-2】

京东无人仓里的 AGV

在京东无人仓里，AGV 很灵活，行驶速度约为 2 米/秒，自重为 100 公斤，最大负荷为 200 公斤，可以连续运行工作 8 小时，具有电量低自动充电的功能。AGV 车身很低，可以为仓储货架释放更多的有效利用空间。

为了提升 AGV 的运行速度和稳定性，京东自主研发了运动控制器，通过提取 AGV 的运动状态来驱动电机的速度，实现差速轨迹控制算法。这个算法使 AGV 在运行时更加平稳，而且运行轨迹更加准确。AGV 的前后车身内嵌入了防撞传感器和无线通信模块，保证它能够在京东仓库复杂的工况环境里轻松自如地工作。

AGV 的行驶依靠惯性导航和二维码，能够完全自主行走以及转弯，可以根据实际情况来调整安全速度，可以自动避障。AGV 是可以与人或者其他设备协作的设备，当人或者其他设备出现在它的面前时，它会自动停止进行保护；而当两个 AGV 在仓库相遇时，它们还可以重新规划路径。

三、输送机

输送机(conveyor)是指按照规定路线连续地或间歇地运送散状物品或成件物品的搬运

机械(GB/T 18354—2021)。

输送机是以搬运为主要功能的载运设备,有些输送机兼具装卸功能。输送设备能够进行叉车和吊车无法实现的连续搬运,作业效率更高。输送机的输送线路是确定的,只有在重新安装时才会改变路线,因而安装时应统筹规划。输送机已经被广泛应用于流水生产线、物料输送线,以及物流中心、配送中心的物料快速分拣和拣选。

常见的输送机有以下几种类型。

1. 带式输送机

带式输送机(belt conveyor)是以输送带作为承载和牵引件或只做承载件的输送机。采用胶带作为牵引构件,将输送带张紧在辊柱上,外力驱动辊柱转动,带动输送带循环转动,依靠输送带与物料之间的摩擦力移动置于其上的物料。带式输送机既可以用于输送散、粒、块状物料,也可以用于输送中小包装货物,一般不用于集装物的输送(见图3-15)。

　　(a) 直线带式输送机　　　　(b) 平面弯曲带式输送机　　　(c) 空间弯曲带式输送机

图 3-15　带式输送机

2. 板式输送机

板式输送机(slat conveyor)是在牵引链上安装承载物料(品)的平板或一定形状底板的输送机。在输送过程中,物料(品)放在平板或底板上,链条会带着板子移动,从而带动物料(品)一起移动。与带式输送机相比,板式输送机的可靠性更高,可运输散装、堆装、成件包装的物品(见图3-16)。

　　　(a) 平面板式输送机　　　　　　　　(b) 弯曲板式输送机

图 3-16　板式输送机

3. 斗式输送机

斗式输送机(bucket conveyor)是在牵引链上安装物料斗的输送机。在输送过程中,斗式输送机通过料斗把物料从下面的储槽中舀起,随着输送带(链)将物料提升到顶部,料斗绕过顶轮后向下翻转,从而将物料倒入接收槽内。斗式输送机主要用于在垂直方向上连续输送粉、粒状物料(见图3-17)。

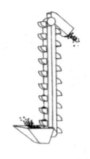

图3-17 斗式输送机

4. 辊子输送机

辊子输送机(roller conveyor)是用多个并排安装在机架上的辊子输送物品的输送机。辊子在动力驱动下可以在原处不停地转动，以带动货物移动；也可以在无动力驱动的情况下，以人力或货物重力推动货物在辊子上移动。辊子输送机具有很强的承载能力，辊子的滚转使货物在移动过程中所受的摩擦力很小，因而搬运大件、重件物品较为容易，常用于搬运包装货物或托盘集装货物(见图3-18)。

图3-18 辊子输送机

5. 滚轮输送机

滚轮输送机(wheel conveyor)是用安装在机架上的轮子输送物品的输送机，它和辊子输送机类似，不同之处在于安装的是小轮子而不是辊子。滚轮输送机无动力驱动，适合人力和重力搬运，主要用于仓库、配送中心等设施(见图3-19)。

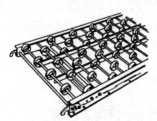

图3-19 滚轮输送机

6. 螺旋输送机

螺旋输送机(screw conveyor)是借助旋转的螺旋叶片，或者依靠带内螺旋而自身又能旋转的料槽输送物料的输送机。螺旋输送机具有结构简单、制造成本较低、易于维修、机槽密闭性较好等优点。螺旋输送机适宜输送粉状、颗粒状和小的块状物料，不适宜输送长纤维状、坚硬大块状、易黏结成块及易破碎的物料(见图3-20)。

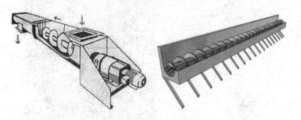

图 3-20　螺旋输送机

7. 悬挂输送机

悬挂输送机(overhead conveyor)通过固接在牵引链上的吊具，对物品进行空间输送，并能自动地装载和卸载。悬挂输送机可以自由选择输送线路，能有效地利用空间，节省人力，提高工作效率，广泛适用于成件物品的远距离输送、楼层提升、空中储存、送料等工艺及自动化涂装生产线等。常见的悬挂输送机如图3-21所示。

图 3-21　常见的悬挂输送机

8. 链式输送机

链式输送机(chain conveyor)是用绕过若干链轮的连续运动的无端链条输送货物的机械。链式输送机的结构原理与带式输送机很相似。区别主要在于：带式输送机用输送带牵引和承载货物，靠摩擦来驱动和传递牵引力；而链式输送机则用链条牵引，用固定在链条上的板片来承载货物，靠耦合驱动来传递牵引力。

此外，还有借助一定能量的气体或液体输送物料(品)的气力输送机(pneumatic conveyor)和液力输送机(hydraulic conveyor)。

【案例分析3-1】

联华便利物流中心装卸搬运系统

联华公司创建于1991年5月，是上海首家发展连锁经营的商业公司。公司的快速发展，离不开高效、便捷的物流配送中心的大力支持。目前，联华共有4个配送中心，分别是2个常温配送中心、1个便利物流中心和1个生鲜加工配送中心，总面积超过7万平方米。

联华便利物流中心总面积为8000平方米，由4层楼的复式结构组成。为实现货物的装卸搬运，其配置的主要装卸搬运机械设备为：电动叉车8辆、手动托盘搬运车20辆、垂直升降机2台、笼车1000辆、辊道输送机5台、数字拣选设备2400套。

装卸搬运的操作过程是：将来货卸下后，并把其装在托盘上，由手动叉车将货物搬运至入库运载处，入库运载装置上升，将货物送上入库输送带。当接到向第一层搬送指示的托盘在经过升降机平台时，不再需要上下搬运，而直接从当前位置经过一层的入库输送带自动分配到一层入库区等待入库；接到向二层至四层搬送指示的托盘，将由托盘垂直升降机自动传输到所需楼层。当升降机到达指定楼层时，由各层的入库输送带自动搬送货物至入库区。货物下平台时，由叉车从输送带上取下托盘入库。出库时，根据订单进行拣选配货，拣选后的出库货物用笼车装载，由各层平台通过笼车垂直输送机送至一层的出货区，装入相应的运输车上。

先进实用的装卸搬运系统，为联华便利店的发展提供了强大的支持，使联华便利物流中心的运作能力和效率大大提高。

(资料来源：http://course.cug.edu.cn/cugFourth/wlgl/page/anli7_2.htm. 略有改动)

思考题：
试分析联华公司物流配送中心先进的自动化装卸搬运系统是如何实现装卸搬运作业的。

第四节　装卸搬运机械的选择

在选择装卸搬运机械时，主要考虑以下因素。

(1) 作业性质和作业场合。

装卸搬运作业的性质和作业场合不同，配备的装卸搬运机械往往也不同。根据作业是单纯的装卸或单纯的搬运，还是装卸、搬运兼顾，从而选择合适的装卸搬运机械。

(2) 作业运动方式。

装卸搬运作业的运动方式不同，需配备不同的装卸搬运机械。水平运动，可配备选用卡车、牵引车、小推车等装卸搬运机械；垂直运动，可配备选用提升机、起重机等装卸搬运机械；倾斜运动，可配备选用连续运输机、提升机等装卸搬运机械；垂直及水平运动，可配备选用叉车、起重机、升降机等装卸搬运机械；多平面式运动，可配备选用旋转起重机等装卸搬运机械。

(3) 作业量。

装卸搬运作业量的大小关系到设备的作业能力，从而影响所需配备的设备类型和数量。作业量大时，应配备作业能力较强的大型专用机械；作业量小时，最好采用构造简单、造价低廉且又能保持一定生产能力的中小型通用机械。

(4) 货物的种类、性质。

货物的物理性质、化学性质及外部形状和包装千差万别，有大小、轻重之分，有固体、液体之分，有散装、成件之分，这些都是选择装卸搬运机械及工作方式的依据。

(5) 搬运距离。

长距离搬运一般选用牵引车和挂车等装卸搬运机械，较短距离搬运可选用叉车等装卸搬运机械，短距离搬运可选用手推车等装卸搬运机械。为了提高设备的利用率，应当结合装卸搬运机械的种类和特点，使行车、货运、装卸、搬运等工作密切配合。

(6) 作业速率。

按物流及物流速度、进出量要求确定是变速作业、高速作业还是平速作业，是连续作业还是间歇作业。

(7) 配套设施设备。

成套的配备装卸搬运机械，使前后作业相互衔接、相互协调，是保证装卸搬运工作持续进行的重要条件。因此，需要对装卸搬运机械在生产作业区、数量吨位、作业时间、场地条件、周边辅助设备上进行适当协调。

第五节　装卸搬运活性理论与合理化

一、装卸搬运活性理论

装卸搬运活性的含义是，从物料的静止状态转变为装卸搬运运动状态的难易程度。如果很容易转变为下一步的装卸搬运而无须做过多装卸搬运前的准备工作，活性就高；如果难以转变为下一步的装卸搬运，活性就低。

为了对活性有所区别，并能有计划地提出活性要求，且使每一步装卸搬运都能按一定的活性要求进行操作，人们对不同放置状态的货物做了不同的活性规定，这就是"活性指数"，其分为0~4共5个等级。

散乱堆放在地面上的货物，进行下一步装卸必须进行包装或打捆，或者只能一件件地操作处置，因而不能立即实现装卸或装卸速度很慢，这种全无预先处置的散堆状态，定为"0"级活性。

将货物包装好或捆扎好，然后置于地面，在下一步装卸时可直接对货载整体进行操作，因而活性有所提高，但操作时需支起、穿绳、挂索或支垫入叉，因而装卸搬运前预操作要占用时间，不能取得很快的装卸搬运速度，活性仍然不高，定为"1"级活性。

将货物形成集装箱或托盘的集装状态，或对已组合成捆、成堆或捆扎好的货物，进行预垫或预挂，装卸机具能立刻起吊或入叉，活性有所提高，定为"2"级活性。

将货物预置在搬运车、台车或其他可移动挂车上，动力车辆能随时将车、货拖走，这种活性更高，定为"3"级活性。

如果货物就预置在动力车辆或传送带上，即刻进入运动状态，而无须做任何预先准备，活性最高，定为"4"级活性。

装卸搬运活性指数越高，意味着所需的人工作业越少，但是相应的设备投入便会越多，因此在进行物流系统规划设计时，不要机械地认为活性指数越高越好，而是要根据实际情况综合考虑。

【知识拓展 3-5】

平均活性指数

为了对装卸搬运过程的活性进行基本估计,引入平均活性指数,其计算公式为:

$$平均活性指数=\frac{活性系数总和}{作业工序数}$$

为了直观地显示物料装卸搬运系统过程中各阶段活性指数变化状况,分析和确定改善物料装卸搬运的薄弱环节,可以采用装卸搬运作业活性分析图。图 3-22 是某企业的装卸搬运活性分析图,相应的平均活性指数为:

$$平均活性指数=\frac{1+2+0+2+1+4+3+4+4+1}{10}=2.2$$

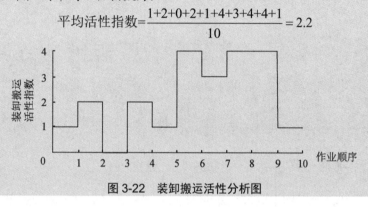

图 3-22 装卸搬运活性分析图

【知识拓展 3-6】

搬运方式的改进方法

平均活性指数的大小是确定改变搬运方式的信号,根据平均活性指数的大小,可以采用不同的改进方法。

(1) 当平均活性指数≤0.5 时,说明装卸搬运系统半数以上物料处于活性指数为 0 的状态,即大部分处于散装状态,改进方法是采用集装器具或手推车等存放物料。

(2) 当 0.5<平均活性指数≤1.3 时,说明装卸搬运系统大多处于活性指数为 1 的状态,即大部分物料处于集装状态,改进方法是采用叉车、卡车或动力搬动车。

(3) 当 1.3<平均活性指数≤2.3 时,说明装卸搬运系统大多处于活性指数为 2 的状态,其改进方法是采用动力车辆或传送带。

(4) 当平均活性指数>2.3 时,说明大部分物料处于活性指数为 3 的状态,其改进方法是从设备、方法方面进一步减少搬运工序数。

【案例分析 3-2】

某电机厂线圈搬运的改善

某电机厂要验收并压接厂外制造的线圈。交来的线圈每件重量为 10~40 公斤,搬运很困难,而且也不安全,因此决定改进物料搬运系统。

该作业的工艺流程为：卡车交货→称重→压接→检验→下一道工序。

工序虽然简单，但搬运工作量很大，经过分析发现，从卡车交货到检验搬运的总距离为30米，从卡车交货到下一道工序搬运移动共4次，装车、卸车次数超7次。

线圈搬运工序如图3-23所示，而搬运活性指数分析如图3-24所示。

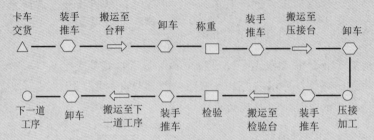

图3-23　线圈搬运工序

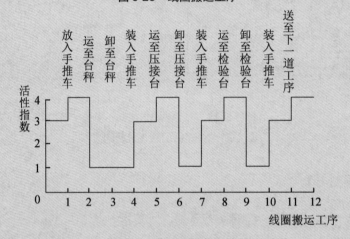

图3-24　搬运活性指数分析

根据分析结果，改进的重点归纳为：①装卸货次数过多，应想办法减少；②改进活性系数低的作业工序；③缩短移动距离。

基于此，考虑连同手推车一起称重，然后减去手推车的重量即可。同理，在手推车上进行压接和检验，从而消除了6项装卸作业，同时也提高了活性指数。现在一名女工就可以进行作业了。另外，改变了压接机的位置，搬运距离大为缩短，从30米减少到10米。

仔细观察生产的前后工序，会发现在产品的停滞、回收手推车等方面还存在着改进的空间。为消除停滞，使合格产品顺利进入下一道工序，可扩大分析对象范围并进一步分析工艺作业详情，以达到缩短时间和安全作业的目标。

(资料来源：齐二石. 物流工程[M]. 北京：清华大学出版社，2009. 略有改动)

思考题：

绘出改进后的装卸搬运活性指数图，计算改进前后工艺流程中的平均活性指数，并进行比较分析。

二、装卸搬运合理化

装卸搬运合理化是指以尽可能少的人力和物力消耗,高质量、高效率地完成货物的装卸搬运任务,保证供应任务的完成。装卸搬运合理化,是针对装卸不合理而言的,装卸搬运合理化的主要标志有次数少、距离短、衔接好及活性指数高。

装卸搬运合理化的主要措施有以下几项。

(一)防止无效装卸搬运

无效装卸搬运主要是指消耗于有用货物必要装卸搬运劳动之外的多余劳动。如果能防止无效装卸搬运,则能够大大节约装卸搬运劳动时间,提高装卸搬运效率,使装卸搬运合理化。

【知识拓展 3-7】

无效装卸搬运的主要表现形式

(1) 过多的装卸搬运次数。从发生频率来讲,装卸搬运高于其他物流作业活动,过多的装卸搬运次数必然减缓物流速度,增加物流成本,并增大货物损坏的概率。因此,要减少装卸搬运的次数。

(2) 过大的包装装卸搬运。包装是物流中不可缺少的辅助作业手段。包装的轻型化、简单化、实用化会不同程度地减少作用于包装的无效劳动。

(3) 无效物质的装卸搬运。进入物流过程的货物,有时混杂着没有使用价值或对消费者来讲与使用价值不符的各种掺杂物,如煤炭中的矸石、矿石中的表面水分、蔬菜中的腐烂菜叶等。在反复装卸时,这些无效物质会反复消耗劳动,因而形成无效装卸搬运。

(二)选择适宜的搬运路线

若物流量大且距离短,则适于用直达型的搬运路线;若距离长且物流量小,则适于用渠道型和中心型的搬运路线;若物流量大且距离又长,则说明这样的规划布局是不合理的。

【知识拓展 3-8】

搬运路线的选择

搬运路线通常分为直达型、渠道型和中心型(见图 3-25)。

(1) 直达型搬运路线。直达型搬运路线是指物料经由最近路线到达目的地。在直达型搬运路线上,各种物料从起点到终点经过的路线最短。当物流量大且距离短或距离中等时,直达型搬运路线是最经济的方式,尤其当物料有一定的特殊性且时间又较紧迫时则更为有利。

(2) 渠道型搬运路线。渠道型搬运路线是指一些物料在预定路线上移动,同来自不同地点的其他物料一起运到同一个目的地。当物流量为中等或少量而距离为中等或较长时,渠道型搬运路线是经济的方式，尤其当布局不规则时则更为有利。

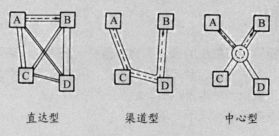

图 3-25 搬运路线图

(3) 中心型搬运路线。中心型搬运路线是指各种物料从起点移动到一个中心分拣处或分发地区，然后再运往终点。当物流量小且距离中等或较远时，中心型搬运路线是非常经济的方式，尤其当厂区外形基本上是正方形的且管理水平较高时更为有利。

(三)提高装卸搬运的活性和速度

由于装卸搬运在整个物流过程中是反复进行的作业，因此其速度决定整个物流的速度。若每次装卸搬运的时间较短，则多次装卸搬运的累计效果就十分可观。因此，提高装卸搬运活性对装卸搬运合理化具有非常重要的意义。

从理论上讲，装卸搬运活性指数越高越好，但也必须考虑到实施的可能性。例如，物料在储存阶段，活性指数为 4 的输送带和活性指数为 3 的车辆，在一般的仓库中很少被采用，这是因为大批量的物料不可能存放在输送带和车辆上。

(四)实现装卸搬运作业的省力化

在装卸搬运时要考虑重力因素，可以利用货物本身的重量，进行有一定落差的装卸搬运，以减轻劳动强度和消耗能量。例如，将设有动力的小型输送带(板)斜放在货车、卡车或站台上进行装卸，使物料在倾斜的输送带(板)上移动，这种装卸就是靠重力的水平分力完成的。在搬运作业中，不需要用手搬，而是把物资放在台车上，由器具承担物体的重量，只需要克服滚动阻力，便可使物料水平移动，这无疑是十分省力的方式。

(五)充分利用机械，实现"规模装卸"

装卸搬运时也存在规模效益问题，主要表现在一次装卸搬运量或连续装卸搬运量要达到充分发挥机械最优效率的水准。为了降低单位装卸搬运工作量的成本，应使装卸搬运机械的能力达到一定程度，以得到最优效果。追求规模效益的方法，主要是通过各种集装实现间断装卸时一次操作的最合理装卸量，从而使单位装卸搬运成本降低，也可通过散装实现连续装卸的规模效益。

(六)选择最好的搬运方式，节省体力消耗

在物流领域，即使现代化水平已经很高，也仍然避免不了要有人力搬运的配合，因此人力搬运合理化也是很重要的问题。科学地选择一次搬运重量和科学地确定包装重量可促

进人力装卸的合理化。

【案例分析3-3】

Z货运公司装卸搬运现状分析

Z货运公司主营零担配送、仓储、整车运输、专线运输等。Z货运公司在西安有4个收货点收取货物，晚上进行统一装车，发往相应的目的地。

货物运到公司堆场后，公司的装卸搬运工按地点不同将发货人随意摆放的货物通过人力或者利用叉车和手动叉车配合托盘的方式，将货物放置在指定位置。在作业过程中，工人将货物放置在叉车的托盘上，在叉车将货物放置货场的这段时间，车上的装卸搬运工将处于空闲期，装卸搬运工作间断。据测试，对于12米的低平板半挂车，使用滑梯、叉车和5个工人进行装卸搬运，比使用叉车、5个工人协助可以提前1小时完成。Z货运公司没有使用滑梯，装卸搬运作业时间较长，而且工人在装卸搬运较重货物的时候，作业强度大，消耗体力大，装卸搬运随时可能中断。

在狭窄的空间里，Z货运公司只能依靠手抱、肩扛。在装货时，7个人同时作业，5个工人靠人力装车，另外2个工人在车厢内摆放货物。5个人装车，2个人在摆放货物，容易造成货物在车厢口堆积，此时装车的工人会停止作业，等到车厢内的工人摆放好后再装车。在装进一部分货物后，若装卸搬运工觉得这样的配载方式装不下今天的货物，就会在车厢内将已装车的货物重新摆放，甚至卸下一部分已装车的货物，进行二次装车。

对于一些比较轻、耐碰撞、耐压的货物，装卸搬运工一般采用低空坠物的方法，直接将货物从车上扔下或者直接扔上车。Z货运公司一部分运输车是厢式货车，尤其在夏季，车内温度远高于车外，车内环境比较恶劣，粉尘之类的颗粒弥漫整个车厢，工人没有任何保护措施，而且车厢内工人的劳动量要远大于车外的工人，遇到重货时会摔货，由此导致货损，Z货运公司每个月都会有1000~2000元不等的赔损额。

此外，当发货人较多时，发货人先将货物卸载堆放在货场，财务人员给发货人开具发票的同时打印出条码，放置在一旁。等财务人员开完所有的发票之后，再一一核对发票上的货品、数量和条码数目是否一致，然后再将条码粘贴在相应的货物上。由于货物堆积在一起，财务人员在粘贴条码时，需要搬动货物以方便粘贴，最后再将货物堆积在一起。

(资料来源：李宁，刘铮. 基于物流视角下的装卸搬运研究：以振华货运公司为例[J]. 商场现代化，2017(5).

略有改动)

思考题:

Z货运公司装卸搬运存在哪些问题？应当如何改进？

习　　题

一、单选题

1. 装卸搬运活性指数可以分为(　　)个等级。
   A. 3　　　　　B. 4　　　　　C. 5　　　　　D. 6

2. 不属于装卸搬运特点的是( )。
   A. 附属性　　　　B. 支持性　　　　C. 低效性　　　　D. 衔接性

二、多选题
1. 按照装卸搬运机械的作业方式分类，装卸搬运可分为( )。
   A. 散装散卸式　　B. 叉上叉下式　　C. 移上移下式　　D. 滚上滚下式
2. 散装作业方法主要有( )。
   A. 倾翻法　　　　B. 机械作业法　　C. 气力输送法　　D. 筒仓法
3. 下列属于不合理装卸搬运的有( )。
   A. 过多的装卸搬运次数　　　　　　B. 无效物质的装卸搬运
   C. 过长的装卸搬运时间　　　　　　D. 过大包装的装卸搬运

三、简答题
1. 简述装卸搬运活性指数的五个等级。
2. 根据不合理装卸搬运的表现，给出实现装卸搬运合理化的建议。

第四章 仓储与保管

【案例导入】

京东的仓储扩张

京东物流的核心竞争力就是方便与快捷。当天上午 11:00 前提交的现货订单当日送达,这样的速度和体验在国内电商企业中无出其右。有人甚至认为,京东的物流和仓储体系是其最有价值的部分。京东物流快捷的配送速度主要得益于遍布全国各地的仓储体系,提前将货品放置各个地区仓库,"前置仓"缩短了配送距离。

自 2007 年开始,在一片不看好声中,京东开始埋头自建京东物流。从京东 2014 年上市招股书中可以看到,2009—2013 年,其在物流上分别投入了 1.44 亿元、4.77 亿元、15.15 亿元、30.61 亿元及 41 亿元,花费成本巨大。直到 2014 年上市,京东庞大的物流和仓储体系才展露在公众面前。其当年的仓储布局总规模就达到了 250 万平方米,超过了欧洲国家摩纳哥的国土面积。

上市之后,京东物流的快速扩张之路仍在持续,其仓储布局总规模增速十分迅猛,年复合增长率接近 60%。2017 年仓储规模已达到 1000 万平方米,服务范围覆盖了全国所有区县。截至 2020 年年底,京东物流运营超过 900 个仓库,仓储总面积约 2100 万平方米。

京东物流原本绝大部分的仓储依靠租赁,这部分资产占总资产的比重相对来说并不高。但随着物流地产行业的竞争日趋激烈,京东为保障自身供应,持续投入大部分资金进行物流建设,自有仓储比例逐渐提升。截至 2017 年年底,京东自有仓储物业 80 万平方米,占其总仓储面积的 8%。

不过,自建物流的成本实在过高。快速建设的同时,京东物流也在不断地亏损。刘强东在 2019 年的公开信中表示,京东物流已连续亏损 12 年,2018 年度的亏损总金额超过 28 亿元。在此背景下,京东也开始通过使用第三方资金的形式进行更多的物流仓储建设。

(资料来源:王方玉. 苏宁物流 VS 京东物流 轻重仓储博弈[J]. 英才,2019(Z2). 略有改动)

第一节 仓储概述

仓储业是随着物资储备的产生和发展而逐渐发展起来的。在社会分工和专业化生产的条件下,为保持社会再生产过程的顺利进行,必须储存一定量的物资,以满足一定时期内社会生产和消费的需要。

一、仓储的概念与性质

(一)仓储的概念

仓储(warehousing)是利用仓库及相关设施设备进行物品的入库、储存、出库的活动

(GB/T 18354—2021)。其中,"仓"是存放、保管、储存物品的建筑物或场所的总称,像古代的大型容器、洞穴或者特定的场所等,现代主要指存放和保护物品的房屋及建筑物等;"储"是将产品储存起来以备使用,具有存放、保管、养护的意思。

(二)仓储的性质

仓储的性质主要表现在以下几个方面。

(1) 仓储是社会再生产过程中不可缺少的环节。产品的使用价值只有在消费中才能体现,而产品从脱离生产到进入消费,一般要经过运输、仓储,因此仓储和运输一样,都是社会再生产过程的中间环节,是产品的生产过程在流通领域的延续。

(2) 仓储活动具有生产三要素。为了保证仓储业务的正常进行,必须具备相应的仓储设施、设备及操作工具,同时还需耗费一定的人力对储存的货物进行养护。因此,仓储活动与一般生产活动相同,都具有生产三要素:劳动力、劳动资料和劳动对象。仓储活动中的劳动力为仓储工作人员,劳动资料为仓储设备与设施,劳动对象为所保管的物资。

(3) 仓储活动中的某些环节实际上已经成为生产过程中的一个组成部分。生产过程中的某些工作已经延伸到仓储环节,如卷板在储存中的碾平及切割、原木的加工、零部件的配套、机械设备的组装等,都是为投入使用做准备,其生产性更为明显。

【课外资料4-1】

仓库的增值服务

仓库是物流网络的重要载体。传统仓库提供的仅是简单的货物堆存服务,仓库功能单一,盈利模式单一,投资回报率低。仓储企业向客户收取的仓储费一般为每天0.5元/平方米,而每平方米仓库的建造成本一般在1600元以上,在不考虑其他营业成本的情况下,仅收回建造成本就需要9年之久。这不免让人觉得仓储是一种低端的、低利润的服务行业。其实,仓库可以突破传统功能的局限,为客户提供多种多样的增值服务。例如,仓储企业与电子商务结合,为其提供分拣、包装服务,可以大大提高仓库的盈利能力。海淘某物流合作伙伴不仅向海淘收取每天1.2元/平方米的仓储费用,还收取其销售额30%的服务费。再如,仓储企业与海关的结合,使仓库成为保税仓库。这类仓库由于数量较少,空置率很低且租金较高,如上海外高桥保税区的租金可以达到每天1.5元/平方米。

二、仓储的分类

(一)按照仓储经营主体分类

(1) 自营仓储。自营仓储是指由生产企业或流通企业自建或者租赁仓库满足自身的仓储需求。生产企业自营仓储主要是为了保障生产,储存对象以原材料、零部件、中间产品和最终产品为主;流通企业自营仓储主要是为了支持销售,储存对象以经营的货物为主。

(2) 营业仓储。营业仓储是指仓储经营者以其拥有的仓储设施设备,向社会提供商业性仓储服务。仓储经营者与存货人签订仓储合同,并依照合同约定的内容提供仓储服务,收取相关费用。营业仓储的目的是通过提供仓储服务获得经济回报，实现利润最大化。与自营仓储相比，营业仓储的利用效率较高。

(3) 公用仓储。公用仓储是作为公用服务的配套设施，为车站、码头、机场等运输节点提供仓储配套服务。它主要是保证车站、码头、机场等物流作业的通畅，具有内部服务的性质。

【案例分析4-1】

钢铁自营仓储是否划算

仓储行业发生的多起重复质押事件给业内人士留下阴影——把货放在出过问题的仓库里，货物的安全得不到保障。因此，出现了一种奇怪现象——在众多钢材仓库存量不足的情况下，却仍有一部分做钢材生意的人在为找仓库而烦恼。这些忙于找仓库的企业，都有一个共同的出发点，那就是确保所存货物安全。这其中，有传统租借仓库的，也有准备租场地自行管理的，还有一部分是准备自建仓库的。

自建仓库一般是企业租赁独立的地块或承包一个仓库。那么，自建仓库是不是划算呢？从环境因素考虑，以上海等地为例，这些地区存储钢材的库点已经处于饱和状态。目前可以查到的资料显示，上海专业钢材仓库已有115家以上，能存放一定量的现货钢材货场有50多家。因此，企业在自建仓库时，先要充分考虑当地的经营环境。除此之外，目前，整个钢铁产业链景气指数很低，仓储业也不景气。按理说，租赁经营不善或利用率不高的仓库自建仓库，可以通过压价得到很划算的价位。然而，有些费用还是有一定刚性的。

假如企业自建一个100亩(约66 700平方米)的仓库，按照上海目前的市价，铁路沿线的地段为每平方米0.6元/天，非沿线地段为每平方米0.4元/天，码头露天堆场是0.4元/天。每天的场地租赁费用就分别高达40 020元和26 680元。除此之外，支出较多的还是人工成本。100亩规模的钢材仓库需要员工80~100人，按平均工资4000元/月计算，起码为32万元/月。此外，水电煤费、设备折旧费、办公用品费等加在一起，这种规模的仓库支出每月需在100万元左右。这100亩地不可能全都用于堆放钢材，需要为办公楼、停车场、开平加工线、员工宿舍、食堂和各类车辆通道等留出一定的空间。

从已有同规模钢材仓库实际情况看，堆放市场最为流通的螺纹钢、热卷和型钢等品种，其存放量在6万吨左右。以自建仓库每月100多万元的消耗计，平均摊在6万吨钢上，费用将在17元/月左右。所以，自建仓库基本上是不赚钱的。

专业的第三方仓库为什么能盈利？靠跑量，以提高进出库频率换取增量。第三方仓库企业的业务来自和钢铁产业链相关的企业，流量肯定比自建自用仓库大，而自建仓库的通病往往是对外业务联系较少，一旦存量发生变化，就有可能成为企业的包袱。

(资料来源：禹心. 钢贸企业自办仓库不划算[N]. 现代物流报，2013-01-21. 略有改动)

思考题：
结合案例，论述自营仓储和营业仓储的优、缺点。

(4) 战略储备仓储。战略储备仓储是为了国防安全和社会稳定，国家对战略性物资实行储备而建的仓储。战略储备由国家控制，通过立法、行政命令的方式进行，由执行战略物资储备的政府机构运作。战略储备仓储的特点是重视储备品的安全性,储备时间较长。战略储备物资主要有粮食、能源、有色金属、淡水、棉花等。

(二)按照仓储对象分类

按照仓储对象的不同,仓储分为普通货物仓储和特殊货物仓储两类。

(1) 普通货物仓储。普通货物仓储是指无须特殊仓储保管条件的货物仓储。如日常生活用品、建筑材料等,对仓储保管条件没有特殊要求,可以在普通仓库或货场存放。

(2) 特殊货物仓储。特殊货物仓储是指对仓储保管条件有特殊要求的货物仓储,如危险品仓储、冷库仓储、粮食仓储等。

(三)按照仓储功能分类

按照仓储功能不同,仓储分为储存仓储、物流中心仓储、配送仓储、运输转换仓储、保税仓储五类。

(1) 储存仓储。储存仓储是指需要较长时间存放货物的仓储。以这种仓储形式存放的货物存放时间长、存储费用低廉、库存量大,应当特别注重对货物质量的保管和维护。

(2) 物流中心仓储。物流中心仓储是以物流管理为目的的仓储形式。物流中心一般在交通较为便利、储存成本较低的经济地区的中心,其储存的货物品种较少,较大批量进库、一定批量出库,整体吞吐能力强。

(3) 配送仓储。配送仓储也称为配送中心仓储,是货物在配送交付给客户之前所进行的短期仓储。配送仓储货物品种繁多、批量少,需要一定量进库、分批少量出库操作,经常需要进行拆包、分拣、组配等作业,主要目的是支持销售,注重对货物存量的控制。

(4) 运输转换仓储。运输转换仓储是衔接不同运输方式的仓储形式,通常在不同运输方式的相接处进行,如港口、车站、机场等场所,主要目的是保障不同运输方式的高效衔接,减少运输工具的装卸和停留时间。运输转换仓储具有批量进货、批量出货的特征,货物在库时间短,货物的作业效率和周转率高。

(5) 保税仓储。保税仓储一般在进、出境口岸附近进行,是使用海关核准的保税仓库存放保税货物的仓储活动。保税货物主要是暂时进境后还需要复运出境的货物,或者海关批准暂缓纳税的进口货物。保税仓储受到海关的直接监控,虽然货物由存货人委托保管,但保管人要对海关负责,出入库的单据均须由海关签署。

【案例分析4-2】

保税备货与直邮进口模式对比

随着跨境进口电商的发展,各种新型进口方式快速发展,其中保税备货和直邮进口两种方式最引人注目。保税备货是指借助保税区,海外商品以批量运输方式进境,形成进境备案清单,在保税区内保税存储,消费者网上下单后,由保税区内储备货源直接发货;直邮进口是指消费者在相关购物网站下单后,商家再从国外发货,以国际快递方式直接寄送至国内消费者手中。实践中,阿里巴巴、亚马逊、苏宁等纷纷选择了这两种进口方式。

1. 货品供应

保税备货模式提前将商品运至国内保税仓库，若订单超出预期，则需要临时加运。而目前与天猫国际、洋码头等电商合作的国外商户有限，可供货品为 10 万多种，且主要是一些规模化生产的标品，而一些时尚化、个性化的产品目前供应有限。例如，宁波跨境贸易电子商务进口商品在试点一年后，海关审核备案商品 5150 种，上架销售商品 3543 种。直邮进口是先有订单再直接从国外发货，货品供应丰富，如亚马逊自有商品总计达 8000 万种，但部分商品标明不能邮往中国。目前，亚马逊海外购主要覆盖 12 个国家的 3 万多种商品。

2. 运输成本

以某品牌婴儿肩带包被为例(30.2 厘米×13.5 厘米×7.9 厘米，386 克，羊毛)，在海外网站标价为 31.99 美元，保税备货模式下，若电商企业先行备货到上海自贸区的保税仓库，从纽约到上海 20 英尺(1 英尺=0.304 8 米)集装箱的运费约为 950 美元，保险费为 602 美元。一个 20 英尺集装箱可装 9367 件包被，每件单品平均分摊的运保费为 0.165 美元，以汇率 6.2125 折算成人民币，每件分摊的运保费约为 1 元。

在直邮进口模式下，通过国际物流公司以快递的形式从纽约寄送到上海，运费起价约为 300 元。针对运费太贵的问题，亚马逊推出了下调直邮中国运费活动，每磅仅收取 1.99 美元，另加每单 1.99 美元服务费。部分商品如服装和鞋类支持免运费直邮，具有较强吸引力。而在国内某知名海淘网站，同一款包被寄送到消费者手中收取的运费为 44 元(国际运费 36 元+国内运费 8 元)。这种方式是通过转运公司先批量将货物运至香港等地，再从香港转送到内地，相对更加便宜。

3. 物流时间

在保税备货方式下，货物已运至国内，从保税仓库发货到达消费者手中，一般需 1~3 天，与在国内网站购物差不多。直邮进口的最大劣势在物流方面，运输时间一般需 9~15 天，部分加急可以 2~5 天到达，不过需要支付较高的运费。另外，直邮进口方式下订单跟踪比国内难度大。跨境进口订单的碎片化，对物流的信息化、清关、运输速度等都提出了较高的要求。要使消费者能够直观地跟踪订单的物流信息，这在国内物流部分问题不大，但国际部分就需要国与国之间形成国际统一的物流信息共享渠道，方便信息的对接与传递。

4. 清关查验

在保税备货模式下，商品统一发至保税仓库，宁波海关推出"入区检疫、区内监管、出区核查"的监管模式，方便商品的监管和放行。

2014 年 7 月，海关总署第 56 号公告出台并规定，电商企业或个人在直邮进口模式下，都要向通关管理平台传送交易、支付、仓储和物流等数据。当商品到达海关时，海关信息系统自动调出数据进行快速清关，大大提高了通关效率，而检验部门与海关"一致申报、一致查验、一致放行"。虽然 56 号公告的出台为海外直邮打通了渠道，但商品是在国外打包发货，而且海外直邮进口带来的是大量碎片化的订单，因此很难统一查验，查验要求更高。相比之下，保税备货是在国内保税仓库打包，查验起来更容易。

5. 海关进口税

仍以婴儿肩带包被为例，如果是一般贸易按货物申报，关税负担为 260 元，进口环节要缴纳增值税，应纳税额为78.2元，两种税收合计共需338.2元。包被为纺织品，行邮税税率仅为20%，折算下来，税收负担为98.6元。

保税备货商品进入保税区，海关总署允许"保税进，行邮出"，这就极大地节省了电商企业的税收负担。直邮进口商品可以从试点城市的跨境电商绿色通道验放，按照个人物品增收行邮税，在税额不超过50元时免税。不过，个人物品以自用为限，物品金额不超过1000元(港澳台为800元)，如果物品金额超过1000元，则将被退运或改走货物流程申报纳税。

6. 退换货服务

保税备货模式下，退换货非常方便，只需支付十几元快递费发至保税仓库更换。而直邮进口退换货与其相比麻烦得多。以英国亚马逊为例，自营的商品退换货相对便利，退货费用为4英镑；如果是第三方卖家商品，则需要更长的时间和更贵的费用；而且国外网站客服人员一般很少，联系上之后需要填写英文的退货申请，退货回去一般速度比较慢，动辄一两个月，而且退回欧美需要的快递费用要50~60元，是国内快递费用的5~10倍。

(资料来源：张丽霞. 跨境进口电商：保税备货 v.s.直邮进口[J]. 对外经贸实务，2015(5). 略有改动)

思考题：
保税备货具有哪些特点？

第二节 仓储设施与设备

仓储设施与设备为货物存储提供了基本的物质保障，是实现仓储功能的重要保证。

一、仓储设施

仓储设施主要是指用于仓储的库场建筑物，它由主体建筑、辅助建筑和附属设施构成。

仓储的主体建筑包括露天堆场、货棚和库房等。露天堆场，也称货场，是用于存放货物的露天场地，适宜存放经得起风吹、雨淋、日晒，经过苫垫堆垛的货物或散装货物。货场装卸作业方便，建造成本小，但储存的品种有限。货棚是一种简易的仓库，为半封闭式建筑，适宜储存对温度、湿度要求不高，出入库频繁的物品及怕雨淋但不怕风吹日晒的产品。货棚的保管条件不如封闭式仓库，但出入库作业比较方便，且建造成本较低。库房是存储货物的主要建筑，多采用封闭方式，可以提供良好的储存和养护条件。库房主要由库房基础、地坪、墙壁、库门、库窗、柱、站台、雨棚等组成，一般用于储存怕风吹、日晒、雨淋且对保管条件要求较高的物品。

仓库辅助建筑主要是指办公室、车库、修理间、装卸工人休息间、装卸工具储存间等建筑物。这些建筑一般设在生活区，并与存货区保持一定的安全间隔。

仓库附属设施主要有通风设施、照明设施、消防安全设施、取暖设施及避雷设施等。

二、仓储设备

仓储设备是指仓储业务所需的所有技术装置与机具，即仓库进行生产作业或辅助生产作业，保证仓库及作业安全所必需的各种机械设备的总称。仓储设备主要包括保管设备和辅助设备。

(一)保管设备

保管设备主要包括货架和托盘。货架是指专门用于存放成件货物的保管设备，同托盘一样，在现代物流活动中发挥着重要的作用，是实现仓库管理现代化的重要工具和手段。

(1) 层架(shelf)由主柱、横梁及层板构成，架子本身有数层，层间用于存放物品[见图 4-1(a)]。层架具有结构简单、省料、适用性强等特点，便于收货和发货作业，但存放货物数量有限，主要用于人工作业仓库。层架的应用领域非常广泛，轻型层架多用于小批量、零星收发的小件物资的储存，中型和重型层架要配合叉车等工具储存大件、重型物资。

(2) 托盘式货架(pallet rack)是指存放托盘货物的货架[见图 4-1(b)]。托盘式货架所用材质多为钢材结构，也可用钢筋混凝土结构。采用托盘式货架，一个托盘占据货架的一个货位，能提高仓库的空间利用率，便于计算机的管理与控制。托盘式货架可实现机械化作业，货架之间留有供堆垛起重机和叉车作业的巷道，能够提高存取作业的效率。

(3) 抽屉式货架(drawer type rack)与层架相似，区别在于层格中有抽屉[见图 4-1(c)]。抽屉式货架属于封闭式货架，具有防尘、防潮、避光的作用，适用于较贵重的小件物品及怕尘土、怕湿的贵重物品的存放，如刀具、量具、精密仪器、药品等。

(4) 悬臂式货架(cantilever rack)，又称树枝形货架，由中间立柱向单侧或双侧伸出悬臂构成[见图 4-1(d)]。悬臂式货架具有结构轻巧、载重能力好等特点，适用于存放长条形材料、圆形和不规则货物，如轮胎、型钢等，可采用起重机、侧面叉车、长料堆垛机作业。

(5) 驶入式货架(driven-in rack)，又称进车式货架，是可供叉车驶入并存取单元托盘物品的货架[见图 4-1(e)]。通常采用钢质结构，钢柱上有向外伸出的水平凸出构件。当托盘送入时，凸出的构件将托盘底部的两个边托住，使托盘起到横梁的作用。当货架没有存放托盘货物时，就形成了若干通道，可供叉车进出作业。驶入式货架是高密度存放货物的货架，库容利用率可达 90%以上。其缺点是不能实现货物的先进先出，每一巷道只适合存储同一种、不受保管时间限制的货物。

(6) 移动式货架(mobile rack)，又叫动力式货架，是可在轨道上移动的货架[见图 4-1(f)]。移动式货架只需要一个作业通道，可大大提高仓库面积的利用率，单位面积储存量是托盘式货架的 2 倍左右，适用于库存品种多、出入库频率较低的仓库，或库存频率较高，但可按巷道顺序出入库的仓库。例如，办公室存放文档，图书馆存放档案文献，金融部门存放票据，均可采用该种货架。

(7) 重力式货架(live pallet rack)是一种密集存储单元物品的货架系统[见图 4-1(g)]。在货架的每层通道上，都安装有一定坡度的、带有轨道的导轨，入库的单元物品在重力的作用下，由入库端流向出库端。重力式货架采用密集式流道储存货物，空间利用率可达 85%，与托盘式货架相比，大大节省了通道面积，同时减少了货位的空缺现象，可实现货物的先进先出；储物形态为托盘或储存箱，货物存取时叉车的行程最短。

(8) 阁楼式货架(attic shelves)是一种充分利用空间的简易货架，一般采用全组合式结构模式，采用专用轻钢楼板，将原有的储存区做楼层分隔[见图 4-1(h)]。底层货架不但是存取货物的场所，也是上层建筑的支柱。阁楼式货架一般采用输送机、提升机、电动葫芦等来提升货物，也可采用升降台来进行货物的提升。在阁楼上面可用轻型小车或托盘牵引车对货物进行堆码。

(9) 旋转式货架，又称回转式货架(carousel)，通过货架的水平、垂直或立体方向回转，使货物随货架移动到取货者面前。这种货架存储密度大，节省占地面积，货架拣选路线简捷，因而拣货效率高，拣货时不容易出现差错[见图 4-1(i)、图 4-1(j)]。

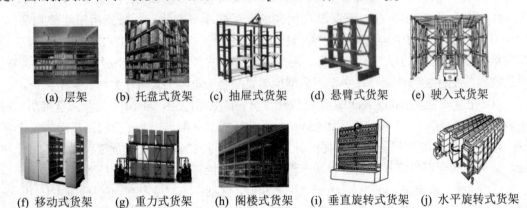

图 4-1 常见的货架类型

(二)辅助设备

仓库中的辅助设备主要包括计量设备、养护设备、装卸月台等。

(1) 计量设备是货物进出库的计量、点数，以及在库盘点、检查中经常使用的度量衡设备。计重计量设备要求准确、灵敏、稳定，主要有地磅、轨道衡、电子秤、电子计数器、流量仪、皮带秤、天平仪及较原始的磅秤、转尺等。

(2) 养护设备主要对货物进行养护，防止货物变质、失效，包括温度仪、测潮仪、吸潮器、烘干箱、空气调节器、货物质量化验仪器等。

(3) 装卸月台可用于车辆停靠、货物的暂存和装卸搬运。利用装卸月台可以方便地将货物装车或卸车，实现物流网络中线与节点的衔接。装卸月台分为高月台和低月台两种。月台高度与车辆货台高度基本保持一致的为高月台，可以进行货物的水平装卸；月台和仓库地面处于同一高度的为低月台，低月台的装车、卸车作业不如高月台方便，但可以通过在车辆和仓库之间安装输送机，使输送机的载货平面与车辆货台保持同等高度，从而达到方便装货、卸货作业和提高作业效率的目的。

第三节 仓储作业管理

仓储作业主要包括物资的入库、储存保管和出库三个环节,它们相互衔接,共同实现仓库的所有功能。

入库是前提,出库是目的。入库是仓储作业的开始,是货物储存保管工作的前提条件;储存保管是为了保持货物的使用价值不变,衔接供需;出库则是仓储作业的结束,是货物储存保管工作的完成,是仓储目的的实现。仓储作业流程如图4-2所示。

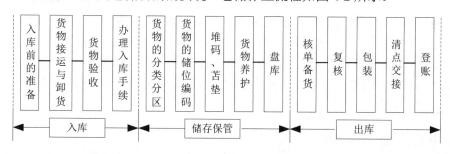

图4-2 仓储作业流程

一、入库作业

(一)入库前的准备

入库前的准备工作主要有以下几项。

(1) 编制计划。进货计划主要包括货物的进货时间、品种、规格、数量等。仓储部门应根据货物情况,结合仓库本身的情况,根据仓库业务操作过程所需要的时间来编制计划,并将计划书下达到相应的各作业单位和管理部门。

(2) 组织人力。组织人力是指按照物品到达的时间、地点、数量等预先做好到货接运、装卸搬运、检验、堆码等人力的组织安排。

(3) 准备设备及器具。根据入库物品的种类、包装、数量等情况及接运方式,确定搬运、检验、计量等方法,配备好所用车辆、检验器材、度量衡器及装卸搬运、堆码的工具,以及必要的防护用品、用具等。

(4) 安排货位。按照入库货物的品种、性能、数量、存放时间等,结合物品的堆码要求,核算占用货位的面积,以及进行必要的腾仓、清场、打扫、消毒并准备好验收场地等。

(5) 备足苫垫用品。根据入库物品的性能、储存要求、数量和保管场地的具体条件等,确定入库货物的堆码形式和苫盖、下垫形式,准备好苫垫材料,以确保物品的安全和避免以后的重复工作。

(6) 验收准备。仓库理货人员根据货物情况和仓库管理制度,确定验收方法,准备验收所需要的点数、称量、测试、开箱装箱、丈量、移动照明等器具。对于一些特殊货物的验收,如剧毒物品、腐蚀物品、放射物品等,还要准备相应的防护用品。

(7) 制定装卸搬运工艺。根据货物、货位、设备条件、人员等情况,科学、合理地制定卸车搬运工艺，保证作业效率。

(8) 准备文件单证。仓库管理员要准备好货物入库所需的各种报表、单证、账簿，以备使用。

不同仓库、不同货物的业务性质不同，入库准备工作也有所区别，需要根据具体情况和仓库管理制度做好充分准备。

(二)货物接运与卸货

(1) 货物接运。接运工作是仓库业务活动的开始，它的好坏直接影响货物的保管质量，应避免将一些在运输过程中或运输前就已经损坏的货物带入仓库。同时，接运工作直接与货物承运方接触，因此做好接运工作必须熟悉交通运输部门的规章制度。货物接运方式主要包括车站(码头)接货、专用线接货、仓库自行接货和库内接货四种。

(2) 卸货。卸货方式通常有人工卸货、输送机卸货和叉车卸货等。在卸货过程中，为了作业安全与方便，常采用可移动式楔块、升降平台、车尾附升降台和吊钩等设施辅助卸货作业。

(三)货物验收

货物验收是按照验收业务作业流程，核对凭证，对入库货物进行数量和质量检验，并办理入库手续等活动的总称。货物验收可以确保入库货物数量准确和质量合格，是确保入库货物质量的重要环节。

(1) 核对凭证。核对凭证即核对货主提供的收货凭证(入库通知单和订货合同副本)、供应商提供的验收凭证(材质证明书、装箱单、磅码单、发货明细表、保修卡、合格证等)、承运单位提供的运单(提货通知单、货运记录、普通记录及公路运输交接单等)。入库通知单、订货合同要与供货单位提供的所有凭证逐一核对，相符后才可以进行实物检验；若出现凭证不齐全或数据项不符等情况，要与存货单位、供货单位及承运单位和有关业务部门及时联系解决。

(2) 实物检验。实物检验是指根据入库通知单和有关技术资料对实物进行数量检验和质量检验。数量检验应根据入库凭证中规定的计量单位进行，由仓库保管职能机构组织进行。数量检验有计件、检斤和检尺求积三种形式，如竹材、砂石、木材等，先检尺，后求体积。质量检验有外观检验、尺寸检验、机械物理性能检验和化学成分检验四种形式。仓库一般只做前两种检验，后两种检验则由仓库技术管理职能机构取样，委托专门检验机构检验。

【知识拓展4-1】

货物验收中问题的处理

仓库到库货物来源复杂，涉及货物生产、采购、运输等多个作业环节，不可避免地会出现诸如证件不齐、数量短缺、质量不符合要求等问题。因此，在收货验收过程中，要认真、细致，区别不同的情况，及时进行处理。

(1) 证件不全的问题。若验收需要的证件未到或证件不齐全，要及时向供应商索取，验收人员可对已到库货物做待验处理,并在库内临时妥善保管,待证件齐全后再进行验收。证件未到之前,货物不验收、不入库、不发货。

(2) 质量或规格出现问题。供应商提供的质量证明书与规定的技术标准或与订货合同不符时,应马上通知货主,由货主与供应商交涉解决;货物规格不符或错发时,应先将规格对的货物予以入库,规格不对的货物应做好验收记录并交给相应部门办理换货,同时会同有关人员当场做出详细记录,交接双方在记录上签字。

(3) 数量出现问题。货物数量的溢、缺若在规定范围内,可按原数入账。凡超过规定范围的,应查对核实,做成验收记录和磅码单交主管部门向供应商办理交涉。对于发现的问题要按规定的手续,在规定的期限内向有关部门提出索赔要求。

(4) 证物不符的问题。验收过程中发现验收单证与实物不符时,应把到库货物置于待检区,并及时与供应商进行交涉,可以采取拒绝收货、改单签收或退单、退货的方式解决。

(5) 错验的问题。验收员在验收过程中出现数量、质量等方面的差错时,应及时通知货主,积极组织力量进行复验,及时更正。

(四)办理入库手续

货物验收合格后可办理入库手续,由仓库保管员填写入库通知单。入库单据必须具备送货回单、储存凭证、仓储账页和货卡四联,且附上检验记录单、磅码单、产品合格证、装箱单等有关资料凭证,用于证实入库货物已经检验合格,可以正式入库保管。

(1) 记账。为了保证货物数量能准确反映其进、出、存情况,保管业务部门要建立详细反映库存货物进、出和结存的货物明细料账,用以记录库存货物的动态,并为对账提供依据。货物明细料账,是根据货物入库验收单及有关凭证建立的货物保管明细台账,并按入库货物的类别、品名、规格、批次等,分别立账。它是反映在库储存货物进、出、存动态的账目。

(2) 立卡。货物入库或上架后,将货物名称、规格、数量或出入状态等内容填在货卡上,称为立卡。货卡又称为料卡、货物验收明细卡,插放在货物下方的货架支架上或摆放在货垛正面的明显位置,能够直接反映该垛货物的品名、型号、规格、数量、单位及进出动态和积存数。按照货卡的作用不同,可分为货物状态卡、货物标识卡、货物存储卡等。

(3) 建档。建档就是将货物入库作业过程的重要资料进行整理和核对,建立相应的货物资料档案。货物档案要求一物一档,并对货物统一编码和保管。存档资料主要包括出厂时的凭证和技术资料,运输资料、凭证,入库验收的凭证和资料,在库保管期间的记录,货物的出库凭证及其他有关资料。某种货物全部出库后,除了必要的技术证件必须随货同行不能抄发外,其余均应留在档案内,并且将货物出库证件、动态记录等整理好一并归档。

二、储存保管

储存保管主要包括货物的分类分区、堆码、货物养护、盘点等,有关储存保管的内容见本章第四节和第五节。

三、出库作业

(一)货物出库的基本要求

货物出库要做到"三不、三核、五检查"。"三不"是指未接单据不翻账、未经审单不备货、未经复核不出库;"三核"是指在发货时,要核实凭证、核对账卡、核对实物;"五检查"是指对单据和实物要进行品名检查、规格检查、包装检查、数量检查、重量检查。货物出库要求严格执行各项规章制度,提高服务质量,使客户满意,避免出现差错。

(二)货物出库方式

出库方式是指仓库以怎样的方式将货物交付给客户。货物出库的方式主要有送货、自提、过户、取样和转仓,选用哪种方式出库,要根据具体情况,由供、需双方事先商定。

(1) 送货是指仓库根据货主单位的出库通知或出库请求,通过发货作业把应发货物交由承运方送达收货单位或使用仓库自有车辆把货物运送到收货地点的一种出库方式。

(2) 自提是指由提货人按货主所填制的发货凭证,用自备的运输工具到仓库提取货物。仓库会计人员根据发货凭证开出货物出库单。仓库保管人员按上述证、单配货,经复核人员逐项核对后,将货物当面交给提货人员,在库内办清交接手续。

(3) 过户是指货物并未实际出库,仅通过转账变动其所有权的一种发货方式。货物过户时,仓库必须根据原货主填制的正式发货凭证办理过户手续。

(4) 取样是指货主由于商检或样品陈列等需要,到仓库提取货样(通常要开箱拆包、分割抽取样本)。仓库必须根据正式取样凭证发出样品,并做好账务记载。

(5) 转仓是指某些货物由于业务上的需要或保管条件的要求,必须从甲仓库移到乙仓库储存的一种发货方式。这些货物的出仓是根据仓库填制的货物移仓单进行发货的。

(三)出库业务程序

1. 出库前的准备

出库前的准备工作主要包括计划工作,出库货物的包装和标志、标记工作两个方面。

(1) 计划工作即根据货主提出的出库计划或出库请求,预先做好货物出库的货位、机械设备、工具及工作人员等各项安排,以提高出库的效率。

(2) 出库货物的包装和标志、标记工作。发往外地的货物,需经过长途运输,包装必须符合交通运输部门的规定,如捆扎包装、容器包装等;如果成套的器械、器材发往外地,必须事先做好货物的清理、装箱和编号工作,在包装上挂签(贴签)、书写编号和发运标记(货物的去向),以免错发和混发。

2. 出库程序

(1) 核单备货。接到出库凭证后,首先应对出库凭证进行审核:审核凭证的合法性、真实性;审核出库凭证手续是否齐全,内容是否完整;核对货物的品名、型号、规格、单价、数量等有无差错;核对收货单位、到站、开户行和账号是否齐全和准确。凡在证件核对中,有物资名称、规格型号不对,印签不齐全,数量有涂改,手续不符合要求的,均不能发货出库。对以上内容核对无误后，在货账上填写预拨数后，将出库凭证移交给仓库保管人员，经复核无误后，即可开始备货。备货时应遵循"先进先出"的原则，易霉易坏的先出、接近失效期的先出。

(2) 复核。为了避免和防止备货过程中可能出现的差错，备货后应进行复核，以防止错发、漏发、重发等事故的发生。复核的内容包括查看货物数量是否准确，查验货物出库所应附的技术证件及凭证是否齐全，核对货物的品名、规格是否相符，检查货物的包装质量是否能满足运输要求，等等。

出库的复核形式主要有专职复核、交叉复核和环环复核三种。专职复核是指由仓库设置的专职复核员进行复核；交叉复核是由两名发货保管员对对方所发货物进行照单复核，复核后应在对方出库单上签名以与对方共同承担责任；环环复核是指发货过程的各道环节，如查账、付货、检斤、开出门证、出库验放、销账等各道环节，对所发货物的反复核对。

(3) 包装。为了保障货物运输的安全性，出库货物一般需要重新包装或加固包装。出库货物的包装必须完整、牢固，标记必须正确、清楚。货物包装破损不能出库，包装容器上有水渍、油迹、污损也不能出库。出库货物如需托运，包装必须符合交通运输部门的要求，选用适宜的包装材料，使其重量和尺寸便于装卸和搬运，以保证货物在途安全。另外，互相影响或性能互相抵触的货物严禁混合包装在一起。包装完毕后，外包装上要注明收货人、到站、发货号、发货总件数、发货单位等。

(4) 清点交接。货物经过复核和包装后，无论是客户自提，还是交付承运方发送，发货人员必须将货物向提货人员或运输人员当面点交清楚，分清责任。需要送货或办理托运的，应由仓库保管部门移交交通运输部门；如果是用户自提方式取货的，则将货物和单据当面点交给提货人。在得到提货人员的认可后，在出库凭证上加盖"货物付讫"印戳，同时给提货人员填发出门证，门卫按出门证核检无误后方可放行。

(5) 登账。点交后，保管员应在出库单上填写实发数、发货日期等内容，并签名，然后将出库单连同有关证件资料交给货主，以便货主办理货款结算。保管员把留存的一联出库凭证交实物明细账登记人员登记做账，将留存的提货凭证、货物单证、记录、文件等归入货物档案，同时将已空出的货位标注在货位图上，以便安排货物。

第四节　货物的盘点作业

货物在仓库中不断装卸搬运和进出库，其账面数量容易与实际数量不符；有些货物因存放时间过久、保管措施不当等会变质、丢失；等等。为了及时、有效地掌握货物的储存状况，需要对在库货物进行清点和账物核对，即盘点(stock checking)。通过盘点，可以核实货物的实际库存数量及企业资产的损益情况，了解存货周转率及货物保管、养护的情况，发现仓库保管中存在的问题，有助于提高货物的在库管理水平。

一、盘点的方法

盘点货物的方法主要有以下几种。

(1) 重点盘点法是指对进出频率高的，或者容易损耗的，或者昂贵的货物进行盘点。这种方法的优点是控制重点物资的变化，严防出现差错。

(2) 循环盘点法是每天、每周按顺序盘点一部分货物，到月末或期末每项货物至少完成一次盘点的方法。这种方法不妨碍仓库的日常运营，所需的时间和人员都比较少，发现差错也可及时分析和修正。

(3) 不定期盘点法，又称临时盘点法，是指事先未规定日期，而是根据需要临时对货物、物资所进行的盘点。不定期盘点主要在货物调价、人员调动、遭受自然灾害或意外损失、发现差错及贪污盗窃、上级主管部门检查的情况下进行，不定期盘点的范围一般是局部盘点，必要时也可进行全部盘点；通过不定期盘点，可以及时发现仓库保管中存在的问题。

(4) 定期盘点法，又称期末盘点法，是指在期末一起清点所有货物数量的方法。定期盘点必须关闭仓库做全面的货物清点，因此对货物的核对十分方便和准确，可减少盘点中的不少错误，简化存货的日常核算工作。缺点是关闭仓库，停止业务会造成损失，加大了期末的工作量；不能及时反映存货收取、发出和结存的动态，不便于工作人员掌握情况；容易掩盖存货管理中存在的自然的和人为的损失；不能随时结算成本。

二、盘点结果的处理

货物盘点差异原因追查清楚后，应针对主要原因进行调整与处理，制定解决方案。

(1) 依据仓储管理绩效，对负责人员进行奖惩。

(2) 对废品、次品、不良品减价的部分，通常视为盘亏。

(3) 盘点发现的存货周转率低、占用金额过大的库存货物应设法减少库存量。

(4) 盘点工作完成后，发生的差错、呆滞、变质、盘亏、损耗等，应迅速处理，并避免再次发生。

(5) 若呆滞品比例过大，则应设法降低呆滞品比例。

(6) 如果货物盘点时发现货物在价格上有出入，经主管部门审核后，利用盘点盈亏和价目增减表格进行更正。

【案例分析4-3】

京东日趋完善的物流体系建设

(一)强大的自营物流体系

电商经营的品类规模庞大，海量订单呈现多频次、小批量、多样性的特点，造成订单处理压力大；其直接面对终端消费者，对物流质量和时效要求更高；同时物流作业量受促销影响而产生巨大波动。面对异常复杂的电商物流，为更好地服务消费者，京东选择了以自建仓储体系、自建物流体系和第三方物流相结合的方式来布局物流体系。

京东拥有全国电商领域规模最大的仓储设施网络，其中25个"亚洲一号"智能物流中心已投入使用。与仓储网络相配套的是京东强大的配送资源，截至2015年年底，京东在全国范围内有5367个配送站和自提点，59 000多名自有配送员工，近1000条自营线路，

4700多辆自营车辆，6000多名司机。京东超过85%的自营订单实现了当日和次日达配送，物流效率和服务质量居于行业领先水平。

京东完善的物流基础设施及配送资源，使全国日均订单处理能力超过300万单，能够为消费者提供211限时达、次日达、夜间配、1小时达和2小时极速达、包裹实时追踪、快速退换货以及家电上门安装等诸多专业服务，保障了消费者拥有良好的购物体验。即便在"6·18""双11"等促销高峰期，京东仍然保持高效、稳定的物流服务水平。

(二)直击"亚洲一号"物流中心

为了构建覆盖全国主要城市的现代化、自动化电子商务物流运营网络，支撑和推动公司业务的持续发展，京东于2010年启动了"亚洲一号"项目。"亚洲一号"可处理京东在线销售的3C类、日用百货类、食品母婴类以及图书类共近300万个商品品规，从一枚戒指到一台冰箱，不同类型、体积、材质的商品，都可以快速、妥善地完成订单处理。已经运营的"亚洲一号"业务范围辐射当地及周边多个省市，形成了强大的网络体系，很好地提升了京东的订单履约时效和客户体验。此外，"亚洲一号"不但能满足京东自营业务的发展需求，同时也向社会开放，为入驻京东的商家提供优质、高效的仓配一体化物流服务。

1. 高效的作业流程

"亚洲一号"物流中心由立体仓库区、阁楼货架区、复核包装区、分拣区四大区域构成，主要作业流程包括入库、存储、补货、拣货、生产(复核打包)、分拣六个环节。

(1) 入库。供应商通过京东预约系统进行预约，到达园区后根据预约号进行月台分配。京东收货员对商品逐一验收，合格商品通过输送线进行上架存储。

(2) 存储。根据到货量，信息系统自动进行入库流向判断，指引工作人员将商品送往AS/RS立体库存储区或阁楼货架存储区。

(3) 补货。智能补货系统能实时监控库存水平，自动触发补货任务。

(4) 拣货。拣货员通过智能终端设备获取拣货任务，将拣选出的商品放入周转箱，再将完成拣货作业的周转箱就近投放至输送线。为进一步提高拣选效率，"亚洲一号"部分项目已采用"货到人"拣选系统。

(5) 生产(复核打包)。拣货完成的商品输送至生产区，进行复核、打包作业。为进一步提高作业效率，京东将逐步试点，推广采用包装自动化系统。

(6) 分拣。采用了自动输送系统和全球领先的分拣系统，实现了包裹的自动分拣。

2. 智能化物流系统

高效的作业流程离不开大量自动化装备的应用，自动化立体仓库(AS/RS)、自动分拣机等先进设备的应用大大提升了"亚洲一号"的整体运行效率。

以上海"亚洲一号"为例，AS/RS立体库的货架高24米，实现了高密度自动化储存和拣选，与普通托盘货架存储方式相比，存储效率提升3倍；多层阁楼系统配备了自动提升设备及输送系统等自动化设备，实现了半自动补货、快速拣货、多层阁楼自动输送、系统自动分配复核等，实现了巨量SKU的高密度存储和快速、准确的订单履约。自动化的输送系统和全球领先的分拣系统使上海"亚洲一号"的分拣处理能力超过20 000件/时，分拣准确率高达99.99%，彻底解决了人工分拣劳动强度大、作业效率低、分拣准确率低的问题。

此外，先进的设备需要信息系统的支持。"亚洲一号"的仓库管理系统、仓库控制系统、分拣和配送系统等整个信息系统均由京东自主开发。在入库环节，京东的仓库管理系统会自动完成月台分配、入库流向指引并推荐最优储位。在生产环节，"亚洲一号"依靠系统实现自动排产、智能提总与定位、拣选路径优化，并通过实时运算合理分配任务和实时调度，保证作业人员的作业均衡，提升物流运营效率。

3. 平稳运营，效果显著

"亚洲一号"系列项目陆续投入运行，使京东的仓储系统建设能力和物流运营能力有了极大的提高。2015年"双11"期间，"亚洲一号"的自动化运营模式在海量订单的冲击下仍然运营平稳，广州"亚洲一号"物流中心单仓日出库订单量突破50万单，创造了新的行业纪录。

(资料来源：王玉. 京东日趋完善的物流体系建设[J]. 物流技术与应用，2016(5). 略有改动)

思考题：

1. 结合案例，分析"亚洲一号"系列项目属于哪种仓储类型？其对京东的发展起到什么作用？
2. "亚洲一号"配备哪些物流设备？这些设备在系统中起什么作用？
3. "亚洲一号"主要涉及哪些业务流程？其是如何完成的？

第五节 货物的保管与养护

保管(stock keeping)是对物品进行储存，并对其进行保护和管理的活动(GB/T 18354—2021)。

保管应实现对货物合理的保存和经济的管理。合理的保存是指将货物存放在适宜的场所和位置；经济的管理是指对货物实体和仓储信息进行科学的管理，包括对货物科学的保养和维护，为货物提供良好的保管环境和条件。

一、货物的保管

(一)货物的分类分区

货物的分类是指根据货物性能、养护措施、作业手段、消防方法的一致性，将库存物资划分为若干种类，以便根据业务需要，分别按种类将其集中储存于相对固定的货区。

货物的分区就是按照一定的规则，把仓库划分为若干保管区域，以适应储存区保管一定货物的需要。例如，日用百货区、生鲜产品区、洗化用品区等。

(二)储位编码

为了建立良好的保管秩序，应对储位进行统一编号。储位编号是将库房、货棚、货场、货垛、货架的具体位置进行顺序、统一的编列号码，并做出明显标志。储位编号须符合"标志明显易找，编排循规有序"的原则。一般储位编码的方式有区段式、品类式、地址式和坐标式。

【知识拓展 4-2】

储位编码的分类

(1) 区段式编码。区段式编码是把保管区域分割为几个区段，再对每个区段编号。此种编号方式是以区段为单位，每个号码所标注代表的货位区域会很大，因此适用于容易单位化的货物，以及存储量大或保管周期短的货物。货物以物流量大小来决定其所占的区段大小，以进出货频率来决定其配置顺序。

(2) 品类式编码。品类式编码是把一些相关性货物经过集合以后，区分成几个品类，再对每个品类进行编码。此种编码方式适用于容易按货物类别保管的场合和品牌差距大的货物，如服装类、百货类、食品类等。

(3) 地址式编码。地址式编码是利用保管区域中的现成参考单位，如建筑物第几栋、区段、排、行、层、格等，依照其相关顺序进行编码。这种编码方式由于所标注代表的区域通常以一个货位为限，且有相对顺序性可依循，使用起来简单明了，非常方便，所以是目前仓库中使用最多的编码方式。但受储位体积所限，其适合一些体积小或单价高的货物储存使用。

(4) 坐标式编码。坐标式编码是利用空间概念来编排储位的方式，此种编排方式由于对每个储位定位切割细小，在管理上比较复杂，对于流通率很小、要长时间存放的货物比较适用。

(三)堆码管理

堆码(stacking)是将物品整齐、规则地摆放成货垛的作业(GB/T 18354—2021)。

堆码应根据货物的特性、形状、规格、重量及包装质量等情况，同时综合考虑地面的负荷、储存的要求。科学的货物堆码技术、合理的码垛，对提高在库物资的储存保管质量、仓容利用率、收发货作业及养护工作的效率具有非常重要的作用。

1. 堆码场地的要求

堆码场地主要有库房、货棚和露天三种。不同类型的堆码场地进行堆码作业时，会有不同的要求。

(1) 库房内堆码场地。对于库房，用于承受货物堆码的库房地坪，要求平坦、坚固、耐摩擦，一般要求1平方米的地面的承载能力为5~10吨。堆码时货垛应在墙基线和柱基线以外，垛底需适当垫高。

(2) 货棚内堆码场地。货棚是一种半封闭式的建筑，为防止雨雪渗漏、积聚，货棚堆码场地四周必须有良好的排水系统，如排水沟、排水管道等。货棚内堆码场地的地坪应高于棚外场地，并做到平整、坚实。堆码时，货垛一般应垫高20~40厘米。

(3) 露天堆码场地。露天货场的地坪材料可根据堆存货物对地面的承载要求，采用夯实泥地、铺沙石、块石地或钢筋水泥地等，应坚实、平坦、干燥、无积水、无杂草，四周应有排水设施，堆码场地必须高于四周地面，货垛必须垫高40厘米。

2. 货物堆码技术和方法

1）货堆的规范要求

货堆之间需留有一定的间距，不能依墙、靠柱、碰顶、贴灯。叠垛时主要有"五距"要求：垛距、墙距、柱距、顶距和灯距。

【知识拓展4-3】

货垛的"五距"要求

（1）垛距。货垛之间的必要距离称为垛距，常以支道作为垛距。垛距起通风、散热的作用，且能方便存取作业和消防。库房内的垛距一般为0.5～1米，货场内则一般不少于1.5米。

（2）墙距。为了防止库房墙壁和货场围墙上的潮气影响货物质量，同时便于消防工作、建筑安全和收发作业，货垛必须留有墙距。库房和货场要求的墙距不同，其中库房墙距又分为内墙距和外墙距。库房的外墙距为0.3～0.5米，内墙距为0.1～0.2米；货场的外墙距一般为0.8～3米。

（3）柱距。为了防止库房柱子的潮气影响货物并保证仓库建筑物的安全，必须留有柱距，一般为0.1～0.3米。

（4）顶距。顶距是指货垛堆放的最大高度与库房、货棚屋顶间的距离。顶距便于搬运作业、通风散热，有利于消防工作，便于收发、盘点。顶距的一般规定是：平库房顶距为0.2～0.5米；"人"字形库房顶距以屋架下弦底为货垛的可堆高度；在多层库房中，底层与中层顶距为0.2～0.5米，顶层顶距须大于等于0.5米。

（5）灯距。灯距是指货垛与照明灯之间的必要距离。为了确保货物的储存安全，防止照明灯具发出的热量引起附近货物燃烧，货垛必须留有灯距。灯距一般不少于0.5米。

2）货物堆码的方式

（1）散堆方式是将无包装的散货堆成货堆的存放方式。这种方式特别适用于大宗散货，如散粮、矿石、煤炭和散装化肥等。散堆方式具有堆码方式简便、便于采用现代化的大型机械设备、节省包装费用及提高仓容利用率等优点，是库场堆存的一种趋势。

（2）货堆方式是指对包装货物或较长、大件货物进行堆码。堆码方式以增加堆高，提高仓容利用率，有利于保护货物质量为原则。为适应不同货物的外形、性能、保管的要求，货垛的形式各异。箱形货物的堆垛形式，除了重叠式、纵横交错式、正反交错式和旋转交错式外，还包括俯仰相间式、栽柱式、压缝式、通风式（"非"字形、"示"字形、旋涡形、"井"字形）、衬垫式等（见图4-3）。

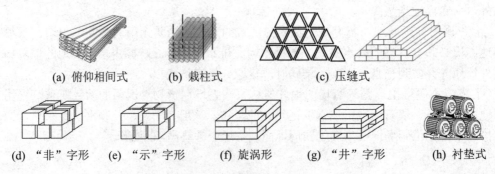

图4-3 常见的堆垛方式

【课外资料 4-2】

在货物堆码的实际作业中,为了加快点数的速度,并有效减少计数差错,通常将上述基本垛形和"五五化"堆码方法结合运用。"五五化"堆码是人工堆码中常用的一种科学、简便的堆码方式,以五为基本计数单位。货物"五五成行、五五成方、五五成包、五五成堆、五五成层",堆放整齐,上下垂直,这样一个集装单元或一个货垛的货物总量就是五的倍数,因此堆码后工作人员就可根据集装单元数或货垛数直接推算货物总数。

(3) 货架方式采用通用或者专用货架进行货物堆码,适合存放小件物品,不宜堆高的货物及托盘货载。这种方式能够提高仓库的利用率,加快存取货物的速度,减少货物存取时的差错。

(4) 成组堆码方式采用成组工具使货物的堆存单元扩大。常用的成组工具有货板、托盘和网绳等。成组堆码一般每垛3~4层。这种方式可以提高仓库利用率,实现货物的安全搬运和堆存,提高劳动效率,加快货物流转。

(四)货物的苫垫

货物在堆码时一般都需要苫垫,即把货垛垫高,对露天货物进行苫盖,只有这样才能使货物避免风吹、日晒、雨淋、冰冻等的侵蚀,保证货物的保管质量。

(1) 货物垫垛。垫垛是在货物堆垛前,根据货垛的形状、底面积大小、货物保管养护的需要、负载重量等要求,预先铺好货垛物的作业。垫垛是为了使货物免受地坪潮气的侵蚀,使垛底通风透气,提高储存货物的保管养护质量。

(2) 货物的苫盖。货物在堆垛时必须堆成易苫盖的垛形,如屋脊形、方形等,并选择适当的苫盖物。对于某些不怕风吹、雨淋、日晒的货物,如果货场排水性能好,可以不进行苫盖,如生铁、石块等。通常使用的苫盖材料有塑料布、席子、芦苇、帆布、油毡纸、苫布、竹席、铁皮等,也可以利用一些货物的旧包装材料改制成苫盖材料。苫盖方法有垛形苫盖法、鱼鳞苫盖法、隔离苫盖法和活动棚架苫盖法(见图4-4)。

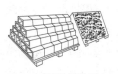　　　

(a) 垛形苫盖法　　(b) 鱼鳞苫盖法　　(c) 隔离苫盖法　　(d) 活动棚架苫盖法

图4-4　苫盖方法

二、货物的质量变化

货物在储存期间,如果保管不善,就会发生质量变化,从而影响产品的价值和使用价值。货物质量变化的形式有很多,主要有物理变化、化学变化、生理生化变化及生物学变化等。

(一)物理变化

物理变化是指货物仅改变自身的外部形态,在变化过程中没有新物质生成,而且可以反复进行变化的现象。例如,货物的破碎和变形、溶化、沾污、沉淀、挥发、熔化、渗漏、串味、干裂等。

(1) 破碎和变形是指货物在外力作用下所发生的形态上的变化。货物的破碎主要发生于脆性较大或易变形的货物中,如玻璃、陶瓷等因包装不良在装卸搬运、运输过程中受到碰、撞、挤、压和抛掷而破碎、掉瓷等。货物的变形则通常发生于塑性较大的货物中,如皮革、塑料、橡胶等制品由于受到强烈的外力撞击或长期重压,易丧失回弹性能,从而发生形态改变。

(2) 溶化是指在保管过程中,某些固体货物吸收空气或环境中的水分变成液体的现象。易溶性货物具有吸湿性和水溶性两种性能。常见易溶化的货物有食糖、食盐、明矾、硼酸、氯化钙、氯化镁、尿素、硝酸铁、硝酸锌及硝酸锰等。

(3) 沾污是指货物外表沾有其他物质,或染有其他污秽的现象。货物沾污主要是因生产、储运中环境卫生条件差及包装不严所致。一些对外观质量和内在品质要求较高的货物,如绸缎、针织品、服装、食物等要注意防沾污。另外,精密仪器、仪表类货物也要特别注意防沾污。

(4) 沉淀是指含有胶质和易挥发成分的货物,在低温或高温等因素影响下,部分物质凝固,进而发生沉淀或膏体分离的现象。常见的易沉淀的货物有墨汁、墨水、牙膏、化妆品等。某些饮料、酒在仓储中,也会离析出纤细絮状的物质而出现浑浊、沉淀的现象。

(5) 挥发是指低沸点的液体货物或经液化的气体货物在空气中经汽化而散发到空气中的现象。挥发的速度与气温的高低、空气流动速度、接触空气的面积成正比。易挥发的货物有白酒、酒精、汽油、花露水、香水、香精、化学试剂中的各种溶剂、杀虫剂、油漆等。挥发会降低货物的有效成分,增加货物损耗,降低货物质量;一些燃点很低的物品还可能会引起燃烧或爆炸;一些货物挥发的气体具有毒性或麻醉性,会对人体造成伤害。

(6) 熔化是指低熔点的货物受热后发生软化变为液体的现象。货物的熔化,除受气温高低影响外,还与货物本身的熔点、货物中的杂质种类及其含量高低密切相关。熔点越低或杂质含量越高,其越易熔化,如巧克力、糖果、发蜡、蜡烛、蜡纸等。

(7) 渗漏主要是指液体货物,特别是易挥发的液体货物,因包装容器不严密,包装质量不符合货物性能的要求,或在装卸、搬运时因发生碰撞、震动而破坏了包装,使货物发生跑、冒、滴、漏的现象。

(8) 串味是指吸附性较强的货物吸附其他气体、异味,从而改变其本来气味的现象。吸附性、易串味的货物,其成分中含有胶体物质,以及具有疏松、多孔性的组织结构。常见易被串味的货物有大米、面粉、食糖、饼干、茶叶、卷烟等。常见的易引起其他货物串味的货物有汽油、煤油、桐油、腌鱼、腌肉、樟脑、肥皂、化妆品及农药等。

(9) 有些货物在储存过程中由于环境干燥,引起货物失水,使货物干缩、开裂的现象称为干裂。例如,肥皂在干燥的环境中就会干缩,乐器也会干裂,从而影响货物的使用性能与外观质量。要预防货物干裂,应将仓库的温度、湿度控制在适宜的范围内。

(二)化学变化

化学变化是指构成货物的物质发生变化后，不仅改变了货物的外观形态，而且改变了其本质，并伴有新物质生成的现象。常见的化学变化有氧化、分解、化合、聚合、锈蚀、风化、燃烧与爆炸、老化、水解等。

(1) 氧化是指货物与空气中的氧或其他能放出氧的物质接触而与氧相结合的现象。例如，棉、麻、丝、毛等纤维制品，长期受阳光照射会发生变色，就是织品中的纤维被氧化的结果。

(2) 分解是指某些性质不稳定的货物，在光、热、酸、碱及潮湿空气的作用下，由一种物质生成两种或两种以上物质的现象。易分解的物质有氯水、溴水、硝酸等。货物发生分解反应后，不仅数量减少、质量降低、影响使用，有些物品还会在分解过程中产生热量和可燃气体，进而引发安全事故。

(3) 化合是指货物在外界条件的影响下，两种或两种以上的物质相互作用生成新物质的反应。化合通常与分解依次发生，共同影响产品的使用价值。

(4) 聚合与分解相反，聚合过程使某些货物中的同种分子相互加成而结合成一种更大分子。例如，桐油中含有高度不饱和脂肪酸，它在阳光、氧和温度的作用下，生成桐油块，浮在其表面，使桐油失去使用价值。

(5) 金属制品在潮湿的空气及酸、碱、盐等作用下被腐蚀的现象称为锈蚀。例如，钢铁在潮湿的空气中会锈蚀，温度愈高锈蚀得愈严重。

(6) 风化是指含结晶水的货物在一定温度和干燥的空气中，失去结晶水而使晶体崩解变成非晶态无水物质的现象。例如，风化使煤炭变成碎渣和煤末。

(7) 燃烧是发生发热的剧烈的化学反应的过程，燃烧分为内燃、自燃、外热自燃、本身自燃四种。爆炸是指物质由一种状态迅速地转变成另一种状态，并瞬间释放大量能量的现象。爆炸分为物理爆炸、化学爆炸、核爆炸等。燃烧和爆炸都是在不同条件下发生的氧化还原反应，放出热量，产生气体，只是在反应速度上燃烧较慢，爆炸迅速。常见的易燃物有氢气、天然气、一氧化碳、液化石油气等易燃气体，酒精、汽油、油漆等易燃液体，黄磷、白磷等易自燃固体，还有锂、钠、钾等遇湿易自燃物品；常见的易爆炸物有黑火药、烟花爆竹等。

(8) 老化是指含有高分子有机物成分的货物在储存过程中，在光、热、氧等因素的作用下，出现发黏、龟裂、变脆、褪色、失去强度等现象。常见的易老化的货物有塑料、橡胶制品及合成纤维制品等。

(9) 水解是指在一定条件下，某些货物遇水发生分解的现象。不同货物发生水解的情况是不同的。例如，肥皂在酸性溶液中能全部水解，而在碱性溶液中却很稳定；蛋白质在碱性溶液中容易水解，但在酸性溶液中却比较稳定，所以羊毛等蛋白质纤维怕碱不怕酸。

(三)生理生化变化

生理生化变化是指有机体货物(有生命力货物)在生长发育过程中，为了维持其生命活动，而发生的一系列变化，如呼吸作用、后熟作用、发芽与抽薹、胚胎发育等现象。这些变化会使货物发热增湿，造成微生物的繁殖，以致污染、分解货物，加速货物霉腐变质。

(1) 呼吸作用是指有机货物在生命活动过程中，不断地进行呼吸，分解体内有机物质，产生热量，维持其本身生命活动的现象。同时，呼吸作用会产生热量，积累到一定程度，往往会使货物腐败变质。同时，呼吸作用会产生水分，有利于有害微生物生长繁殖，因此会加速货物的霉变。

(2) 后熟是指瓜果、蔬菜等在脱离母株后继续其成熟过程的现象。瓜果、蔬菜等的后熟作用，能改进色、香、味及硬脆度等食用性能。但在后熟作用完成后，则容易腐烂变质，甚至失去食用价值。对于这类鲜活食品，应在其成熟之前采摘，并保证适宜的储存条件，来调节其后熟过程，以达到延长储藏期、均衡上市时间的目的。

(3) 发芽与抽薹是指有机体货物在适宜条件下，冲破"休眠"状态而发生的发芽、萌发现象。发芽会使有机体货物的营养物质转化为可溶性物质，供给有机体本身，从而降低有机体货物的质量。在芽体萌发过程中，通常伴有发热、发霉等情况，不仅增加损耗，而且会降低货物质量。常见的易发芽与抽薹的货物有大蒜、马铃薯、葱、白菜等。

(4) 胚胎发育主要是指新鲜蛋类产品的胚胎发育。蛋类产品在储存保管过程中，当温度和供氧条件适宜时，胚胎会发育成血丝蛋、血环蛋。

(四)生物学变化

生物学变化是指货物在外界有害生物作用下受到破坏的现象，如霉腐、虫蛀等。

霉腐是货物在霉腐微生物作用下所发生的霉变和腐败现象。在气温高、湿度大的季节，如果仓库的温度、湿度控制不好，储存的货物，如针棉织品、皮革制品、香烟、家具、纸张及中药材等许多货物就会生霉；水果、蔬菜就会腐烂。霉腐会对货物造成不同程度的破坏，严重的霉腐可使货物完全失去使用价值。对易霉腐的货物，在储存保管时必须严格控制温度、湿度，做好货物防霉和除霉工作。

货物在储存期间，常常会遭到仓库害虫的蛀蚀。这些害虫在蛀蚀货物的过程中，不仅破坏了货物的组织结构，使货物发生破碎和出现孔洞，而且排泄各种代谢废物污染货物，影响货物的质量和外观，降低货物的使用价值。因此，害虫对货物的危害性也是很大的。凡是含有有机成分的货物，都容易遭受害虫蛀蚀。

【课外资料4-3】

货物质量变化的影响因素

引起货物质量变化的原因有内因和外因两个方面。内因是指货物自身的自然属性，包括货物的化学成分、结构、物理、生物化学性质等，它决定了货物具有某种变化的可能。货物储存期间的质量变化主要是货物内因的结果，但与储存的外界因素有密切关系。影响货物质量的外界因素主要包括自然因素、人为因素和储存期。

一、自然因素

(1) 温度。空气温度是指空气的冷热程度。仓库温度的控制既要注意库房内外的温度，也要注意货物本身的温度。温度主要从两个方面影响货物的质量变化：一是货物质量变化的速度受气温影响，即一般货物在气温降低时质量比较稳定，气温升高时货物容易变质；二是温差变化大会导致某些货物的干裂、结块、熔化等。

(2) 湿度。空气湿度通常是指大气的相对湿度，当湿度适宜时，可保持货物的正常含水量，维持货物的形态、重量等的正常状态。湿度增大可引起潮解、膨胀、溶化等；反之，将导致萎缩、干瘪、脆裂等。

(3) 氧气。氧气在一定条件下能和许多货物发生作用，引起货物质量的变化。例如，氧气可以使金属制品发生锈蚀；氧气是好氧性微生物活动的必备条件，使有机体货物发生霉腐；氧气会引起油脂的酸败、鲜活物品的变质。

(4) 有害气体。大气中的有害气体有二氧化碳、二氧化硫、硫化氢、氨气等，这些都会对货物质量造成不良影响。例如，空气中的二氧化硫，在潮湿空气中会产生亚硫酸，对一些货物如金属、纺织品等起腐蚀作用。

(5) 日光。日光中含有热量、紫外线、红外线等，它对物品起正、反两方面的作用。适当的日光可以去除货物中多余的水分，抑制微生物和害虫的生长，但是日晒也会使货物或其外包装出现开裂、变形、变色、老化等现象，甚至可能会引发危险品燃烧、爆炸。

(6) 露点。水蒸气开始液化成水时的温度叫作露点温度，简称露点。当温度下降到一定程度时，空气中所含的水蒸气就会达到饱和状态并开始液化成水，称为结露。在仓库中，当温度低于露点时，会产生结露现象，对怕潮货物有较大的危害。

(7) 尘土。尘土不仅影响产品的外观，而且有其他诸多危害。尘土会增加机械转动部分的摩擦，影响设备的使用寿命；尘土会影响精密仪器、仪表和机电设备的精密度和灵敏度。

(8) 微生物。微生物是货物霉腐的生物因子。微生物在生命活动过程中分泌的酶，会把蛋白质、糖类、脂肪、有机酸等物质，分解为简单的物质，从而使货物变质，失去使用价值；同时，微生物异化作用中，会使货物产生腐臭味和色斑霉点。

(9) 生物。生物是指仓虫、鼠类、鸟类等，它们对货物的危害主要表现为三方面：一是仓虫不仅蛀蚀动物性、植物性货物和包装，有些仓虫还能危害塑料、化纤等化工合成物品；二是老鼠、有害昆虫、蛀虫，它们会损害货物的包装、破坏电器产品的绝缘材料，损坏皮革制品；三是鸟类，其主要对金属类货物具有危害性，鸟类排泄物中有大量含磷化合物，具有一定的吸湿性，会污染金属材料的表面，并腐蚀金属。

(10) 自然灾害。自然灾害主要有雷击、暴雨、洪水、地震、台风等。相比其他外在因素，自然灾害具有很强的突发性和不可控性，往往对货物造成毁灭性的损坏。

二、人为因素

人为因素是指仓库工作人员未按相关规定和货物本身的特性要求进行合理作业，从而使货物受到损坏。这些情况主要有货物保管场所选择不合理、货物包装不合理、装卸搬运操作不规范、货物堆码苫垫不合理、违章作业等。

三、储存期

货物在库时间越长，受各种因素影响而发生变化的可能性就越大，且发生变化的程度也越大。因此，仓库应坚持"先进先出"的发货原则，并加强货物盘点和在库检查等管理工作，将接近保存期限的货物及时处理，对接近淘汰的货物要限制入库或随进随出。

三、货物养护

(一)货物养护的定义

根据货物的不同特性,对在库物资进行的保养和维护,称为货物养护。货物养护的目的是保持库存物资的使用价值,最大限度地减少货物的损耗,节省费用开支,杜绝因保管不善而造成货物损害,防止货物损失。货物养护是仓储保管中一项经常性的工作,也是一项综合性的应用科学技术工作,应遵循"以防为主,防治结合"的方针。

(二)货物的在库保管与养护措施

(1) 温度、湿度的控制与调节。在货物储存过程中,绝大部分货物的质量变化是由仓库的温度和湿度变化引起的,因此仓库温度和湿度的管理对货物保管十分重要。控制与调节仓库温度、湿度的方法有密封、通风、吸湿和加湿、升温和降温等。一般情况下,为取得更好的效果通常将几种方法结合在一起使用。

【课外资料 4-4】

常用的温度、湿度控制与调节方法

(1) 密封。密封是指把整库、整垛、库内小室、整货架或整件货物密封起来,减少外界环境对货物的影响。仓库主要采用整库和整垛的密封方式。密封是仓库温度、湿度控制的基本措施,能起到防潮、防霉、防干裂、防热、防冻、防溶化、防锈蚀、防虫、防火、防锈蚀、防老化等作用。

(2) 通风。通风是根据空气流动的规律,有计划、有目的地使仓库内外的空气进行交换,以达到调节仓库内温度和湿度的目的。按通风目的的不同,可分为利用通风降温和利用通风散潮两种。

(3) 吸潮。在梅雨季节或阴雨天,仓库内外湿度都比较大,在无法通风的情况下,可以通过吸潮的方法来降低仓库内的湿度。常用的吸潮方法有吸潮剂和除湿机吸潮。吸潮剂的种类很多,常用的有生石灰、氯化钙、氯化锂、硅胶等。除了以上几种吸潮剂外,还可以因地制宜、就地取材,如使用木炭、木灰、炉灰、草灰等进行吸潮。

(2) 霉腐的防治。货物发生霉腐有三个必要条件:货物受到霉腐微生物污染、货物中含有可供霉腐微生物利用的营养成分以及货物处在适合霉腐微生物生长繁殖的环境。缺少任何一个条件,微生物都不能很好地生长。根据这个规则,在防治货物霉腐过程中,只要有效地控制其中一个条件,就能达到防霉腐的目的。

【课外资料 4-5】

常用的防霉腐的方法

(1) 化学药剂防霉。化学药剂防霉是指把抑制霉腐微生物生长的化学药物放在货物或包装内进行防霉腐的方法。这种方法效果好、费用低,但主要在生产过程中使用,进行一次处理,就可在仓储、运输、销售、消费等各个环节中起到防霉腐作用。常用的化学药物主要包括多菌灵、水杨酰苯胺、二氯乙烯基水杨酰胺、百菌清、托布津等。

(2) 干燥防霉腐。干燥防霉腐通过减少仓库环境中的水分和货物本身的水分,使霉腐微生物得不到生长繁殖的条件而无法滋生。其主要采用吸潮、防潮和通风、晾晒等方法,条件允许的企业也可以采用烘干、微波烘干等方法。

(3) 低温冷藏防霉腐。低温冷藏防霉腐是通过控制和调节仓库内及货物的温度,使其低于霉腐微生物生长繁殖的最低界限,抑制其代谢与生长繁殖,以达到防霉腐的目的。低温冷藏防霉腐所需的温度与时间应按具体货物而定。一般情况下,温度愈低,持续时间愈长,霉腐微生物的死亡率愈高。

(4) 气相防霉腐。气相防霉腐是使用具有挥发性的防霉防腐剂,利用其挥发生成的气体,直接与霉腐微生物接触,杀死或抑制霉腐微生物的生长,以达到防霉腐的目的。为了增强防霉腐的效果,一般是在密封条件下进行。常用的气相防霉腐剂有多聚甲醛和环氧乙烷。

(5) 气调防霉腐。气调防霉腐是生态防霉腐的形式之一,通过改变储存环境的空气成分,达到抑制微生物滋生的目的。气调防霉腐常用氮气、二氧化碳、氧气等。

(6) 紫外线防霉腐。这种方法是利用紫外线杀灭霉腐微生物。仓库内(如纸烟库、中药材库、农副产品库等)可安装紫外线灯定期照射,进行环境消毒防霉。

(7) 微波防霉腐。这种方法利用微波引起货物分子的振动和旋转,由于分子间的摩擦产生热量,霉腐微生物体内的温度上升而被杀灭。该方法适于粮食、食品、皮革制品、竹木制品、棉织品等货物的防霉腐。

(8) 远红外线防霉腐。远红外线是频率高于 300 万兆赫兹的电磁波,其杀菌原理是利用远红外线的光辐射和产生的高温使菌体迅速脱水干燥而死亡。远红外加热灭菌不需要媒介,热直接由货物表面渗透到内部。该方法适用于粉末、块状食品、坚果类以及袋装食品的直接灭菌。

(9) 辐照防霉法。利用放射同位素如钴 60 释放的各种放射线照射易霉腐货物,从而直接破坏霉腐微生物体内脱氧核糖核酸和其他物质,将微生物杀死。这种方法已应用于医疗器材和用品消毒、食品防腐,以及皮革制品、纸烟、烟叶、中药材的防霉,效果十分显著。

(10) 高压脉冲电场防霉腐。高压脉冲电场灭菌是将食品置于两个电极间产生的瞬间高压电场中,高压脉冲电场能破坏细菌的细胞膜,改变其通透性,从而杀死细胞。

【案例分析4-4】

生鲜食品——鲜蛋的库存养护

生鲜食品的库存养护是指鲜蛋、蔬菜、水果、速冻食品(水饺、汤圆等)储存在货物冷藏仓库中,库温一般控制在-1℃~5℃。生鲜食品入库前应做好仓间消毒。

仓间消毒采用紫外线、抗霉剂、消毒剂 3 种方法,达到仓间内每平方厘米内微生物孢子数不超过 100 个。对于冷库内使用的工具、设备及操作人员穿戴的工作服、工作帽等,可用紫外线辐射杀菌消毒,也可用10%~20%的漂白粉溶液或2%的热碱水或过氧化氢消毒。

仓库内发现有异味,可采用臭氧办法消毒或用2%甲醛水溶液、5%~10%醋酸与5%~20%的漂白粉溶液消除异味。

鲜蛋进库要合理堆垛，否则就会缩短贮存时间，降低蛋的品质。蛋箱、蛋篓之间要保持空隙，码垛不宜过大过高，一般不超过 2~3 千克，高度要低于风道口 0.3 米，要留缝通风，墙距为 0.3 米，垛距为 0.2 米，保持温度均衡。鲜蛋不能同水分高、湿度大、有异味的货物同仓间堆放。特别是一类、二类蛋要专仓专储(鲜蛋的保质期限一般一类蛋为 9 个月，二类蛋为 6 个月，三类蛋为 3~4 个月)。满仓后即封仓。每个堆垛要挂货卡，严格控制温度、湿度是鲜蛋储存的关键，最佳仓间温度为-1℃~1.5℃，温差为±0.5℃；相对湿度为 85%~88% 为宜，湿度差为±2%。仓库温度过高，会缩短鲜蛋储存期和降低鲜蛋的品质；温度过低，会使鲜蛋冻裂。相对湿度过高会导致鲜蛋霉变；过低会增加干耗。为有效地控制温度、湿度，必须做到：①每次进仓库的鲜蛋数量不宜过多，一般不超过仓容量的 5%；②仓库温差不得超过 2℃；③冷风机冲霜每周 2 次，时间不宜过长；④仓间温度在-15℃时，即可关闭制冷机；⑤应定时换入新鲜空气，换入体积每昼夜相当于 2~4 个仓间容积；⑥定期抽查和翻箱，一般每 10 天抽查 2%~3%；⑦压缩机房应每隔 2 小时对仓间温度检查一次。

(资料来源：http://www.cszk.com.cn. 略有改动)

思考题：
生鲜食品在存储时容易发生哪些生理生化变化？可采用哪些防治方法？

(3) 虫害的防治。要防治虫害，首先，要做好环境卫生，杜绝适宜害虫生长的环境；其次，对仓库害虫藏匿和过冬的地方，定期做好消毒工作；最后，对入库货物进行检查和处理，防止带入仓库害虫。同时，积极采取物理方法和化学方法消灭仓库害虫。常用的物理方法有灯光诱杀、密封法、充氮、充二氧化碳、辐射、微波、紫外线、高温、低温等。化学方法主要是通过使用化学药剂，通过胃毒、触杀或熏蒸等作用杀灭害虫。

(4) 鼠害的防治。老鼠属啮齿目鼠科动物，对人类危害很大，它直接损害粮食及其他库存货物，破坏货物包装，并传播病菌。常用的灭鼠方法主要有器械捕鼠、毒饵诱杀、粘鼠胶、熏蒸法、化学绝育等。

(5) 锈蚀的防治。金属材料和金属制品在储存保管中的主要工作就是防治锈蚀。常用的防锈蚀方法有气相防锈、涂油防锈、涂漆防锈、可剥性塑料封存等。同时，金属生锈是很难完全避免的，如果金属材料或者金属制品已经生锈，就要及时进行除锈，以避免金属被严重锈蚀，从而失去使用价值。

【课外资料 4-6】

常用的防锈蚀方法

(1) 气相防锈。气相防锈是利用气相缓蚀剂在金属货物周围挥发出缓蚀气体，以隔阻空气中氧、水分等有害因素的腐蚀，从而达到防锈的目的。使用气相缓蚀剂，可在不必直接接触金属表面的情况下使金属制品的表面、内腔、管道、沟槽甚至缝隙部位都得到保护。

(2) 涂油防锈。涂油防锈是一种常用的简便而又有效的防锈方法，通过在金属表面喷涂一层具有缓蚀作用的防锈油脂，以此阻止水分、氧气及其他有害气体接触金属表面，从而起到防止或减缓金属生锈的作用。这是一种时间短的金属防锈方法。

(3) 涂漆防锈。对一些瓦木工具、农具、炊具等不便进行涂油防锈的物品，可用酯胶清漆或酚醛清漆加等量稀释剂，然后用来浸沾或涂刷，使金属表面附着一层薄漆膜，干燥后即可防锈。但漆膜较薄，还可以透过氧及水汽，因此只能短期防锈。如果储存环境比较干燥，又比较清洁，则防锈时间可以得到适当延长；反之，则防锈时间就会缩短。

(4) 可剥性塑料封存。可剥性塑料是以塑料为基体材料或成膜物质加入矿物油、增塑剂、稳定剂、缓蚀剂、防霉剂等加热或溶解而成的，可用浸、涂、刷、喷等方法将其散布在金属上，待冷却或溶剂挥发后，即形成一层可以剥落的、特殊的塑料薄膜，它能够阻隔锈蚀介质对金属的作用，从而达到防锈目的。根据成膜物质和使用方法的不同，可剥性塑料可分为热熔型和溶剂型两大类。

【课外资料 4-7】

常用的除锈方法

除锈方法主要有物理方法和化学方法两大类。

(1) 物理方法。物理方法除锈是利用机械摩擦除去锈层的方法，可分为以下两种。

① 人工除锈法。人工除锈即依靠人工使用钢丝刷、铜丝刷、砂纸、砂布等打磨锈蚀物表面，进而除掉锈层的方法。对于比较粗糙的制品可使用钢丝刷、粗砂布或粗砂纸打磨；一般精度的金属制品及零件，可使用软铜丝刷或细砂布(纸)打磨；表面有镀层或经过抛光的金属制品，可用砂布蘸抛光膏、去污粉等打磨。

② 机械除锈法。机械除锈法即利用专门的机械设备进行打磨除锈，如摩擦轮除锈法、滚筒除锈法和喷砂除锈法等。

(2) 化学方法。化学方法除锈是利用酸溶液与金属表面锈蚀物发生化学反应，使不溶性的锈蚀产物变成可溶性物质，脱离金属表面溶入溶液，从而达到除锈目的。

(6) 老化的防护。防老化是指根据高分子材料的变化规律，采取各种有效措施，以减缓其老化速度，达到延长其使用寿命的目的。在保存时，可通过控制仓储条件，尽量减少外界因素的干扰与影响。常用的方法有添加防老剂、添加防护层等。对于容易老化的货物，在储存保管过程中要注意防止日光照射和避免受高温的影响，更不能在阳光下曝晒。

【课外资料 4-8】

常用的防老化方法

常用的防老化方法有以下两种。

(1) 添加防老剂。防老剂是一种能够防护、抑制或延缓光、热、氧、臭氧等对高分子有机物产生破坏作用的物质，有抗氧剂、光稳定剂、热稳定剂等。防老剂既可以在聚合反应时或聚合反应的后处理中加入，也可以在制成半成品或成品时加入。选择时除必须考虑针对性外，还应考虑相混性、不污染食品、无毒、无害、廉价等因素。常用的有抗氧剂芳香胺类，光稳定剂如氧化锌、钛白粉、炭黑，热稳定剂如硬脂酸钙等。

(2) 添加防护层。这是一种物理防老化法，通过在高分子有机物表面涂上一层防护层，起到阻缓甚至隔绝外界因素对高分子有机物的作用，从而延缓高分子有机物的老化。例如，将石蜡、蜡等喷于塑料或橡胶制品的表面，以隔绝光和氧的作用而达到防老化的目的。

此外，对于容易老化的货物，在储存保管过程中要注意防止日光照射和避免高温的影响，更不能在阳光下曝晒；同时注意码放的方法，垛高要适度，不宜堆压太多，以免底层受压过重而造成高分子蠕变；注意库房卫生，加强库存的定期、定时检查；等等。

习　题

一、单选题

1. 第三方物流企业的仓储属于(　　)。
   A. 公共仓储　　B. 营业仓储　　C. 企业自营仓储　　D. 战略储备仓储
2. (　　)是确保入库货物数量准确和质量完好的重要步骤。
   A. 入库作业　　B. 入库手续办理　　C. 货物验收　　D. 入库单检查
3. 不能实现货物先入先出的是(　　)。
   A. 托盘货架　　B. 重力式货架　　C. 驶入式货架　　D. 抽屉式货架

二、多选题

1. 货物验收包括(　　)。
   A. 核对凭证　　B. 实物验收　　C. 数量验收　　D. 质量验收
2. (　　)属于货物在保管过程中的物理变化。
   A. 熔化　　B. 串味　　C. 溶化　　D. 沉淀　　E. 锈蚀　　F. 老化
3. 下列(　　)属于"五距"。
   A. 垛距　　B. 柱距　　C. 灯距　　D. 外距　　E. 墙距

三、简答题

1. 仓储的作用有哪些？
2. 货物会发生哪些质量变化？防治货物质量变化有哪些方法？

四、案例分析题

某电商公司一直以满足顾客需求为宗旨。为了保证供货，该公司在全国建立了500多个仓库。但是仓库管理成本一直居高不下，每年大约有2000万元。所以该公司聘请一家咨询公司做了一项调查报告，结果为：以目前情况，如果减少202个仓库，则会使总仓库管理成本下降200万～300万元，但是可能会造成供货紧张，销售收入会下降30%。

思考题：
(1) 如果你是总经理，你是否会依据咨询公司的调查报告结果减少仓库？为什么？
(2) 如果不这样做，你又如何决策？

第五章 运 输

【案例导入】

孟菲斯：一座运输造就的城市

孟菲斯位于美国中南部的田纳西州，在与联邦快递相遇前，孟菲斯只是一座普通的小城，经济更是落后，被称为"美国南部最不活跃的城市"。1973年，联邦快递的入驻，让孟菲斯成为知名的"世界货运之都"。如今，孟菲斯机场是仅次于中国香港的全球第二大航空货运枢纽，其业务的95%以上为航空货运，每年为当地居民带来近80亿美元的收入，创造22万个就业机会，相当于孟菲斯地区1/3的工作岗位。

联邦快递总部最初设在阿肯色州小石城。但小石城多雾，非常不利于夜间飞行，这对于开展"隔夜速递"显然是致命的。同时，当地政府也不愿意为公司提供建机场所需的土地和设施。这时候，孟菲斯向联邦快递抛来了橄榄枝，孟菲斯得天独厚的地理条件，几乎是为联邦快递量身定制的。

水路：孟菲斯位于美国中南部，密西西比河纵贯市区，使它处在美国南北水上大通道"咽喉"的位置。孟菲斯港为美国第四大内河港口。

航空：孟菲斯处于美国国内航线网络中心，位于著名的"俄亥俄快递中枢带"上，东西兼顾、南北适中，2小时以内的航程几乎覆盖了全美所有大中城市。

陆路：两条州际高速公路交会于此，货运集装箱可以通过卡车在10小时内抵达美国2/3的地区。铁路交通发达，火车站紧邻密西西比河，有利于水陆联运。

这些条件构成了孟菲斯的多式联运系统，将公路、铁路、水路、航空集于一身，使孟菲斯机场有条件发展成大型货运枢纽。

20世纪20年代，孟菲斯就已有面积达1200多亩的机场空地，当时每天只有4个航班，承载能力远远没有发挥出来。为了吸引联邦快递入驻，当地政府一边大规模扩建机场、储备土地、修通机场和物流基地联通国家干线的公路，一边出面担保为联邦快递申请到20年低息贷款，并减免税收。孟菲斯政府的诚意打动了联邦快递，1973年4月，联邦快递总部落户孟菲斯。从此，两者的命运便紧紧联系在了一起。

在联邦快递成长和扩张的过程中，孟菲斯机场出色地扮演了"贤内助"的角色。机场有一个由航空、工程、法律、金融等领域的7名专家组成的强大董事会，他们经验丰富，以确保机场在正确"航道"运行。为给联邦快递提供足够长的跑道，机场持续进行改扩建工程，在15年中总共投入了1亿多美元，修建了3300米长的跑道。孟菲斯机场始终把客户的感受放在首位，事无巨细地关心机场管理、航次安排、地面交通、安全检查等每个细节。

如今，孟菲斯成为美国最大的货运枢纽中心，全球第二大货运机场，拥有4条跑道、3座航站楼和多个货物中心。联邦快递的货运业务占机场货运总量的90%以上，整个机场约1/4都是联邦快递作业区。UPS、西北航空等多家物流企业也将货运集散中心迁至此地。短短几十年,孟菲斯地区的 GDP 就超过了美国的 10 多个州,超过了世界 120 多个国家。

利用物流优势,孟菲斯将很多看重"时间成本"的行业引入以机场为核心的临空经济产业链中。孟菲斯已成为美国最大的医疗器械制造中心、全美计算机维修中心、中南部的医疗中心。鲜花、礼品等电商公司,也在孟菲斯建立冷库和配送中心。孟菲斯航空港东面已建成高新科技产业基地,西面则是信息通信、生物医药等产业聚集地。另外,孟菲斯还是汽车地带和国际纸业等世界 500 强企业的总部所在地。

(资料来源:刘菁. 孟菲斯的货运革命[J]. 大飞机,2020(6). 略有改动)

第一节 运 输 概 述

一、运输的定义

运输(transportation)的定义为"利用载运工具、设施设备及人力等运力资源,使货物在较大空间上产生位置移动的活动"(GB/T 18354—2021)。

从运输的定义不难看出,运输是以改变物品的空间位置为目的的活动,对物品进行空间移动。

二、运输的地位

(一)运输是社会物质生产活动的必要条件之一

运输是国民经济的基础和先行。自从出现人类活动,就相应地出现了运输活动。运输这种生产活动和一般生产活动不同,它不创造新的物质产品,不增加社会产品数量,不赋予产品新的使用价值,只是改变物品所在的空间位置。

运输是社会物质生产的必要条件,主要表现在两个方面:在生产过程中,运输是生产的直接组成部分,没有运输,生产内部的各环节就无法联结;在社会上,运输是生产过程的继续,这一活动联结生产与再生产、生产与消费,联结国民经济各部门、各企业、城乡和不同的国家与地区。

(二)运输是物流的主要功能要素之一

物流实现了物的物理性运动,这种运动不但改变了物的时间状态,也改变了物的空间状态。运输是改变物的空间状态的主要手段,再配以装卸搬运、配送等活动,就能圆满完成改变物的空间状态的全部任务。

在现代物流概念未提出之前,很多人将运输等同于物流,其主要原因是,运输是物流的主要环节,是物流的主要功能。

(三)运输可以创造物的"场所效用"

场所效用的含义是,同种"物"由于空间场所不同,其使用价值的实现程度则不同,其体现的效益也不同。改变场所从而能使物的使用价值发挥出最大效用,最大限度地提高了投入产出比,这就是物的"场所效用"。

由此可见,运输将物运到场所效用最高的地方,发挥出物的最大潜力,实现资源的优化配置。从这个意义上讲,相当于通过运输提高了物的使用价值。例如,深山中的矿产资源、森林中的木材,如果不运出供人类利用,则体现不出它们的价值。

(四)运输是"第三利润源"的主要源泉

运输是运动中的活动,它和静止状态的保管不同,需要依靠大量的动力消耗才能实现这一活动,同时运输又承担着大跨度空间转移的任务,所以运输活动持续的时间长、距离远,实现该活动消耗的资源也大,运输费用所占物流总费用的比例也最高。从历年统计数据来看,我国运输费用一般占社会物流总费用的 50%以上,所以合理化运输节约物流成本的潜力是巨大的。

第二节 运输方式及设备

我国古代就有掌管道路的专职人员,开始有组织地修筑道路,发展交通。目前,我国有五种运输方式,分别是公路运输(highway transportation)、铁路运输(railway transportation)、水路运输(water transportation)、航空运输(air transportation)和管道运输(pipeline transportation)。在我国,公路运输每年承担的货运量最大,也是大家最熟悉的一种货物运输方式。

一、公路运输

(一)概述

公路运输是指用汽车作为运输工具通过公路运送旅客和货物的运输方式。

公路运输是在 19 世纪末随着汽车的诞生而出现的,是交通运输系统的重要组成部分,主要承担短途客、货运输任务。现代公路运输所用运输工具依然主要是汽车。公路运输一般是指汽车运输,特别是在地势崎岖、人烟稀少、铁路和水运不发达的边远和经济落后地区,公路作为主要的运输方式,起着运输干线的作用。

(二)公路运输的特点

1. 优点

(1) 机动性强、方便灵活。公路基础设施的快速发展,使公路网四通八达,可以方便地实现"门到门"的直达运输,避免了反复装卸搬运可能造成的货物损坏;而且公路运输还可以作为其他运输方式的补充手段,成为综合运输体系中的重要组成部分。

(2) 在中短途运输中,运送速度较快。在中短途运输中,中途不需要倒运、转乘就可以直接将货物运达目的地。有关资料显示,公路运输的运送速度比铁路运输快 4~6 倍,比水路运输快 10 倍。

(3) 原始投资少，资金周转快。公路运输与其他运输方式相比，所需的固定设施简单，车辆购置费用相对较低，投资小，回收周期短。有关资料表明，在正常的经营情况下，公路运输的投资每年可周转 1~3 次，而铁路运输则需要 3~4 年才能周转一次。

2. 缺点

(1) 公路运输载货量小，不适于长距离运输。

(2) 运输成本高。汽车的行驶阻力是火车的 9~14 倍，所消耗的燃料又是价格较高的汽油和柴油，因此公路运输的成本仅次于航空运输。

(3) 能源消耗大，环境污染严重。目前，机动车排放的污染物占空气污染物总量的一半以上。在北京、上海等大城市，80%以上的一氧化碳和 40%以上的氮氧化物来自汽车尾气的排放。

【课外资料 5-1】

机动车排放是雾霾的重要来源

美国、欧洲等发达国家和地区的大气污染防治经验表明，机动车排放是大气细颗粒物污染的重要来源。据统计，美国 2016 年机动车 NO_x、VOC_s 和颗粒物（PM）的排放量分别为 361 万吨、176 万吨和 13 万吨，占该污染物排放总量的 34%、11% 和 2%。美国的研究表明，机动车排放是大多数城市大气 PM2.5 浓度的"首要贡献者"，分担率在 10%~63%。

欧洲 2014 年机动车 NO_x、VOC_s 和 PM 排放量分别为 308 万吨、72 万吨和 16 万吨，占该污染物排放总量的 39%、10%和 13%。同时，欧洲研究结果还表明，机动车排放对城市大气 PM2.5 浓度分担率在 9%~66%，城市交通监测点检测出的平均分担率为 34%，城市背景监测点检测出的平均分担率为 15%。

根据中国已经完成的第一批城市大气细颗粒物源解析结果，大多数城市 PM2.5 浓度的来源仍以燃煤排放为主，部分城市机动车排放已成为其首要来源。北京、上海、杭州、广州和深圳的移动源排放成为首要来源，占比分别达到 31.1%、29.2%、28%、21.7%和 41%。南京、武汉、长沙和宁波的移动源排放为第二大污染源，分别占 24.6%、27%、24.8%和 2%。石家庄、济南、保定、衡水和沧州移动源排放占比相对较小，分别为 15%、15%、0.3%、13.5%和 19.2%，在各类污染源的分担率中排第三位或第四位。以上城市的大气细颗粒物源解析结果为全年平均占比，在北方地区的冬季采暖期间，采暖造成的污染物排放显著增加，机动车排放分担率有所下降。但在重污染期间，机动车排放在本地污染积累过程中的作用明显，加大对机动车排放控制力度，有助于缓解污染的严重程度。

(资料来源：鲍晓峰，尹航，黄志辉，等. 机动车排放是雾霾元凶吗[J]. 中国经济报告，2017-02-21. 略有改动)

(三) 公路运输的分类

1. 按照货运营运方式分类

按照货运营运方式的不同，公路运输可分为整车运输、零担运输、集装箱运输、联合运输和包车运输。

整车运输是指一批属于同一发(收)货人的货物且其重量、体积、形状或性质需要以一辆(或多辆)货车单独装运，并据此办理承托手续、组织运送和计费的运输活动。

零担运输是指一批货物的重量、体积、形状和性质不需要单独使用一辆货车装运，并据此办理承运手续、组织运送和计费的运输活动。

集装箱运输是指将适箱货物集中装入标准化集装箱，采用现代化手段进行的货物运输。在我国，又把集装箱运输分为国内集装箱运输和国际集装箱运输。

联合运输是指货物由一种运载单元装载，通过两种或两种以上运输方式连续运输，并进行相关运输物流辅助作业的运输活动。目前，我国联合运输有公铁(路)联运、公水(路)联运、公公联运、公铁水联运等。联合运输实行一次托运、一次收费、一票到底、全程负责的原则。

包车运输是指根据托运人的要求，经双方协议，把车辆包给托运人安排使用，按时间或里程计算运费的运输。

2. 按照托运的货物是否办理保险分类

按照托运的货物是否办理保险，公路运输可分为不保险运输和保险运输。

托运的货物办理保险与否通常采取托运人自愿的办法，凡办理保险的，须按规定缴纳保险金或保价费。保险运输须由托运人向保险公司投保或委托承运人代办。

3. 按照货物种类分类

根据货物种类，公路运输可分为普通货物运输和特种货物运输。

普通货物运输是指对普通货物的运输。

特种货物运输是指对特种货物的运输，特种货物包括超限货物、危险货物、贵重货物和鲜活货物。

4. 按照运送速度分类

按照运送速度，公路运输可分为一般货物运输、快件货物运输和特快专运。

一般货物运输即普通速度运输。

快件货物运输要求在货物运输过程的各个环节中体现一个"快"字，运输部门要在最短的时间内将货物安全、及时、完好无损地送达目的地。

特快专运是指应托运人要求即托即运，在约定时间内运达。

【知识拓展 5-1】

根据《道路零担货物运输管理办法》(交公路发〔1996〕1039号)的规定，快件零担货运是指从货物受理的当天 15 时起算，300 公里运距内，24 小时以内运达；1000 公里运距内，48 小时以内运达；2000 公里运距内，72 小时以内运达。

(四)公路运输的设施与设备

在五种运输方式中，公路运输的设施与设备相对简单，主要包括公路、汽车货运站和运输车辆等。

1. 公路

公路是指连接城市之间、城乡之间、乡村与乡村之间和工矿基地之间的按照国家技术标准修建的，由公路主管部门验收认可的道路。

根据《中华人民共和国公路法》，按照在公路路网中的地位，公路可分为国道、省道、县道和乡道；国道和省道一般称为干线，县道和乡道称为支线。按照技术等级，公路可分为高速公路和一级、二级、三级、四级公路五个等级。其中，高速公路以外的其他公路都称为普通公路。

【知识拓展 5-2】

国家公路网

国家公路网是综合交通运输体系的重要组成部分，包括普通国道和国家高速公路，由具有全国性和区域性政治、经济、国防意义的干线公路组成，总规模约为40.1万公里。其中，国家高速公路网为"7射、11纵、18横"及6条地区环线、16条并行线和104条联络线，总规模约为11.8万公里，另有规划远期展望线约为1.8万公里；普通国道网为"12射、47纵、60横"及81条联络线，一共200条路线，总规模约为26.5万公里。国家高速公路的主线编号，由国道标识符"G"和1~2位阿拉伯数字表示；普通国道的路线编号，由国道标识符"G"和三位阿拉伯数字表示；国家高速公路的城市绕城环线、联络线和并行线编号，由国道标识符"G"和四位阿拉伯数字表示。

2. 汽车货运站

汽车货运站，又称汽车站，是货物运输过程中进行货物集结、暂存、装卸搬运、信息处理、车辆检修等活动的场所。其主要任务是安全、方便、及时地利用公路完成货物运输。汽车货运站按货运形式划分，有整车货运站、零担货运站(含快速货运)、集装箱货运站和综合货运站。

(1) 整车货运站是从事货运商务作业(托运、承运、结算等)的场所，主要经办大批量货物的运输。承担货运车辆在站内的专用场地停放和保管作业，主要提供大型载货汽车和高生产率的装卸机械，一般不提供仓储设备。

(2) 零担货运站是指专门经营零担货物运输的货运站。多为货主自行运货到站或由车站业务人员上门办理手续，货运计划性差；站内业务工作量大且复杂，对车站的设施建设要求高。

(3) 集装箱货运站主要承担集装箱中转运输任务，实现港口、火车站与货主之间的门对门运输和完成中转集装箱的拆箱、装箱、仓储和接送任务。

(4) 综合货运站是指由上述两种或两种以上货运站组成的货运站。

3. 运输车辆

在物流运输中，公路货运车辆按照使用范围分类，可分为普通货运汽车(general goods vehicle)和专用货运汽车(specialize goods vehicle)两大类。

(1) 普通货运汽车主要运输一些对温度没有特殊要求的普通产品，如电子电器、食品、饮料、文具、服装、机械等，主要包括普通拦板式货车(common block type truck)、厢式车(van vehicle)等。

①普通拦板式货车具有拦板式车厢，具有整车重心低、载重量适中的特点。②厢式车又叫厢式货车，主要用于全密封运输各种物品，特殊种类的厢式车还可以运输化学危险物品。厢式车具有机动灵活、操作方便、工作高效、运输量大，充分利用空间及安全、可靠等优点。

(2) 专用货运汽车是指装有专用设备、具备专用功能、承担专门运输任务的汽车，主要包括保温车、冷藏车、自卸车(self-discharging wagon)、罐式车(tank car)、汽车列车(combination of vehicles)和集装箱运输车(pallet carrier)等。

①保温车和冷藏车都是用来运输冷冻或保鲜货物的封闭式厢式运输车，主要用于冷冻食品、奶制品、蔬菜水果、疫苗药品等货物的运输。②自卸车可以自动后翻或侧翻使货物自动卸下，具有较大的动力和较强的通过能力，是矿山和建筑工地进行物流运输的理想工具(见图5-1)。③罐式车是指装有罐状容器的货运汽车。罐式车专门用于装运散装的液状、粉状、颗粒状、气体等具有一定流动性的货物。

图 5-1　自卸车

④汽车列车是由汽车或牵引车和挂车组成的车列。有驱动能力的车头叫牵引车，牵引车后面没有牵引驱动能力的车叫挂车(trailer)，挂车是被牵引车拖着走的。牵引车和挂车的连接方式有两种：第一种是挂车的前面一半搭在牵引车后段上面的牵引鞍座上，牵引车后面的桥承受挂车的一部分重量，这就是半挂车(semi-trailer)；第二种是挂车的前端连在牵引车的后端，牵引车只提供向前的拉力，拖着挂车走，但不承受挂车的重量，这就是全挂车(full trailer)(见图5-2)。⑤集装箱运输车是指专门用来运输集装箱的专用汽车。它主要用于港口码头、铁路货场与集装箱堆场之间的运输。其特点是，可以将种类繁多、形状各异、大小不等的货物在运输前装入标准尺寸的集装箱内，便于实现水陆空联运。

　　(a) 半挂汽车列车　　　　　(b) 全挂汽车列车

图 5-2　汽车列车

【知识拓展 5-3】

甩挂运输的起源

甩挂运输(tractor-and-trailer swap transport)是一种用牵引车拖带挂车至物流节点，将挂车甩下后，牵引另一挂车继续作业的运输组织方式。甩挂运输因动力部分和载货部分可以分离，其能有效减少牵引车等待装卸货物的时间，降低牵引车的空驶率，是一种高效的道路运输组织方式。

甩挂运输的发源地是美国。1898年，汽车销售商亚历山大·温顿发明了世界上第一台半挂牵引车,其主要目的是销售汽车,但甩挂运输的序幕就此拉开。1920年,美国马丁公司开始销售半挂车。半挂车的诞生,使原来最多只能运载1吨货物的福特T型汽车可以运载2~3吨货物。至此,半挂车开始出现在日常的运输中,虽然它拥有着在当时看来惊人的装载量,但因受道路情况所限,并没有被广泛地推广开来。20世纪50年代,美国开始大规模地建设州际高速公路,拖挂组合的重载汽车列车才逐渐成为干线公路货运的主力。

【案例分析5-1】

公路运输——西煤南运的最佳运输方式

我国西南部的云南、贵州等省都是煤炭产地,而煤炭是珠三角地区的主要能源。目前,南方一些物流企业主要从事煤炭物流业务,那么采用哪种方式将煤炭从西南部地区运往珠三角地区更加经济、合理呢?

一、煤炭的铁路与水路联运

在公路运输不发达的情况下,煤炭物流主要采用多式联运。这种方式因中间环节多,损耗很大。图5-3是煤炭多式联运流程。

图5-3 煤炭多式联运流程

1. 采用铁路与水路联运的物流总成本

当采用铁路与水路联运方式时,从西南部地区运输1吨煤炭到珠三角地区,各单项费用大约煤炭价格为700元/吨;汽车运费为50元/吨;场地费和装卸搬运费为30元/吨;火车运输、制单费用和装卸搬运费为220元/吨;码头中转费为35元/吨;船舶运费为60元/吨;卸船费、短途汽车运费为30元/吨。

相应地,总成本为:700+50+30+220+35+60+30 = 1125元/吨。

在物流过程中,装卸发生的货损约为70元/吨,即物流总成本为:1125+70=1195元/吨。

2. 采用多式联运的不利因素

(1) 物流周期长。铁路运输需要申请车皮,而中转货物到码头,又要等待所租定的船舶,使物流周期过长(2~3个星期),物流效率低。

(2) 质量变异大。运输时间过长、大量风化,导致煤炭中固定碳的含量降低,而且中转环节过多,货损亏吨的情况也非常严重。

(3) 物流成本高、风险大。云南曲靖地区的火车车皮经常短缺,使火车的运输成本波动很大。船运货物会因河道水位的升降而影响航期,波浪造成的震动会使货物散落、压碎,造成货物损坏。

二、煤炭的公路运输

1. 煤炭采用公路运输的成本计算

当采用公路运输,将每吨煤炭从西南部地区运到珠三角地区时,这种运输方式一般都是一次性结算,货物损耗较小,可以忽略不计。

物流总成本最高为 1180 元/吨，其中包括煤炭价格、公路运费、中转费和装卸费等所有费用。运输流程如图 5-4 所示。

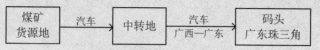

图 5-4　煤炭的公路运输流程

2. 煤炭采用公路运输的优势

(1) 速度快。煤炭开采出来后，就立刻被装上汽车，经过短途运输送到中转地。因为汽车行程固定，往返一趟时间也容易确定，而且运输工具充足，可以根据需要选择合适吨位的汽车。货物在中转地的堆放时间一般都很短，从中转地经公路运输到珠三角的中山、佛山等地的一般运输时间为 2~3 天，物流速度大大提高。

(2) 质量损耗少。采用公路运输，物流程序大大简化，中转装卸次数少，很大程度上减少了中转环节和煤炭堆放的时间，保证了煤炭的质量，也使货损大幅下降。

(3) 风险低。汽车调度灵活，而且货运时间缩短，降低了煤炭风化变质的风险。

(资料来源：赵霞. 公路运输：西煤南运的最佳运输方式[J]. 中国物流与采购, 2005(18). 略有改动)

思考题：

什么原因导致铁路和水路联运比公路运输成本高？

【案例分析 5-2】

罗宾逊全球物流的"无车承运人"模式

近几年，无车承运人模式在我国的发展可谓风生水起，推动着我国物流产业向集约化、规模化、规范化发展。作为"无车承运人"的首创者，罗宾逊全球物流将这一轻资产模式演绎得无与伦比。罗宾逊全球物流涉足北美国内卡车货运市场和全球海运市场，名列美国《财富》杂志 500 强。那么，这样一家巨头公司拥有多少运输车辆呢？答案是零！

罗宾逊全球物流于 1905 年在北美成立，是一家以果蔬批发为主的贸易公司，其运营模式也并非轻模式。20 世纪 90 年代的道路货运市场，运力已趋于饱和，竞争变得白热化，传统专线道路货运企业面临的形势愈加严峻。对此，罗宾逊全球物流借助较早开展的信息化建设，加速集聚货运市场的需求信息，为"由重变轻"的转型奠定了坚实基础。1997 年，罗宾逊全球物流把"无船承运人"的思维移植到了道路货运领域，开辟了"无车承运人"这一新兴市场，即放弃自有的运输车队，转为信息资源的整合者和服务方案的提供者，并建立开放性的社会服务平台。结果证明，罗宾逊全球物流次年收入未降反升，同比增长了 11%，利润增长了 2 倍多。

罗宾逊全球物流的商业模式本质就是轻资产的第三方物流模式，即通过合同形式为客户提供物流管理、控制和运作，以及其他相关增值服务。在这样的模式中，罗宾逊全球物流从客户处接单，然后发包给承运商进行运输，客户与承运商之间并没有直接的交易。这使客户将物流管理服务交给罗宾逊全球物流后，能够很好地避免固定资产折旧，降低物流成本。

(资料来源：祁娟. 罗宾逊：全球物流巨头是这样"链"成的[J]. 运输经理世界，2018(1). 略有改动)

思考题：
结合案例，分析"无车承运人"模式具有哪些好处？

二、铁路运输

(一)概述

铁路运输是使用铁路列车运送货物的一种陆上运输方式。铁路运输适用于远距离、大批量的运输，在国际货运中的地位仅次于海洋运输。在我国这样一个幅员辽阔、地形复杂、人口众多的国度，铁路运输无论是在过去还是在现在和将来，都是运输网络的骨干和中坚力量。

(二)铁路运输的特点

1. 优点

铁路运输的优点有以下几方面。

(1) 运载量大。采用铁路运输方式，可以实现大批量运输。

(2) 运输成本和能耗低。铁路运输适于中长途运输，与公路运输相比，铁路运费仅为汽车运费的几分之一到十几分之一，运输耗油约是公路运输的 1/20。

(3) 速度快。随着铁路技术的发展，铁路时速也越来越快，货运列车时速可达到 160 公里，还可以方便地实现驮背运输、集装箱运输及多式联运等。

(4) 不受气候影响，稳定安全。铁路运输有固定的轨道，几乎不受气候影响，一年四季可以不分昼夜地、定期地、有规律地、准确地运送货物。

2. 缺点

铁路运输有以下几方面缺点。

(1) 机动性差。铁路运输由于受线路和站点限制，灵活性差，不能实现"门到门"运输。

(2) 货损率较高。装卸次数多，货物损毁或丢失事故通常比其他运输方式多。

(3) 投资大，建设周期长。铁路运输需要铺设轨道、建造桥梁和隧道，需要消耗大量物资，其初期投资较大。

(三)铁路运输的分类

按照托运货物的数量、体积和形状，铁路运输可分为整车运输(transportation of truck-load)、零担运输(sporadic freight transportation)和集装箱运输(container transportation)。

(1) 整车运输。当一批货物的重量、体积或数量达到或者超过一辆铁路货车的极限，或者根据货物的性质、形状或运送条件，必须单独使用一辆铁路货车装运的，应采用整车运输方式。

(2) 零担运输。一批货物的重量、体积、形状和性质均无须单独使用一辆铁路货车装运的，可采用零担方式进行运输。

(3) 集装箱运输。集装箱运输是指以集装箱为载体，将符合集装箱运输条件的货物组合成集装单元，以便在货物流通过程中实现机械化装卸、"门到门"运输的一种高效率的铁路运输方式。

【知识拓展 5-4】

货物按照适合装箱程度的分类

按照适合装箱程度的大小，货物分为以下四类。

(1) 最适合装箱的最佳装箱货。一般均是价值大、易损坏、易被盗、运价高的商品，其尺寸、容积与质量等方面适合于装载集装箱的商品，如光学仪器、家用电器、医疗用品等体积不是很大的货物。

(2) 比较适合装箱的适合装箱货。一般是价值较高、较易损坏和较易被盗、运价较高的商品，如电线、电缆、纸浆和金属制品等货物。

(3) 介于适合与不适合装箱之间的边缘装箱货。从技术上看是可以装箱的，但其价值低廉，运价便宜，因而从经济上看装箱并不是最有利的，而且有些货物在包装方面难以进行集装箱运输，如钢、生铁和原木等。

(4) 完全不适合装箱的不适合装箱货。从技术上看装箱有困难，或是货运量不适合直接用集装箱装运的货物，如桥梁、大型卡车以及原油、谷物和砂石等货物。

(四)铁路运输的设施与设备

铁路运输的设施与设备主要有铁路线路(railway line)、铁路车站(railway station)、铁路机车(locomotive)和铁路车辆(railway vehicle)，以及信号设备等。

1．铁路线路

铁路线路是由轨道、路基、桥隧及其他建筑物构成，供列车按规定的速度行驶的铁路线。

根据路网中的作用、性质、设计速度和客货运量，铁路等级分为高速铁路、城际铁路、客货共线铁路、重载线路。

【知识拓展 5-5】

客货共线铁路等级

Ⅰ级铁路：铁路网中起骨干作用的铁路，或近期年客货运量≥2000万吨。
Ⅱ级铁路：铁路网中起联络、辅助作用的铁路，或近期年客货运量≥1000万吨。
Ⅲ级铁路：为某一地区或企业服务的铁路，近期年客货运量≥500万吨。
Ⅳ级铁路：为某一地区或企业服务的铁路，近期年客货运量<500万吨。

2. 铁路车站

铁路车站简称铁路站，俗称火车站，是办理列车通过、到发、列车技术作业及客运、货运业务的场所。

按照作业性质，铁路车站可分为客运站、货运站和客货运站。

按照技术作业，铁路车站可分为编组站、区段站和中间站。

【知识拓展5-6】

按照技术作业分类的铁路站

编组站是为大量货物列车编组、解体作业而设置的车站。

区段站是设在铁路牵引区段分界处的车站，主要办理列车机车换挂、技术检查及区段零担摘挂列车、小运转列车的改编等作业。摘挂列车是为区段内中间站服务的列车，它将到达的车辆送至中间站摘下，又将在中间站已进行完货物作业且与摘挂列车运行方向相同的车辆挂走。

中间站是主要办理列车会让(单线铁路)和越行(双线铁路)作业的车站。技术作业有列车到发、会让和零担摘挂列车调车等。

3. 铁路机车和铁路车辆

(1) 铁路机车。按照原动力，铁路机车可以分为蒸汽机车(steam locomotive)、内燃机车(diesel locomotive)和电力机车(electric locomotive)。

蒸汽机车是利用燃煤或燃油的蒸汽机所产生的蒸汽，推动汽缸内的活塞往复运动，通过摇杆和连杆装置驱动车轮运行的机车。蒸汽机车结构简单，制造和维修方便，但它的热效率低(只有8%左右)，需要大量的给水、给煤设备，目前已被淘汰。

内燃机车的原动力来自柴油机内燃机车，热效率高，可达到30%左右。内燃机车的整备时间短，持续工作的时间长，适用于长交路；用水量少，适用于缺水地区，初期投资比电力机车少。

电力机车本身没有原动力，它是依靠外部牵引供电系统供应电力，并通过机车上的牵引电机驱动机车运行。电力机车的热效率比内燃机车和蒸汽机车都高。同时，牵引能力大，节省能源，运营成本低，行驶质量高，环境污染小，电力机车是今后机车的主要发展方向。

(2) 铁路车辆。铁路车辆是运送旅客和货物的工具，一般不具备动力装置，连接成列后由机车牵引运行。铁路车辆按照用途来分类，可以分为铁路客车和铁路货车两大类。其中，按铁路车辆结构和所运货物的种类不同，铁路货车按车型分类，有敞车、棚车、平车、罐车、冷藏车、漏斗车及特种车辆等。

4. 信号设备

信号设备主要是指信号和通信设备。信号设备的主要作用是保证列车运行与调车工作的安全和提高铁路的通过能力。铁路信号设备是一个总名称，按具体的用途又可分为铁路信号、连锁设备和闭塞设备。

铁路信号用于向有关行车和调车工作人员发出指示和命令。

连锁设备用于保证站内行车和调车工作的安全及提高车站的通过能力。

闭塞设备用于保证列车在区间内运行的安全和提高车站的通过能力。

【课外资料 5-2】

"中欧班列"运行现状

中国与欧洲之间运距长、物流周期长、运输成本高。长期以来，中欧间的国际贸易一直以海运为主，而"中欧班列"速度快、安全性高，运程比海运缩短了 9000 公里，运行时间比海运节省一半多。

自 2011 年"渝新欧"开行以来，国内许多城市陆续开通了通往欧洲和中亚的"××欧"。全国正在形成西、中、东三大运营通道和常态化运营班列系统。其中，西部通道由中西部地区经阿拉山口(或霍尔果斯)出境进入哈萨克斯坦，经阿克斗卡、巴尔喀什、加拉干达、阿斯塔纳后进入俄罗斯再抵达欧洲，或经阿拉木图、奇姆肯特、十月城、乌拉尔后进入俄罗斯再到欧洲；中部通道由华北地区经二连浩特出境，进入蒙古国扎门乌德，再经乌兰巴托、乌兰乌德到达莫斯科，之后再抵达欧洲；东部(含东北)通道由东南部沿海地区经海运抵达大连或营口港，再经哈大线抵达哈尔滨，或经海运抵达符拉迪沃斯托克等俄罗斯沿海港口，经绥芬河抵达哈尔滨，两者之后均从满洲里出境，经赤塔进入俄罗斯再抵达欧洲。目前，"中欧班列"已成为"丝路"沿线国家贸易往来的陆路运输的主要方式，也成为沿线各国运输合作的典范。但是，受到沿线各国铁路设施标准和技术等级、运营组织、政策差别以及复杂地缘政治格局的影响，"中欧班列"运行过程仍有以下问题待解决。

(1) 多数班列运行线路长距离重合或相近，新开行班列趋于路线的完全重合，班次过多，造成大量资金、资源和运力的浪费。部分"××欧"之间已经形成竞争，尤其是相近路线或货源腹地交叉的班列之间形成恶性竞争。

(2) 欧洲回程班列多数是空载而归，造成多数班列运营成本高、盈利难，一旦没有政府补贴，中欧班列将无法持续运营。2016 年，中欧开行班列共 1702 列，其中去程班列共 1130 列，返程班列仅为 572 列；"渝新欧"班列去程为 278 列，回程为 142 列；始发于"西安港"的中欧、中亚班列去程为 143 列，回程仅为 3 列；"义新欧"班列去程为 118 列，回程为 21 列。

(3) 我国和西欧的铁路采用标准轨道(1435 毫米)，而俄罗斯、蒙古国以及中亚等国家采用宽轨(1520 毫米)，铁路轨距不一致，导致中欧班列至少换装 2 次，在口岸经常停限装、压货，占用大量时间。班列途中仍有甩车现象，境外速度不快，运行时间过长。同时，通关便利性仍然不够，收费标准不统一，境内口岸仍因报关、报检等原因而时常被扣车、扣箱。由于班列要在慢车运费基础上加收 50%的运费，加之转关换轨，其运营成本远高于铁海联运、江海联运。

(资料来源：王姣娥，景悦，王成金."中欧班列"运输组织策略研究[J]. 中国科学院院刊，2017(4).

略有改动)

三、水路运输

(一)概述

水路运输是指利用船舶，在江、河、湖、人工水道及海洋上运送客、货的一种运输方式。

水路运输主要承担大批量、远距离的运输，是在干线运输中起主力作用的运输形式。在内河及沿海，水路运输也常作为小型运输工具使用，担任补充及衔接大批量干线运输的任务。

(二)水路运输的特点

1. 优点

(1) 运输成本低。我国沿海运输成本只有铁路的 40%，美国沿海运输成本只有铁路运输的 1/8。

(2) 运输能力大。在几种运输方式中，水路运输能力最大。

(3) 平均运距长。水路运输平均运距分别是铁路运输的 2.3 倍，公路运输的 59 倍，管道运输的 2.7 倍，航空运输的 68%。

(4) 劳动生产率高。沿海运输劳动生产率是铁路运输的 6.4 倍，长江干线运输劳动生产率是铁路运输的 1.26 倍。

(5) 水运建设投资省。水路运输只需利用江、河、湖、海等自然水利资源，除必须投资建造船舶、建设港口之外，沿海航道几乎无须投资，整治航道也仅仅只有铁路建设费用的 1/5～1/3。

2. 缺点

(1) 速度慢。杂货、散货和油轮的航速通常在 13～19 节。即使是航速较快的集装箱船(特别是全集装箱船)，航速也仅有 20～25 节。

(2) 受港口、水位、季节、气候影响较大，一年中中断运输的时间较长。一方面，水路运输受海洋、河流的地理分布、地质、地貌、水文及气象等条件和因素的明显制约与影响；另一方面，水运航线无法在广大陆地上任意延伸，不能实现"门到门"的运输。

【知识拓展 5-7】

节，是一个专用于航海的速率单位，后延伸至航空方面，等于船只或飞机每小时所航行的海里数，即 1 节=1 海里=1.852 千米/小时。

(三)水路运输的形式

水路运输主要有四种形式，分别是内河运输(inland water transportation)、沿海运输(coastal transportation)、近海运输(short sea shipping)和远洋运输(international shipping)。

(1) 内河运输是使用船舶在江、河、湖等天然水道或人工水道运送客、货的一种水路运输形式，主要使用中小型船舶。

(2) 沿海运输是往来于国内各沿海港口之间，负责运送客、货的一种运输形式，一般使用中小型船舶。

沿海运输有两种形式：一是国内贸易货物在一国港口之间的运输，如货物在大连港、青岛港和上海港之间的运输；二是国际贸易货物在一国港口之间发生的二次运输，如从烟台港出口欧洲的货物，在烟台港装船，运到香港卸船，再装上其他船舶运往欧洲。

(3) 近海运输是利用船舶与大陆邻近国家通过海上航道运送客、货的一种运输形式。近海运输和沿海运输有一定的区别，沿海运输主要是指国内的两个港口之间的运输，而近海运输包括不同国家的两个港口之间的运输，如东南亚国家与中国港口之间的运输都属于近海运输。

(4) 远洋运输是使用船舶从事跨越大洋运送客、货的运输形式，即国与国之间的海洋运输，或者称为国际航运。

(四)水路运输设施与设备

水路运输设施与设备主要包括航道(sea-route)、港口(navigation opening)、船舶及附属设施等。

1．航道

(1) 概述。航道是指沿江、河、湖泊、人工水道及海洋等水域，供一定标准尺寸的船舶航行的通道，是水运赖以发展的基础，有"航运之母"之称。

(2) 分类。①按照形成原因，航道可分为天然航道和人工航道。天然航道是指自然形成的江、河、湖、海等水域中的航道；人工航道是指在陆上人工开发的航道，包括人工开辟或开凿的运河和其他通航渠道，如京杭大运河就是我国最长的人工航道。②按照所处地域，航道可分为内河航道和沿海航道。③按照通航条件，航道可分为常年通航航道和季节通航航道。

【课外资料5-3】

内河航道的分类

截至2020年年底，全国内河航道通航里程为12.77万公里，其中等级航道为6.73万公里，占总里程的52.7%。内河航道的分类及通行能力如下。

七级航道，能通行50吨级船舶；六级航道，能通行100吨级船舶；五级航道，能通行300吨级船舶；四级航道，能通行500吨级船舶；三级航道，能通行1000吨级船舶；二级航道，能通行2000吨级船舶；一级航道，能通行5000吨级船舶。

【案例分析5-3】

海运航道方案分析

2021年3月，集装箱运输船"长赐"号在驶入苏伊士运河后船体偏离触底搁浅，导致双向航道堵塞，给全球供应链带来重大影响。作为全球第一大货物贸易国，确保海运通道安全畅通，不仅事关海运与贸易企业的经济利益，也事关我国的经济安全和国家安全。

从增加运输贸易成本的角度看，如果发生堵塞或封锁，对我国影响最大的五个海峡和运河主要有霍尔木兹海峡、曼德海峡、苏伊士运河、巽他海峡、马六甲海峡。除苏伊士运河堵塞这样的意外事件外，海盗、恐怖主义或战争行为，都可能影响这些海上航道的畅通。因此，很多专家探讨了好望角航道、中欧班列、北极航道等替代方案。

(1) 以从新加坡到荷兰鹿特丹为例，绕道好望角航程增加近 50%，不仅时间增加，额外燃油费用也将达到数十万美元。另外，走好望角路线的船只还需要经过海盗猖獗的西非海域，对货运的安全极其不利。

(2) 苏伊士运河被堵之后的数天，中欧班列的咨询量暴增，去程和回程班列都出现"爆仓"，尤其是回程班列的订舱量增加了三成以上。虽然中欧班列发展很快，但真实的通行能力还很有限，2020 年中欧班列共发送 113.5 万标准箱，远不能满足我国进出口的运输需求。尽管应该大力推动中欧班列发展，但不同运输方式的运量、成本、效率和安全性存在巨大差异，这又使国际铁路运输取代海路运输不切实际，国际铁路运输只能是海路运输的补充和应急。

(3) 北极每年夏天都有几个月的时间可以通航，因此北极航线被看作减少苏伊士运河压力的替代航路。东亚和西欧之间通过苏伊士运河的行程约为 2.1 万公里，但北极航线能把距离减少到 1.28 万公里，用时缩短 10～20 天。据预测，到 2030 年，北环线夏季很可能无冰，拥有巨大的商业潜力，并可避开曼德海峡、苏伊士运河、巽他海峡和英吉利海峡等。2021 年公布的《中华人民共和国国民经济和社会发展第十四个五年规划和 2035 年远景目标纲要》提出："参与北极务实合作，建设'冰上丝绸之路'。"自 2013 年我国首艘商船穿越北极东北航道以来，我国航运企业和造船企业一直在积极探索。尽管如此，北极航道机遇背后的挑战依然存在，气候、技术、人员等层面的问题都制约着当前阶段北极航道的商业化利用。结合环保、地缘政治及其他因素，短期内大规模使用北极航道还不现实。

(资料来源：陶宇轩，朱子源. 苏伊士运河堵塞事件之鉴：加强关键海运通道通行风险防控[J]. 中国远洋海运，2021(5). 略有改动)

思考题：
结合案例，分析我国进出口货物选择不同航道的可行性。

2. 港口

1) 概述

港口是具有水陆联运设备和条件，是船舶停泊、装卸货物、上下旅客、补充给养的场所，是水陆交通的集结点和枢纽。

港口由水域和陆域两部分组成。水域是供船舶进出港口，以及在港内运转、锚泊和装卸作业使用的区域，通常包括进港航道、锚地和港池；陆域是指供货物装卸、堆存、转运和旅客集散使用的陆地，包括进港陆上通道、装卸机械设备、仓库、堆场及港口附属设施等。

2) 分类

(1) 按照地理位置，港口可分为河港、海港和河口港。①河港是指沿江、河、湖泊、水库分布的港口，如重庆港、南京港、武汉港、哈尔滨港等；②海港是指沿海岸线分布的港口，如香港港、青岛港、深圳港等；③河口港是指位于江河入海口，受潮汐影响的港口，如天津港、上海港、宁波港、厦门港等。在我国，一般把河口港划入海港的范围。

(2) 按照用途，港口可分为商港、工业港、渔港、军港、避风港和自由港等。①商港是指供通商船舶进出，为贸易、商务、客运、货运服务的港口。商港不但要有优良的自然条件，还必须具备工商业比较集中、商品经济比较发达、交通十分方便等条件，并具有从事水、陆、空联运的各种设施。例如，上海港、香港港、鹿特丹港和汉堡港等都是世界著名的商港。②工业港是为邻近江、河、湖、海的大型工矿企业直接运输原料、燃料和产品的港口，如武钢工业港。③渔港是指专门为渔业生产服务，供渔业船舶停泊、避风、装卸渔获物、补充渔需物资的人工港口或者自然港湾，如大连海洋岛渔港、天津渤海中心渔港、山东微湖渔港等。④军港是指因军事目的而修建的港口，如旅顺港、葫芦岛港等。⑤避风港是指供船舶避风浪的港口，这种港口一般是利用天然港湾而自然形成。避风港除了具备船舶避风所必需的锚泊设施外，一般不具备装卸和补给功能。⑥自由港是指不属于任何一国海关管辖的港口或海港地区，外国货物可以免征关税进港。一般可以进行加工、储藏、贸易、装卸和重新包装，但船舶须遵守卫生、移民等各项法律的规定。自由港有多种形式，除全功能自由港外，还有在港口设有自由贸易区、加工出口区、保税仓库、科技或工业园区等形式。各国的经验表明，自由港是对外开放的门户；建立自由港，是发展外向型经济的有效途径。

(3) 按照地位，港口可分为国际性港口、国家性港口和地区性港口。①国际性港口主要停泊来自世界各国港口的船舶，如我国的上海港和大连港等。②国家性港口主要停泊往来于国内港口的船舶。③地区性港口主要停泊往来于国内某一地区港口的船舶。

【案例分析 5-4】

上海洋山港的"智能化"实践

在上海东南部，杭州湾外的大小洋山，远离陆地约 30 公里，一座不到 2 平方公里的小岛扩张近 6 倍，一跃成为世界第一座海岛型深水集装箱港区。这就是上海港的重要组成部分——洋山港。

2017 年 12 月 10 日，洋山深水港四期开港。开港后，上海港年集装箱吞吐量突破 4000 万标准箱，是美国所有港口吞吐量之和，体量达到全球港口年吞吐量的 1/10。在全球排名前 10 的港口中，中国占 7 个，其中上海港多次位居世界第一名。

洋山四期工程是全球最大的单体全自动化码头和综合自动化程度最高的码头。与传统的集装箱码头相比，洋山四期工程最大的特点是实现了码头集装箱装卸、水平运输、堆场装卸环节的全过程智能化的操作。整个码头和堆场内不再有人，不仅岸桥不需要人驾驶，连集装箱卡车也不需要，直接由自动运行的无人驾驶 AGV 小车把集装箱运到堆场，堆场的桥吊也是无人操作。码头操作员全部转移到监控室，对着计算机屏幕就能完成全部作业。

在洋山港忙碌而井然有序的码头上，AGV 小车穿梭不停，格外引人注目。这些小车不但可以在码头穿梭完成各种作业，还能自行到换电站更换电池。更换电池只需 6 分钟，电池充满电仅需 2 小时，整个充电过程零排放，可节省能耗 40% 以上。

全自动化码头的有序高效运作不仅需要设备,更需要软件系统的全面配合。全自动化码头智能生产管理控制系统(TOS)和智能控制系统(ECS)组成了洋山港的"大脑"与"神经"。TOS最大的优势在于可以实现岸桥边装边卸作业。ECS则取代了传统设备上的操作人员,让港口设备智能化,把一辆辆AGV小车变成一个智能的AGV车队,把一台台场桥起重机变成一个智能化的堆场,把一座座岸桥变成能自主作业的巨型机器人。

(资料来源:杜壮.智能港口:节约工人数超90%[J].中国战略新兴产业,2018(21).略有改动)

思考题:
上海洋山港属于什么类型的港口?都采用了哪些先进的设备和技术?

3. 船舶

船舶是能航行或停泊于水域内,用以执行作战、运输、作业等各类船、舰、筏及水上作业平台等的总称。

按照载货类别不同,船舶可分为普通货船(general cargo ship)、散货货船(bulk cargo ship)、集装箱船(container vessel)、滚装船(ro/ro ship)、载驳船(barge carrier)、冷藏船(refrigerator ship)、油船(oil tanker)、液化气船(liquefied gas carrier)和木材船(timber ship)等。

①普通货船,又称杂货船,是指用于装载一般包装、袋装、箱装和桶装等普通货物的船舶。②散货货船是专运散装货的干货船,如专运谷物、煤、矿砂、盐、水泥等大宗货物的船舶。③集装箱船是专门运输集装箱货物的船舶。集装箱船有三种类型:全集装箱船、部分集装箱船和可变换集装箱船。④滚装船又称"开上开下"船,或称"滚上滚下"船,是专门运载滚动车辆的运输船,如运载各种汽车、装满集装箱或货物的卡车和挂车等。⑤载驳船又称子母船,是专运货驳的船。⑥冷藏船是指专门运输要求保鲜的鱼、肉、水果、蔬菜等时鲜易腐货物的货船。⑦油船是指运载散装石油类货物的液货船。通常所称的油船,多数是指运输原油的船;而装运成品油的船,则称为成品油船。⑧液化气船是指专门装运液化气的液货船,可分为液化天然气(liquefied natural gas,LNG)船和液化石油气(liquid petroleum gas,LPG)船。⑨木材船是指专门用以装载木材或原木的大型船舶。

【课外资料5-4】

全集装箱船

全集装箱船是专门装运集装箱的船,不装运其他形式的货物。它的货舱内有格栅式货架,装有垂直导轨,便于集装箱沿导轨放下,四角有格栅防护,可防倾倒。部分集装箱船在船的中部区域作为集装箱的专用货舱,而船的两端货舱装载普通杂货。可变换集装箱船是一种多用途船,其货舱内装载集装箱的结构为可拆装式的。这种船的货舱,可以根据需要随时改变,既可装运集装箱,也可装运其他普通杂货,以提高船舶的利用率。

四、航空运输

(一)概述

航空运输是利用民用航空器从事定期或不定期飞行，运送旅客、邮件或货物的一种运输方式。

航空运输具有快速、机动的特点，不受地形限制，是国际贸易中不可或缺的运输方式。我国当前运输飞机数量较少，主要用来运载价值高、重量轻、易损、鲜活的商品及一些急需的商品、物资等。航空运输货运量占全国货运量的比重不到 0.02%。

(二)航空运输的特点

1. 优点

(1) 降低库存。航空运输的高速性使长距离的物品运送可以在短时间内完成，因而可降低库存，节约库存投资和保管费用，加快资金的周转速度。

(2) 节省包装费用。航空运输与外界的隔绝性强，因此可以简化运输包装，节省包装材料、劳力和时间。

(3) 对轻质物品而言，有时可节省运杂费。航空运费以公斤为计算单位。轻泡货物费用按每 6~7 立方米折合 1 吨计算，而海运费用按 1 立方米折合 1 吨计算，加之其高速性可降低在途物资资金占用，此时采用空运是明智的选择。

(4) 货损和货差少。航空运输过程中的震动、冲击很小，温度、湿度等条件适宜，加之运行中与外界隔绝，因此发生货损、货差的可能性大大减小。

2. 缺点

(1) 运输费用高。无论是飞机还是飞行所消耗的油料相对其他交通运输方式都高昂得多，所以航空运输费用比其他运输方式高，不适合运输低价值货物。

(2) 飞机载重量小。飞机的舱容有限，不适于运输大件货物或大批量货物。目前，世界上最大的运输机的载重量为 250 吨，一般运输机的载重量在 100 吨左右。

(3) 易受天气的影响。虽然航空技术已能适应绝大多数气象条件，但是风、雨、雪、雾等气象条件仍然会影响飞机的起降安全。

【案例分析 5-5】

顺丰的大闸蟹运输

作为典型的鲜活水产，大闸蟹在捆绑、包装好后通常可存活 3~5 天，超过 5 天死亡率就增加，死蟹会导致细菌繁殖，不能食用；在运输过程中要保证大闸蟹鲜活，对环境的温度、湿度以及配送服务时效性均有很高的要求。可以说，冷链能够覆盖多远，大闸蟹市场就有多大。

从 2008 年起，顺丰开始承运大闸蟹，已形成了"全货机+散航+无人机"的运输体系。仅 2018 年秋，顺丰便承担了近 4 万吨大闸蟹的运输任务。即使运输量如此惊人，也只有

10亿国人能享受吃蟹仅需等36小时的极速待遇。在大闸蟹快件高峰期，顺丰出动8架全货机用于大闸蟹专项运输，保证大闸蟹在湖区出水后第一时间从附近的机场装载空运；利用高铁班次密集、运力强大、正点率高、行驶平稳等优点，顺丰针对"大闸蟹专线"投入高铁运力资源，让大闸蟹坐上了"复兴号"。同时，顺丰获准在阳澄湖全湖面及周围部分陆地使用无人机进行大闸蟹的运输，原本需要1小时20分钟的环湖陆路，在使用无人机进行跨湖运输后，时间可缩短到9分钟以内，运输效率提高了8倍。

思考题：
顺丰选择运输大闸蟹的方式是否合理？为什么？

(三) 航空运输的分类

航空运输方式主要有班机运输(scheduled airline)、包机运输(chartered carrier)、集中托运(consolidation)和航空快递(air express service)业务。

(1) 班机运输是指飞机按固定的时间、航线、始发站、目的站进行定期航行的货物运输方式。班机有固定航线和停靠港，定期开航，定点到达，使收货人和发货人确切掌握货物起运时间和到达时间，保证货物安全、准时地运往目的地。班机货运适于急用物品、行李、鲜活物、贵重物、电子器件等货物的运输。班机一般采用客货混合机型，因此货舱舱位有限，不能满足大批货物的运输要求，只能分期分批运输。

(2) 包机运输是由租机人租用整架飞机或若干租机人联合包租一架飞机进行货物运输的方式。包机如往返使用，则价格较班机低；如单程使用，则价格较班机高。包机专运高价值货物。包机运输方式有整架包机和部分包机两类。

(3) 集中托运是指航空代理公司把若干批单独发运的货物，组成一整批货物，向航空公司办理托运，用一份总运单整批发运到同一目的港，由指定的代理人收货，然后按照航空分运单分拨给各实际收货人的运输方式。

(4) 航空快递是由专门经营快递业务的代理公司组织货源和联络用户，并办理空运手续，或委托到达地的速递公司，或在到达地设立速递公司，或派专人随机送货送达收货人的一种快速运货方式。

(四) 航空运输设备

航空运输设备主要包括航线、航空港(airport)、飞机和通信导航设备等。

1. 航线

航线是指飞机飞行的路线，即飞机从某一个机场飞往另一个机场所飞行的空中路线。飞机的航线不仅确定了飞机飞行的具体方向、起讫点和经停点，而且还根据空中交通管制的需要，规定了航线宽度和飞行高度。

航线也是分类的。按照飞机飞行的起讫点，航线可分为国际航线、国内航线和地区航线。国际航线是指飞行路线连接两个或两个以上国家的航线；国内航线是指在一个国家内部的航线；地区航线是指在一国之内，连接普通地区和特殊地区的航线，如中国内地与港、澳、台地区之间的航线。

2．航空港

航空港又称机场或航空站，是保证飞机安全起降的基地和旅客、货物的集散地，是空中交通网的基地。机场主要由飞行区、航站区、进出机场的地面交通系统和航空港的其他设施组成。

(1) 飞行区是机场内用于飞机起飞、着陆和滑行的区域，由跑道系统、滑行道系统、指挥塔台、停机坪、无线电通信导航系统、目视助航设施、空中交通管制设施及航空气象设施等组成。为保证飞机安全起飞和着陆，在飞行区上空划定净空区，即在机场及其邻近地区上空，根据在本机场起降飞机的性能，规定若干障碍物限制，不允许地面物体超越限制面的高度。这些限制面以上的空域称为净空区。

(2) 航站区是飞行区与机场其他部分的交接部，是旅客、货物、邮件运输服务设施所在区域。区内设施包括客机坪、航站楼、停车场等，其主要建筑是航站楼。

(3) 进出机场的地面交通系统通常是指公路，以及铁路、地铁或轻轨和水运码头等。其功能是把机场和附近城市连接起来，将旅客、货物和邮件及时运进或运出航站楼。进出机场的地面交通系统的状况直接影响空运业务。

(4) 航空港的其他设施还包括供油设施、维修厂、维修机库、维修机坪设施、应急救援设施、动力与电信系统、环保设施、旅客服务设施、保安设施、货运区及航空公司区等。

3．飞机

飞机是指具有机翼和一具或多具发动机，靠自身动力能在空中飞行的航空器，是航空运输的主要运载工具。民用飞机有客机和货机两种。货机是指用于载运货物的运输飞机，通常专指用于商业飞行的民用货运飞机，一般以包机或定期航班的形式运输货物。

4．通信导航设备

通信导航设备是飞机场各项通信设备、导航设备、监视设备的统称。

(1) 通信设备。民航客机用于和地面电台或其他飞机进行联系的通信设备包括高频通信系统(HF)、甚高频通信系统(VHF)和选择呼叫系统(SEL CAL)。

(2) 导航设备。民航客机的导航依赖于无线电导航系统，其设备有甚高频全向无线电信标测距仪系统(VOR/DME)、无方向性无线电信标系统(NDB)、仪表着陆系统(ILS)等。

(3) 监视设备。目前，实施空中交通监视的主要设备是雷达，它是利用无线电波发现目标，并测定其位置的设备。

五、管道运输

(一)概述

管道运输是利用管道输送气体、液体和粉状固体的一种运输方式。管道运输是物体在管道内顺着压力方向循序移动，它和其他运输方式的重要区别在于，管道设备是静止不动的。

(二)管道运输的特点

1. 优点

(1) 运量大。管道可以不分昼夜地输送物质。根据管道管径的大小,其每年的运输量可达数百万吨到几千万吨,甚至超过亿吨。例如,阿拉斯加原油管道年运原油 9000 万吨,相当于双轨铁路一年的运输量。

(2) 占地少。管道总长度的 95%以上是埋藏于地下的,只有输油站等设施占用土地,所以其占用的土地很少,仅为公路的 3%、铁路的 10%左右。

(3) 管道运输损耗低、安全可靠、连续性强。管道运输采用密闭输送,挥发损耗少,而且避免了装卸环节的损耗,油气损耗远低于其他运输方式。同时,它可大大减少对空气、水和土壤的污染,而且无须包装。此外,管道基本埋藏于地下,在运输过程中,恶劣多变的气候条件对其影响很小,可以确保运输系统长期、稳定地运行。

(4) 管道运输成本低、耗能少、效益好。管道口径越大,运输距离越远,运输量越大,运输成本就越低。以运输石油为例,管道运输、水路运输、铁路运输的运输成本之比为 1∶1∶1.7。发达国家采用管道运输石油,每吨千米的能耗不足铁路的 1/7。另外,管道运输可以连续不断地工作,不存在空载里程,因而运输效率高。

(5) 管道运输建设周期短、费用低。一般来说,管道运输系统的建设周期与相同运量的铁路建设周期相比,要短 1/3 以上。

【课外资料 5-5】

截至 2020 年年底,我国油气长输管线包括国内管线和国外管线,总里程达到 16.5 万千米,其中原油管线为 3.1 万千米,成品油管线为 3.2 万千米,天然气管道为 10.2 万千米,已基本形成管线网络。国内原油和成品油运输管网已实现西油东送、北油南下、海油上岸,天然气则实现了西气东输、川气出川、北气南下。

2. 缺点

(1) 灵活性差。管道运输的线路固定,不能实现"门到门"的服务。对一般用户来说,管道运输只有与铁路、公路、水路等运输方式配合才能完成全程输送。

(2) 货品单一、运速较慢。运输对象比较单一,只适合运输石油、天然气、化学品、煤浆等货物,且速度较慢,每小时流速大约为 30 公里,和水路运输的速度差不多。

(三)管道运输的分类

按照运输的货物种类,管道运输可分为输油管道运输、输气管道运输和固体浆料管道运输。

(1) 输油管道运输主要是输送原油、成品油(煤油、汽油、柴油、航空煤油、燃料油和液化石油气)和液氨等。原油或成品油输送距离可达数百公里、数千公里。

(2) 输气管道运输主要是输送天然气。设备从气田或油田的井口装置开始,经矿场集气、净化及干线输送,再经配气网送到用户,形成一个统一的、密闭的输气系统。

(3) 固体浆料管道运输主要是输送煤、铁矿石、铜矿石、磷矿石等,其特点是将运送的固体破碎成细小颗粒，与水混合成浆状混合物，在泵的驱动下用管道送往目的地。

(四)管道运输设备

长距离输油管道由输油站和管线两大部分组成。输油站是指沿输油管道干线为输送油品而建立的各种作业站场。按管道所处的位置和作用划分，可以分为首站、中间泵站和末站。

(1) 首站是输油管道的起点，收集准备用于管道输送的原油和成品油，进行分类、计量、增压后向下一站输油，主要由油罐区、计量系统和输油泵组成；对于加热输送管道，还需设置加热炉等加热设备。首站还必须完成发送清管器、油品化验、收集和处理污油等作业。

(2) 中间泵站是接受前一站来油，并对所输送的油品加压、升温后输往下一站，所以中间站的主要设备有输油泵、加热炉、阀门等设备。

(3) 末站是接受输油管道送来的全部油品，供给用户或以其他方式转运，故末站有较多的储油罐和准确的计量装置。

【实训题 5-1】

以下给出的货物(见表 5-1)选用哪种运输方式能满足客户需求且比较经济、合理？说明你选择该种运输方式的理由。通过物流网站查找相关资料，估算出运价，并说明该货物对运输工具有无特殊要求。

表 5-1　货物运输方式选择

出发地	到达地	货物名称	货物重量	货物体积	运输方式	运价
郑州	沈阳	蔬菜	99 吨	99 立方米		
台州	杭州	日用百货	200 公斤	0.5 立方米		
贺州	菏泽	水果	32 吨	90 立方米		
镇江	娄底	色拉油	18 吨	35 立方米		
济宁	西安	矿产	500 吨	300 立方米		
合肥	贵阳	钢材	32 吨	75 立方米		
杭州	深圳	食品	13 吨	115 立方米		
温州	乌鲁木齐	编织袋	10 吨	50 立方米		
南通	郴州	家禽	1 吨			
苏州	吕梁	农资	20 吨	20 立方米		

第三节　运输合理化

一、运输合理化的定义

运输合理化是指从物流系统的总体目标出发，合理利用各种运输方式，选择合理的运输路线和运输工具，以最短的运输距离、最少的环节、最快的速度和最少的劳动消耗，完成货物的运输任务。

二、影响运输合理化的因素

影响运输合理化的因素有很多，起决定作用的主要有五个方面：运输距离、运输环节、运输时间、运输工具和运输费用。

(1) 运输距离。运输过程中，运输时间、运输货损、运输费用、运输车辆周转等与运输有关的经济指标，都与运输距离有一定的比例关系。运输距离的长短是决定运输是否合理的一个最基本因素。

(2) 运输环节。增加运输环节不但会增加起运的运费和总运费，而且必然会增加运输的附属活动，如装卸、包装等，各项技术经济指标也会因此下降。所以，减少运输环节能促进合理运输。

(3) 运输时间。缩短运输时间有利于运输车辆的快速周转，能够充分发挥运力的作用，同时不仅有利于加速资金的周转，也有利于运输线路通过能力的提高。

(4) 运输工具。各种运输工具都有其特点和优势，只要根据不同的商品特点将各种运输工具合理搭配，选择最佳的运输工具和运输路线，才能发挥出各种运输工具的优势，降低运输成本。

(5) 运输费用。运输费用在物流费用中占有很大比例，它在很大程度上决定整个物流系统的竞争能力。实际上，运输费用合理，无论是对货主还是对物流企业而言都是运输合理化的一个重要标志。另外，运输费用的高低也是各种合理化措施是否行之有效的最终判断依据之一。

三、不合理运输的表现

不合理运输是指违反客观经济规律，违反商品合理流向，不能合理利用各种运力的运输。其主要有以下几种形式。

(1) 空驶现象是指返程或启程空驶，货车无货可装。在实际运输调度过程中，有时候必须调运空车，从管理上不能认为这是不合理运输。但是，因调运不当或货源计划不周而造成的空驶现象，则是不合理运输的表现。

(2) 对流运输亦称"相向运输"或"交错运输"，是指在同一线路上或平行线路上做相对方向的运送，而与对方运程的全部或一部分发生重叠交错的运输称为对流运输。简单地说，对流运输就是指同一种货物，在两地互相运输。

(3) 倒流运输又称返流运输，是指物资从产地运往销地，然后又从销地运回产地的一种回流运输现象。

(4) 迂回运输是指物资运输舍近求远绕道而行的情况。物流过程中的计划不同、组织不善或调运差错都容易出现迂回运输。

(5) 重复运输是指某种物资本来可以从起运地一次直运到达目的地，但由于批发机构或商业仓库设置不当，或计划不周，人为地运到中途地点(如中转仓库)卸下后，又二次装运的不合理现象。重复运输增加了一道中间装卸环节，增加了装卸搬运费用，延长了商品的在途时间。

(6) 本来能够就地或就近取得某种物资供应，却舍近求远地从外地运来同种物资称为过远运输。除了资源分布和生产力分布决定的远距离运输外，凡是因管理组织工作不善、供销联系不妥而产生的长距离运输，均称为过远运输。

(7) 运力选择不当是指未正确选择合适的运输工具而造成的不合理运输。常见的有以下几种形式：弃水走陆；铁路、大型船舶的过近运输；运输工具承载能力选择不当。

(8) 托运方式选择不当是指本来可以选择整车运输却选择了零担，应该直达却选择了中转运输，应当中转却选择了直达运输等，造成运力浪费及费用支出加大的一种不合理运输。

上述各种不合理运输形式都是在特定的条件下出现的，在进行判断时必须注意不合理运输的前提条件，否则就容易出现判断失误。对以上不合理运输的描述，主要是从微观方面观察得出的结论。在实践中，必须将其放到物流系统中做综合判断；否则，很可能出现效益悖反现象。

【案例分析 5-6】

罗计物流的信息平台

在中国的每个物流园区，都驻守着一批吃苦耐劳的货运司机。他们通过物流园区的中介获取运输信息，为此要支付每笔 100 元不等的中介费。他们也会去物流园区信息部排队领任务，往往还没排上，货已发完。司机们为了争取一个运输任务，要在园区等候 3~5 天，吃住都在车上。大部分时候，司机拉着货去却空着车回，回程的油费和高速过路费都是高昂的成本。为了多挣钱，一些司机就会违规超载。

"车和货得不到高效的整合与匹配，使 2000 多万辆货车的空载率高达 40% 以上。"有政协委员在 2015 年的"两会"提案中提到，信息不对称等问题导致我国的物流成本长期居高不下。

一开始，罗计物流的业务主要定位于货车和货物的匹配。2014 年年底，罗计物流两款 App 正式上线，分别是针对货主和车主推出的"罗计找车"和"罗计找货"。上线仅半年的时间，司机用户就达到 78 万，覆盖 32 个城市的物流园区。

为拓展企业用户，2015 年年初，罗计开始研发基于 PC 端的"运立方平台"，货主和物流公司可以在 PC 端完成更多企业化功能。大多数中小企业有零担发货的需求，它们可以通过运立方平台根据网点、价格、品牌、提配等增值服务信息，查询到满足自己需求的零担专线物流，并通过运立方平台统一下单。

入驻运立方平台的专线公司都是罗计通过线下审核签约的服务和信誉良好的企业，罗计平台通过提供担保、保险、供应链金融服务来保障整个服务流程质量。对需要整车服务的货主，罗计将运立方平台上的优质车源聚合起来，通过集中化运营降低企业物流成本。而对于物流公司，罗计不仅通过互联网将大量订单导流给它们，也为物流公司提供诸如熟车管理、虚拟车队、运输轨迹跟踪、订单管理结算等一系列服务，以解决物流公司找货难的"痛点"。

运立方平台自 2015 年 9 月上线以来，开通线路达 13 760 条，成功搭建全国运力网络，可保证货物在 3 日内到达线路覆盖的 600 多个城市。更为重要的是，运立方平台已经实现网上支付交易的闭环，走在了行业前列，用户可以通过支付宝、快钱等方式完成在线支付。2016 年 4 月，罗计物流又将基于 PC 端的运立方"一站式"发货平台以及"罗计找车""罗计找货"两款 App 进行了产品升级，原本整车业务由货主直接对接司机的业务模式，转变成货主—经纪人—司机的业务模式，以更好地贴近国内物流市场的线下业务现状。

货运经纪人大多是运输车队或者中小物流企业，掌握了大量熟车源，通过罗计物流的运立方平台，可为货主提供相匹配的运力。货主根据经纪人提供的更专业的运力、报价信息，可以快速甄别优势车源，选择最适合的货运经纪人承担运输任务。

（资料来源：吴贵生，孟菲，王毅. 罗计：构建物流信息平台[J]. 清华管理评论，2017(4). 略有改动）

思考题：
罗计物流解决了哪些不合理运输问题？

四、运输合理化的措施

(1) 提高运输工具实载率。提高实载率就是充分利用运输工具的额定能力，减少运输工具空驶和不满载行驶时间，减少浪费，从而实现运输合理化。

(2) 减少能源动力投入，增加运输能力。运输投入主要是能耗和基础设施的建设。在运输设施固定的情况下，尽量减少能源动力投入，从而节约运费，降低运输成本。例如，在铁路运输中，在机车能力允许的情况下，多加挂车皮；在公路运输中，实行汽车挂车运输，以增加运输能力。

(3) 尽量发展直达运输。直达运输是追求运输合理化的重要形式，其核心是通过减少中转次数，提高运输速度，节省装卸费用，降低频繁装卸所造成的货物损失。

(4) 配载运输。配载运输是指将轻重不同的货物混合配载，在以重货运输为主的情况下，同时搭载一些轻泡货物，合理利用运力，降低运输成本。这也是提高运输工具实载率的一种有效形式。

(5) "四就"直拨运输。"四就"是指就厂直拨、就站直拨、就库直拨和就船过载，从而减少中转运输环节，实现以最少的中转次数完成运输任务。

(6) 通过流通加工，实现合理化运输。不少产品由于其本身形态及特性问题，很难实现满载运输，充分利用运力。如果将其进行一些适当的加工，这样就能解决不能满载运输的问题，从而实现合理化运输。

习 题

一、单选题

1. （　　）可以提供"门到门"的运输服务。
   A. 公路运输　　　B. 铁路运输　　　C. 水路运输　　　D. 航空运输

2. 水路运输适于( )。
   A. 运量大，运距短，时间性很强的运输
   B. 运量大，运距长，时间性很强的运输
   C. 运量大，运距长，时间性不太强的运输
   D. 运量大，运距短，时间性不太强的运输
3. 能利用社会化的运输体系而不利用，却依靠自备车送货，易出现( )。
   A. 单程空驶   B. 对流运输   C. 迂回运输   D. 重复运输
4. 以下运输方式，( )的运输能力最强。
   A. 水路运输   B. 公路运输   C. 铁路运输   D. 航空运输
5. 不从就地或就近获取某种物资，却舍近求远地从外地或远处运来同种物资，从而造成运力浪费的不合理运输现象是( )。
   A. 迂回运输   B. 过远运输   C. 远程运输   D. 倒流运输

二、多选题

1. 水运的形式有( )。
   A. 湖泊运输   B. 内河运输   C. 远洋运输   D. 近海运输
2. ( )被看作物流活动的两大支柱。
   A. 装卸搬运   B. 运输   C. 包装   D. 仓储
3. ( )属于管道运输的特点。
   A. 单向性   B. 连续输送   C. 灵活性   D. 密封性
4. ( )现象是不合理运输。
   A. 陆陆联运   B. 运力选择不当   C. 对流运输   D. 过远运输

三、简答题

1. 怎样理解运输的作用？
2. 运输合理化的措施有哪些？

四、案例分析题

将300吨商品从A地运往B地，有公路和水路两种运输方式可供选择。

公路运输按每辆车标重30吨计。从公路走，A、B两地相距220公里。汽车运价不分整件、零件，吨公里运价均为0.60元，其他杂费(包装、装卸费)为每吨2元/次(按汽车标重计算)。

选择水路运输，A、B两地相距320公里，吨公里运价为0.10元。A地距离码头8公里，B地码头离目的地10公里，仍需用汽车运输，其他杂费与公路运输相同。该商品中途要转运，需在码头停留一天，每天每吨堆存费为1.00元，港务费为0.30元。

公路运输震动较大，商品每吨损耗为2元，当天就能到达目的地；水路运输应中转一次，比公路运输的损耗多，每吨损耗为10元。

分析：究竟采用水路运输还是公路运输好？请做出选择，并说明理由。

第六章　流通加工与配送

【案例导入】

京客隆的生鲜食品加工配送

京客隆是一家连锁商店企业,通过新建、租赁、加盟和托管等形式迅速扩大企业规模,形成了区域购物中心、大卖场、综合超市、便利店等经营业态统筹发展的态势。

2006年,京客隆投资建设的生鲜食品加工配送中心投入使用,为京客隆的门店提供流通加工和配送服务。生鲜食品加工配送中心主要包括蔬果恒温加工配送中心和猪肉分切加工中心。

一、蔬果恒温加工配送中心流程

蔬果恒温加工配送中心面积为2432平方米,由4座独立可调温度、湿度的冷藏保鲜库,以及进货暂存区、筛选区、加工包装区、出货暂存区和17个进出货码头组成。加工现场温度为18℃,日配送处理能力为160~260吨;冷藏库温度为2℃~8℃,湿度最高可达90%以上。

蔬果恒温加工配送中心的作业流程如下。

① 入库验收。冷藏车将蔬果从蔬菜基地或水果产地运送至配送中心,卸货至进货暂存区进行验收。验收工作包括清点数量、查验质量及检测供应商的包装是否符合标准化要求。清点数量主要是称重、数箱数。查验质量,主要是看蔬菜或水果的颜色、大小、软硬度,更重要的是检验农药残留情况。

② 筛选。筛选主要是对进入配送中心但尚未进行分类筛选的蔬果,依其品质、大小、色泽进行等级划分。在分类筛选过程中要去除运输中出现的损坏商品,有些蔬菜和水果还需要去根、去叶。

③ 加工或冷藏。验收合格的蔬果,一部分放进冷藏库保存,另一部分直接进入加工区,经加工后出货。蔬果是先冷藏还是立即加工出货,主要是根据门店的订单来确定。另外,蔬果的品种不同也影响着出货方式。叶菜类蔬菜需直接加工出货,在配送中心停留的时间越短越新鲜;根茎类蔬菜和水果,既可以储存也可以加工出货,没有门店订单的根茎类蔬菜和水果根据其特征存储于相应温度的冷藏库中。

④ 分类小包装。小包装,实际上是一个标准化的过程,也就是将水果和蔬菜分类、筛选,然后裹膜称重、贴标,将小包装装进标准物流容器里。

⑤ 分拨前暂存。装进标准容器里包装好的果蔬,将放在出货暂存区,根据门店的订单进行播种式拣选。拣选以门店为单位,各门店有相应的出货暂存区,等待配送车辆来运输。一般在1个小时内出货。其间,分拨好的叶菜类蔬菜会重新放回冷藏库,以保证新鲜,配送车辆可直接从冷藏库中将其运走。

二、猪肉分切加工中心流程

猪肉分切加工中心占地2950平方米,日分切加工处理能力为250头,周转储存能力为

580 头，冷藏能力为 100 吨，冷冻能力为 50 吨；设急速预冷库，排酸库，分切加工区，一次加工和副产品加工区，内、外包装区，产品冷冻、冷藏区和 11 个进出货码头，并建有急冻隧道。

猪肉分切加工中心的流程如下。

① 验收入库。每天有 250 头猪的白条肉(将一头猪一分为二，去头、去足、去内脏)送到配送中心，验收工作包括质量检测、温度检测和清点数量。其中，质量检测主要检测猪肉的 pH 值以及含水量；温度检测主要检测运送猪肉的冷藏车的温度和猪肉本身的温度。

② 急速预冷、排酸。进入猪肉分切加工中心的猪肉，首先要经历一个排酸过程。排酸分两步：首先在-25℃的预冷室急速预冷 4～6 小时；然后送入-4℃～4℃的冷藏库排酸 24～48 小时。当白条肉的中心温度达到 0℃时，就成为排酸猪肉。

③ 分切。经过排酸后的白条肉，作为原料进入分切车间，工人按部位对其进行分割。分割分两种：一种是根据门店的订单可以直接进入市场的成品；另一种是可以进一步细加工的原料，如用来铰肉馅儿的瘦肉块。

④ 细加工或冷藏。加工中心有三个成品库、两个原料库。进入成品库的产品，通过称重包装、贴标、金属残留检测之后就可以直接出库；进入原料库的产品，则需要根据门店订单进一步细加工，变成门店所需的成品。

⑤ 金属残留检测、称重、包装。成品在出库之前要进行金属残留检测，以避免在加工过程中留下金属碎片。

⑥ 批次拣货，然后分拨到各门店区。冷藏库温度很低，每次是按单品的需求总量进行拣货，然后再根据门店订单进行拣选。在分拨车间，每一个门店都有一个标志牌，门店所需商品都用物流筐装好，等待冷藏车运输。如果不能立即出货，拣选好的猪肉会迅速送回冷库，然后从冷库直接出货。

⑦ 出库。京客隆每天分两个批次出货，通常是凌晨两点一次、四点一次。猪肉成品由冷藏车配送。到门店后，这些成品放入-2℃～2℃的保鲜橱柜中销售，这样可以保证整个生鲜食品始终处于冷链的环境中。

(资料来源：褚方鸿. 京客隆生鲜食品配送中心[J]. 物流技术与应用，2006(4). 略有改动)

第一节 流通加工

一、流通加工的定义

流通加工(distribution processing)是指根据顾客的需要，在流通过程中对产品实施的简单加工作业活动(如包装、分割、计量、分拣、刷标志、拴标签、组装、组配等)的总称(GB/T 18354—2021)。

流通加工不同于生产加工，它对生产加工起辅助及补充的作用，主要对已经进入流通领域的商品进行完善，改变货物的原有形态，实现生产与消费(或再生产)之间的有效连接。

物流与供应链管理(第3版)

【课外资料 6-1】

流通加工与生产加工的区别

流通加工与生产加工在加工方法、加工组织、生产管理等方面没有显著的区别,但是在加工对象、加工程度、价值、从业者和加工目的等方面具有很大差别。

(1) 加工对象的差别。流通加工的对象是进入流通过程的商品,而生产加工的对象是原材料、零配件或半成品。

(2) 加工程度的差别。流通加工通常进行的是简单加工,而不是复杂加工。如果必须进行复杂加工才能形成人们所需的商品,那么这种复杂加工应该设在生产加工环节。生产过程理应完成大部分加工活动,流通加工则是对生产加工的一种辅助及补充。特别需要指出的是,流通加工绝不是对生产加工的取消或代替。

(3) 价值的差别。生产加工的目的是创造价值及使用价值,而流通加工的目的则是完善其使用价值,并在做较小改变的情况下提高产品价值。

(4) 从业者的差别。流通加工的组织者是从事流通工作的人员,其能密切结合流通的需要进行加工活动。从加工单位来看,流通加工由流通或商业企业完成,而生产加工则由生产、制造企业完成。

(5) 加工目的的差别。商品生产是以交换和消费为目的,而流通加工的一个重要目的是消费(或再生产),这一点与商品生产有共同之处。但是,流通加工有时候也是以自身流通为目的,纯粹是为流通创造条件,这种为流通所进行的加工与直接为消费进行的加工在目的上是有所区别的,这也是流通加工不同于生产加工的特殊之处。

二、流通加工的作用

流通加工的作用主要有以下几方面。

(1) 提高原材料利用率。流通加工进行集中下料,能将生产厂商直接运来的简单规格产品,按照顾客的要求进行下料。集中下料可以优材优用、小材大用、合理套裁,显著提高原材料的利用率,有很好的技术经济效果。

(2) 进行初级加工,方便用户。用量小或只是临时需要产品的消费者,缺乏进行高效率初级加工的能力,通过流通加工可以省去进行初级加工的投资、设备、人力。

(3) 提高加工效率及设备利用率。建立的集中加工点,可以采用效率高、技术先进、加工量大的专业设备进行规模化加工。一方面,可以提高加工质量;另一方面,可以提高生产设备的利用率和加工效率,降低加工费用和原材料成本。

(4) 充分发挥各种运输方式的最高效率。流通加工将货物流通分成两个环节:一个是从生产制造环节到流通加工环节;另一个是从流通加工环节到消费环节。前一个环节主要采用船舶、火车等进行定点、直达、大批量的远距离运输,后一个环节主要采用汽车和其他小型车辆进行多品种、小批量的短距离配送。流通加工可以提高各种运输方式的利用率,加快输送速度,节省运力运费。

(5) 改变功能,提高收益。流通加工环节的简单加工,可以更好地满足消费者的个性化需求,提高产品销售的经济收益。例如,内地的许多制成品(洋娃娃、时装、轻工纺织产品、工艺美术品等)通过在深圳进行简单的加工，改变了产品外观，仅此一项就可使产品售价提高 20%以上。

三、流通加工的分类

按照不同的加工目的，流通加工可以分为以下几类。

(1) 为适应多样化需求的流通加工。生产企业常采取规模化和标准化的生产方式，其产品往往不能完全满足用户的要求。为了满足用户对产品多样化的需要，同时又要保证高效率的大生产，可将生产出来的单一化、标准化的产品进行多样化的改制加工。例如，平板玻璃按所需规格开片加工；木材改制成枕木、板材、方材；等等。

(2) 为方便消费的流通加工。根据下游生产的需要将商品加工成生产直接可用的状态。例如，将木材制成可直接投入使用的各种型材；将水泥制成混凝土拌合料，使用时只需稍加搅拌即可使用；等等。

(3) 为保护产品所进行的流通加工。在物流过程中，为了保护货物的使用价值，延长货物的使用寿命，防止货物在运输、储存、装卸搬运、包装等过程中遭受损失，可以采取稳固、改装、保鲜、冷冻、涂油等方式。例如，水产品、肉类、蛋类的保鲜冷冻加工、防腐加工；丝、麻、棉织品的防虫、防霉加工；等等。

(4) 为弥补生产领域加工不足的流通加工。由于受各种因素的限制，使许多产品在生产领域的加工只能到一定程度，而不能实现终极的加工。例如，木材在产地完成成材加工或制成木制品，就会给运输带来极大的困难，所以在生产领域只能加工到圆木、板、方材这个程度，进一步的下料、切裁、处理等加工则由流通加工完成。

(5) 为促进销售的流通加工。流通加工也可以起到促进销售的作用。比如，将过大包装或散装物分装成适合销售的小包装的分装加工；将以保护货物为主的运输包装改换成以促进销售为主的销售包装，以起到吸引消费者、促进销售的作用；将蔬菜、肉类洗净切块以方便消费者；等等。

(6) 为提高加工效率的流通加工。由于数量有限，许多生产企业的初级加工效率不高，也难以投入先进的科学技术。流通加工以集中加工的形式，解决了单个企业加工效率不高的弊病。以规模化的集中加工代替若干家生产企业分散的初级加工，可以提高生产加工水平。

(7) 为提高物流效率、降低物流损失的流通加工。有些货物本身的形态使之难以进行物流操作，而且货物在运输、装卸搬运过程中极易受损，因此需要进行适当的流通加工加以弥补，从而使物流各环节易于操作，提高物流效率，降低物流损失。例如，造纸用的木材磨成木屑的流通加工，可以极大地提高运输工具的装载效率；自行车在消费地区的装配加工可以提高运输效率，降低损失。

(8) 为衔接不同运输方式、使物流更加合理地流通加工。在干线运输和支线运输的节点设置流通加工环节，可以有效解决大批量、低成本、长距离的干线运输与多品种、少批量、多批次的末端运输之间的衔接问题。在流通加工点与大生产企业间形成大批量、定点运输的渠道，以流通加工中心为核心，组织对多用户、小批量的配送。

(9) 生产—流通一体化的流通加工。依靠生产企业和流通企业的联合，或者生产企业涉足流通，或者流通企业涉足生产，形成的对生产与流通加工进行合理分工、合理规划、合理组织，统筹进行生产与流通加工的安排，这就是生产—流通一体化的流通加工形式。这种形式可以促成产品结构及产业结构的调整，充分发挥企业集团的经济技术优势，是目前流通加工领域的新形式。

(10) 为实施配送进行的流通加工。这种流通加工形式是配送中心为了实现配送活动，满足客户的需要而对物资进行的加工。例如，混凝土搅拌车可以根据客户的要求，把沙子、水泥、石子、水等各种不同材料按比例装入可旋转的罐中。在配送过程中，汽车边行驶边搅拌，到达施工现场后，混凝土则已经均匀搅拌好，可以直接使用。

【案例分析6-1】

买菜也看"颜值"

净菜，是指将新鲜蔬菜和肉、鱼、禽、蛋等进行分级挑选、清洗去杂、整理切割、沥水风干、灭菌、包装、冷藏等一系列处理，达到让消费者购买后直接下锅的目的。

在一些超市的蔬菜区，一些真空包装的品牌净菜都有自己的专柜。清洗干净的小白菜、西红柿、茄子、青椒等蔬菜装在盒子里或袋子中，半成品土豆片、萝卜块、芋头块、椰子、红枣、萝卜等食材被整齐地码放在包装袋内。即使是在小小的县城和乡镇菜市场里，一摊一位的菜农、小贩有时也利用空隙时间拣拣挑挑，把蔬菜"打扮"一番再出售。与普通的蔬菜相比，净菜相对要贵一些。例如，300克的土豆片售价为3.5元，几乎是菜场内一斤土豆的价格。在一家公司的专柜里，菜心售价为10元/公斤、一盒500克的青豆苗也在10元以上；而菜场内的菜心售价仅为6元/公斤，青豆苗也才10元/公斤。不过，大多数消费者认为，净菜虽然贵一点，但吃得比较放心，因此也是值得的。

如果推行净菜入城，绝大部分蔬菜垃圾就可以被留在城外，得到资源化处理。北京市每年有770多万吨蔬菜来自外地，而这些蔬菜会产生230万吨垃圾。例如，土豆、胡萝卜、白薯、藕等根茎类蔬菜经常带着泥土一起进城，大白菜、大葱、芹菜、韭菜、莴苣等的根叶也有将近1/4要扔掉。推行净菜上市，则可以大大减少"垃圾进城"。在欧美、日本等发达国家，净菜产业已有几十年的发展历史。在日本制定的垃圾减量化政策中，不仅未经处理的"毛菜"被禁止入城，被禁的范围也随着城市的扩展而扩大。例如，东京市规定，八环路之内禁止毛菜进入，由此减少了城市20%的生活垃圾。参照日本的计算方法，我国每年因此减少的垃圾产生量可达3000万吨。以北京市为例，每年可减少投入47亿元，其中不包括垃圾处理设施的建设费用。要知道，建一座大型垃圾填埋场得耗资上亿元，建一座大型垃圾焚烧厂的花费高达数十亿元。推行净菜上市，让"瘦身"的蔬菜进入市场，针对广大居民进行"精确消费"，以此来减少城市垃圾，对于解决垃圾围城的问题具有非常现实的意义。

事实上，净菜上市不仅能够为城市垃圾减量做贡献，还能让老百姓吃上放心菜。因为工厂化处理的蔬菜无论从清洁程度还是细菌、微生物的存活来看，都要比消费者自己在家清洗要好很多。净菜经过采摘、清洗、分拣、包装等数十道工序的处理，不仅蔬菜上的灰尘、沙土、污物被清洗干净，而且细菌、病毒、虫卵也会最大限度地被杀灭。更为重要的是，通过无公害、绿色或有机认证的品牌净菜企业，建立一套比较严格的生产标准与产品质量规定，所有产品出厂时必须批批检测，这就使产品的质量更加可靠。

(资料来源：刘国信. 买菜也看"颜值"，净菜走上百姓餐桌[N]. 中国审计报，2016. 略有改动)

思考题：
净菜处理属于什么类型的流通加工？推行净菜上市有什么好处？

四、流通加工合理化

流通加工合理化是指实现流通加工的最优配置，不仅可以避免各种不合理流通加工，使流通加工有存在的价值，而且综合考虑流通加工与配送、运输等环节的有机结合，做到最优选择，以达到最佳的流通加工效益的目的。

【知识拓展 6-1】

常见的不合理流通加工形式

(1) 流通加工地点设置不合理。流通加工地点设置即布局状况是影响整个流通加工有效性的重要因素。一般而言，为衔接单品种大批量生产与多样化需求的流通加工，加工地只有设置在需求地，才能实现大批量的干线运输与多品种小批量末端配送的物流优势。如果将流通加工地点设置在生产地区，就会出现明显的不合理：①加工之后的多样化产品，必然会向需求地多品种、小批量长距离运输；②在产地增加一个加工环节，势必增加了近距离运输、仓储、装卸搬运等一系列物流活动。因此，不如由生产企业完成这一加工，免去设置专门的流通加工环节。另外，为了方便物流过程，流通加工环节应设在产地，即未进入社会物流之前，如果将其设置在物流之后，即消费地，不但不能解决物流问题，又在流通中增加了中转加工环节，使物流成本提高，因而也是不合理的。

即使在产地或需求地设置流通加工的选择是正确的，也存在流通加工的正确选址问题。如果选址不当，就会出现交通不便，流通加工与生产企业或用户之间距离较远，流通加工点的投资过高，加工点周围社会、环境条件不良等问题。

(2) 流通加工方式选择不当。流通加工方式包括流通加工对象、流通加工工艺、流通加工技术、流通加工程度等。流通加工实际上是与生产加工的合理分工。分工不合理，本来应由生产加工完成的，却错误地由流通加工完成；本来应由流通加工完成的，却错误地由生产加工去完成，都会造成资源的浪费及成本的提高。

(3) 流通加工变成冗余环节。有的流通加工过于简单，对生产及消费者作用不大，甚至有时因流通加工的盲目性，不仅未能解决品种、规格、质量、包装等问题，反而增加了环节，使物流成本提高。

(4) 流通加工成本过高，效益不好。流通加工之所以有生命力，重要优势之一是有较大的产出投入比，对生产起着补充完善的作用。如果流通加工成本过高，则不能实现以较低投入实现更高使用价值的目的，难以实现物流成本的优化。

为了实现流通加工合理化，主要考虑以下几个方面。

(1) 流通加工和配送相结合。流通加工和配送相结合就是将流通加工点设置在配送点中。一方面，按配送的需要进行加工；另一方面，加工又是配送业务流程中的一环，加工后的产品直接投入配货作业。这就无须单独设置加工这一中间环节，使流通加工有别于独立的生产加工，从而使流通加工与中转流通巧妙地结合在一起。同时，在配送之前进行流通加工可使配送服务水平大大提高。

(2) 流通加工和配套相结合。在对配套要求较高的流通中，配套的主体来自各个生产单位，但有时依靠生产单位进行完全配套不太可能。进行适当的流通加工，可以有效地促成配套，大大提高流通作为连接生产与消费的桥梁和纽带作用。

(3) 流通加工和合理运输相结合。流通加工能有效地衔接干线与支线运输，促进两种运输形式的合理化。支线运输转干线运输或干线运输转支线运输是本来就必须停顿的物流环节。在停顿过程中，可以按照干线或支线运输的合理要求进行适当加工，加工完成后再进行中转作业，从而大大提高运输效率及车辆装载率。

(4) 流通加工和商流相结合。通过流通加工有效地促进销售和提高商流也是流通加工合理化的考虑方向之一。流通加工与配送相结合，提高了顾客服务水平，能够促进销售，是流通加工与商流相结合的一个成功例证。此外，通过简单地改变包装可以方便用户购买，以及通过组装加工可以减少用户使用前进行组装、调试的麻烦或困难，都是流通加工有效促进商流的例证。

(5) 流通加工和节约相结合。节约能源、设备、人力和耗费是流通加工合理化的重要因素，也是目前我国设置流通加工时考虑其是否合理的比较普遍的标准。

第二节 配 送

一、配送的定义

配送(distribution)是指根据客户要求，对物品进行分类、拣选、集货、包装、组配等作业，并按时送达指定地点的物流活动(GB/T 18354—2021)。

配送是物流中一种特殊的、综合的活动形式，几乎包括所有的物流功能要素，是在经济合理区域范围内物流的一个缩影。

二、配送的作用

配送的作用主要有以下几个方面。

(1) 有利于物流实现合理化。配送不仅能促进物流的专业化、社会化发展，还能以其特有的运动形态和优势调整流通结构，促使物流实现"规模经济"。从组织形态上看，它是以集中的、完善的送货取代分散和单一的取货。在资源配置上，它是以专业组织的集中库存代替社会的零散库存，衔接了供需关系，打破了流通分割和封锁的格局，很好地满足了社会化大生产的发展需要，有利于物流合理化。

(2) 完善了运输及整个物流系统。在干线运输之后，往往都要辅以支线运输或短距离搬运，这种支线运输或短距离搬运成了物流的一个薄弱环节。这个环节和干线运输有许多不同点，如要求具有灵活性、适应性、服务性，这往往导致运力利用不合理、成本过高等问题。从范围来讲，采用配送方式将支线运输及短距离搬运统一起来，使运输过程得以优化和完善。

(3) 增加了末端物流的效益。采用配送方式，通过集中进货实现规模经济，又通过将用户的需求汇总后集中发货，代替分别向不同用户小批量发货来达到降低成本的目的，使末端物流经济效益增加。

(4) 通过集中库存使企业实现低库存或零库存。发展配送，生产企业可以实施集中库存、统一配送的生产经营方式，这样生产企业可以完全依靠配送而无须持有库存，或者只需持有少量安全库存而不必持有经常库存，从而实现"零库存"。采用这种方式，将降低整个生产系统的库存水平，发挥规模经济的优势，降低库存成本。

(5) 节省事务开支，方便用户。采用配送方式，可以将客户订购的多种货物统一配送，从而减少送货次数，减轻客户的负担，节省事务开支。

(6) 提高供应保障程度。受到资金的限制，生产企业自己持有库存，维持生产，供应保障程度很难提高。采取配送方式，配送中心可以比任何生产企业的储备量更大。对每个企业而言，中断供应、影响生产的风险便相对减小，使用户免去货物短缺之忧。

另外，配送为电子商务的发展提供了基础和支持。电子商务的发展，打破了消费的地域性限制，使消费者足不出户就可以购买到任何想要的商品。电子商务之所以能够带给消费者这种快捷方便的服务，与配送服务的支持是分不开的。

三、配送的分类

(一)按实施配送的节点分类

按实施配送的节点，配送可以分为配送中心配送、仓库配送和商店配送。

(1) 配送中心配送。配送中心配送的组织者是专职配送中心。配送中心具有经营规模较大、覆盖面较宽、配送能力强等特点，其设施和工艺流程是根据配送活动的特点和要求专门设计的，故专业化、现代化程度很高。但是，这种配送形式具有灵活性差、投资高等缺点。

(2) 仓库配送。仓库配送是以一般仓库为据点进行配送的形式，它可以把仓库完全改造成配送中心，也可以在保持仓库原功能的前提下，以仓库原功能为主，再增加一部分配送职能。仓库通常不是按专业的配送中心设计和建立的，因此仓库配送的规模较小，专业性较差。但是，可以利用原仓库的设施设备、收发货场地、运输路线等，所以较容易利用现有条件而无须大量投资且上马较快。

(3) 商店配送。商店配送的组织者是商业的门市网点，主要承担商品的零售业务，一般规模不大但货物种类较齐全。这种配送方式可以根据用户需求调整经营商品的种类，或代用户订购一部分商店日常不经营的商品，与商店日常经营的品种一起配齐后配送给用户。因组织者实力有限，往往只是进行小范围、小批量、零星的货物配送。商店配送主要有兼营配送形式和专营配送形式两种。

【案例分析 6-2】

盒马鲜生的配送策略

坪效是指门店每平方米每年创造的收入,常用来衡量门店的运营效率。线下门店通常只能服务到店的客人。如果线下门店借助互联网,也能服务不想出门买东西但又住得不远的人群,将会产生完全不受单店总面积制约的"线上收入"。按照这个逻辑,盒马鲜生的坪效便取得了质的突破。2018 年,盒马鲜生成熟店的坪效超过 5 万元,是传统超市的 4~5 倍。

盒马鲜生除了有商品陈列区,还设置了就餐区及食品加工档口。消费者在店内买了海鲜,可以送到档口,支付少量的加工费便可以请厨师加工成菜品,现场享用。通过这种方式,消费者可以感受"盒马品质",建立消费的信心。如何让品尝过盒马鲜生海鲜,不想出门但又住得不远的消费者,爱上在盒马鲜生 App 上购买产品?那就是一个字——快。

很多上班族都有这样的困扰:晚上特别想在家吃一顿饭,但是又不想去菜市场买菜,一是担心傍晚生鲜产品已经不再新鲜;二是菜市场离家较远,买完回家已经很晚了。如果办公室或者住处在盒马鲜生的服务范围内,用 App 下单,30 分钟内,新鲜的蔬果和海鲜就能送到手中,一切困扰将不再是问题。

"突然想要,而且还要立刻拿到。"盒马鲜生认为,只有快到这个程度,用户才不会觉得在 App 上买东西不方便。为了做到 30 分钟送货上门,盒马鲜生选择用科技提高效率。

走进盒马鲜生门店,消费者一定会注意到智能悬挂链传送系统。盒马鲜生门店分成几个区域,每个区域都有几位拿着 POS 枪的店员在忙碌地拣货。店员把本区域的商品拣好装在袋子里后,挂在悬挂链上,商品便被传送到后场汇集。后台打包装箱,等待快递员取货,整个过程不超过 10 分钟。快递员取货后,骑上电动车进行配送,20 分钟之内必将产品送到消费者手中。这样的配送速度,不仅让用户有良好的体验,还降低了物流成本,因为"最后一公里"不需要冷链配送。

(资料来源:从"盒马鲜生"看传统生鲜零售企业如何布局线上电商[J]. 中国合作经济,2021(3). 略有改动)

思考题:
盒马鲜生的配送属于什么类型?这样组织配送有什么好处?

(二)按配送货物的种类和数量分类

按配送货物的种类和数量的多少,配送可以分为单(少)品种大批量配送、多品种少批量配送和配套成套配送。

(1) 单(少)品种大批量配送。当生产商或批发商需要的货物体积、重量或者数量较大,单独一个品种或几个品种就可达到较大的运输量,可以实行整车运输,进行单(少)品种大批量配送。

(2) 多品种少批量配送。多品种少批量配送是根据客户的要求,将所需的多种货物配备齐全,凑整装车后由配送点送达客户。这种配送作业水平要求高,配送中心设备要求复杂,配货、送货计划难度大,因此需要有高水平的组织工作保障和配合。

(3) 配套成套配送。配套成套配送是指根据企业的生产需要，尤其是装配型企业的生产需要，把生产单件产品所需要的全部零部件配齐，按照生产节奏定时送达生产企业，生产企业随即可将此成套零部件送入生产线以装配产品。

(三)按配送时间和数量分类

按配送时间和数量，配送可以分为定时配送、定量配送、定时定量配送、定时定路线配送和即时配送。

(1) 定时配送。定时配送是按规定时间和时间间隔进行配送。配送的时间可与用户协商确定，每次配送的货物品种及数量既可按计划执行，也可在配送之前以商定的联络方式(电话、传真、互联网等)通知配送品种及数量。

【知识拓展 6-2】

定时配送主要有小时配、日配和准时—看板方式。小时配和日配是针对社会上不确定的、随机性的需求，向社会普遍承诺的一种配送服务方式；准时—看板方式则是根据生产节奏，在固定的时间将货送达，这种方式比前两种方式更为精密，要求更高。

(2) 定量配送。定量配送是指按规定的批量，在一个指定的时间范围内进行配送。这种方式由于每次配送的品种、数量固定，备货工作较为简单，可以根据托盘、集装箱及车辆的装载能力规定配送的数量，既能有效利用托盘、集装箱等集装方式，也可以做到整车配送，所以配送效率较高、成本较低。同时，定量配送不严格限定时间，可以将不同用户所需货物凑整装车后配送。对用户来讲，每次接货都处理同样的货物，有利于调度人力、物力。

(3) 定时定量配送。定时定量配送是指按照规定的配送时间和配送数量进行配送。这种方式兼有定时、定量两种方式的特点，对配送企业的要求较高，管理和作业的难度较大，需要配送企业有较强的计划性和准确性。

(4) 定时定路线配送。定时定路线配送是指在预先确定的运行路线上制定到达时间表，按运行时间表进行配送；用户可在规定时间和地点接货，也可按规定时间及路线提出配送要求。这种配送方式便于事先安排车辆及司机，便于制定货物配装方案和配送路线，易于管理和控制配送成本。

(5) 即时配送。即时配送是指完全按照用户突然提出的时间和数量要求，随即进行配送的方式。即时配送是一种灵活性很高的应急配送方式，这种配送方式可以完全替代安全库存，实现零库存。

【课外资料 6-2】

我国即时配送的发展

即时配送伴随外卖平台的发展而兴起，并随着互联网的普及、消费水平的升级、懒人经济的发展，以及新零售的变革，取得了爆发式增长。纵观10多年即时配送的发展，可分为以下几个阶段。

2006年下半年，肯德基在上海首推"肯德基宅急送"；2007年，麦当劳推出"麦乐送",两大快餐巨头相继推出外送服务。这种外送服务就是即时配送的雏形,因为从服务形式来看,外送服务已经具备了即时配送端到端服务、即时性、区域性、离散性四大特点,但与即时配送的下单渠道不同,当时的外送服务多以电话下单为主,不具备互联网渠道的性质。

2009—2013年,饿了么、美团外卖、百度外卖等外卖平台陆续上线,互联网餐饮的配送即时与否,成为互联网餐饮外卖业务能否发展的关键支撑,外卖平台企业纷纷开启自建即时配送体系,即时配送兴起并快速发展。在此阶段,互联网快速发展,手机等移动通信设备逐渐普及,移动支付逐步被大众广泛应用;人民生活水平的持续提升,居民生活的节奏不断加快,进一步刺激了互联网订餐需求的上升;充足的低成本劳动力,为即时配送提供了运力保障。

2014—2015年,即时配送的经营主体圈首次被打破,一批不以外卖业务为主的即时配送平台集中上线,行业进入爆发期。例如,闪送、达达是以同城跑腿业务为主的即时配送平台;叮当快药是专门配送药品的平台。此外,还有一些以生鲜为主的即时配送平台出现,即时配送业务开启多元化时代。

2016—2019年,即时配送经营主体圈持续被打破,同时服务圈不断拓延,即时配送加速整合。2016年,零售业开始深刻变革,同城零售、即时零售成为新引擎,即时消费需求热度再上新高,互联网及电商巨头纷纷给即时配送平台注入大量资金,即时配送平台开始整合发展。例如,点我达获菜鸟投资;饿了么收购百度外卖,阿里全资收购饿了么;腾讯投资美团;UU跑腿、闪送等几获融资;达达与京东到家合并成立达达集团,并于2020年成功上市。在这一阶段,各即时配送平台企业的服务领域不断拓展,开启"万物即配"的时代。

2020年,新冠肺炎疫情使以外卖为主的即时配送市场受到极大冲击,却给生鲜即时配送市场的发展带来了重大机遇,也让更多消费者深刻体会到即时配送给个人生活带来的便利,即时配送的关注度再上新高,市场空间巨大。

(资料来源:王玉.乘风而进 破浪前行的即时配送[J].物流技术与应用,2020(11).略有改动)

(四)按经营形式不同分类

按经营形式不同,配送可分为销售配送、供应配送、销售—供应一体化配送、代存代供配送和越库配送(cross docking)。

(1) 销售配送。销售配送是指配送企业是销售型企业,或销售企业作为销售战略一环进行的促销型配送,或和电子商务网站配套的销售型配送。这种配送的配送对象和用户均不固定,依赖于市场占有状况,配送的经营状况也取决于市场状况,配送随机性很强且计划性较差。采用配送方式进行销售是扩大销售数量和市场占有率、获取更高收益的重要方式。销售配送的经营模式主要有批发分销型销售配送和零售型销售配送。

(2) 供应配送。供应配送是用户为了满足自己的需求所采取的配送形式,往往由用户或用户集团组建配送网点,集中组织大批量进货,然后向本企业或本企业集团的若干企业配送。这种以配送的形式组织本企业的供应方式,在大型企业、企业集团或联合公司采用较多。

(3) 销售—供应一体化配送。销售—供应一体化配送是指销售企业对基本固定的用户和基本确定的配送产品在自己销售的同时，承担供应者的职能，既作为销售者，又作为用户的供应代理人。这种形式有利于形成稳定的供需关系：对销售者来说，这种配送方式能帮助其获得稳定的用户和销售渠道，有利于保持和扩大市场份额；对用户来说，能获得稳定的供应，可大大节约为组织供应所耗用的人力、物力、财力。

(4) 代存代供配送。代存代供配送是指用户将属于自己的货物委托配送企业代存、代供，有时还委托代订，然后组织对本身的配送。这种配送方式在配送过程中不发生货物所有权的转移，配送企业只是用户的委托代理人，货物所有权在配送前后都属于用户所有，所发生的仅仅是货物的空间位移。配送企业能从代存代供中获取收益，但不能获得货物销售的经营权。

(5) 越库配送。越库配送，也称直接换装，是现代物流中一种新兴的配送方式，即货物在物流环节中，不经过中间仓库或站点存储，直接从一个运输工具换载到另一个运输工具。这种配送方式，可以节约场地，减少作业手续，减少物流时间和降低成本。

【课外资料6-3】

越库配送的基础要求

越库配送对商品品类、供应商、配送中心等都有一定要求。

一、商品品类

越库配送的商品品类需要具备以下几个条件：市场需求稳定的易耗品、休闲食品、日用百货，如牛奶、饮料、纸品等；易腐食品等需要快速响应的品类，如生鲜、熟食、面食等；已经被预订的马上用于销售的货物以及促销产品；可高度预测的商品品类。

二、供应商

供应商的甄选直接影响越库配送的效率：需要甄选有长期稳定合作关系的供应商；供应商必须能持续在规定的时间内将准确的货品送到指定的卸货口，能够满足零售企业对标签、包装等各方面的要求；供应商商品质量有严格保障，不需要在配送中心做精细的质量检验；供应商与配送中心之间能实现信息的互联互通、高效共享。

三、配送中心

硬件方面，要合理规划越库作业区；越库作业动线要合理，越短越好；配备用于越库作业的叉车、手持终端等作业设备，自动化分拣设备的应用也能提高越库作业的效率。

软件方面，要完善信息交流平台。例如，EDI标准数据接口平台、仓储管理系统、条码设备、无线通信设备等基础信息技术部署，或者是当下智慧配送中心大多建立智慧供应链中台系统，以实现配送中心与供应链上下游信息的互联互通，以及货物到达配送中心卸货通道之后能够快速完成分拣、合装。

(资料来源：王玉. 零售物流中心越库配送作业如何高效[J]. 物流技术与应用，2020(12). 略有改动)

(五)按加工程度不同分类

按加工程度不同，配送可分为加工配送和集疏配送。

1. 加工配送

加工配送是指和流通加工相结合的配送。当现有的产品不能满足用户需求，或者用户根据自身的工艺要求，需要使用经过某种初加工的产品时，可以在配送中心经过加工后进行分拣、配货再送货到门。加工配送避免了流通加工的盲目性，使配送企业不仅可以依靠送货服务、销售经营取得收益，还可以通过加工增值取得收益。

2. 集疏配送

集疏配送是指只改变产品数量组成形态而不改变产品本身物理、化学形态，与采购、集货或干线运输相结合的一种配送方式。例如，大批量进货后的小批量、多批次发货，零星集货后以一定批量送货，等等。

四、配送合理化

配送需要全面、综合的决策，在决策时要尽量避免不合理配送。不合理配送主要表现在以下几个方面。

(1) 资源整合不合理。配送是通过整合资源达到规模经济来降低成本，使成本低于用户运营的成本，从而取得优势。如果不是整合多个用户的需求进行规模化运营，而仅仅是为一两个用户代购代筹，不仅不能降低运营费用，相反要向配送中心支付代理费用，因而是不合理的。资源整合的不合理还有其他表现形式，如配送量计划不准，仓储空间或配送车辆过多或过少，等等。

(2) 库存决策不合理。配送应充分利用集中库存总量低于用户分散库存的总量，从而降低用户实际平均分摊的库存成本。因此，配送企业必须科学、合理地制定库存总量，否则就只是简单的库存转移，而未取得库存总量降低的效果。但是，库存总量不能太低，否则就不能保证随机需求，从而失去了应有的市场。

(3) 价格不合理。只有配送的价格低于用户自己进货时物流成本的总和，用户才会考虑将物流业务外包。如果配送的服务水平很高，即使价格稍高，用户也可以接受，但这不是普遍的原则。如果配送价格普遍高于用户自己进货的成本，提高了用户的运营成本，就是一种不合理表现。如果价格过低，使配送企业无利可图或亏损经营，也是不合理的表现。

(4) 配送与直达的决策不合理。增加配送环节可以降低用户的平均库存水平，以此不但抵销了增加环节的支出，还取得了额外的效益。如果用户大批量进货，就可以直接通过社会物流系统均衡批量进货，比通过配送中转送货可能更节约费用，在这种情况下，不直接进货而通过配送就是不合理的表现。

(5) 送货中的不合理运输。配送可以采用单车配载多个用户的货物，与每个用户自提货物相比，可以节省运力和运费。如果不能利用这一优势，仍然是一户一送，而车辆不是满载运输，就属于不合理运输。此外，不合理运输的若干表现形式，在配送中都可能出现，都属于不合理配送的范畴。

(6) 经营理念的不合理。在配送实施中，经营理念不合理，会使配送优势无从发挥，损坏配送企业的形象，这是开展配送时尤其需要克服的问题。例如，配送企业利用配送手段，向用户转嫁资金、库存困难；在库存过大时，强迫用户接货，以缓解自身库存压力；在资金紧张时，长期占用用户资金；在资源紧张时，将用户委托保管的资源挪作他用从中获利；等等。

【案例分析6-3】

Kozmo 和 Webvan 的配送"之痛"

1997年，在线仓储和送货服务商 Kozmo.com 在纽约成立。为了实现"一小时送达"的承诺，Kozmo 在纽约聘请了大批单车送货员。当时，其服务令消费者倍感新鲜：不管是一根雪糕，还是一张电影 DVD 碟片，只需要在线订购，Kozmo 肯定会在一小时内送货上门，且不收取快递费。这令它很快拥有了许多客户。

当年，Kozmo 获得了2.8亿美元的风投，并与星巴克签订了1.5亿美元的促销合同，就连金融巨头——摩根大通都看好它，称为"消费者必不可少的一项资源"。在业务鼎盛时期，它扩展到美国7个城市，旗下快递员超过1000人。但是客单价低等问题成了 Kozmo 的"拦路虎"。当许多客户只为订购售价不高的一包薯片或一瓶可乐而使用 Kozmo 时，它的日子开始难过了。虽然后期该网站做出最低消费的限制，但也无法阻止该公司在2001年的倒闭。

Kozmo 的昙花一现似乎预示了后来者的命运。1999年，比 Kozmo 稍晚成立的在线食品杂货店 Webvan，通过首次公开募股(IPO)筹集到了3.75亿美元巨资，高峰时其股价达30美元，市值12亿美元，但它的问题同样出现在物流上。Webvan 扩展至9个城市后，食品杂货的薄利无法弥补建造仓库、配送中心及车队的庞大开支，迫使其成立18个月就不得不和市场说"再见"。华尔街的投资人士指出，Webvan 不愁没有客户，但均单额无法提高使它无力支撑高昂的物流费用。

思考题：
Kozmo 和 Webvan 的优势是什么？它们为什么会倒闭？

要想实现配送合理化，主要做法如下。

1. 推行一定综合程度的专业化配送

通过采用专业设施、设备及作业流程，提高配送的信息化和自动化水平，从而降低配送过分综合化的复杂程度及难度，以达到良好的配送效果。

2. 推行共同配送

共同配送(joint distribution)是由多个企业联合组织实施的配送活动，可以采用配送企业配送多家企业、一辆车混载多家企业的货物、多家企业联合设立配送接货场地等多种方式。共同配送有利于克服不同企业之间的重复配送或交叉配送，提高车辆使用效率，降低运输成本，减少交通拥堵和环境污染。

【案例分析6-4】

乐陵市的"共同配送"实践

乐陵市地处鲁、冀两省交界，面积为1172平方公里。乐陵全市1042个行政村均建成了公交站点和快递网点，构建了县、乡、村三级客货邮融合服务体系，基本打通快递进村"最后一公里"，初步实现了生产生活物品入村、农产品进城"双循环"。

2020年以前，各快递公司为了争夺业务打起"价格战"，一度陷入恶性竞争。2020年年初，当地交通运输局引导圆通、申通、韵达、百世、极兔等5家快递公司成立了一家股份制快速公司——乐陵市世纪通达仓储服务有限公司，依托乡镇交通运输管理服务站和空置房屋建立16个镇级快递物流综合服务中心，119个快递站点，构建起"县级中转、镇级分拨、村级配送"三级体系。

新公司成立后，建立了5000平方米的县级分拣中心，引入自动化分拣设备，安装快递取件信息系统，实行统一分拣、统一配送、统一收件、统一价格、统一结算，1名业务员、1个乡镇、1个服务站可同时操作多家公司的快件，有效提高了运输效率，降低了快递下乡的成本。虽然快递员人数比原来减少了80%，但是先进的设备让快件入库、上架、出库流程更加顺畅，加之采取快递员直投村庄、公交车代运快件等投递方式，群众收发快递的时效提高了40%以上。

实行共同配送后，原来制约快递进村的派收网络、快递成本、快件数量等难题被破解，实现了快递企业降成本、村级网点铺开、群众方便收寄的多赢。对于世纪通达来说，配送成本降低17%，配送时效提升40%以上。由于村级服务点大多选择商超、农资店等，因此"快递+商超"在方便群众收寄件的同时，也增加了商超收入。目前，农村快件派收日均达7万票，约占全市总量的60%。

思考题：
结合案例，分析乡村实行共同配送有什么好处？

3. 实行送取结合

配送企业与用户建立稳定、密切的协作关系。配送企业不仅成了用户的供应代理人，而且为用户提供储存网点，甚至成为产品代销人。在配送时，配送企业将用户所需的货物送达的同时，再将用户需要运输的产品运回，这种产品可以是配送中心需要配送的产品之一，也可以替用户代为保管，卸去了生产企业库存的包袱。这种送取结合的方式，不仅可以使运力得到充分利用，也可以使配送企业的作用得到更大的发挥。

4. 推行加工配送

将加工和配送相结合，充分利用配送这一中转环节，无须再增加新的环节。同时，借助于配送，加工目的更明确，为用户提供了更好的服务。两者的有机结合，在不增加太多投入的情况下，可以追求两种优势、两种效益。

5. 推行准时制配送

准时制配送是配送合理化的重要内容。只有配送做到了准时，用户才有资源使用，才可以放心地实施低库存或零库存策略，还可以科学、合理地计划接货的人力、物力，以追求最高效地工作。另外，保证供应能力，也取决于准时供应。

6. 推行即时配送

即时配送体现了配送企业的快速应变能力。即时配送成本较高，但它是整个配送合理化的重要保证手段。对于用户实行零库存来说，即时配送也是重要的保证手段。

【案例分析6-5】

每日优鲜：定义生鲜电商新模式

每日优鲜是一个围绕老百姓餐桌的生鲜O2O电商平台，成立于2015年。2016年，每日优鲜获得了2.3亿元B+轮融资，B轮融资总额达到4.3亿元。

每日优鲜成立时的生鲜电商行业较多沿袭了传统电商的业务模式，对于生鲜产品的特点和用户需求缺乏针对性的创新，在商品包装、库存量单位(stock keeping unit，SKU)、页面设计、用户体验等方面，客户需求并没有得到很好的满足。以SKU来说，当时的生鲜电商都以箱为单位进行销售，客单价都在300元左右，但是客户真的想要花300元钱购买一整箱生鲜类的单品吗？平台创始人在进行市场调查后最终将每日优鲜的业务模式锁定为"全品类精选和两小时送达"，他们认为这是客户购买生鲜产品时真正需要的服务。

所谓"全品类"，就是客户能够在一次消费过程中将需要的商品"一站式"购齐。每日优鲜经营水果、水产、肉蛋、蔬菜、乳品、饮品、零食、轻食8个品类，所有产品加起来只有300款。这是在"精品"策略下每日优鲜为客户精挑细选出来的优质产品。

在全品类精选的基础上，每日优鲜凭借规模化的采购降低成本，在零售环节将SKU尽量做小，很多SKU单价都是十几元、二十几元。这样消费者花一百元就可以买到六七样商品，可以一次性购买更多食品，有肉、菜、水果、零食，营养更均衡、更丰富，购买方式也会更简单。这种独特的销售理念为每日优鲜赢得了80%以上的复购率。

除了在产品的品质上追求极致之外，消费者最关心的就是配送的效率，这恰恰也是生鲜电商行业最大的"痛点"。为了打破这个困局，每日优鲜创立之初就决定要自建物流体系。对于一家初创公司来说，这是一件很具挑战性的事情。每日优鲜在社区、写字楼附近建立了微仓，相当于直接把冷库建到了离客户最近的地方。微仓里面带有冷库系统——冷藏仓、冷冻仓、常温仓，每日优鲜把所有的商品都前置到微仓中，每个微仓的覆盖半径为3公里，只要客户下单，就能够非常快速地送达。到目前为止，在北京基本能做到客户下单后，0.5小时送达率为70%，1小时送达率为90%，2小时送达率为99.5%以上。在一些2小时极速达覆盖不到的地区，每日优鲜还在做次日达，从获取的数据来看，极速达客户的留存率比次日达高出1倍，复购率也会高出很多。

2小时"极速达"服务也让以前许多不可能的场景变成了可能。例如，很多上班族都要到下午四五点才能确定是否能回家吃晚饭。按照常规来说，除了下班去超市采购别无其他选择，而现在只要在每日优鲜下单，菜品几乎就可以和客户差不多时间到家，所有食材一应俱全，回家就可以开始做饭了。获取的数据也显示，每天下午四五点是一个销售的高峰期，大量的客户在这个时间点去订菜。

在每日优鲜公司内部有一个专门的数据团队去做大数据分析和测算,他们建造了一个模型,根据时间节点、社区属性、天气等因素,通过精细的算法,准确地掌握每个微仓、每款产品的补货时间和补货量,以确保货品的足量供应,最大限度地降低损耗。目前,每日优鲜的损耗率已经由之前的7个点降低到目前的1个点。

为了给客户提供更好的用户体验,每日优鲜在产品设计上也下了很大功夫。移动端是每日优鲜唯一的购买入口,用户可以通过每日优鲜的微信商城、App客户端完成购买,从挑选商品到购物结算可在一个页面完成,平均一次购买行为可以在65秒内完成。

(资料来源:底洁. 每日优鲜:定义生鲜电商新模式[J]. IT经理世界,2016(13). 略有改动)

思考题:
每日优鲜是如何进行商品配送的?配送在每日优鲜的成功中起到了什么作用?

习 题

一、单选题

1. 配送是面向(　　)的服务。
   A. 终点用户　　B. 中间用户　　C. 始点厂家　　D. 中间厂家
2. 外卖属于典型的(　　)。
   A. 代存代供配送　　　　　　B. 定时定路线配送
   C. 即时配送　　　　　　　　D. 定时定量配送
3. 确定好运输车辆和运输线路后要按(　　)原则装车。
   A. 先送先装　　B. 后送先装　　C. 先轻件后重件　　D. 客户等级

二、简答题

1. 流通加工有哪几类?
2. 如何发展合理化流通加工?
3. 不合理配送主要表现在哪些方面?
4. 发展合理化配送有哪些措施?

三、案例分析题

1. 有一家销售企业,主要对自己的销售点和大客户进行配送,配送方法为销售点和大客户有需求就立即组织装车送货,结果经常出现送货车辆空载率过高的情况,同时出现所有车都派出去而其他用户需求满足不了的情况。所以销售经理一直要求增加送货车辆,而企业由于资金原因一直没有购车。
   (1) 如果你是公司的决策人,你会买车解决送货效率低的问题吗?为什么?
   (2) 请用配送的含义分析该案例,并提出解决办法。
2. 阿迪达斯公司在美国有一家超级市场,设立了组合式鞋店,摆放着的不是做好了的鞋,而是做鞋用的半成品,款式花色多样,有6种鞋跟、8种鞋底,均为塑料制造的,鞋面的颜色以黑、白为主,搭带的颜色有 80 种,款式有百余种,顾客进来可任意挑选自己所喜欢的各个部分,然后交给职员当场进行组合。顾客只要等 10 分钟,一双崭新的鞋便做好了。这家鞋店昼夜营业,职员技术熟练,鞋子的售价与成批制造的价格差不多,有的还稍便宜些。所以顾客络绎不绝,销售收入比邻近的鞋店多 10 倍。

思考题:

阿迪达斯的流通加工属于哪种类型?流通加工对阿迪达斯起到了什么作用?

第七章 物流信息技术

【案例导入】

顺丰集团的信息化建设

顺丰集团是一家服务网络完整且覆盖中国并拓展至韩国、日本、新加坡、美国等海外市场的大型综合性速递企业。顺丰非常重视企业信息化建设,陆续实施上线了手持终端(HHT)、全/半自动分拣系统、呼叫中心、营运核心平台系统、客户关系管理系统、GPS和航空管理系统等先进的软硬件设施设备,率先实现了对货物从下单到派送的全程监控、跟踪及查询。

顺丰提出的快件生命周期包括5个组成部分:客户环节、收派环节、仓储环节、运输环节、报关通关环节。目前,顺丰各个环节的信息化应用已经取得显著成效。

在客户环节,客户服务中心系统能够做到每一通呼叫都可记录对应的通话原因,每个客户投诉都有完整的处理流程。通过数据记录统计,已整理出100个左右的解决方案,普通座席人员可以很有信心地处理90%的客户来电,极大提高了客户服务中心员工的工作效率。客户可以通过系统查看快件状态,完成人工和自主式下单,在优化用户体验的同时将运营成本向客户转移,极大地缩减了客户时间成本和企业运营成本,增加了企业效益。

在收派环节,手持终端程序的最大优势就是减少人工操作中的差错和提高操作人员的工作效率,目前使用的新一代手持终端系统使收派员的工作效率提高了20%以上。

在仓储环节,顺丰的全自动分拣系统能连续、大批量地分拣货物,并不受时间、气候、人的体力等方面的限制,可以连续运行。自动分拣系统每小时可分拣7000件包装商品,而用人工每小时只能分拣150件左右,同时分拣人员也不能在这种劳动强度下连续工作8小时。另外,顺丰的全自动分拣系统采用条形码扫描输入,除非条形码的印刷本身有差错或损坏,否则不会出错,系统识别准确率高达99%,从而使系统具有极低的分拣误差率。

在运输环节,GPS对车辆的动态控制功能,完成了运输过程的透明化管理,可以对运输方案、车辆配置及时中止优化,使运输成本综合降低25%。

在报关通关方面,顺丰采用数据加密技术,保证了数据安全传递,同时可以统一制单、审单与清关流程,提高了报关的及时性,降低了通关风险。

(资料来源:洪黎明. 从顺丰速运看快递业信息化管理[N]. 人民邮电, 2013-01-28. 略有改动)

信息是决定企业生存和发展的关键因素,任何一个企业都要面对如何集成信息的问题。其中,伴随着物流活动,会有大量信息产生,如何保证信息通畅,使物流环节能够协调工作,是物流管理所要解决的核心问题。

第一节 物流信息概述

一、物流信息的定义

物流信息(logistics information)是指反映物流各种活动内容的知识、资料、图像、数据的总称(GB/T 18354—2021)。物流信息是物流活动中各个环节生成的信息,与物流过程中的运输、保管、装卸、包装等各环节有机结合在一起,是整个物流活动顺利进行所不可缺少的,对物流的有效组织、控制、协调和管理具有非常重要的意义。

二、物流信息的特点

1. 广泛性

物流信息来源广泛,分布跨度大,不仅来源于企业内部,还来源于供应链中的各企业和社会其他组织。物流信息的广泛性要求对其进行合理的配置,以提高其利用效率。

2. 真实性

物流信息能否真实、准确地反映物流活动是非常重要的,是决定其使用价值大小的一个关键要素。物流信息的真实性要求对其进行准确采集和传递。

3. 时效性

物流信息的时效性主要体现在其滞后性和超前性上。物流活动总是处于不断变化之中,作为反映物流活动状态和方式的物流信息也在不断变化,如不能及时地使用最新的物流信息,其价值就会随其滞后使用的时差而减少。物流信息的超前性体现为在把握了物流活动规律的前提下,能够对其进行预测。物流信息的时效性要求对其进行及时采集和合理使用。

4. 共享性

物流信息不局限于企业自身使用,而且可以被供应链上的其他成员企业、社会其他组织和个人共享使用,其价值不会因为共享使用而减少,合理的共享反而会使其增值。物流信息的共享性要求对其进行有效共享和合理控制,发挥其最大效用。

三、物流信息的分类

(一)按物流管理层次分类

按物流管理层次,物流信息可分为作业层信息、战术层信息和战略层信息。

(1) 作业层信息用来解决日常生产和运营的问题,它与组织的日常事务有关,并用以完成具体的任务。例如,下达运输任务单、打印出入库单等。

(2) 战术层信息与资源的分配和利用相关,如月配送计划、采购计划等。

(3) 战略层信息与发展定位、业务拓展有关，如物流设施选址、发展定位等。

(二)按不同物流功能分类

按不同物流功能，物流信息可分为仓储信息、运输信息、流通加工信息、包装信息、装卸搬运信息、配送信息等。对于某个功能领域还可以进一步的细化。例如，仓储信息分为入库信息、出库信息、库存信息、储位信息等。

(三)按信息加工程度分类

按信息加工程度，物流信息可分为原始信息和加工信息。
(1) 原始信息是指未加工的信息，是信息工作的基础，也是最有权威性的凭证性信息。
(2) 加工信息是对原始信息进行各种方式和各个层次处理后的信息，是对原始信息的提炼、简化和综合，是利用各种分析工作在海量数据中发现潜在的、有用的信息和知识。

第二节 物流信息技术

物流信息技术(logistics information technology)是指以计算机和现代通信技术为主要手段实现对物流各环节中信息的获取、处理、传递和利用等功能的技术总称(GB/T 18354—2021)。

一、条码技术

(一)条码的定义

条码是由一组规则排列的条、空组成的符号，可供机器识读，用以表示一定的信息(GB/T 18354—2021)。其中，条是指条码中反射率较低的部分，即黑色或深色的条形；空是指条码中反射率较高的部分，即白色或浅色的条形。

(二)条码的特点

1. 可靠准确

用光电扫描装置识读条码的误读率极低，而且大多数条码具有自校验功能。实际应用中，条码输入的误读率约在百万分之一；如果使用校验码甚至可以达到一亿四千九百万分之一的高精度。

2. 输入速度快

条码的条、空容易识读，用光电扫描装置识读条码并将信息输入的方法比人工键盘输入的方法要快得多。对于操作员来说，键盘输入的输入速度慢且烦琐，使用条码可以大大提高输入速度，实现"即时数据输入"。

3. 成本低廉

与其他自动识别技术相比，推广应用条码技术所需费用低。条码标签易于制作，对印刷技术设备和材料无特殊要求。对量大的条码图形，可以通过印刷大量生产；对量小的条码图形，则可以通过计算机自动生成，由打印机输出。条码符号的识读设备普遍采用光电技术，价格便宜，而且操作简单易学，无须专门训练。

4. 自由度大

条码通常在图形和编码上都有一定的纠错功能，这样即使标签有部分欠缺，仍可以从正常部分输入正确的信息。与磁条信息相比，条码信息不会受到电磁场的干扰。识别装置与条码标签相对应位置的自由度要比光学字符识别(optical character recognition，OCR)大得多。

5. 灵活实用

条码作为一种自动识别手段既可以单独使用，也可以和有关设备组成识别系统实现自动化识别，还可以和其他设备联系起来实现整个系统的自动化管理。

但条码也有缺点，如脏污后不容易读取、记录数据的密度低等，其最大的缺点是不能够修改和替换。

(三)条码的分类

按照条码的长度，条码可分为定长条码和非定长条码；按照排列方式，条码可分为连续型条码和非连续型条码；按照校验方式，条码可分为自校验型条码和非自校验型条码；按照维数的不同，条码可分为一维条码(linear bar code)和二维条码(two-dimensional bar code)。

1. 一维条码

一维条码按照应用可分为商品条码和物流条码。商品条码包括 EAN 码和 UPC 码，主要用于表示商品标识代码；物流条码是用于标识物流领域中具体实物的一种特殊代码，主要包括 UCC/EAN-128 码、ITF-14 码、39 码、库德巴码(code bar)等，主要用于非零售的物流单元。

一维条码一般只在水平方向上表达信息，垂直方向的高度通常是为了便于阅读器的对准。对于每一种商品，它的编码都是唯一的。在使用过程中，一维条码通常仅作为识别信息，是通过在计算机系统的数据库中提取相应的信息而实现的。

一维条码的应用可以提高信息录入的速度，减小差错率，但是一维条码也存在一些不足之处：数据容量较小，30 个字符左右；大部分只包含字母和数字；保密性能不高；空间利用率不高；受到损坏后便不能识读。

【知识拓展 7-1】

常见的一维条码

国际上有 225 种以上的一维条码，每种一维条码都有自己的一套编码规格，被广泛使用的条码种类有 UPC 码、EAN 码、交叉 25 码、39 码、库德巴码、128 码、93 码等。

(1) UPC 码是美国统一代码委员会制定的一种商品条码。1973 年，美国率先在国内的商业系统中应用 UPC 码，之后加拿大也在商业系统中采用 UPC 码。UPC 码是一种长度固定的连续型数字式码制，其字符集为数字 0~9。它采用 4 种元素宽度，每个条或空是 1、2、3 或 4 倍单位元素宽度。UPC 码共有 5 种类型，最常用的是 UPC-A 码和 UPC-E 码。UPC-A 码可以编码 12 位数据，其中包括 1 位校验码。另外，UPC 后面还可以跟上两位数或者五位数的附加编码，用于编码价格、商家等信息。UPC-E 码是 UPC-A 码的简化形式，可以编码 6 位数(包括 1 位验证码)。

(2) EAN 码是当今世界各国广为使用的商品条码，已成为电子数据交换的基础。1977 年，欧洲经济共同体各国按照 UPC 码的标准制定了欧洲物品编码 EAN 码，与 UPC 码兼容，而且两者具有相同的符号体系。EAN 码的字符编号结构与 UPC 码相同，也是长度固定的、连续型的数字式码制，其字符集是数字 0~9。EAN 码有标准版(EAN-13)和缩短版(EAN-8)两种类型。EAN-13 码由前缀码、厂商代码、商品代码和校验码组成，如图 7-1 所示。其中，前缀码通常用于标识各会员组织，我国为 690~699；作为特殊的商品，期刊和图书的前缀码分别为 977 和 978。

图 7-1　EAN-13 码

(3) 交叉 25 码是一种长度可变的连续型自校验数字式码制，其字符集为数字 0~9。采用两种元素宽度，每个条和空是宽或窄元素。编码字符个数为偶数，所有奇数位置上的数据以条编码，偶数位置上的数据以空编码。如果为奇数个数据编码，则在数据前补一位 "0"，以使数据为偶数个数位。

(4) 39 码是第一个字母数字混合式码制，1974 年由 Intermec 公司推出，它是长度可变的离散型自校验字母数字式码制。39 码仅有两种单元宽度——宽单元和窄单元。宽单元的宽度为窄单元的 1~3 倍，一般多选用 2 倍、2.5 倍或 3 倍。39 码的每一个条码字符由 9 个单元组成，其中有 3 个宽单元，其余是窄单元，因此称为 39 码。

(5) 库德巴码出现于 1972 年，是一种长度可变的连续型自校验数字式码制。其字符集为数字 0~9 和 6 个特殊字符(-、:、/、.、+、¥)，共 16 个字符，常用于仓库、血库和航空快递包裹中。

(6) 128 码出现于 1981 年，是一种长度可变的连续型自校验数字式码制。它采用 4 种元素宽度，每个字符有 3 个条和 3 个空，共 11 个单元元素宽度，又称(11, 3)码。它有 106 个不同条形码字符，每个条形码字符有 3 种含义不同的字符集，分别为 A、B、C。它使用这 3 个交替的字符集对 128 个 ASCII 码编码。

(7) 93 码是一种长度可变的连续型字母数字式码制。其字符集为数字 0~9，以及 26 个大写字母和 7 个特殊字符(-、.、Space、/、+、%、¥)和 4 个控制字符。每个字符有 3 个条和 3 个空，共 9 个元素宽度。93 码与 39 码类似，但密度较大，可用来替代 39 码。

2. 二维条码

二维条码是在二维空间上由具有特殊结构的几何图形元素按一定规律和顺序组合成的图形，利用构成计算机内部逻辑基础的 0、1 比特流的概念，使用若干个与二进制相对应的几何形体来表示文字数值信息。目前，国外发达国家已将此项技术广泛应用于国防、海关、税务、公共安全、交通运输等信息自动携带、传递和防伪领域。

(1) 二维条码的特点。二维条码除具有一维条码的优点以外，还具有以下特点。①编码范围更广。二维条码的信息容量比一维条码多几十倍以上，不仅可以保存英文、数字等符号信息，还可以保存中文、图片、声音、指纹、签字等多种数据类型。②保密性和纠错能力强。二维条码可加密，具有很高的保密性，且纠错能力很强。当纠错等级提高时，污损 50%依然可以完整读出信息。③读取更方便。二维条码可以用扫描仪扫描或用摄像头直接读取，无须后台数据库支持，使用起来十分方便。

另外，二维条码还具有条码符号、形状大小可变的特点。

(2) 二维条码的分类。二维条码可分为堆叠式二维条码和矩阵式二维条码。

堆叠式二维条码形态上是由多行短截的一维条码堆叠而成，其编码原理是建立在一维条码基础之上，按需要将一维条码堆积成两行或多行。它在编码设计、校验原理、识读方式等方面继承了一维条码的一些特点，识读设备与条码印刷和一维条码技术兼容。由于行数的增加，需要对行进行判定。

【知识拓展 7-2】

堆叠式二维条码

有代表性的堆叠式二维条码有 Code 16K、Code 49、PDF(Portable Data File) 417 等(见图 7-2)。

(a) Code 16K   (b) Code 49   (c) PDF417

图 7-2 常见的堆叠式二维条码

(1) Code 16K 条码是一种多层、连续型可变长度的条码符号，可以表示全 ASCII 字符集的 128 个字符及扩展 ASCII 字符。如图 7-2(a)所示，采用 UPC 及 Code128 字符，一个 16 层的 Code 16K 符号，可以表示 77 个 ASCII 字符或 154 个数字字符。Code 16K 通过唯一的起始符/终止符标识层号，通过字符自校验及两个模数 107 的校验字符进行错误校验。

(2) Code 49 是一种多层、连续型、可变长度的条码符号，它可以表示全部的 128 个 ASCII 字符。如图 7-2(b)所示，每个 Code 49 条码符号由 2~8 层组成，每层有 18 个条和 17 个空。层与层之间由一个层分隔条分开。每层包含一个层标识符，最后一层包含表示符号层数的信息。

(3) PDF417 由美国 Symbol 公司于 1991 年推出，是一种多层、可变长度、具有高容量和高纠错能力的二维条码，如图 7-2(c)所示。PDF 是"便携数据文件"。因为组成条码的每一个字符都是由 4 个条和 4 个空共 17 个模块构成，故称为"PDF417 码"。PDF417 码的条码符号是一个多行结构,符号的四周为空白区,上、下空白区之间为多行结构,每行数据符号字符数相同,行与行左右对齐直接衔接。其最小行数为3,最大行数为90。

矩阵式二维条码是在一个矩形空间通过黑、白像素在矩阵中的不同分布进行编码,是建立在计算机图像处理技术、组合编码原理等基础上的一种新型图形符号自动识读处理码制。在矩阵相应元素位置上,用点(方点、圆点或其他形状)的出现表示二进制的"1",点的不出现表示二进制的"0",点的排列组合确定了矩阵式二维条码所代表的意义。

【知识拓展7-3】

矩阵式二维条码

比较有代表性的矩阵式二维条码有 QR Code、Data Matrix、Maxi Code、汉信码等(见图 7-3)。

(1) QR Code 是由日本公司研制的一种矩阵式二维条码,除具有信息量大、可靠性高、可表示图像及多种文字信息、保密防伪性强等优点外,还具有高速全方位识读、有效表示汉字等特点。每个 QR 码符号由名义上的正方形模块构成,组成一个正方形阵列,如图 7-3(a)所示。它由编码区和包括寻像图形、分隔符、定位图形和校正图形在内的功能图形组成。符号四周由空白区包围。

(2) Data Matrix 条码有两种类型,即 ECC000-140 和 ECC200。ECC000-140 具有多种不同等级的错误纠正功能,而 ECC200 则通过 Reed-Solomon 算法利用生成多项式计算错误纠正码,不同尺寸的 ECC200 符号应用不同数量的错误纠正码。现在的 Data Matrix 码主要以对 ECC200 码的研究与应用为主,ECC000-140 的应用很少。

(3) Maxi Code 码最初又称为 UPS Code,是由美国 UPS 快递公司专门为邮件系统设计的专用二维条码,后由美国自动识别协会制定了统一的符号规格,改名为 Maxi Code,也称 USS-Maxi Code(Uniform Symbology Specification-Maxi Code)。Maxi Code 码是一种固定尺寸、具有高容量和纠错能力的矩阵式二维条码,共有 7 种模式(包括两种作废模式),可表示全部 ASCII 字符和扩展 ASCII 字符。Maxi Code 符号由紧密相连的多个六边形模块和位于符号中央位置的定位图形(三个黑色同心圆)组成,每个符号由 884 个六边形模块组成,分 33 层围绕着中央定位图形,每一层最多包含 30 个模块,如图 7-3(c)所示。

(4) 汉信码是由我国物品编码中心牵头,于 2005 年研发完成的拥有完全自主知识产权的新型二维条码。汉信码是目前汉字编码效率最高的二维条码,且支持全部 GB 18030 字符集中的汉字及未来的扩展。此外,它还具有信息容量大、密度高、抗畸变、抗污损能力强等特点,达到了国际先进水平。每个汉信码符号是由正方形模块组成的一个正方形阵列构成的,包括信息编码区和功能图形区,其中功能图形区包括寻像图形、寻像图形分隔区与校正图形,如图 7-3(d)所示。

(a) QR Code　　　(b) Data Matrix　　　(c) Maxi Code　　　(d) 汉信码

图 7-3　常见的矩阵式二维条码

【知识拓展 7-4】

彩色二维条码

彩色二维条码技术是在黑白二维条码技术上发展而来的。为了解决黑白条码无法实现较大文本信息存储与传输的问题，微软研究院于 2007 年研发了高容量彩色条码(high capacity color barcodee，HCCB)，其基本单元是三角形，通过添加 4 种或 8 种颜色，表示 2 位或 3 位二进制数，数据密度是黑白二维条码的 2~3 倍。

(四)条码识读设备

条码识读设备是用于读取条码所包含信息的阅读设备，其利用光学原理，把条形码的内容解码后通过数据线或者无线的方式传输到计算机或者别的设备。

1. 工作原理

条码识读的基本工作原理为：由光源发出的光线经过光学系统照射到条码符号上面，被反射回来的光经过光学系统成像在光电转换器上，使之产生电信号，信号经过电路放大后产生一模拟电压，它与照射到条码符号上被反射回来的光成正比，再经过滤波、整形，形成与模拟信号对应的方波信号，经译码器解释为计算机可以直接接收的数字信号。

2. 条码识读设备的分类

条码识读设备由条码扫描和译码两部分组成。现在大多将这两部分集成为一体，而且根据不同的用途和需要设计了各种类型的扫描器。

(1) 按条码识读的扫描方式来分类。条码识读设备从扫描方式上可分为接触式和非接触式两种条码扫描器。接触式识读设备包括光笔与卡槽式条码扫描器；非接触式识读设备包括 CCD(charge couple device)扫描器、激光扫描器。

【知识拓展 7-5】

光笔和卡槽式条码扫描器是接触式扫描器，要接触到条码纸才能正常识读，所以，只能用来扫描、识读一般的一维条码。

【知识拓展 7-6】

CCD 扫描器利用光电耦合原理，对条码印刷图案进行成像，然后再译码，可以对一维码和在二维空间内表达信息的二维条码进行扫描解码，获取物品信息。它操作方便，便于使用，对于表面不平的商品上的条码也可以方便地进行识读。

【知识拓展 7-7】

激光扫描器是利用激光二极管作为光源的单线式扫描器，是现在运用最广泛的一种条码识读设备。它可以扫描一维条码和只在水平方向上(堆叠式)表示信息的二维条码，如 PDF

417 码；也可以在适当的距离内识读条码，具有一定的穿透力，识读精度和速度都比较高，但对扫描角度有一定要求。

(2) 按操作方式来分类。条码识读设备从操作方式上可分为手持式和固定式两种条码扫描器。

【知识拓展 7-8】

手持式条码扫描器应用于许多领域，这类条码扫描器特别适用于条码尺寸多样、识读场合复杂、条码形状不规整的应用场合。在这类扫描器中有光笔、激光枪、手持式全向扫描器、手持式 CCD 扫描器和手持式图像扫描器。

【知识拓展 7-9】

固定式条码扫描器扫描识读不用人手把持，适用于省力、人手劳动强度大(如超市的扫描结算台)或无人操作的自动识别应用。固定式扫描器有卡槽式扫描器、固定式单线、单方向多线式(栅栏式)扫描器、固定式全向扫描器和固定式 CCD 扫描器。

(3) 按条码识读的扫描方向分类。条码扫描设备从扫描方向上可分为单向条码扫描器和全向条码扫描器。其中，全向条码扫描器又分为平台式和悬挂式两种。

3. 条码扫描器的选择原则

不同的应用场合对条码识读设备有不同的要求，需综合考虑条码符号相匹配、分辨率、工作空间、接口要求和性价比等因素，以达到最佳的应用效果。

二、射频识别技术

(一)射频识别技术的定义

射频识别技术是指在频谱的射频部分，利用电磁耦合或感应耦合，通过各种调式和编码方案，与射频标签交互通信唯一读取射频标签身份的技术(GB/T 18354—2021)。

(二)射频识别技术的特点

与目前广泛使用的条码、磁卡、IC 卡等自动识别技术相比，RFID 技术具有以下几个特点。

(1) 快速扫描。条形码一次只能有一个条形码受到扫描，而 RFID 识读设备可同时识别读取多个 RFID 标签。

(2) 体积小型化、形状多样化。RFID 在读取上并不受大小与形状的限制，无须为了读取精确度而配合纸张的固定尺寸和印刷品质。

(3) 不受环境限制。传统的条形码、磁卡容易因脏污而看不清，但 RFID 经封装处理后对水、油和化学药品等具有强力的抗污性。此外，条码容易受到折损，磁卡容易出现消磁，IC 卡的金属片容易被腐蚀或磨损，而 RFID 标签是将数据存在芯片中，因此可以免受污染损伤。另外，RFID 在黑暗或明亮环境中，也可以读取数据。

(4) 可重复使用。RFID 标签内存储的是电子数据，可以反复被复写，方便信息的增加、删除和更新，因此可以回收标签重复使用。例如，被动式 RFID 标签，不需要电池就可以使用，没有维护保养的需要。

(5) 穿透性和无屏障阅读。RFID 标签即使在被纸张、木材和塑料等非金属或非透明的材质包覆的情况下，也可以进行穿透性通信；而条码扫描机必须在近距离且没有物体阻挡的情况下才可以阅读，磁卡和 IC 卡需要接触才能识别。

(6) 数据容量大。数据容量最大的二维条形码可存储 2000～3000 字节，而 RFID 最大的容量则有数兆字节。

(7) 安全性。RFID 承载的是电子式信息，其数据内容可经由密码保护，使其内容不易被伪造及篡改。

【案例分析 7-1】

RFID 在沃尔玛的应用

作为全球最大的连锁零售商，沃尔玛从 2004 年就开始 RFID 试验。2006 年年初，沃尔玛有 130 家主要供应商向分销中心发送带有 RFID 标签的产品。公司总部建立了庞大的数据中心，负责接收通信卫星和主干网络传送的零售数据，其中包括所有店铺庞大的商品信息、物流、配送中心货车货箱信息等，只要是与零售经营有关的数据，沃尔玛的供应链系统都能实时监控。以前，全部零售店面工作人员需要几小时才能核查一遍货架上的商品，在引入 RFID 标签后，同样的工作半小时内就可以完成了。此外，沃尔玛销售的货物种类繁多，为 8 万～10 万种，手工订货不仅工作量大，而且易出现错误。引入 RFID 标签后，系统自动生成电子订单，货品的库存量减少，节约了仓储空间，增加了企业效益。同时，仓库的"能见度"极大提高，供应商、管理人员对存货和到货比例一目了然。结果表明，引入 RFID 后，产品脱销存货率减少 16%，商品缺货后补货速度比只用条形码时快 3 倍，商场补充脱销货物效率比普通商场高 63%，手工订货减少 10%。

思考题：

结合案例，分析引入 RFID 标签的好处。

(三) 射频识别系统的组成

射频识别系统至少要包括读写器、电子标签(或称射频卡、应答器)、天线和主机等。在具体的应用过程中，根据不同的应用目的和应用环境，系统的组成会有所不同，但从 RFID 系统的工作原理来看，系统一般由信号发射机、信号接收机、编程器与天线四部分组成，如图 7-4 所示。

1. 信号发射机

在 RFID 系统中，信号发射机因为不同的应用目的，会以不同的形式存在，典型的形式是标签(TAG)。标签相当于条码技术中的条码符号，用来存储需要识别传输的信息。与条码不同的是，标签必须能够自动或在外力的作用下，把存储的信息主动发射出去。

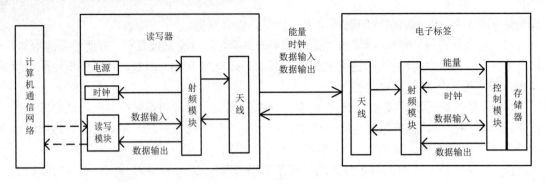

图 7-4　RFID 系统的组成

(1) 按照供电方式，标签可分为有源射频标签(主动式标签)、半无源标签和无源射频标签(被动式标签)三种。

【知识拓展 7-10】

供电方式不同的标签

有源射频标签内部自带电池进行供电，电能充足、工作可靠性高、信号传送的距离远。无源射频标签内部不带电池，要靠外界提供能量，具有永久的使用期，支持长时间的数据传输和永久性的数据存储，但数据传输的距离比有源射频标签近。

半无源标签内装有电池，但电池仅对标签内要求供电维持数据的电路或标签晶片工作所需的电压提供辅助支援；标签未进入工作状态时，一直处于休眠状态，相当于无源标签。

(2) 按照内部使用存储器类型，标签可分为只读标签和可读可写标签。

【知识拓展 7-11】

只读标签内部有只读存储器(read-only memory，ROM)和随机存储器(random access memory，RAM)。可读可写标签内部的存储器除了 ROM、RAM 和缓冲存储器之外，还有非活动可编程记忆存储器。

(3) 按照存储器数据存储能力，标签可分为标识标签与便携式数据文件。

【知识拓展 7-12】

标识标签中存储的知识标识号码，用于对特定的标识项目，如人、物、地点进行标识，关于被标识项目的详细特定信息，只能在与系统相连接的数据库中进行查找。便携式数据文件是指标签中存储的数据非常大，可以看作一个数据文件，且一般都是用户可编程的。

(4) 按照应用频率，标签可以分为低频(LF)、高频(HF)、超高频(UHF)和微波(MW)，其频率范围分别为 9～135 kHz、13.56～433 MHz、860～960 MHz 和 2.45～5.8 GHz。

2. 信号接收机

在 RFID 系统中，信号接收机一般叫阅读器。根据支持的标签类型与完成的功能不同，阅读器的复杂程度也显著不同。阅读器的基本功能是提供与标签进行数据传输的途径。另外，阅读器还具有很复杂的信号状态控制、奇偶错误校验与更正功能等。

3. 编程器

编程器是向标签写入数据的装置，只有可读可写标签系统才需要编程器。一般来说，编程器写入数据是离线完成的，即预先在标签中写入数据，等到应用时直接把标签粘贴在被标识项目上。另外，也有一些 RFID 应用系统，写数据是在线完成的，尤其是在生产环境中作为交互式便携数据文件来处理时。

4. 天线

天线是标签与阅读器之间传输数据的发射、接收装置。在实际应用中，除了系统功率，天线的形状和相对位置也会影响数据的发射和接收，需要专业人员对系统的天线进行设计、安装。

三、全球定位系统

(一)全球定位系统的定义

全球定位系统(GPS)是指以人造卫星为基础，24 小时提供高精度的全球范围的定位和导航信息的系统(GB/T 18354—2021)。

(二)全球定位系统的特点

(1) 全球、全天候定位。GPS 能为用户提供连续与实时的三维位置、三维速度和精密时间，不受天气的影响。GPS 卫星的数目较多，且分布均匀，保证地球上任何地方、任何时间至少可以同时观测到 4 颗 GPS 卫星，确保实现全球、全天候连续的导航定位服务。

(2) 定位精度高。随着 GPS 接收机和数据处理软件性能的不断增强，GPS 定位的精度远远超过了传统测量方法的精度。例如，用载波相位观测量进行静态相对定位，在小于 50 千米的基线上精度可达 10^{-6} 米，在 100~500 千米的基线上精度为 10^{-7} 米，在大于 1000 千米的基线上精度可达 10^{-9} 米。

【知识拓展 7-13】

载波相位(carrier phase)，是指在接收时刻接收的卫星信号的相位相对于接收机产生的载波信号相位的测量值。

(3) 观测时间短。随着 GPS 技术的不断完善，软件的不断更新，目前，20 千米以内相对静态定位，仅需 15~20 分钟；快速静态相对定位测量时，当每个流动站与基准站相距 15 千米以内时，流动站观测时间只需 1~2 分钟，然后可随时定位，每站观测只需几秒钟。

(4) 测站间无须通视。用传统的测量方法测定点位，测站间必须通视，迫使测量人员将点位选在能满足通视要求而在工程建设中使用价值不大的制高点上。GPS 定位是根据星站距离确定点位的，只需测量点位与空间的卫星通视即可，这样测量人员就可以将测量点位选在工程建设最需要的位置。

(5) 仪器操作简便。用于静态相对定位的 GPS 接收机，开机后就能自动观测。观测时测量人员的工作是将接收机在点位上进行对中整平，量取天线高，观察接收机的工作状态即可，操作十分简便。

(6) 提供三维坐标。传统测量方法是将平面测量与高程测量分开进行的，而 GPS 测量可同时测得点的三维坐标。

【知识拓展 7-14】

高程(elevation)，是指某点沿铅垂线方向到绝对基面的距离。通视是指两导线间没有任何障碍物。

(7) 应用广泛。GPS 系统不仅可用于测量、导航，还可用于测速、测时，测速的精度可达 0.1 米/秒，测时的精度可达几十毫微秒。

(三)GPS 的组成

GPS 包括三部分：空间部分(GPS 卫星星座)、地面控制部分(地面监控系统)和用户接收系统(GPS 信号接收机)。

(1) GPS 的空间部分是由 21 颗工作卫星和 3 颗在轨备用卫星组成。卫星位于距地表 20 200 千米的上空，均匀分布在 6 个轨道面上(每个轨道面有 4 颗)，轨道倾角为 55°，各轨道平面之间的夹角为 60°。卫星的分布使人们在全球任何地方、任何时间都可观测到 4 颗以上的卫星，并能保持良好的定位解算精度的集合图像，这就提供了在时间上连续的全球导航能力。

(2) 地面控制部分由 1 个主控制站、3 个注入站和 5 个监测站组成。美国的主控制站位于美国科罗拉多州春田市的联合空间执行中心，主要负责采集数据，推算、编制导航电文，给定 GPS 时间基准，协调和管理所有地面监测站和注入站系统，诊断所有地面控制部分和卫星的健康状况，调整卫星运动状态，启动备用卫星；3 个注入站分别设在大西洋、印度洋和太平洋的 3 个美国军事基地上，负责将主控制站传来的导航电文注入相应卫星的存储器；5 个监测站设在主控制站和 3 个地面控制站及夏威夷岛，负责为主控制站提供卫星的观测数据。

(3) 用户接收系统能够捕获到按一定卫星截止角所选择的待测卫星，并跟踪这些卫星的运行。在接收机捕获到跟踪的卫星信号后，就可测量出接收天线至卫星的伪距离和距离的变化率，解调出卫星轨道参数等数据。根据这些数据，接收机中的微处理计算机就可按定位解算方法进行定位计算，计算出用户所在地理位置的经纬度、高度、速度、时间等信息。

四、地理信息系统

(一)地理信息系统的定义

地理信息系统(GIS)是指在计算机技术支持下，对整个或部分地球表面(包括大气层)空间中的有关地理分布数据进行采集、储存、管理、运算、分析、显示和描述的系统(GB/T

18354—2021)。

(二)地理信息系统的特点

与一般的管理信息系统相比,地理信息系统具有以下特点。

(1) GIS 在分析处理问题时使用了空间数据与属性数据,并通过数据库管理系统将两者联系在一起共同管理、分析和应用,从而提供了认识地理现象的一种新的思维方法;而管理信息系统只对属性数据进行管理,即使存储了图形,也往往以文件等机械形式存储,不能进行有关空间数据的操作,如空间查询、检索、相邻分析等,更无法进行复杂的空间分析。

(2) GIS 强调空间分析,利用空间解析式模型来分析空间数据,因此 GIS 的成功应用依赖于对空间分析模型的研究与设计。

(三)地理信息系统的组成

GIS 由硬件、软件、数据、人员和方法五部分组成。硬件和软件为地理信息系统建设提供环境;数据是 GIS 的重要内容;人员是系统建设中的关键和能动性因素,直接影响和协调其他几个组成部分;方法为 GIS 建设提供解决方案。

(1) 硬件是操作 GIS 所需的一切计算机资源。GIS 软件可以在很多类型的硬件上运行,从中央计算机服务器到个人计算机,从单机到网络环境等。一个典型的 GIS 硬件系统除计算机外,还应包括数字化仪、扫描仪、绘图仪、磁带机等外部设备。

(2) 软件是 GIS 运行所必需的各种程序,主要包括计算机系统软件和地理信息系统软件两部分。地理信息系统软件提供所需的存储、分析和显示地理信息的功能和工具,主要的软件部件有输入和处理地理信息的工具,数据库管理系统,支持地理查询、分析和视觉化的工具,以及容易使用这些工具的图形用户界面(GUI)。

(3) 数据是 GIS 最重要的部件。空间数据是 GIS 的操作对象,是现实世界经过模型抽象的实质性内容。一个 GIS 应用系统必须建立在准确、合理的地理数据基础上。地理数据和相关的表格数据可以自己采集或者从商业数据提供者处购买。GIS 不但可以把空间数据和其他数据源的数据集成,而且可以使用那些被大多数公司用来组织和保存数据的数据库管理系统来管理空间数据。

(4) 人员是 GIS 中重要的构成要素。如果 GIS 技术没有人来管理系统和制订计划并应用于实际问题,就没有价值。GIS 不同于一幅地图,它是一个动态的地理模型,仅有的系统软硬件和数据还不能构成完整的地理信息系统,需要人员进行系统组织、管理、维护和数据更新、系统扩充完善及应用程序开发,并采用空间分析模型提取多种信息。因此,GIS 应用的关键是提高实施它来解决现实问题的人员素质。

(5) 方法主要是指空间信息的综合分析方法,即应用模型。它是在对专业领域的具体对象与过程进行大量研究的基础上总结出来的规律。GIS 应用就是利用这些模型对大量空间数据进行分析综合来解决实际问题的,如基于 GIS 的矿产资源评价模型、灾害评价模型等。

(四)地理信息系统的基本功能

GIS 主要有数据获取、数据预处理、数据存储与组织、数据查询与分析、图形展示与交互等基本功能。

(1) 数据获取应保证 GIS 数据库中的数据内容与空间的完整性、数值逻辑一致性和正确性等。一般而言，GIS 数据库的建设占整个系统建设投资的 70%或更多，并且这个比例会随时改变。因此，信息共享和自动化数据输入成为 GIS 研究的重要内容。可用于 GIS 数据采集的方法和技术有很多，有些仅用于 GIS，如手持跟踪数字化仪。

(2) 数据预处理主要包括数据格式化、转换和概括。数据格式化是指不同数据结构的数据间的交换，是一种耗时、易错、需要大量计算量的工作。数据转换包括数据格式转换、数据比例尺变换等。在数据格式的转换方式上，矢量到栅格的转换要比其逆运算快速且简单；数据比例尺的变换涉及数据比例尺的缩放、平移和旋转等，其中最为重要的是投影转换。数据概括，也称制图综合，包括数据平滑、特征集结等。

(3) 数据存储与组织是建立 GIS 数据库的关键步骤，它涉及空间数据和属性数据的组织。栅格模型、矢量模型或栅格/矢量混合模型是常用的空间数据组织方法。空间数据结构的选择在一定程度上决定了系统的数据与分析功能。在地理数据组织与管理中，最为关键的是如何将空间数据与属性数据融为一体。

(4) 数据查询与分析包括空间查询、空间分析和模型分析。空间查询是 GIS 及许多其他自动化地理数据处理系统应具备的最基本的分析功能；空间分析是 GIS 的核心功能，也是 GIS 与其他计算机系统的根本区别；模型分析是在 GIS 的支持下，分析和解决现实世界中与空间相关的问题，它是 GIS 应用深化的重要标志。

(5) 图形展示与交互。GIS 为用户提供了许多用于地理数据表现的工具，其形式既可以是计算机屏幕显示，也可以是诸如报告、表格、地图等硬拷贝图件。

【案例分析 7-2】

GPS 与 GIS 在京东配送中的应用

配送是电商供应链的最后环节，也是"最后一公里"竞争的关键。在这个环节中，GIS 系统是京东的撒手锏。

GIS 系统来自刘强东的创意。他在阅读客服简报时发现，有32%的用户咨询电话是货物配送以后打来的。用户打电话来大多询问订单配送了没有，目前到哪里了，什么时候能送到，等等。刘强东认为，客服人员根本无法知道每一张订单到达的具体位置，也不可能准确地告诉用户到达时间。因此，这些咨询电话都是无效的。与其让用户打电话来问，还不如让他自己实时地看。在刘强东的提议下，京东自主开发 GIS 系统，并在 2011 年投入使用。

GIS 系统的技术实现并不难。京东和一家提供地图服务的公司合作，将后台系统与地图公司的 GPS 系统进行关联。在包裹出库时，每个包裹都有一个条形码，运货的车辆也有相应的条形码，出库时每个包裹都会被扫描，同一辆车上包裹的条形码与这辆车的条形码关联起来。当这辆车在路上运行时，车的 GPS 与地图就形成了适时的位置信息传递。当车辆到达分拨站点分配给配送员时，每个配送员在配送时都有一台手持 PDA，而这台手持 PDA 也是一个 GPS 设备。通过扫描每件包裹的条形码，这个包裹又与地图系统关联。这个实时位置信息与京东商城的后台系统打通之后开放给用户，用户就能实时地在线看到自己的订单从出库到配送的运行轨迹。

GIS 系统使管理者在后台可以实时看到物流运行情况——车辆位置信息、车辆停留时间、包裹分拨时间、配送员与客户交接时间等。这些数据经过分析，可以给管理者提供优化流程的参考，如怎么合理使用人员、划分配送员的服务区域、缩短每个订单的配送时间等。另外，管理者通过对一个区域的分析，可以看到客户的区域构成、客户密度、订单密度等。

(资料来源：姜蓉，沈伟民.京东：以物联网抢跑供应链竞争：运用物联网 GIS 系统，竞夺"最后一公里"[J].经理人，2012(9).略有改动)

思考题：
GPS 与 GIS 在京东配送中分别起什么作用？

五、电子数据交换技术

(一)电子数据交换技术的定义

电子数据交换技术(EDI)是指采用标准化的格式，利用计算机网络进行业务数据的传输和处理(GB/T 18354—2021)。

(二)EDI 的特点

从 EDI 的定义可以看出，作为企业自动化管理的工具之一，EDI 通过计算机将商务文件如订单、发票、货运单、报关单等按照统一的标准，编制成计算机能够识别和处理的数据格式，在计算机之间进行传输。它具有以下几个特点。

(1) EDI 的使用对象是不同的组织，EDI 传输的是企业间的报文，是企业间信息交流的一种方式；企业采用 EDI 可以更快速、更便宜地传送发票、采购订单、传输通知和其他商业单证，提高快速交换单证的能力，加快商业业务的处理速度。更重要的是，这些过程可以被监督，从而为企业提供跟踪管理和审计操作的能力。

(2) 数据传输由收送双方的计算机系统直接传送、交换资料，无须人工介入操作，避免了人工录入的错误，提高了总体质量，降低了数据对人的依赖，缩短了处理时间。

(3) EDI 能更快、更精确地填写订单，以便减少库存，实现零库存管理，EDI 传输的报文是格式化的，是符合国际标准的。

(4) EDI 所传送的资料是一般业务资料，如发票、订单等，而不是一般的通知，并且它存储了完备的交易信息和审计记录，为管理决策者提供了更准确的信息和数据，进而为企业提高效率和减少成本提供了更大的可能性。

(5) 尽管电子邮件和传真也可以用来传输数据，但和 EDI 相比，仍有本质区别。其主要区别是：传真与电子邮件，需要人工的阅读判断处理才能进入计算机系统，既浪费人力资源，也容易发生错误；而 EDI 无须再将有关资料人工重复输入系统。另外，EDI 的传输内容为格式化的标准文件并有格式校验功能，而传真和电子邮件为非格式化的文件。

(三)EDI 系统的组成

EDI 系统主要由 EDI 软件和硬件、通信网络和数据标准化三个要素组成。

(1) EDI 软件和硬件组成的应用系统是实现 EDI 的前提条件。

EDI 软件包括转换软件(mapper)、翻译软件(translator)和通信软件，主要负责将用户数据库系统中的信息翻译成 EDI 的标准格式并进行传输。其中，转换软件将原有计算机系统的文件转换成翻译软件能够理解的平面文件或将从翻译软件接收来的平面文件转换成原计算机系统中的文件；翻译软件负责平面文件与 EDI 标准格式间的互译；通信软件将 EDI 标准格式的文件及通信信封送到 EDI 系统交换中心的邮箱或从 EDI 系统交换中心取回接收到的文件。

EDI 的硬件设备主要有计算机、网络连接设备和通信线路。

(2) 通信网络是 EDI 实现的手段。

EDI 的通信方式主要有：①早期采用的点对点方式(PTP)；②增值网方式(VAN)；③国际间电子邮件服务系统方式(MHS)。目前，国际上主要采用国际间电子邮件服务系统处理方式。

(3) 数据标准化是实现 EDI 的关键。

制定 EDI 标准的目的是消除各国语言、商务规定以及表达与理解上的歧义，为国际贸易实务操作中的各种单据交换搭建电子通信的桥梁。

(四)EDI 系统的工作原理

EDI 系统的工作原理如图 7-5 所示。

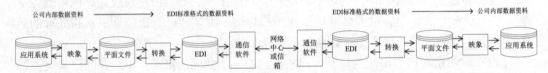

图 7-5　EDI 系统的工作原理

EDI 用户的软件系统将接收到的通信信封打开，将 EDI 标准格式文件通过翻译软件转换成平面文件(平面文件是 EDI 标准格式与客户端用户数据格式间的对照性文件)，然后通过 EDI 转换软件将平面文件转换为客户端用户数据格式，继而用户的软件系统就能够对解析的信息进行编辑和处理。

第三节　物　联　网

一、物联网的定义

物联网(internet of things, IoT)的概念最初来源于美国麻省理工学院(MIT)在 1999 年建立的自动识别中心。该中心首次提出了网络无线射频识别系统，其可把所有物品通过射频识别等信息传感设备与互联网连接起来，实现智能化识别和管理。早期的物联网是以物流系统为背景提出的，以射频识别技术作为条码识别的替代品，实现对物流系统的智能化管理。随着技术和应用的发展，物联网的内涵也发生了很大变化。

作为新一代信息技术的重要组成部分，物联网的广义定义就是"物物相连的互联网"。该定义具有两层意思：第一，物联网的核心和基础仍然是互联网，是在互联网基础上的延伸和扩展的网络；第二，其用户端延伸和扩展到了任何物体与物体之间，进行信息交换和通信。

从狭义上看，物联网可以定义为：通过 RFID、红外感应器、全球定位系统、激光扫描器等信息传感设备，按约定的协议，把任何物体与互联网相连接，进行信息交换和通信，以实现对物体的智能识别、定位、跟踪、监控和管理的一种网络。

二、物联网的特点

和传统的互联网相比，物联网有以下鲜明的特点。

(1) 物联网是各种感知技术的广泛应用。物联网上部署了海量的多类型传感器，每个传感器都是一个信息源，不同类别的传感器所接收的信息内容和信息格式不同。传感器获得的数据具有实时性，按一定的频率周期性地采集环境信息，不断更新数据。

(2) 物联网是一种建立在互联网上的泛在网络。物联网技术的重要基础和核心仍是互联网，通过各种有线和无线网络与互联网融合，将物体的信息实时、准确地传递出去。在物联网上的传感器定时采集的信息需要通过网络传输，其数量极其庞大，形成了海量信息，在传输过程中，为了保证数据的正确性和及时性，必须适应各种异构网络和协议。

(3) 物联网不仅提供了传感器的连接，其本身也具有智能处理的能力，能够对物体实施智能控制。物联网将传感器和智能处理相结合，利用云计算、模式识别等各种智能技术，扩充其应用领域。物联网从传感器获得的海量信息中分析、加工和处理出有意义的数据，以适应不同用户的不同需求，发现新的应用领域和应用模式。

三、物联网的关键技术

物联网的关键技术包括 RFID 技术、传感技术、无线网络技术、人工智能和云计算技术。

(1) RFID 技术是物联网中让物品"开口说话"的关键技术，RFID 标签上存储着规范且具有互用性的信息，通过通信网络把它们自动采集到中央信息系统，实现物品的识别。

(2) 传感技术主要负责接收物品"讲话"的内容。传感技术是一种从自然信源获取信息，并对其进行处理、变换和识别的多学科交叉的现代科学与工程技术，它涉及传感器、信息处理和识别的规划设计、开发、制造、测试、应用及评价改进等活动。

(3) 无线网络技术为物联网中物品与人的无障碍交流提供数据传输媒介。无线网络既包括远距离无线连接的全球语音和数据网络，也包括近距离的蓝牙技术和红外技术。

(4) 人工智能是研究使计算机模拟人的某些思维过程和智能行为(如学习、推理、思考、规划等)的技术。在物联网中，人工智能技术主要负责将物品"讲话"的内容进行分析，从而实现计算机的自动处理。

(5) 物联网的发展离不开云计算技术的支持。物联网终端的计算和存储能力有限，云计算平台可以作为物联网的"大脑"，实现对海量数据的存储、计算。

【案例分析7-3】

物联网在中远海运集团的应用

榴莲是一种高热量的水果，对运输要求相当严格。为防止榴莲在抵达目的港前果实过熟而影响货架期，客户对冷机品牌、年限、温度下拉速度、全程温度控制水平、船期等都有具体的要求。近年来，随着我国对进口水果消费层次的快速提升，榴莲的货值亦在逐年提高，每40尺冷柜的榴莲货值已超10万美元。对于高价值的保鲜货物，保证全程高质量的冷链运输尤为重要。

2021年，中远海运集装箱运输有限公司(以下简称中远海运集运)在承运的一些榴莲冷箱上安装了物联网设备IoT，客户托运的榴莲将被全程监控。IoT设备为公司、客户带来了极大的效益。通过温度、湿度记录的读取和跟踪，预判货损风险，并可在温度持续上升的情况下提前干预，加强制冷，有效避免发生货损，保障客户的市场销售；通过地理位置信息的读取，引导客户在货物目的地附近且缺箱的港口实现异地还箱，在一定程度上减少客户内陆拖运成本的支出，也节约了公司的空箱调运成本；通过对IoT回传数据的分析，判断非正常断电和正常断电的区间，以保证货物全程冷链运输品质，还可为后续发生货损纠纷时划分责任，并可成为客户考核供应商服务的依据之一；第三代IoT设备还能提供开关门信息记录，为货损货差提供依据。

(资料来源：木淼. 中远海运：数字化转型在路上[J]. 中国远洋海运，2021(9). 略有改动)

思考题：
结合案例，分析中远海运集运引入物联网技术具有哪些好处？

第四节 大 数 据

一、大数据的定义

大数据(big data)被视为继云计算、物联网之后IT行业的又一次颠覆性技术变革，目前还没有统一的定义。维基百科的定义为：大数据是指利用常用软件工具捕获、管理和处理数据所耗时间超过可容忍时间限制的数据集。麦肯锡咨询公司把大数据描述为：大小超出常规的数据库工具获取、存储、管理和分析能力的数据集合。以上定义都无一例外地突出了大数据的数据规模的"大"。《大数据时代的历史机遇——产业变革与数据科学》一书强调了大数据具有深度的价值，指出"大数据是在多样的或者大量的数据中快速获取信息的能力"。大数据势必给人类社会带来一次巨大的思想解放与观念变革，使人们形成一种全新的思维方法，即"用数据说话、用数据决策、用数据管理、用数据创新"的大数据思维。

二、大数据的特点

与传统处理的小数据相比，大数据具有以下特点。

(1) 数据规模大(volume)：大数据主要有交易数据、网络数据和感知数据三个来源，数据集合的规模已经从 GB、TB 发展到 PB，网络数据甚至以 EB 和 ZB 等单位来计数。例如，淘宝网每天交易数量有千万笔，日新增数据 50 TB，有 40 PB 的海量数据存储。

(2) 数据多样性(variety)：随着传感器种类的增多及智能设备、社交网络等的流行，数据类型也变得更加复杂，不仅包括传统的关系数据类型，也包括以网页、视频、音频、E-mail、文档等形式存在的未加工的、半结构化的和非结构化的数据。

(3) 数据处理时效性(velocity)：很多大数据应用需要及时处理，以满足实时性的需求。

(4) 结果准确性(veracity)：处理的结果要保证一定的准确性，不能因为大规模数据处理的时效性而牺牲处理结果的准确性。

(5) 价值密度低(value)：数据量增长的同时，隐藏在海量数据的有用信息却没有按比例增长，反而使获取有用信息的难度加大。大数据面临的一个挑战就是从海量数据中提取有价值的信息，并将信息转化为知识，发现规律，最终用知识促成正确的决策和行动。

【案例分析 7-4】

大数据在 UPS 的应用

UPS(美国联合包裹速递服务公司)是全球领先的物流公司，位列 2021 年《财富》杂志发布的"2021 财富世界 500 强排行榜"第 89 位，福布斯 2020 全球品牌价值 100 强第 48 位。

为了监督、管理员工并优化行车线路，UPS 在配送车辆上安装了 GPS 等传感器，获得了送货时间、行车路线、燃油消耗等运输数据，并研发了一个名为"Orion"的道路优化与导航集成系统，用于对这些海量数据进行分析。Orion 可以实时分析 20 万种可能的线路，并在 3 秒内给出两点间的最佳线路。优化后线路将减少车辆的行驶里程，每天每单业务行驶距离减少 1 公里，每年就会为公司节省 5000 万美元。Orion 还会根据不断变化的天气情况或突发事件随时改变路线。例如，Orion 发现十字路口最容易发生意外、红绿灯最浪费时间，只要减少通过十字路口的次数，就能省油，提高安全性。此外，Orion 通过分析还发现，左转会导致车辆长时间地等待，提出了尽量"连续右转环形行驶"的配送策略。

思考题：
大数据在 UPS 是如何应用的？取得了什么效果？

第五节 区 块 链

一、区块链的定义

2008 年，化名为"中本聪"的学者在密码学邮件组发表论文《比特币：一种点对点的电子现金系统》，提出了比特币(bitcoin)的数字货币概念，在没有任何权威中介机构统筹的情况下，互不信任的人可以直接用比特币进行支付。随着比特币受到越来越多的关注，其底层技术之一的区块链(block chain)也开始进入大众的视野。

目前，区块链尚没有统一的定义，根据工信部2016年发布的《中国区块链技术和应用发展白皮书》，广义来讲，区块链是利用块链式数据结构验证和存储数据、利用分布式节点共识算法生成和更新数据、利用密码学的方式保证数据传输和访问的安全性、利用由自动化脚本代码组成的智能合约编程和操作数据的一种全新的分布式基础架构与计算方式；狭义来讲，区块链是一种按照时间顺序将数据区块以链条的方式组合成特定数据结构，并以密码学方式保证的不可篡改和不可伪造的分布式账本。

区块链技术被普遍认为是能够彻底改变业务乃至机构运作方式的重大突破性技术。此外，区块链技术并不是单一的信息技术，其可以依托现有技术，进行独创性的组合及创新，从而实现更多的功能。

二、区块链的特点

区块链的特点主要有以下几方面。

(1) 去中心化。区块链数据的验证、记账、存储、维护和传输等过程均是基于分布式系统结构，采用纯数学方法建立分布式节点间的信任关系，形成去中心化的可信分布式系统。

(2) 时序数据。区块链采用带有时间戳的链式区块结构存储数据，从而为数据增加了时间维度，具有极强的可验证性和可追溯性。

(3) 健壮性强。区块链采用独特的经济激励机制来吸引节点完成工作，促使节点提供算力或其他资源，保证整个分布式网络顺利运行。整个分布式网络所容纳的节点越多，其健壮性越强，除非一半以上的节点同时出现问题，否则分布式网络将会一直安全运行。

(4) 可编程。区块链技术可提供灵活的脚本代码系统，支持用户创建高级的智能合约、货币或其他去中心化应用。

(5) 安全可信。区块链的安全性是通过加密技术进行保障的，整个分布式网络所提供的算力是非常惊人的，想要篡改区块链中的数据，不仅在理论上不可行，而且所花费的电力、设备等成本也是巨大的。

三、区块链的基础技术

区块链的基础技术包括密码学、数字签名、共识算法、智能合约和P2P网络。

(1) 密码学。区块链的开放性使人在网络中的每个节点都可以看到完整的账本，容易导致隐私泄露。此外，数字资产需要加密技术证明其所有权。因此，区块链技术需要哈希算法、非对称密码算法、双线性映射等密码学技术确保链上数据的可信性与安全性。

(2) 数字签名。数字签名是通过密码学领域的相关算法实现类似传统物理签名的效果。数字签名能帮助区块链实现权限控制，识别交易发起者的合法身份，防止恶意节点身份冒充。

(3) 共识算法。作为一个去中心化的分布式数据库，区块链需要通过用户节点记账行为的一致性解决和保证账本的唯一性。在区块链网络中的每个节点用户都保存一份完整账本，为避免同时记账带来的账本混乱，需要共识算法保证所有节点最终都记录一份相同的正确数据。

(4) 智能合约。智能合约的概念产生于 20 世纪 90 年代，它并不是区块链独有的概念。智能合约是一种在满足一定条件时就自动执行的计算机程序，允许各方在没有第三方参与的情况下，执行可溯源、单向性和安全的交易。由于具备图灵完备性，智能合约可视为一台状态机。智能合约可随时进行事务处理和状态保存，并可以即时写入区块链。

(5) P2P 网络。P2P 是指对等网络技术，即相互连接的网络节点处于对等的地位，功能相同，每个节点既可以作为服务器为网络中其他节点所用，也可以作为客户端共享其他节点的资源。P2P 网络结构决定了区块链的去中心架构，信息与价值的传递无须中介机构背书，数据分布式存储在区块链系统中的每一个节点。

【案例分析7-5】

区块链在航运业的应用

作为一个传统行业，航运业的短板主要体现在以下几方面。

(1) 发展模式相对独立、封闭，导致市场信息不对称，产业结构过于单一，航运企业的决策方式、业务模式和经营思路也相对局限，拼船队、拼规模的传统经营模式仍是主流。

(2) 周期性太长，效率低下，出现这种情况的最主要原因是各行业以及各部门的行业信息不完整、不透明，形成了数据"孤岛"，导致行业整体效率低下，信息安全难以保障。

(3) 货主和航运公司之间的矛盾进一步激化。随着全球航运业的运力过剩，行业内进行并购重组，淘汰落后运力，结成新的联盟，但是联盟起来的航运业也并没有解决货主的需求。事实上，这几年货主对于联盟的船期稳定、服务质量和准班率的质疑声一直没有停止过。此外，个性化需求和差异化服务也是目前联盟的"痛点"。

为了解决这些问题，IBM 和马士基联合开发了一个全球贸易区块链平台——TradeLens，并于 2018 年年底正式投入使用。具体方案如下。

(1) 传统航运过程中，有众多的角色参与，包括托运人、航运公司、货运代理、港口和码头运营商、内陆运输和海关等，而每次只要与其中的任意一个角色传递信息，就意味着需要准备文件。以马士基完成的从蒙巴萨到鹿特丹的一次牛油果运输为例，其中涉及 30 个角色、100 多个执行人员和将近 200 次信息交换。对纸质文件和人工文件处理方式的依赖导致成本不断增加，业务连续性受到严重影响。

马士基的第一步便是构建平台，让所有业务环节无纸化，并且将数据上传到平台上，让所有参与者都能实时访问运输数据和运输单据。但是，互联网上的数据容易被攻击和篡改，TradeLens 需要保证传递给不同企业的数据是一致的。在区块链平台中，数据一旦上链，不可篡改，并且可以追溯源头，防止"作恶"，这便可以保证数据的安全性。同时，区块链上的数据的所有节点都一样，那么所有参与的企业都可以在第一时间获得信息，这也可以防止企业传递不同的信息来"作恶"。

(2) 一些不愿意把自己的数据透露给所有人的企业，会排斥加入 TradeLens。对此，TradeLens 设计出了一个拓扑网络结构，做出了一个权限矩阵，精确地管理每个参与者能阅读数据的权限。

(3) 平台将所有收集到的数据可视化，使参与者能更高效地写作，同时也能做出更精准的运营决策。

(4) 对接标准以及开放接口。TradeLens 为所有被许可的参与者提供了一种与 TradeLens 生态系统合作并从中提取价值的方式。TradeLens 定义为一个中立的平台，允许在世界任何地方的任何参与者都可以使用。另外，TradeLens 使用与联合国贸易便利化与电子业务中心(UN/CEFACT)一致的数据模型和访问控制方案，以支持与行业的其他数据方进行互相操作。

TradeLens 的应用起到了积极的效果，具体体现在以下几方面。

(1) 数字化的操作流程帮助航运运营商实现了无纸化，每年节省数十万美元。

(2) 沟通成本大大降低。譬如，当某参与者想了解他的集装箱在哪里时，根据传统的操作方式，需要 5 个人操作 10 个步骤，但在 TradeLens 上，只需要 1 个人操作 1 个步骤即可，极大地降低了沟通成本。

(3) 在流程上降本增效，可以直接缩短运输时间，让空的集装箱及时流转，以及更高效地利用仓储。

(4) 整个航运的所有参与方都将数据和文件放到区块链上，因此所有信息都可溯源，这可以打击通过诸如混淆产品标记等方式的船运欺诈，从而建立真正可信的国际贸易网络。

(资料来源：https://xw.qq.com/amphtml/20201219A0FMR500. 略有改动)

习　题

一、判断题

1. GIS 的核心是一个地理数据库。　　　　　　　　　　　　　　　　　(　　)
2. EDI 传输的报文是格式化的，是符合国际标准的，这是计算机能够自动处理报文的基础。　　　　　　　　　　　　　　　　　　　　　　　　　　　　　　(　　)

二、多选题

1. 物流信息的特点有(　　)。
   A. 广泛性　　　　B. 真实性　　　　C. 时效性　　　　D. 共享性
2. 按物流管理层次，物流信息可分为(　　)。
   A. 作业层信息　　B. 战术层信息　　C. 仓储信息　　　D. 战略层信息
3. 全球定位系统主要由(　　)组成。
   A. 地面控制部分　B. 用户接收系统　C. 监控部分　　　D. 空间部分
4. GIS 应用系统中有(　　)。
   A. 时间数据　　　B. 高度数据　　　C. 属性数据　　　D. 空间数据
5. 大数据的特点主要有(　　)。
   A. 数据规模大　　B. 数据多样性　　C. 数据处理时效性　D. 结果准确性

三、简答题

1. 射频识别系统由哪几部分组成？
2. 物联网有哪些特点？
3. 区块链有哪些特点？

第二篇 供应链管理

第八章 供应链管理概述

【案例导入】

沃尔玛与宝洁：供应链协同的双赢模式

沃尔玛和宝洁为零售商与制造商的紧密合作提供了样板。贝恩公司的一项研究显示：2004年宝洁514亿美元的销售额中，8%来自沃尔玛；而沃尔玛2560亿美元的销售额中，3.5%要归功于宝洁。

20世纪80年代，在沃尔玛与宝洁合作之前，宝洁总是试图控制沃尔玛对宝洁产品的销售价格和销售条件，而沃尔玛则威胁要终止宝洁产品的销售，或把最差的货架留给宝洁。不过，沃尔玛和宝洁很快意识到深度合作的好处，进而确立供应链协同管理模式。

一、沃尔玛-宝洁模式

1987年，为了寻求更好的合作以保证沃尔玛分店里"帮宝适"婴儿纸尿裤的销售，宝洁副总裁Ralph Drayer和沃尔玛老板Sam Walton坐到了一起。那一刻，被认为是协同商业流程革命的开始。

最开始时，宝洁开发并给沃尔玛安装了一套"持续补货系统"。具体形式是：双方通过EDI和卫星通信实现联网，借助信息系统，宝洁能迅速知道沃尔玛物流中心内的纸尿裤的销售量、库存量、价格等数据。这不仅能使宝洁及时制订出符合市场需求的生产和研发计划，也能对沃尔玛的库存进行单品管理，做到连续补货，防止滞销商品库存过多，或畅销商品断货。而沃尔玛则从原来繁重的物流作业中解放出来，在通过EDI从宝洁获得信息的基础上，及时决策商品的货架和进货数量，并由制造商管理库存(MMI)系统实行自动进货。沃尔玛将物流中心或者仓库的管理权交给宝洁代为实施，这样沃尔玛不仅不用从事具体的物流活动，而且双方不用就每笔交易的条件(如配送、价格问题)等进行谈判，大大缩短了商品从订货、进货、保管、分拣到补货销售的整个业务流程的时间。与整个商品前置时间缩短相适应，两家企业之间的结算也采用了电子基金转换(EFT)系统，使双方财务结算无须用支票来进行，而是通过计算机以及POS终端等电子设备来完成。

二、供应链管理如何双赢

在持续补货的基础上，宝洁又和沃尔玛合力启动了协同计划、预测与补货(CPFR)流程。它从双方共同的商业计划开始，到市场推广、销售预测、订单预测和市场活动的评估总结，构成了一个可持续提高的循环。该流程实施后，沃尔玛分店中的宝洁产品利润增长了48%，

物流与供应链管理(第3版)

> 存货接近于零；而宝洁在沃尔玛的销售收入和利润也增长了50%以上。
> 　　宝洁和沃尔玛在信息管理系统、物流仓储体系、客户关系管理、供应链预测与合作体系、零售商联系平台以及人员培训等方面进行了全面、持续、深入且有效的合作。它们开始共享最终顾客的信息和会员卡上的资料。宝洁可以更好地了解沃尔玛和最终客户的产品需求，从而更有效地制造产品。对双方而言，供应链协同管理模式大大降低了整条供应链的运营成本，并且提高了对顾客需求的反应速度，更好地保持了顾客的忠诚度。
>
> (资料来源：杨俊锋. 沃尔玛与宝洁：供应链协同的双赢模式[J]. 经理人，2007(7). 略有改动)

第一节　供应链概述

　　杰克·韦尔奇曾说，如果在供应链(supply chain)运作上不具备竞争优势，干脆就不要竞争。著名物流专家马丁·克里斯多夫曾说"市场上只有供应链而没有企业""真正的竞争不是企业与企业之间的竞争，而是供应链和供应链之间的竞争"。供应链已经成为企业的生命线，只有对供应链不断地整合、优化，才能使企业在激烈的市场竞争中立于不败之地。

一、供应链的定义

　　目前，供应链尚未形成统一的定义，各国相关研究机构和学者对供应链的表述不尽相同。
　　供应链的概念经历了一个发展的过程。早期的观点认为，供应链是生产制造企业中的一个内部过程，主要包含采购、生产制造、销售等环节。传统的供应链概念仅局限于企业的内部操作层，注重企业自身的利益目标。随着企业经营的进一步发展，供应链的概念考虑了与其他企业的联系，扩大到供应链的外部环境，认为供应链应当是一个通过链中不同企业的制造、组装、分销、零售等过程将原材料转换成产品，再到最终用户的转换过程。这是更大范围、更为系统的概念。例如，美国的史蒂文斯(Stevens)认为："通过增值过程和分销渠道控制从供应商的供应商到用户的用户的流就是供应链，它开始于供应的源点，结束于消费的终点。"马丁·克里斯多夫认为："供应链是指涉及将产品或服务提供给最终消费者的过程和活动的上游及下游企业组织所构成的网络。"
　　我国国家标准《物流术语》(GB/T 18354—2021)对供应链的定义为："生产及流通过程中，围绕核心企业的核心产品或服务，由所涉及的原材料供应商、制造商、分销商、零售商直到最终用户等形成的网链结构。"
　　通过上述分析，可以给供应链下一个比较确切的定义：供应链是围绕核心企业，通过对信息流、物流和资金流的控制，从采购原材料开始，制成中间产品以及最终产品，最后由销售网络把产品送到消费者手中的将供应商、制造商、分销商、零售商直到最终用户连成一个整体的功能网链结构和模式。它是一个范围更广的企业结构模式，包含所有加盟的节点企业，从原材料的供应开始，经过链中不同企业的制造加工、组装、分销等过程直到最终用户(见图8-1)。

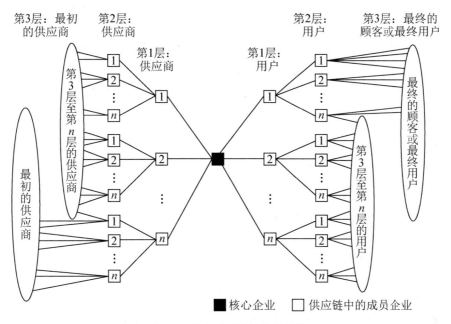

图 8-1 供应链系统的分层结构

二、供应链的特征

从供应链的分层结构模型可以看出，供应链是一个网链结构，由围绕核心企业的供应商、供应商的供应商、用户和用户的用户组成。节点企业和节点企业之间是一种供应与需求关系。供应链主要具有以下特征。

1. 复杂性

供应链节点企业组成的跨度(层次)不同。供应链往往由多个类型甚至多个不同国家的企业构成，网链结构也更加复杂，所以供应链结构模式比单个企业的结构模式更为复杂。

2. 面向客户需求

供应链的形成、存在和重构都是基于市场需求产生的，并且在供应链的运作过程中，用户的需求是供应链中物流、资金流、信息流运作的驱动源。因此，供应链也称作需求链。

3. 动态性

随着全球经济一体化和信息技术的发展，消费者需求日趋个性化和多元化，产品的生命周期日益缩短，以及政治、经济、社会环境等的变化，使整个市场的不确定因素增多，供应链不再是一成不变的系统，而是需随时择优、不断优化的系统。同时，供应链各节点企业以自己的核心竞争力的优势进入供应链，不断地遭到"优胜劣汰"的冲击，不断更新。当供应链的目标和服务方式发生改变，将可能选择更适合的企业来代替原来企业，以保持供应链总是由具有强大核心竞争力的企业组成，供应链的择优性，也决定了其具有动态性。

4. 交叉性

供应链节点企业在经营过程中，都不可避免地要和其他企业发生联系，而这些相互联系的企业往往处于不同的供应链，它们可以是这个供应链的节点企业，同时又可以是另一个供应链的节点企业，众多的供应链形成交叉结构，增加了协调管理的难度。

5. 层次性

供应链中各节点企业的地位不同，作用也不相同。按照节点企业在供应链中地位的重要性分类，可以分为核心主体企业、非核心主体企业和非主体企业。主体企业一般是行业中实力较强的企业，拥有决定性资源，在供应链中起主导作用，它的进入和退出直接影响供应链的存在状态。主体企业是整个供应链的核心和供应链业务运作的关键。

三、供应链的分类

1. 按供应链的业务范围分类

按供应链的业务范围，供应链可以分为内部供应链和外部供应链。

(1) 内部供应链是指企业内部产品生产和流通过程中所涉及的采购部门、生产部门、仓储部门、销售部门等组成的供需网络。

(2) 外部供应链是指企业外部的，与企业相关的产品生产和流通过程中所涉及的原材料供应商、生产厂商、第三方物流提供商、零售商以及最终消费者组成的供需网络。

2. 按供应链的网状结构分类

按供应链的网状结构，供应链可以分为 V 形供应链、A 形供应链和 T 形供应链。

(1) V 形供应链，又称发散型供应链，是供应链网状结构中最基础的结构。在 V 形供应链中，原材料比较单一，但采购批量较大，经过企业加工后转化为中间产品，提供给其他企业作为原材料。石油、化工、钢铁和纺织行业的供应链是典型的 V 形供应链。V 形供应链如图 8-2 所示。

(2) A 形供应链，又称会聚型供应链，在这种供应链中，核心企业往往为供应链的最终用户服务，业务本质上是围绕订单和客户驱动展开的。在制造、组装和总装时，A 形供应链遇到一个与 V 形供应链不同的问题，即为了满足相对少数的客户需求和客户订单时，需要从大量的供应商手中采购原材料。这是一种典型的会聚型的供应链网络，即形成 A 形。航空制造及汽车制造等行业的供应链是典型的 A 形供应链。A 形供应链如图 8-3 所示。

(3) T 形供应链，介于 V 形供应链和 A 形供应链之间。T 形供应链的企业根据现存的订单确定通用件，并通过对通用件的制造标准化来减小复杂程度。这种情形在接近最终用户的行业中普遍存在，如医药保健品、汽车备件、电子产品、食品和饮料等；在那些为总装配提供零部件的公司也同样存在，如为汽车、电子器械和飞机主机厂商提供零部件的企业。这些企业从与它们情形相似的供应商处采购大量的物料和给大量的最终用户与合作伙伴提供构件和套件。T 形供应链如图 8-4 所示。

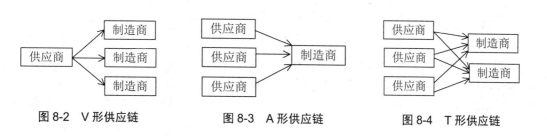

图 8-2　V 形供应链　　　图 8-3　A 形供应链　　　图 8-4　T 形供应链

3. 按供应链存在的稳定性分类

按供应链存在的稳定性，供应链可以分为稳定的供应链和动态的供应链。

基于相对稳定、单一的市场需求组成的供应链稳定性较强，而基于相对频繁变化、复杂的需求组成的供应链动态性较高。在实际管理运作中，需要根据不断变化的需求，相应地改变供应链的组成。

第二节　供应链管理

供应链管理(supply chain management)对企业资源管理的影响，是一种资源配置的创新。供应链中的节点企业在供应链中扮演着不同的角色，它们既相互合作，谋求共同的利益，又是相互独立的法人，在利益分配上是相互竞争的关系。要使供应链获得良好的整体绩效，实现供应链节点企业的双赢或多赢，在市场竞争中获得优势，就必须对供应链进行有效的管理，对供应链节点企业进行有效的组织和协调，尽可能减少供应链节点企业间的矛盾和冲突。

一、供应链管理的定义

在国际上，关于供应链管理的定义有许多，但尚未形成统一的定义，比较有代表性的定义有以下两种。

美国供应链管理专业协会(Council of Supply Chain Management Professionals，CSCMP)将供应链管理定义为：供应链管理既包括对涉及外包、采购、转化等过程的全部计划和管理活动及全部物流管理活动，也包括与渠道其他成员之间的协调和协作，主要涉及供应商、中间商、第三方服务供应商和客户。从本质上说，供应链管理是企业内部和企业之间的供给和需求管理的集成。

中华人民共和国国家标准《物流术语》(GB/T 18354—2021)给出的供应链管理定义为："从供应链整体目标出发，对供应链中采购、生产、销售各环节的商流、物流、信息流及资金流进行统一计划、组织、协调、控制的活动和过程。"

【课外资料 8-1】

供应链管理产生的背景

20 世纪 90 年代，"供应链管理"成为经济管理领域的一个常用词汇。《华尔街日报》

《商业周刊》《福布斯》《财富》等报纸杂志和其他一些商业出版物均涉及供应链管理的概念。

20世纪90年代以前，企业出于管理和控制上的需要，对与产品制造有关的活动和资源主要采取自行投资和兼并的"纵向一体化"模式，这种经营模式使许多企业拥有从原材料生产到产品制造，从运输到销售的所有设备及组织机构。随着科技的发展、市场竞争的日趋激烈及顾客个性化需求的变化，纵向一体化的发展模式增加了企业的投资负担，企业必须从事并不擅长的业务活动，使企业面临更大的行业风险。20世纪90年代后，许多企业认识到"纵向一体化"模式的弊端，为了节约投资，提高资源的利用率，转而把企业的非主营业务外包出去，加之一些知名公司在供应链实践领域取得的巨大成就，供应链管理越来越被坚信是适应全球化竞争的一种有效途径。

一、市场环境的变化

供应链管理思想、方法产生的原因很多，主要原因是企业所面临的市场环境发生的巨大转变：从过去供应商主导的、静态的、简单的市场环境变成了当前消费者主导的、动态的、复杂的市场环境。企业的生存与发展不再仅仅取决于供应链中各组织部门本身，更重要的是取决于用户，所以应将顾客满意度放在首位。

在传统的管理思想指导下，供应链中的各职能部门以及各组织通常只追求本部门的利益，而且各部门、各组织之间缺少有效的信息沟通与交流，其后果通常会出现Forrester教授在20世纪五六十年代首先发现的一种现象，现代管理学家将这种现象称为"牛鞭效应"，即向供应商订货量的波动程度会大于向其顾客销售量的波动程度，并且这种波动程度沿着供应链向上游不断扩大。这种现象将会给企业造成严重的后果：产品库存积压严重、服务水平不高、产品成本过高及质量低劣等问题。

二、供货时间不断缩短的压力

当前，企业与企业之间已不再仅仅是价格和质量方面的竞争，供货时间成为另一个重要的竞争因素。随着先进制造技术在20世纪七八十年代的迅速发展以及对传统制造系统的不断改进，制造周期大大缩短，因而非制造时间在总供货时间中所占的比例就有显著的增加，要进一步缩短供货时间，就必须考虑对供应链的改进。

三、日本企业的崛起

东亚企业，尤其是日本企业，取得成功的一个主要原因是将供应链中的各环节进行协调、集成。例如，在企业内部，采用全面质量管理(TQM)、准时制(JIT)管理，强调各部门合作来降低成本、提高质量。在企业外部，采用外包制并减少零部件供应商的数量，并与它们建立合作伙伴关系以达到共同提高质量、降低成本的目的。另外，将顾客需求纳入企业管理系统内部，采用柔性制造系统，提高企业应变能力和服务水平。

四、信息技术的发展

另一个推动供应链管理的关键因素是30多年来信息技术的飞速发展。各国的工商组织在全球范围内获取资源并销售产品，以及产品生命周期的不断缩短，供应链管理的作用就更加突出，迫切需要更加有效的管理理念和协调技术。EDI、产品数据交换(PDI)、互联网(Internet)、内部网(Intranet)及各种信息系统应用的发展，极大地促进了现代供应链管理理念的实现以及组织结构的转变。

五、业务流程重构的开展

20世纪80年代中后期许多企业所开展的业务流程重构(business process reengineering, BPR)也极大地促进了供应链管理的发展。业务流程重构强调的是对采购、生产、销售等职能部门进行横向集成,形成一个管理良好的业务流程,以创造更多的价值。许多企业认识到,仅仅进行内部业务流程重构的效果十分有限,所以还需要考虑促进供应链其他成员的业务流程的改进,并通过它们来增强竞争优势。从某种程度上说,供应链管理实际上是将业务流程重构的思想在企业网络之间进行推广。

近几年,人们对供应链管理在企业生存发展中的作用和地位有了新的认识。麻省理工学院斯隆管理学院的查尔斯·法恩教授得出过这样的结论:在今天比拼竞争力的战场上,一家企业最根本、最核心的竞争力是对供应链的设计。总之,现代供应链管理理论与方法是在现代科学技术条件下产生的,是当今激烈的全球市场竞争中生存与发展的一个重要武器,是赢得市场竞争优势的一种最新的手段。

(资料来源:沈厚才,陶青,陈煜波.供应链管理理论与方法[J].中国管理科学,2000,8(1).略有改动)

【案例分析8-1】

优菜网的供应链短板

创立于2010年的优菜网是我国最早一批尝试生鲜产品B2C模式的电商企业,优菜网这一曾被业内看好的电商模式在不到3年的时间,经历了从辉煌到凋零的过程。原因何在?

一、像送牛奶一样送生鲜

2010年8月,丁景涛创办了优菜网,并以北京世纪城小区为试点,探索通过电子商务来销售生鲜产品。优菜网的配送模式被丁景涛称为"像送牛奶一样送生鲜"。

每到下午4点多,家住北京市西四环北路世纪城小区的居民便会收到前一天从优菜网订购的蔬菜、水果等新鲜农产品。如同北京消费者习惯订购的三元牛奶一样,优菜网配送人员会将打包好的生鲜商品放进客户家门口专用的小箱子里。

"当时看来,我们这种模式是成功的。优菜网创办3个月就实现了盈利。"丁景涛透露,当时仅世纪城小区,优菜网每天便能实现100单交易,平均每笔交易客单价为60~70元。

优菜网与北京一家有机蔬菜生产商签订合同,由该蔬菜商为优菜网提供有机食品。每天上午,生鲜供应商将当日生鲜商品送到优菜网的加工车间,经过简单的分拣、加工和包装之后,优菜网的厢式货车将商品运送到小区指定的卸货地点。而此时,负责该小区配送的小三轮车早已待命,将货车上自己负责单元所订购的商品分拣到小车上,并挨家挨户进行配送。厢式货车下午3点左右到达小区门口,小三轮车利用1个多小时便可将蔬菜送到消费者家门口。

为了降低配送成本,增强"最后一公里"的配送灵活度,优菜网还与一些快递三轮车和小区居民的个人三轮车进行合作。

二、供应链短板显现

在世纪城获得成功之后,优菜网得到了某天使基金200万元的投资,并且开始了由世纪城向北京其他居民小区的扩张。优菜网后来基本上可以覆盖到北京二环以内的所有小区以及东四环大郊亭附近的一些小区。随着配送区域的扩大，优菜网的订单量也由当初每天的100单迅速增长为每天的500单。然而，丁景涛发现：一直以来密切合作的蔬菜供应商提供的是假冒的有机蔬菜。由于发现无法再给消费者提供货真价实的有机产品，于是优菜网改变经营策略，将有机蔬菜改变为普通蔬菜。

这一改变直接影响了优菜网的客单价和毛利率。优菜网的客单价由之前的60~70元下降为30元左右，客单价的下滑直接影响到毛利率。

在与之前的蔬菜供应商解除合同之后，优菜网便从北京新发地蔬果批发市场采购商品。"蔬菜与其他商品不一样的地方在于，它的季节性明显，而且容易受天气、气候等因素的影响，缺货的情况经常发生。"与标准化工业产品不一样，农产品由于产地和种植时机不同，即便同一种产品，其口感差异也很大。例如，有一次优菜网采购到了一批非常好吃的苹果，消费者品尝之后就觉得优菜网的苹果好，但下一批采购的苹果与前一批苹果不是同一产地的。虽然看起来大小、颜色差不多，但口感相差实在很大。这样的例子时有发生，使优菜网流失了不少客户。

农产品的标准化是电商面临的难题，这是B2C电商经营生鲜的供应链短板。电商企业生鲜的起步销量小，很难实现与产地直接对接，从而无法在源头上把控产品的质量和价格。另外，电商渠道无法供消费者进行实物的挑选。因此，买到不满意的商品，用户就会立刻流失。

优菜网于2011年5月购买了冷库，并将生鲜产品保存在冷库。冷库的温度没有得到很好的控制，因此一些蔬菜在冷库中被悄然"冻死"。不同的蔬菜对保存温度的要求不同，由于优菜网缺乏专业的人才进行操作，"冷冻蔬菜"事件使其在半个月时间内，订单量由500单迅速下降到200单，也使其陷入亏损的边缘。

(资料来源：赵向阳. 优菜网"卖身"内幕：生鲜电商遭遇供应链短板[N]. 中国经营报, 2013-01-21. 略有改动)

思考题：
通过案例，分析优菜网失败的原因及供应链管理的重要性。

二、供应链管理的关键业务过程

供应链管理的最终目的是满足顾客需求和实现利润最大化。为了达到这一目标，供应链需要协调传统的各职能领域，而传统的职能部门一般都倾向于保持自己的职能优势，这样的组织结构阻碍了供应链一体化的发展与成功。因此，供应链管理一体化的关键就是完成一个转变，即从管理个别职能到把不同的活动整合成供应链关键业务过程的转变。供应链管理有以下七大关键业务过程。

(1) 客户关系管理。顾客是供应链管理的核心和根本出发点。客户关系管理就是使以客户为中心的包括销售、市场营销和客户服务的业务流程自动化并得以重组。这里的客户关系管理不仅要使这些业务流程自动化，而且要确保客户服务系统能够增强客户满意度、增加客户忠诚度，以达到企业获利的最终目的。供应链管理的第一步就是识别对企业经营起至关重要作用的关键客户,并与他们建立战略性合作伙伴关系。

(2) 客户服务管理。服务是获取客户信息的唯一来源,同时也能为客户提供实时、在线的产品和价格信息,并支持客户对交货期和货物状态的查询。

(3) 需求管理。需求管理主要涉及企业内部与企业之间物料供应与需求管理,通过对产品与服务的流程进行预测,正确地预测客户需求,改善客户服务,降低不正确预测需求所产生的成本。一个好的需求管理系统利用销售终端(point of sale,POS)协调和关键客户数据来提高供应链效率和减少不确定性,并平衡客户需求和企业供应能力。

(4) 完成订单。要高效地完成客户订单,需要将企业的采购、制造、分销、运输和配送计划综合在一起。

(5) 生产流管理。供应链是典型的"拉式"生产,企业要进行柔性生产以适应频繁的市场需求变化。生产流管理主要包括产品工程、产品技术保证、生产控制、库存控制、仓储管理、分销管理等。生产流管理的改进可以缩短生产周期、提高客户响应速度。

(6) 采购管理。采购管理与供应商发展长期合作关系,以支持企业生产和新产品开发工作。

【案例分析8-2】

火灾引发的供应链危机

2000年3月17日晚,位于美国新墨西哥州的飞利浦工厂发生火灾,致使已准备生产的数百万个手机芯片被粉尘破坏。该芯片工厂是爱立信唯一的芯片供应商,导致爱立信新型手机无法按时推出,手机业务急速萎缩。2000年,爱立信手机部出现高达17亿美元的巨额亏损。最后,爱立信不得不退出手机业务,在随后的2001—2003年开始艰难的战略转型。直至2003年第三季度,爱立信才终于实现公司的再次盈利。火灾给爱立信公司带来了困难,其间,诺基亚公司奠定了在欧洲市场的主导地位,扩大了在全球手机市场的市场份额。当时,诺基亚的市场份额已经达到30%,而一年以前还只是27%,爱立信的市场份额为9%,一年以前则是17%。从一定意义上讲,正是这场危机使诺基亚从爱立信的手中抢夺了3%的市场份额。也是在这次火灾之后,爱立信才充分意识到不仅要管理好企业内部的风险,还要管理好供应链上各成员企业的风险。

思考题:
爱立信为什么会失去竞争优势?

(7) 产品研发与推广。要让顾客和供应商参与到新产品研发的过程中,以便在更短的时间以更低的成本,开发出客户需要的产品。

在某些类型的供应链中,还包括另一个关键业务过程,即回收(物流)过程。

三、供应链管理的特征

1. 以满足客户需求为根本出发点

供应链的首要目的是满足客户需求,并在满足客户需求的过程中为企业创造利润。在供应链管理中,满足客户需求目标优先于其他所有目标,这就要求供应链管理以客户需求为中心,把为客户服务作为管理的出发点,并贯穿供应链的全过程,把提升客户服务质量、实现客户满意作为实现利润、创造竞争优势的根本手段。

2. 以共同价值观为战略基础

供应链管理首先要解决的是供应链成员之间信息的可靠性问题。如何管理和分配信息取决于供应链成员之间对业务过程一体化的共识程度。供应链管理是在供应链合作伙伴之间形成一种相互信任、相互依赖、互惠互利和共同发展的依赖关系。供应链战略需要供应链上的企业从供应链整体出发,实现供应链信息的共享,加快供应链信息的传递,减少相关操作,简化相关环节,提高供应链的效率,降低供应链成本,在保证合作伙伴合理利润的基础上,提升企业竞争能力和盈利能力,实现合作伙伴间的双赢或多赢。

3. 以提升供应链竞争能力为主要竞争方式

在激烈的市场竞争中,企业单纯依靠自身的资源已不足以应对激烈的市场竞争,需要通过与供应链其他成员进行跨部门、跨职能和跨企业的合作,建立共同利益的合作伙伴关系,实现双赢或多赢。供应链管理是跨企业的合作伙伴之间的密切合作,共享利益和共担风险。同时,信息时代的到来使信息资源的获得更具有开放性,这就迫使企业打破原有界限,寻求建立一种超越企业界限的新的合作关系。因此,加强企业间的合作已成必然趋势,而供应链管理的出现则顺应了这种趋势,满足了新的竞争环境的需要,改变了企业的竞争方式,将企业之间的竞争转变为供应链之间的竞争。

4. 以广泛应用信息技术为主要手段

信息流的管理是影响供应链效益和效率的一个关键因素。信息技术在供应链管理中的广泛应用,大大减少了供应链运营过程中的不增值活动,提高了供应链的运营绩效。供应链管理应用信息技术,重新组织和安排业务流程,进行集成化管理,实现信息共享。只有通过集成化管理,供应链才能实现动态平衡,才能进行协调、同步、和谐运营。

5. 以物流的一体化管理为突破口

供应链管理把从供应商开始到最终消费者的物流活动作为一个整体进行统一管理,始终从整体和全局上把握物流的各项活动,使供应链整体库存水平最低,实现供应链整体物流最优。物流一体化管理能最大限度地发挥企业能力,降低库存水平,从而降低供应链的总成本。因此,要实现供应链管理的整体目标,为企业创造价值,为供应链企业赢得竞争优势和提高收益率,供应链管理必须以物流的一体化管理为突破口。

6. 以非核心业务外包为主要经营策略

供应链管理是在自身核心业务的基础上,通过协作的方式来整合外部资源以获得最佳的总体运营效益。企业在保留核心业务的同时,对非核心业务采取外包的方式,借此优化各种资源,既可提高企业的核心竞争能力,又可参与供应链,依靠建立完善的供应链管理体系,充分发挥供应链上合作伙伴的资源和优势。

四、供应链管理与物流管理的区别和联系

供应链管理起初主要强调在物流管理过程中，减少企业内部库存的同时，也应考虑减少整个供应链上的库存。随着供应链管理研究和实践的深入，其视角逐渐被拓宽，不再仅仅着眼于降低库存，而是扩展到了企业内外的各个环节、各个方面。供应链管理曾一度被认为是集成化的物流管理。目前，被广泛接受的观点是，供应链管理包含从源头供应商提供产品、服务和信息以增加客户价值，到终端客户所有流程的集成，它不仅仅是集成化物流的另一种称呼。供应链管理涵盖了物流中没有包含的要素，如信息系统集成、计划与控制活动的协调等。

(一)供应链管理与物流管理的区别

供应链管理与物流管理的区别主要有以下几方面。

1. 存在基础和管理模式不同

任何单个企业或供应链，只要存在物的流动，就存在物流管理；而供应链管理必须以供应链导向为前提，以信任和承诺为基础。物流管理主要以企业内部物流管理和企业间物流管理这两种形式出现，主要表现为一种职能化的管理模式；供应链管理则以流程管理为表现形式，它不是对多个企业的简单集合管理，而是对多个企业所构成的流程进行管理，是一种流程化的价值链管理模式。

2. 导向目标不同

物流管理的目标是以最低的成本提供最优质的物流服务，在单个企业战略目标框架下实现物流管理目标；在供应链管理的环境下，物流管理是指供应链物流管理，以供应链目标为指导，实现企业内部物流和接口物流的同步优化。而供应链管理是以供应链为导向，目标是提升客户价值和客户满意度，获取供应链整体竞争优势。

3. 管理层次不同

物流管理对运输、仓储、配送、流通加工及相关信息等功能进行协调与管理，通过职能的计划与管理达到降低物流成本、优化物流服务的目标，是运作层次的管理；而供应链管理聚焦于关键流程的战略管理，这些关键流程跨越供应链上所有成员企业及内部的传统业务功能，供应链管理站在战略层面的高度设计、整合与重构关键业务流程，并做出各种战略决策，包括战略伙伴关系、信息共享、合作与协调等。

4. 管理手段不同

物流管理与供应链管理的存在基础、管理模式、导向目标、管理层次等都存在较大的差别，因此管理手段自然也不相同。物流管理以信息技术为支撑，主要通过行政指令或指导，运用战术决策和计划协调管理各物流功能；供应链管理则以信任和承诺为基础，以资本运营为纽带，以合同与协议为手段，建立战略伙伴关系，运用现代化的信息技术，通过流程化管理，实现信息共享、风险共担和利益共存。

(二)供应链管理与物流管理的联系

供应链管理与物流管理的联系体现在以下两方面。

1. 物流管理是供应链管理的一个子集或子系统

物流管理主要对产品从供应地到需求地的物流全过程进行计划、组织、协调与控制，包含企业内部和企业间物流、正向和逆向物流的管理。而供应链管理的对象涵盖了产品从供应地到需求地传递过程中的所有活动，既包括商流、信息流、资金流的管理，也包括物流管理，涉及的内容更多。从这个意义上讲，物流管理是供应链管理的一种职能，即对供应链上产品的实体流动进行计划、组织、协调与控制。也就是说，物流管理可以看作供应链管理的一个子集或子系统，而供应链管理则将许多物流管理以外的功能跨越企业间的界限整合起来。

2. 物流管理是供应链管理的核心内容

物流贯穿整个供应链，是供应链的载体、具体形态或表现形式，它衔接供应链节点企业，是企业间相互合作的纽带；没有物流，供应链中生产的产品的使用价值就无法得以实现，供应链也就失去了存在的价值。在各种类型的产品和行业中，物流价值占到了整个供应链价值的一半以上。因此，物流管理是供应链管理的核心，做好物流管理，对于提高供应链的竞争力具有举足轻重的作用。

【课外资料 8-2】

新时期供应链管理面临的挑战

在社会分工高度专业化的今天，一个企业的经营活动与供应链中上下游企业之间的关系变得尤为重要。作为错综复杂的供应链中的一环，考虑到终端顾客的个性化需求以及国家和社会对环境、产品质量、节能等方面的绿色要求，企业需要调整和重新设计自身的供应链战略，并采取有效的供应链运营策略。相对于传统的供应链管理而言，这些特征给新时期的供应链管理带来了更多的挑战。其主要体现在以下五个方面。

(1) 多文化性。全球供应链的发展为不同文化的碰撞与融合提供了一个很好的舞台。首先，企业在全球范围进行资源配置的过程中，不同国家和地区的文化特征(如国家的法律法规、工作语言、工作习惯等)成了一个重要的考虑方面；其次，在为不同市场顾客设计有针对性的产品和服务的过程中，顾客偏好以及选择行为是企业经营管理决策中必须重点关注的要素；最后，管理决策者自身的多文化性以及决策偏好等也直接影响到决策制定的过程和结果。

(2) 高风险性。供应链的全球性在扩大企业资源配置范围的同时，也给企业的供应链管理带来了极高的风险。国内外非常规的重大突发性事件(如"9·11"事件、中国的"非典"、地震等)、国际要素市场的波动(如钢铁原材料的价格大幅波动、汇率的波动等)都极大地增加了企业生产经营活动的不确定性。新形势下如何采用合适的战略和应对策略，以对全球供应链风险进行有效的管理，以降低不确定性事件给企业经营活动带来的负面影响，保证经济的平稳运行和快速增长，是摆在企业界和学术界的一个重大议题。

(3) 协同性。供应链中上下游企业的协调运作是优化社会资源配置、提高供应链整体绩效的关键。在绿色供应链中，供应链的"绿色水平"(如产品的无公害性等)只能在整个供应链的层面上进行度量，这决定了保持供应链的绿色性是供应链中全体企业应尽的共同责任。因此，从产品的研发设计、原材料的采购、产品的(代工)加工，到产成品的物流运输和销售以及回收再制造等环节，都必须充分考虑到自身可能对环境造成的影响，做到协同运作。

(4) 个性化。个性化是买方市场的一个显著特征，即顾客不仅高度关注产品/服务的质量、价格等因素，也追求在产品和服务中彰显个性化的风格与特色。在竞争激烈的市场中，只有比竞争对手更快地满足顾客个性化和多样化的需求，企业(尤其是服务型企业)才能得到可持续的发展。因此，如何在需求驱动的市场中前瞻性地把握顾客的个性化需求，并采用合理的供应链模式匹配顾客的多样化的需求，是企业制胜的因素之一。

(5) 无形性。服务区别于有形产品的一个重要特征在于服务的无形性以及不可储存性。一方面，无形性给顾客对服务的定量评价带来了较大的挑战，这直接影响到企业对顾客选择偏好和选择行为的把握；另一方面，服务的不可储存性导致企业不能像制造型企业那样，通过保存适当的库存来应对不确定性需求所带来的风险。因此，在企业的服务能力相对固定的情况下，如何采用适当的策略来增强服务能力的灵活性，是企业在服务供应链管理中增加的一类新的管理问题。

(资料来源：陈剑，肖勇波. 供应链管理研究的新发展[J]. 上海理工大学学报，2011，33(6). 略有改动)

【案例分析 8-3】

从戴尔的 BTO 透视供应链管理

戴尔电脑公司经营管理的核心就是按订单生产(build-to-order，BTO)。按订单生产给戴尔带来了一系列超越竞争对手的优势，如低库存成本、零中间商成本、即时生产最新技术的产品。传统观点认为，企业需要维持一定库存以满足顾客的各种需求，企业需要中间商来减小分销工作的复杂度、消除顾客的购买顾虑。与之相反，戴尔只在顾客订单发出后组织生产。传统观念认为这样做要么成本很高，要么生产周期很长，但是戴尔有能力保证订单发出后5~7天到货。最终，戴尔成功地实现了个人电脑的直销。

一、时代背景

20世纪末，戴尔趁着Internet和电子商务的浪潮，在信息集成、同步计划和协作工作流方面进行了重大改良，并结合自身的优势，推行BTO生产经营模式，成功实现了网络直销，使这个1995年还在亏损的小公司，在1997年第一季度便取得了10万美元的日销售额。1999年，戴尔更是将一直是全球第一的康柏(Compaq)公司从美国第一的宝座上拉了下来。2004年5月，戴尔以高达26.9%的市场占有率夺得了"全球个人计算机老大"的称号。

戴尔率先采用了建立在全体供应链成员共同合作之上的以客户为导向的直销模式，使顾客可以获得高质量、低价格、新技术的产品。直销模式使戴尔提高了企业的流动性、获益性和成长性。其在使顾客得到满意的产品与服务的同时，也使战略合作伙伴的产品在市场率先得到推广，使从供应商到最终客户的整个供应链都获益。

二、戴尔的供应链管理

供应链就如同企业体内错综复杂的血管分布，输送着企业生存发展所必需的新鲜"血液"。一条强有力的供应链可以保证企业获得足够的生产资源、产品快速送达客户及在瞬息万变的市场中立于不败之地。

(1) 订单完成、采购与生产流程的管理。戴尔的经营系统与供应链有效地结合在一起，订单生成的同时便引发了供应链中的订货、补货、生产系统和运输系统的作业。工厂运用FP系统，根据顾客要求的订单送达时间及库存情况、原材料送达时间进行排序，生成可以完成订单流。同时触发补货系统，2小时内物料便送至生产线，迅速组织生产，产品完成后直接交由第三方物流运输至客户。

(2) 供应商管理。戴尔与供应商是战略合作关系，提倡双赢机制。戴尔非常善于利用供应商的专业效益，与英特尔(Intel)和微软(Microsoft)形成战略合作伙伴关系，加快企业推出最新、品质最好的产品。戴尔拥有一套自己的供应商管理机制，如"供应商积分卡"，即在卡上标明标准：每100万件能容忍的瑕疵品比例、市场表现、生产线废品率、运送及时性、交易容易度等，以此衡量、评估供应商。

(3) 物流管理。戴尔将物流业务外包给第三方物流公司，如联邦快递、伯灵顿和豪顿等各地区物流业的翘楚。通过信息的整合，将工厂、供应商和物流公司有效、快捷地联系在一起，为物流的快速、准确运送打下了基础。另外，在产品设计上，戴尔为尽量减少存储和运输空间，专门设计了一种称为多层包装的包装箱。

(4) 产品研发管理。戴尔针对不同细分市场顾客的不同需求，设计了不同的产品线。戴尔将订单中的客户需求引入新品开发的立项和论证上，并使供应商参与产品开发，完成供应链中的新品开发，缩短产品周期，快速抢占市场，获取利润。

(资料来源：中国物流与采购联合会)

思考题：
戴尔是如何通过供应链管理提高自身竞争力的？

第三节 供应链管理的发展趋势

随着市场环境、经济全球化和科学技术的发展，供应链管理的发展趋势也将明显地呈现全球化、敏捷化和绿色化趋势。

一、供应链全球化

1991年，美国里海大学在《21世纪制造企业的战略》报告中首次提出了"虚拟企业"(virtual organization)的概念。虚拟企业的提出人之一Rick Dove教授就曾指出"敏捷也可和虚拟企业联系在一起表示畅通的供应链和各种方式的联系"，即提出全球虚拟企业的最初构想也是暗含了基于供应链这个前提的。随着采购、生产和销售关系的复杂化，该过程涉及的不同地域的厂家将越来越多，最终呈现全球性。正是基于这样的理论基础和现实需求，全球供应链应势而生。全球供应链管理的形成,将使物流、信息流和资金流变得更加畅通,它不仅将增加整个供应链的总体效益,还能使单个企业借助庞大供应链的整体优势,在竞争中更主动、更有发言权。

【案例分析 8-4】

日本震灾撼动全球制造业供应链

距离 2011 年 3 月 11 日日本东部海域发生里氏 9.0 级强烈地震已过半个月余,但大地震的破坏力仍在蔓延,设备损坏和电力不足对日本企业迅速恢复生产造成了莫大障碍,其影响也迅速波及以日本为重要节点的全球制造业供应链。

日本大地震导致灾区众多企业设备受损,以及日本采取计划停电措施以应对严重受损的供电系统,企业恢复生产陷入困境。零部件无法按时交货,成品组装成"无米之炊",这不仅影响日本国内生产,也令有 10%关键零部件依赖从日本进口的日本海外工厂面临困境,而与日本企业有供求关系的众多国际企业也不可避免地受到连累。

据美国调查公司 HIS 25 日发布的调查数据,日本企业生产锐减,从日本进口的零部件无法按时交货,预计世界范围内汽车生产量到 3 月底减产 60 万辆。如果日本企业生产无法尽快恢复正常,地震 2 个月后,世界范围内汽车生产量可能下降超 30%。

据日本《朝日新闻》报道,从日本进口零部件遇到麻烦,美国通用汽车公司不得不面对一番连锁效应。其位于路易斯安那州一家小型卡车厂 21 日被迫停产,随后为之提供发动机的一家纽约工厂不得不裁员 59 人。通用汽车公司位于西班牙和德国的部分工厂也暂时停产。

另据日本共同社和《日本经济新闻》等媒体报道,美国福特汽车公司于 25 日已全面停止黑色和红色乘用车订货,原因是从日本进口涂料出现困难。由于从日立公司进口的电子零部件出现问题,法国标志雪铁龙集团在欧洲的柴油发动机生产线也受到直接影响。

2010 年,韩国对日本的进口额为 643 亿美元,主要是进口零部件和原材料。由于从日本进口的变速箱库存锐减,雷诺三星汽车公司位于釜山的工厂自 18 日起取消加班,星期六则停产。同样受日本大地震的影响,中国东风汽车有限公司旗下的东风日产乘用车公司目前大幅减产。位于襄阳的工厂 26 日所安排的生产计划已不及平时的 1/3,陷入半停产状态。日本大地震发生后,由于日本本土生产的发动机、变速箱等关键零部件产品供应不上,东风日产只能靠库存维持生产。

除了汽车业之外,日本大地震对其他制造业供应链的影响也逐渐显现。美国苹果公司平板电脑 iPad2 至少有 5 种电子零部件由日本厂家生产,受到地震影响难以按时交货,特别是显示屏只能采用日本进口的产品,因此减产可能性很大。

此外,世界第一大手机生产厂商诺基亚也因日本进口零部件短缺,部分生产线可能暂停生产。韩国现代重工、三星重工等造船公司急需厚板钢材,在日本进口"断粮"的情况下,不得不要求本国钢铁公司紧急增产,以解燃眉之急。

(资料来源:何德功. 日本震灾撼动全球制造业供应链[N]. 新华每日电讯,2011-03-28. 略有改动)

思考题:

企业该如何应对供应链危机?

二、供应链敏捷化

敏捷制造是一种面向21世纪的制造战略和现代生产模式。敏捷化是供应链和管理科学面向制造活动的必然趋势。基于Internet/Intranet的全球动态联盟、虚拟企业和敏捷制造已成为制造业变革的大趋势，敏捷供应链(agile supply chain)以企业增强对变幻莫测的市场需求的适应能力为导向，以动态联盟的快速重构(re-engineering)为基本着眼点，以促进企业间的合作和企业生产模式的转变，提高大型企业集团的综合管理水平和经济效益为主要目标，致力于支持供应链的迅速结盟、优化联盟运行和联盟平稳解体。供应的敏捷性强调从整个供应链的角度综合考虑、决策和进行绩效评价，使生产企业与合作者共同降低产品的市场价格，并能够快速了解市场变化、锁定客户的需求，快速安排生产以满足客户的需求，同时加快物流运转，提高供应链各环节的边际效益，实现利益共享的双赢目标。

【案例分析8-5】

戴姆勒-克莱斯勒公司的敏捷供应链

传真、电话、存储数千张数据的活页夹、书呆子气十足的质量专家，以前的戴姆勒-克莱斯勒公司用这种方法来跟踪开发进展，解决与数千家为克莱斯勒集团制造的轿车、卡车和商用车设计零部件的公司之间出现的质量问题。如果传动装置长了1/8英寸(1英寸≈2.54厘米)，或者某个小部件宽了0.5厘米，就有可能要花3个星期的时间来通知供应商解决这一问题，并把修改过的零部件合并到设计中。

戴姆勒-克莱斯勒公司的供应链管理软件是Powerway，这是一种Web驱动的质量管理系统及供应链协作网络。Powerway的处理过程快捷、准确，能帮助克莱斯勒识别潜在的理论设计与实际工程的冲突，并改进设计。

戴姆勒-克莱斯勒公司由梅赛德斯、Smart Passenger小汽车集团、克莱斯勒集团以及商务汽车公司组成，拥有庞大的全球供应链——在37个国家拥有104家工厂，在200个国家拥有14 000个供应商和13 000个销售网点。戴姆勒-克莱斯勒公司使用IT技术管理供应链，不仅效率高，而且敏捷和富有预见性。

戴姆勒-克莱斯勒公司及其下属拥有敏捷的供应链的公司提出了以下4点建议。

一、供应链不能只盯着车间

那些努力使自己更灵活的公司不能只盯着车间，必须看得更远，以使其供应链更加敏捷。例如，克莱斯勒会把车辆生产与销售的每一个步骤作为其供应链的一部分来考虑，从车辆设计的第一阶段开始至其服务和维修结束。全球供应门户为供应商与戴姆勒-克莱斯勒公司全部所属公司之间的交易提供了单一的入口和基础。另一个系统——总体数量计划系统则负责收集销售数据，并把这些数据传送回生产计划应用，然后从那里再传送给供应商。在新的零部件被确认可以用于生产线之前，通过9个质量控制"关"对这些新的零部件进行跟踪。

二、实现数据共享

公司通过从尽可能广泛的渠道收集数据并把这些数据及时有效地投入使用而变得更为

敏捷。全球供应商门户由汽车行业电子商务技术供应商 Covisint 承建，它为供应商与戴姆勒-克莱斯勒公司所有所属公司之间进行的每一种交互提供统一的接口和基础设施。6000 家注册使用该门户的供应商获得了公用用户接口和口令以便与戴姆勒-克莱斯勒公司的许多不同的业务小组进行交互。使用全球供应商门户在各业务部门之间共享信息可以帮助所有部门进行更快的沟通，更快地识别和解决问题，并在竞争中保持敏捷性。

三、及时把数据用起来

敏捷的公司还可以通过建立能够进行监控并在事件刚发生时对那些数据做出反应的供应链系统而走得更远。ABF 发货系统使用一系列名为 NetLink 的自产无线应用来管理货物在网络中流动。驾驶员和其他人员携带着手持装置，这些装置与每秒钟都发送发货数据的无线网络连接，从而可以避免一些瓶颈问题，如对飓风或卡车轮胎爆胎之类的突发事件做出更好的反应。

类似地，克莱斯勒集团使用其生产控制系统和 PC 门户，对影响其制造过程的大约 40 万个事件进行逐秒设定。例如，PC 门户可以告诉汽车座椅供应商克莱斯勒装配线需要座椅的准确时间，以及发货延迟的准确时间。

四、尽可能贴近合作伙伴

为了做到敏捷，公司有必要知道在其公司之外都发生了什么。公司有必要通过网络接近足够多的合作伙伴，以弄清楚什么时候会出现缺货或过剩。

(资料来源：戴姆勒-克莱斯勒. 灵动的供应链[N]. 计算机世界，2004-09-13. 略有改动)

思考题：
戴姆勒-克莱斯勒公司是如何构建敏捷供应链的？

三、供应链绿色化

20 世纪 90 年代，绿色供应链开始引起学术界的关注。绿色供应链是绿色制造和供应链的学科交叉，是实现可持续制造和绿色制造的重要手段，其目的是使整个供应链对环境的负面影响最小，资源效率最高。

习　　题

一、判断题

1. 顾客是供应链管理的核心和根本出发点。　　　　　　　　　　　　　（　　）
2. 物流管理是供应链管理的核心内容。　　　　　　　　　　　　　　　（　　）

二、多选题

1. 供应链的特征有(　　)。
   A. 复杂性　　　　B. 敏捷性　　　　C. 动态性　　　　D. 层次性

2. 供应链管理的发展趋势有（　　）。
   A. 敏捷化　　　B. 全球化　　　C. 效率化　　　D. 绿色化
3. 供应链管理与物流管理的区别有（　　）。
   A. 存在基础和管理模式不同　　　B. 导向目标不同
   C. 管理层次和手段不同　　　　　D. 战略地位不同

第九章 供应链环境下的采购管理

【案例导入】

宜家的采购策略

宜家家居种类繁多，购物环境优美，宜家不只是零售商，也是一家中间商，从各地的生产厂家采购货物，宜家只是销售店面的品牌。宜家实行多种采购策略，全球化的采购模式、本土化的发展、产品的环保要求等，都为宜家的低价打下了基础。

一、全球化的采购模式

宜家采用全球化的采购模式。宜家的产品从各贸易区域采购后运抵全球 26 个分销中心，再送货至宜家全球的商场。它在全球设立了 16 个采购贸易区域，46 个贸易代表处分布于 32 个国家。其中，3 个贸易区域在中国大陆，分别为华南区、华中区和华北区。宜家在 16 个采购贸易区域都设立了贸易代表处，贸易代表处的工作人员根据宜家的采购理念评估供应商，在总部及供应商之间协调，实施产品采购计划，监控产品质量，关注供应商的环境保护、社会保障体系和安全工作条件。如今，宜家在 53 个国家有大约 1300 个供应商。

宜家瑞典总部的研究中心负责宜家所有产品的设计和研发，宜家世界各地的数千家供货商负责生产加工。根据全球 259 家宜家商场的要求，当地的采购中心进行集中采购完成进货。在我国，生产厂家被宜家选中后，其产品设计、生产、包装等都必须按照宜家的要求进行安排。很多生产出来的家居产品在国内市场上很少见，但精湛的工艺和富有创意的设计受到消费者的青睐。原来，很多家居产品供应商制造的产品不在国内销售，基本走纯外贸路线，主要是这类产品多数专门针对国际消费者，在国内缺乏需求。

二、采购产品必须"绿色"

宜家的采购理念及对供应商的评估主要包括 4 个方面：持续的价格改进、严格的供货表现和服务水平、质量好且健康的产品、环保及社会责任。随着人们对环保要求的提高，宜家产品在绿色环保和认证方面的一举一动颇受消费者的关注。因此，宜家在采购产品时把环保和社会责任作为一项重要的评估条件。环保及社会责任主要包括对供应商有关环境保护、工作条件、童工和森林资源方面的考核。

为了做到这一点，宜家不仅从自身角度出发，还从采购渠道上把紧关口，严格监督供货厂商，要求其产品必须达到相应的认证标准。同时，宜家还把产品和公益事业进行"联姻"。宜家集团开始有计划地参与环保事宜，涉及的方面包括材料和产品、森林、供货商、运输和商场环境等。现在，宜家率先通过森林认证，这是国际上流行的生态环保认证，包括森林经营认证和产销监管链审核。

三、本土化采购降低成本

低价是宜家理想、商业理念和概念的基石。宜家不断力求将每一件事情做得更好、更简单、更有效率和始终更具成本效益。为了最大限度地降低产品的成本，2003 年以来，宜家不断加大本土化采购的力度，先后建立了哈尔滨、青岛、上海、广州和云南5个采购中心，这使宜家在中国的采购量不断攀升，占到了其全球采购总量的20%以上。中国已超过波兰，成为宜家在全球最大的采购国。

与此同时，宜家不断完善物流体系，在上海奉贤区设立了物流分拨中心，仓储容量超过30万立方米，该基地成为宜家整个亚太地区的战略采购中心和最大的物流枢纽，也是迄今为止我国最大的外资仓库。通过本土化采购、完善物流体系等一系列举措，宜家在中国的产品价格一降再降，平均降幅达到46%以上。在供应链上，宜家自己操持着上游的研发设计及下游的分销，而把中间利润微薄的制造外包出去，这是它能在世界家居市场上保持低价而又无法被简单复制的根本原因。

四、拥有全球的竞价系统

跨国公司钟情于全球采购的理由是显而易见的，如可以集中化管理供应商、通过大批量采购增强议价能力。宜家采购运作的厉害之处在于：它最大范围地鼓励内外部成员之间的自由竞争。例如，对于同样一种规格的家具，如果上海的采购部获得的价位、质量等条件比深圳的好，就会由上海方面负责该订单，同时获得相应的奖励。

相对于供应商而言，各采购办事处又是相互合作共同开发产品的一个团队。采购部有一项重要的职责：鼓励供应商之间竞争，从而导致后者互相压价，并努力使自己的产品质量达到最好。当然，宜家控股的制造公司也存在这种竞争压力，他们也必须角逐"价低质优"的竞争游戏。为了得到宜家的大额订单，供应商都会考虑怎样提高自己的竞争力，这其中包括购买最先进的家具生产设备，降低自己的生产成本，等等。

五、控制原材料的采购与使用

控制原材料的采购有不可忽视的作用。例如，宜家与某一位塑料供应商签订战略性的供货协议，由他们向全中国区域的供应商供应某塑胶原材料，这样宜家得到很好的原材料价格，既保证产品低价，又能控制成品的质量、可追溯性等。宜家推进原材料采购的本地化，价格也更加透明化。除了控制原材料采购外，宜家也控制各种标准件的采购，如螺丝、配套家具安装工具、灯饰的电器零件等。比如，宜家有几百种型号的螺丝，由螺丝采购小组专门负责。

采购的产品发往宜家商场和其他产品的供货商。宜家通过这种物料控制可以更好地掌握产品的成本核算，也更有效地进行供应价值链的管理。

(资料来源：刘坤．宜家：多种采购策略打响品牌[J]．进出口经理人，2011(3)．略有改动)

第一节 采购概述

一、采购

(一)采购的定义

采购是日常生活中频繁发生的一种经济活动，是社会化分工和经济发展的必然产物。

采购有狭义和广义之分。

狭义的采购，是指企业根据生产需求提出采购计划，审核计划，选择供应商，经过商务谈判确定价格、交货及相关条件，最终签订合同并按要求收货付款的整个过程。

广义的采购，是指实施者除了以购买的方式占有物品之外，还可以通过各种途径取得物品的使用权，以达到满足需求的目的，如租赁、借贷、交换、征收。

(二)采购的分类

按照采购主体，采购可分为个人采购和集团采购。

(1) 个人采购主要是指个人生活用品的采购，一般是单一品种、单个决策、随机发生的，有很大的主观性和随意性的采购活动。

(2) 集团采购主要是指两人或两人以上公用物品的采购。集团采购具有多品种、大批量、大金额、多批次甚至持续进行等特点。集团采购主要包括政府采购、企业采购、事业单位采购、军队采购等。

按采购主体完成采购任务的途径，采购可分为直接采购和间接采购。

(1) 直接采购，是指采购主体直接向产品供应单位进行采购的方式。这种采购方式环节少，时间短，手续简便，意图表达明确，信息反馈快，易于供需双方交流、支持、合作及售后服务与改进。绝大多数企业均使用此类采购方式。

(2) 间接采购，是指通过中间商实施采购的方式，主要包括委托流通企业采购、调拨采购等。间接采购适合核心业务规模大、盈利水平高的企业；规模过小，缺乏能力、资格和渠道进行直接采购的企业；没有适合采购需要的机构、人员、仓储设施的企业。

【知识拓展 9-1】

> 委托流通企业采购是最常用的间接采购方式，一般依靠有资源渠道的贸易公司、物资公司等流通企业实施，或依靠专门的采购中介组织执行。

【知识拓展 9-2】

> 调拨采购是计划经济时代常用的间接采购方式，是由上级机关组织完成的采购活动。目前，除非物资紧急调拨或执行救灾任务、军事任务，否则一般不采用调拨采购方式。

按采购的价格决定方式，采购可分为招标采购、询价采购、比价采购、议价采购、定价采购和公开市场采购。

(1) 招标采购是指通过招标的方式，邀请所有潜在的供应商参加投标，采购单位通过某种事先确定并公布的标准从所有投标中评选出中标供应商，并与之签订合同的一种采购形式。

【知识拓展 9-3】

> 招标采购可分为公开招标采购和邀请招标采购。公开招标采购是通过在媒体上公开刊登公告，吸引所有有兴趣的供应商参加投标；邀请招标采购则是通过向潜在投标人发出招标书，邀请供应商参加投标，然后按规定的程序选定中标人的一种采购方式。

(2) 询价采购是指采购人员选择信用可靠的供应商说明采购条件,并询问价格或发出询价单,促请对方报价,比较后现价采购。

(3) 比价采购是指采购人员请数家供应商提供价格后,对报价进行比较,然后决定供应商进行采购。

(4) 议价采购是指采购人员与供应商经过讨价还价,议定价格进行采购。一般来说,询价采购、比价采购、议价采购是结合使用的采购方式。

(5) 定价采购是指当购买货物数量巨大,几家供应商不能满足全部需求,如糖厂采购甘蔗、棉纺厂采购棉花等;或当市场上该物资匮乏时,则可制定价格现款收购。

(6) 公开市场采购是指采购人员在公开交易或拍卖时进行的随时机动的采购。

按照采购规模,采购可分为集中采购、分散采购和集中与分散相结合的采购。

(1) 集中采购是指企业在核心管理层建立专门的采购机构,统一组织企业所需物品的采购进货业务。

【知识拓展9-4】

采用集中采购可以形成规模效益,提高与供应商的谈判能力,获得更好的价格、付款条件以及交货条件;同时,集中采购可以精减人员,实行专业化采购。但集中采购的审批和执行流程过长,时效性较差,难以适应企业量少、急需的要求;集中采购的过程与需求的分离,容易产生沟通误解,有时难以准确了解内部需求,降低采购绩效。

(2) 分散采购是由企业下属各单位(如子公司、分厂、车间或分店)实施的满足自身生产经营需要的采购。

【知识拓展9-5】

分散采购灵活、快速,但是分散采购量小,谈判处于弱势地位,难以获得较好的服务,不利于建立长期、稳定、双赢的供求关系;对内不便于公司集中监管,不利于信息共享和工作效率的提高,缺乏规模效益,增加总成本。

(3) 集中与分散相结合的采购方式兼取集中采购和分散采购的优点。一般情况下,凡属共同性物料,采购金额比较大,如进口产品等,均采取集中采购的方式;小额、因地制宜、临时性的采购,则采取分散采购的方式。

【案例分析9-1】

采购权力下放的漏洞

家乐福是一家大型连锁超市,商品种类齐全丰富,价格公道,购物环境舒适、便利,深受北京百姓的欢迎。但发生的一些事情曾经让京城百姓大吃一惊,大大降低了百姓的信任感。

一、北京家乐福的"毒菜毒果"曝光

2004年,北京市质量技术监督局公布的第二季度水果、蔬菜农药及有害金属监督抽查结果表明:北京家乐福商业有限公司中关村广场店销售的芥蓝检测到农药残留。除了食品,家乐福的"假酒事件"更是在一段时间内让其"声名大噪"。杭州家乐福的假酒被贵州茅台酒厂打假办人员发现，500毫升、53度的茅台酒"不仅商标颜色不对，标号也是假的"。

二、采购本土化的优势

"与所在地的周围环境融为一体"和"按照当地的民情民意办店"是家乐福的一贯宗旨。每开一家分店，家乐福都要对当地的生活方式、消费水平、人口增长、城市化水平、居住条件、人们的兴趣爱好、传统习俗、储蓄情况、宗教信仰、意识形态、中产阶级比例等因素进行详细而严格的调查与论证。

此外，家乐福十分注重强调采购的本土化。家乐福90%以上的商品是从当地供应商那里购买的。而进入中国市场以来，家乐福已在北京、上海、天津、武汉、广州、大连和宁波等11个制造业发达的城市建立了采购基地。这不但节约了大量运输成本和配送费用，还因此备受当地政府青睐。另外，家乐福在选择伙伴方面也有独到之处。每到一处，它都会积极寻找当地有经验的零售商并与之建立良好的合作关系，以期能够借此获得进货、人力资源等方面的支持，并在短期内熟悉当地市场。

三、权力下放的漏洞

家乐福在中国一直坚持以门店为中心、实行单店管理模式，将权力尽可能下放到门店店长手中。家乐福各门店店长均具有较大的权力，主要体现在商品管理、人事管理、资产管理、顾客管理等方面。以商品管理权力为例，包括商品选择、定价、促销谈判、订货、商品陈列等均可以由单店灵活管理。单店管理模式的优点主要体现在两个方面：一方面，有利于单店形成快速的反应机制，根据市场需求、价格等因素在第一时间做出调整，增加自身的销售额；另一方面，有利于和当地政府、供应商之间形成良好的合作关系。

出现"毒菜毒果"等问题，主要是家乐福中国总部将原来中央集权的采购系统全线下放，除部分商品"中央"集体采购外，大部分商品采购的自主权下放到地区甚至分店。这就造成了分店店长的权力空前强大，这同时也是家乐福企业过度本地化发展的结果。因此，对进店的企业要建立必要的严格监督和管理，从严把关，稍有疏忽将造成非常严重的后果。发现的"毒果毒菜"问题，正是把关不严造成的。

思考题：
1. 家乐福采取了什么采购模式？
2. 家乐福的采购模式具有哪些弊端？应当如何克服这些弊端？

按照采购地域，采购可分为国内采购和国外采购。
(1) 国内采购是指向国内的供应商采购商品，一般无须动用外汇。
(2) 国外采购是指向国外供应商采购商品，通常采取直接与国外供应商联系或通过本地的代理商来采购商品。

二、采购管理

(一)采购管理的定义

采购管理，是指为保障企业物资供应而对企业采购进货活动进行的管理活动。

需要注意的是，采购管理与采购并不相同。采购是指具体的采购业务活动，是作业活动；而采购管理是对整个企业采购活动的计划、组织、指挥、协调和控制活动，是管理活动。

(二)目标

采购是企业经营活动的起点，采购的成本和效率对企业的经营成本和响应速度具有非常重要的影响。采购管理应达到以下目标。

(1) 适当的供应商(right supplier)。选择供应商是采购管理的首要目标。选择的供应商是否合适，会直接影响采购方的利益，同时对建立双方互相信任的长期合作关系，实现供需双方的"双赢"也具有重要的影响。

(2) 适当的质量(right quality)。采购的目的是满足生产需要。为了保证生产的产品质量，首先应保证所采购原材料的质量能够满足企业生产的要求。如果采购的原材料质量过高，则会增加采购成本，同时造成最终产品的功能过剩；如果采购的原材料质量过低，就不能满足企业生产的需求，进而影响最终产品的质量，甚至危害使用者的安全。

(3) 适当的时间(right time)。采购管理对采购时间有严格的要求，即要选择适当的采购时间。一方面，保证供应不中断，库存合理；另一方面，又不能过早采购而出现库存积压，占用仓库资源，增加库存成本。

(4) 适当的数量(right quantity)。在采购中要防止超量采购和少量采购。如果采购量过大，就易出现积压现象；如果采购量过小，就可能出现供应中断，而且导致采购次数增多，使采购成本增大。因此，采购数量一定要适当。

(5) 适当的价格(right price)。采购价格是影响采购成本的主要因素。采购应做到以适当的价格完成采购任务。采购价格要公平、合理。如果采购价格过高，则会增加采购成本，进而产品成本随着增加，企业会失去市场竞争力；如果采购价格过低，则供应商利润空间小，影响供应商的积极性，甚至出现原材料以次充好的问题，影响产品质量。

三、传统采购的局限性

在传统的观点下，企业通常更加关注生产环节和销售环节，采购的目标往往是以最低的价格购买所需的原材料。虽然质量、交货期也是重要的考虑因素，但通常是通过货到验收等事后把关的办法进行控制；交易过程的重点放在价格谈判上。随着市场环境的变化，传统采购的局限性日益凸显。传统采购的局限性主要体现在以下几个方面。

1. 信息不对称的博弈过程

选择供应商是传统采购活动的首要任务。在采购过程中，采购方为了能够从多个竞争的供应商中选出最佳的供应商，往往会保留私有信息。如果提供给供应商的信息多，在谈判中供应商的筹码就大，这样对采购方不利。因此，采购方会尽量保留私有信息，而供应商也在和其他的供应商竞争中隐瞒自己的信息。这样，供需双方无法进行有效的信息沟通，这就是信息不对称的博弈过程，而博弈的结果对于双方而言必定不是最好的消息。

2. 质量控制的难度大

除了交易价格，质量与交货期是采购方需要考虑的两个重要因素，但是在传统的采购模式下，要有效控制质量和交货期只能通过事后把关的办法。因为采购方很难参与供应商的生产组织过程和有关质量的控制活动，相互的工作是不透明的。因此，需要依据各种有关标准如国际标准、国家标准等进行检查验收。缺乏合作的质量控制会导致采购方对采购物品质量控制的难度增加。

3. 临时的或短时期的合作关系，竞争多于合作

在传统的采购模式中，供应方与需求方之间的关系是临时性的，或者短时期的合作，而且竞争多于合作。由于双方缺乏合作与协调，采购过程中各种抱怨和扯皮比较多，很多时间消耗在解决日常问题上，没有更多的时间用来做长期性预测与计划工作，供应方与需求方之间缺乏合作的情况增加了许多运作中的不确定性。

4. 响应能力迟缓

供应与采购双方在信息沟通方面缺乏及时的信息反馈，在市场需求发生变化的情况下，采购方也不能改变已有的订货合同，经常出现采购方在需求减少时库存增加，需求增加时供不应求的情况。重新订货需要重新谈判，因此供需双方之间对用户需求的响应没有同步进行，缺乏应付需求变化的能力。

四、供应链环境下的采购

(一)供应链环境下采购的地位和作用

在供应链环境下，采购的地位发生了巨大的变化。采购是连接节点企业的纽带，它在供应链节点企业之间，为原材料、半成品和产成品的生产合作交流架起一座桥梁，沟通生产需求和物资供应，是提高供应链节点企业同步化运营的关键环节，同时也是提高供应链竞争力的重要途径和手段。

供应链环境下的采购模式对供应和采购双方是典型的"双赢"。对于采购方来说，可以在获得稳定且具有竞争力的价格的同时，提高产品质量和降低库存水平，还能与供应商共同进行产品设计开发，提高对市场需求变化的响应速度；对于供应商来说，在保证有稳定的市场需求的同时，同需求方的长期合作伙伴关系，使其能更好地了解需求方的需求，改善产品生产流程，提高运作质量，降低生产成本，获得比传统模式下更高的利润。

(二)供应链环境下采购的特点

在供应链管理的环境下，企业的采购方式和传统的采购方式有所不同，主要体现在以下几个方面。

1. 为订单而采购

在传统的采购模式中，采购的目的就是补充库存。采购方并不关心企业的生产过程，不了解生产进度和产品需求的变化，因此采购过程缺乏主动性，采购部门制订的采购计划

很难适应生产需求的变化。在供应链环境下,采购活动是以订单驱动方式进行的;生产计划的制订是在用户需求订单的驱动下产生的。然后,制造订单驱动采购订单,采购订单再驱动供应商。这种准时化的订单驱动模式,使供应链系统得以快速满足用户的需求,从而降低库存成本,提高物流的速度和库存周转率。

2. 外部资源管理

传统采购管理的不足之处是与供应商之间缺乏合作,缺乏柔性和对需求快速响应的能力。供应链管理思想出现以后,采购已不再是去市场简单购买所需的原材料,而是把企业的生产制造能力扩展到外部资源——供应商,通过与供应商建立一种新型的供需合作模式,把采购的事后控制转变为事中控制,实现管理的延伸,从而将对企业内部的采购职能管理转变为对外部资源的管理。

3. 战略协作伙伴关系

在传统的采购模式中,供应商与需求企业之间是一种简单的买卖关系,因此无法解决一些涉及全局性、战略性的供应链问题;而基于战略伙伴关系的采购方式为解决这些问题创造了条件。具体问题如下。

(1) 库存问题。在传统采购模式下,供应链的各级企业都无法共享库存信息,各级节点企业都独立地采用订货点技术进行库存决策,不可避免地发生需求信息的扭曲现象,因此供应链的整体效率无法充分提高。但在供应链管理模式下,通过双方的合作,供需双方可以共享库存数据,因此采购的决策过程变得透明多了,减少了需求信息的失真现象。

(2) 风险问题。供需双方通过战略性合作关系,可以降低由于不可预测的需求变化带来的风险,如运输过程中的风险、信用的风险、产品质量的风险等。

(3) 采购流程问题。合作关系可以为双方共同解决问题提供便利条件。通过合作关系,双方可以共同协商制订战略性的采购供应计划,不必为日常琐事而消耗时间与精力。

(4) 降低采购成本问题。通过合作关系,供需双方都从降低交易成本中获得好处。这不仅避免了许多不必要的手续和谈判过程,而且避免了信息不对称可能造成的成本损失。

(5) 组织障碍问题。战略性的伙伴关系消除了供应过程的组织障碍,为实现准时化采购创造了条件。

第二节　供应链环境下的供应商管理

供应商管理是供应链采购中的重要问题,加强供应商管理是大幅度降低采购成本的绝佳途径,同时能够从源头把控产品质量,对产品质量的提高具有显著的影响;供应商管理还能促进产品和流程设计,有助于将新技术更快地应用于产品和服务。

【课外资料 9-1】

美国密歇根州立大学一项全球范围内的采购与供应链研究结果表明:在所有的降低采购成本的方式中,供应商参与产品开发最具潜力,成本的降低可达 42%,利用供应商的技术与工艺则可降低成本 40%,利用供应商开展即时生产可降低成本 20%,供应商改进质量可降低成本 14%，而通过改进采购过程以及价格谈判等仅可降低成本 11%。欧洲某专业机构的一项调查也得出类似结果。在采购过程中通过价格谈判降低成本的幅度一般在 3%～5%，通过采购市场调研比较，优化供应商平均可降低成本 3%～10%，通过发展伙伴型供应商并对供应商进行综合改进可降低成本 10%～25%，而供应商早期参与产品开发成本降低可达 10%～50%。

供应商管理主要包括供应商选择、供应商评价、供应商联盟和供应商绩效管理，其中供应商选择与供应商评价是供应商管理的核心。

一、供应商的基本类型

对供应商进行分类是开展供应商管理的基础，而恰当的分类原则是分类的关键。

(一)按供应商的关系分类

按供应商的关系，供应商分为短期目标型供应商、长期目标型供应商、渗透型供应商、联盟型供应商和纵向集成型供应商。

1. 短期目标型供应商

采购方和供应商之间的关系仅停留在一单单的交易上，双方仅局限于短期的交易合同处理，各自关注的是如何进行价格谈判和提高自身的谈判技巧，从而保证自己获利。当买卖完成时，双方的关系也终止了。

2. 长期目标型供应商

采购方与供应商为保持长期的关系，双方有可能为了共同利益而愿意改进各自的工作，并在此基础上建立超越买卖关系的合作。双方将建立一种合作伙伴关系，工作重点是从长远利益出发，相互配合，不断改进产品质量与服务质量，共同降低成本，提高供应链的竞争力。合作的范围通常遍及公司内的多个部门。

3. 渗透型供应商

渗透型供应商是在长期目标型供应商的基础上发展起来的，其基本思想是把供应商看成自己公司的延伸。为了能够参与各自的业务活动，双方有时会在产权关系上采取适当的措施，如互相投资、参股等，以保证双方利益的一致性。在组织上也采取相应措施，双方互派工作人员加入对方，供应商可以了解自己的产品在对方处是怎样起作用的，容易发现改进的方向，而采购方也可以知道供应商是如何制造的，对此可以提出相应的改进要求。

4. 联盟型供应商

联盟型供应商是从供应链角度提出的，它的特点是从更长的纵向链条上管理成员之间的关系，在难度加大的前提下，要求也相应提高。另外，成员增加往往需要一个处于供应链上核心地位的企业出面协调各成员之间的关系。

5. 纵向集成型供应商

纵向集成型供应商关系是供应商关系中最复杂的关系类型,即把供应链上的成员整合起来像一个企业一样,但是成员是独立的法人公司,具有独立决策权。在这种关系中,要求每个企业充分了解供应链的目标、要求,以便在充分掌握信息的条件下,自觉做出有利于供应链整体利益的决定。

(二)基于 ABC 分类法的供应商分类

在供应商管理中,并不是每个供应商都需要同等的管理关注。在资源有限的情况下,企业应该将关注点放在起关键作用的因素上,加强管理的针对性,提高管理效率。基于以上管理思想,依据供应商的重要性,按照一定的比例(见表 9-1),对供应商进行 ABC 分类,从而确定关键的少数供应商,进行重点管理。在保证供应方面,对这三类供应商的要求是一致的。A 类供应商为公司提供了重要的物资,对采购方的运营具有非常重要的影响,是降低采购成本的关键所在,因此要集中人力进行重点战略管理,采购时必须签订严格的合同,必须和供应商、潜在的供应商保持密切联系。而对于 B 类、C 类供应商,因其所提供的物资比重小,不是降低采购成本的重点,可以实行一般管理。

表 9-1 ABC 分类标准

单位:%

类 别	供应商占该类物资供应商数量的比例	物资价值占该类物资价值的比例
A 类	10	60~70
B 类	20	20
C 类	70	10~20

二、供应链环境下供应商的选择

供应商的选择是整个供应链管理的开始,供应商的好坏直接关系到供应链管理的成败。供应商的选择主要是对供应商的分类,包括潜在供应商的开发,供应商的评选,等等。

(一)供应商选择的原则

供应商选择应综合考虑供应商的业绩、设备管理、人力资源开发、质量控制、成本控制、技术开发、用户满意度、交货协议等因素,建立和使用全面的供应商综合评价指标体系。一般来说,供应商选择应遵循以下几个原则。

1. 目标定位原则

目标定位原则要求注重考察供应商的广度和深度,应依据所采购商品的品质特征和采购数量选择供应商,使建立的采购渠道能够保证品质要求,减少采购风险,并有利于自己的产品打入目标市场,让客户对企业生产的产品充满信心。选择的供应商的规模、层次和采购商相当,而且采购时的购买数量不超过供应商产能的 50%,反对全额供货的供应商,最好使同类物料的供应商数量为 2~3 家,并有主次供应商之分。

2. 优势互补原则

每个企业都有自身的优势和劣势，选择的供应商除了应当在经营和技术能力方面符合企业预期的要求水平外，供应商在某些领域应具有比采购方更强的优势，这样在日后的配合中才能在一定程度上优势互补。尤其是选择关键、重要零部件的供应商时，更需要对供应商的生产能力、技术水平、优势、长期供货能力等有一个准确的把握，只有在经营理念和技术水平方面符合规定要求的供应商才能真正成为企业生产经营和长远发展的忠实、坚强的合作伙伴。

3. 择优录用原则

在选择供应商时，通常先考虑报价、质量以及相应的交货条件，但是在相同的报价及相同的交货承诺下，要选择企业形象好、给世界知名企业供货的厂家作为供应商，信誉好的企业更有可能兑现承诺。

4. 共同发展原则

如今市场竞争越来越激烈，如果供应商不全力配合企业的发展规划，企业在实际运作中必然受到影响。若供应商能以荣辱与共的精神来支持企业的发展，把双方的利益捆绑在一起，这样就能对市场的风云变幻做出更快、更有效的反应，并能以更具竞争力的价位争夺更大的市场份额。因此，与重要供应商发展供应链战略合作关系也是值得考虑的一种方法。

(二)供应商选择的步骤

(1) 建立工作小组。企业必须建立一个小组以控制和实施供应商选择的过程。组员以来自采购、质量、生产、工程等与供应链合作关系密切的部门为主，组员必须具有团队合作精神及一定的专业技能，同时工作小组必须得到制造商企业和供应商企业最高领导层的支持。

(2) 分析市场环境。市场需求是企业一切活动的驱动源。企业要与供应商建立相互信任、合作密切、开放性交流的长期合作关系，就需要先了解市场竞争环境。企业只有先了解客户的需求，知道他们需要怎样的产品及产品类型以后，才能决定是否要与供应商建立合作伙伴关系。如果已经建立了合作伙伴关系，就要关注市场的变化，从而确定是否要对合作伙伴关系进行调整。

(3) 确立备选供应商。在了解市场环境之后就要确定一个备选供应商名单。确定这一名单主要有三种方式：与企业有交易往来的供应商；新的传统供应商，也就是现有供应商的竞争对手，提供的产品、服务和与企业有往来的供应商类似；新的非传统的供应商，这类供应商是以前没有而现在有，销售的是类似的产品或服务。

在经济全球化的大环境下，供应商的选择范围更加广泛，不应仅局限于周边地区。备选供应商的资料应包括名称、地址、营业额等基本信息。

(4) 对供应商进行分类以明确合作策略。

(5) 对供应商进行粗选。从供应商评价指标中挑选出最重要的指标，并设定指标的可接受范围，根据这一标准对供应商进行筛选，供应商只要有一项指标不在所设范围就将其剔除。

【知识拓展9-6】

粗选的作用：对备选供应商进行过滤，使经过粗选后需要进行综合评价的供应商数量得到一定控制，从而提高选择的效率；粗选之后，普通交易关系的供应商数量大大减少。也就是说，通过粗选提高了选择效率与效果。

(6) 供应商评价选择。供应商的评价是供应商选择的基础，也是供应商选择的核心工作。对供应商明确了采购策略以后，在对供应商粗选的基础上，对待选供应商进行更加综合、全面的评价，并确定最终供应商。

(7) 建立供应链合作关系。在建立合作伙伴关系时，企业要密切关注市场需求的变化。如果市场需求发生了变化，企业就应及时调整供应商的选择评价指标和标准，同时还需重新对供应商进行评价。

【案例分析9-2】

上海"福喜事件"分析

2014年东方卫视新闻报道，记者卧底发现，上海福喜食品有限公司通过过期食品回锅重做、更改保质期印等手段加工过期劣质肉类，再将生产的麦乐鸡块、牛排、汉堡肉等售给肯德基、麦当劳、必胜客等快餐连锁企业。

事件发生后，麦当劳立即停用并封存由上海福喜提供的所有肉类食品，同时也放弃了与河南福喜的合作，宣布暂停所有福喜中国的食品供应。由于麦当劳中国85%的产品都由福喜集团供应，麦当劳与整个福喜集团"断绝"关系，相当于绝了打仗的"军饷"，直接导致部分餐厅出现产品断货现象。

麦当劳的供应商分为一级和二级(下游供应商)两类，一级供应商做深加工，二级供应商是基础原料供应。麦当劳不直接面对原料商，而是通过管理一级供应商来控制上游供应链，这样管理更集中，同时提高了质量门槛。在中国，麦当劳有5家一级供应商，包括薯条供应商辛普劳、面包供应商怡斯宝特、2家肉类供应商铭基和福喜，以及生菜供应商上海莱迪士食品有限公司。其中，铭基是由4家专业生产肉制品的公司组建的中外合资企业，福喜与莱迪士则都隶属于美国福喜集团。上海"福喜事件"发生后，一名业内人士称"麦当劳连汉堡里的生菜也没了"。

一级供应商以下，有上百家中国本土的二级供应商负责为麦当劳提供原材料。在麦当劳的供应链中，虽然餐饮企业和供应商关系密切，尤其可因采购数量优势拥有一定议价能力，但风险过大，当供应商遭遇自然因素或者食品安全事件时，会面临原材料严重不足的问题。与麦当劳不同，肯德基隶属的百胜集团，在中国仅禽肉供应商就不下10家。一位行业资深人士分析，"肯德基和德克士都不是单一供应商，在事件影响下销售额可能会下降，但供应链不会断，所受的影响也没有麦当劳大"。不过，资深人士也指出，相对于麦当劳"鸡蛋放在一个篮子里"，肯德基的"鸡蛋分开放"也未必毫无风险，此前的苏丹红和药残鸡事件，也给后者敲响了严格落实供应商管理的警钟。

丑闻的曝光，也令很多业内人士对"洋快餐"的供应链管理质疑。作为500强企业，食品追溯是否存在、供应链是否全程可视、供应商质量控制标准是否落实，都不能简单地以"被供应商骗了"来敷衍公众。从技术上来说，检测过期肉早已不是难事。如果"洋快餐"真的严格检测，上海福喜的过期肉就不会一直检测不出来，而现实就是过期肉真的一直"安全并鲜美"着。对于上海福喜来说，违规生产的动机可能包括漠视食品安全，或出于成本压力等；而对于各大"洋快餐"，没有阻止供应商的违规行为，不管是由于无力监管还是监管不到位，都没有抱怨"躺着中枪"的资格，而是必须为此担责。

(资料来源：底真真. 福喜事件引发麦当劳供应链"蝴蝶效应"[J]. 农村·农业·农民，2014(8). 略有改动)

思考题：
1. 麦当劳的供应链出了什么问题？
2. 麦当劳应当如何改进自己的供应商管理？

三、供应链环境下供应商的评价

(一)供应商评价指标

供应商评价指标是指供应商选择的依据和准则，最早也最具有影响的评价指标是美国学者 Dickson 于 1966 年设定的(见表 9-2)。

表 9-2 Dickson 的供应商评价指标

序号	指标 (factor)	权重 (weight)	相对性能 (relative performance)
1	质量(quality)	3.508	极其重要 (extremely importance)
2	准时送货(on time delivery)	3.417	相当重要 (quite important)
3	历史绩效(historical performance)	2.998	
4	担保与赔偿(warranties and compensate)	2.849	
5	生产设施与供应能力(production facilities and supply capacity)	2.775	
6	价格(price)	2.758	
7	技术能力(technical capability)	2.545	
8	财务状况(financial position)	2.514	
9	遵循程序性规定(procedural compliance)	2.488	重要(important)
10	沟通系统(communication system)	2.426	
11	声誉和行业地位(reputation & position in industry)	2.412	
12	交易的迫切性(desire for business)	2.256	
13	管理与组织(management and organization)	2.216	
14	运作控制(operating controls)	2.211	
15	售后服务(repair service)	2.187	
16	态度(attitude)	2.210	
17	印象(impression)	2.054	
18	包装能力(packaging ability)	2.009	

续表

序号	指标(factor)	权重(weight)	相对性能(relative performance)
19	劳务关系记录(labor relations record)	2.003	重要(important)
20	历史业务量(amount of past business)	1.597	重要(important)
21	地理位置(geographical location)	1.872	重要(important)
22	培训帮助(training help)	1.537	重要(important)
23	互惠安排(reciprocal arrangement)	0.610	不太重要(slight important)

根据 Dickson 的统计分析，质量、准时送货和历史绩效是三个重要的供应商选择指标。

另一位对供应商评价指标研究比较有影响力的学者是美国的 Weber。1991 年，Weber 选取 1967 年到 1990 年发表的 74 篇关于供应商评价指标的文献，根据 Dickson 提出的 23 项指标进行统计分析，得到供应商评价指标统计结果，如表 9-3 所示。

表 9-3 供应商评价指标统计结果

指标(factor)	论文数量(number of papers)/篇	百分比(percentage)/%
价格(price)	61	80
准时送货(on time delivery)	44	58
质量(quality)	40	53
生产设施与供应能力(production facilities and supply capacity)	23	30
地理位置(geographical location)	16	21
技术能力(technical capability)	15	20
管理与组织(management and organization)	10	13
声誉和行业地位(reputation & position in industry)	8	11
财务状况(financial position)	7	9
历史绩效(historical performance)	7	9
售后服务(repair service)	7	9
态度(attitude)	6	8
运作控制(operating controls)	3	4
包装能力(packaging ability)	3	4
沟通系统(communication system)	2	3
培训帮助(training help)	2	3
遵循程序性规定(procedural compliance)	2	3
劳务关系记录(labor relations record)	2	3
互惠安排(reciprocal arrangement)	2	3
印象(impression)	2	3
交易的迫切性(desire for business)	1	1
历史业务量(amount of past business)	1	1
担保与赔偿(warranties and compensate)	0	0

通过表 9-3 不难看出，价格这一指标在进行供应商评价时使用率最高，达到 80%，准时送货和质量使用率分别为 58% 和 53%，排第二位和第三位。

供应商选择是一个典型的多目标规划问题，没有一个供应商能够在所有采购目标上均优于其他供应商。因此，科学、合理的评价指标体系对选择供应商具有重要的意义。根据所处行业和采购物品不同，企业在选择供应商时考虑的因素和侧重点也会有所不同，反映到供应商评价指标体系中，就意味着其选取的指标和指标相应的权重会有所不同。在现实中，企业应根据实际情况，科学、合理地选择指标并确定权重，采用合适的评价方法，最终选择出最佳的供应商。

(二)评价方法

供应商评价的方法有很多，主要有定性分析法、定量分析法、定性与定量相结合的评价法。定性分析法主要是根据以往的经验和专家知识来评价供应商。定量分析法则是通过对供应商的相应数据进行比较来评价供应商。为了保证供应商评价的客观性和科学性，评价时应尽量采用定量分析的方法，但是在评价过程中有些指标难以量化，多采用定性与定量相结合的评价法。目前，经常采用的方法有以下几种。

1. 直观判断法

直观判断法根据征询和调查所得资料并结合人的分析判断，对供应商进行分析和评价。这种方法比较直观，简单易行，但主观性较强，选择的结果缺乏科学性，不适合选择企业的战略供应商。

2. 采购成本法

采购成本法是通过计算分析各个备选供应商的采购成本，选择采购成本较低的供应商的方法。一般是在质量和交货期都能满足企业需求的条件下，单纯地比较采购成本的一种方法。这种方法非常简单，可操作性非常强，只需要比较各个供应商的报价就可以进行决策。

3. 数据包络分析法

数据包络分析法(data envelopment analysis，DEA)是首次出现的能够处理多输入、多输出决策问题的非参数理想方法，最终结果是评价对象的相对效率即有效性。数据包络分析法适用于多投入、多产出的决策问题，能够考察较多的指标。它是一种非参数统计方法，无须预先估计参数，能够有效避免主观因素，同时简化运算，减小误差。如果某一个供应商在少数几个重要的指标方面表现较好，而在其他指标上表现较差，他仍有可能是相对有效的供应商。如果某个供应商是无效的，说明他在各个指标上都表现较差。

4. 逼近理想解法

逼近理想解法(technique for order preference by similarity to ideal solution，TOPSIS)是一种简单易行的多指标评价方法。它先在评价问题中找出各个指标虚拟的理想解和负理想解，然后将实际备选方案与虚拟值进行比较，距离理想解最近并同时距离负理想解最远的，就是最好的方案。

5. 线性加权法

线性加权法(linear weighting method)是一种广泛应用于解决单资源问题的方法。它的基本原理是给每个评价准则分配一个权重，权重大小表示它的相对重要程度。各项指标得分与指标权重的乘积就是最后的判断结果，得分最高的就是最终要选择的供应商。线性加权法比较简单，容易操作。

6. 层次分析法

层次分析法是将与决策有关的要素划分为几个层次，一般包括目标层、准则层、方案层等；它根据各个层次的评价指标和约束条件进行评价，通过两两比较确定评价判断矩阵，然后综合给出各方案的权重，以此判断方案的优劣。

7. 模糊综合评价方法

在供应商评价中，有一些指标，如销售人员的服务态度、供应商企业文化等，很难给出一个确定的分数，而模糊数学克服了这些困难，很容易将定性指标量化，而且模糊综合分析法具有层次分析法的框架特点，非常适合用来选择供应商。

四、供应商的激励机制

要想保持长久的双赢合作关系，对供应商的激励是非常重要的，所以企业必须选择合适的激励方式。从激励理论的角度，激励可以分为正激励和负激励两类。

【知识拓展 9-7】

正激励是指一般意义上的正向强化、正向激励，是鼓励人们采取某种行为。

【知识拓展 9-8】

负激励是指一般意义上的负强化，是一种约束、一种惩罚，阻止人们采取某种行为。

在供应链环境下，主要的激励机制有以下几种。

1. 价格激励

在供应链的环境下，虽然各企业在战略上是相互合作的关系，但是并不能忽略各个企业自身的利益。供应链的各企业间的利益分配主要体现在价格上。价格激励包含供应链利润的分配、供应链优化后产生的额外收益或损失在所有企业间的均衡。一般来说，供应链优化所产生的额外收益或损失大多是由相应企业承担的，但是在许多时候并不能辨别谁应当承担及承担多少，因而必须对额外收益或损失进行均衡。这个均衡通过价格来反映。高的价格能增强供应商的积极性，不合理的低价会挫伤供应商的积极性。供应链利润的合理分配有利于供应链企业间合作的稳定和运行的顺畅。但是，价格激励也隐含一定的风险，企业在挑选供应商时，由于过分强调低价格的谈判，往往选择报价低的企业，而将一些整体水平较好的企业排除在外。因此，在使用价格激励机制时，要结合科学、合理的供应商评价指标体系，不可过于强调低价策略。

2. 订单激励

获得更多的订单对企业来说是一种极大的激励，供应链节点企业同样需要订单激励。例如，一个拥有多个供应商的零售商，供应商将为了得到零售商的订单而进行竞争，更多的订单意味着获得更多的利润。因此，订单对供应商是一种有效激励。零售商将订单交给哪家供应商，都会对供应商进行一种引导。如果零售商选择报价低但交货期、质量等较差的供应商，那么供应商就会只追求低报价而忽视交货期与产品质量；如果零售商综合考虑价格、质量和交货期等因素，就会引导供应商向供应链可持续发展的方向努力。

3. 商誉激励

商誉是企业的无形资产，对企业极其重要。商誉来自供应链其他企业的评价和在公众中的声誉，反映企业的社会地位（包括经济地位、政治地位和文化地位）。商誉对供应商是一种隐性的约束力，即使没有显性的激励，供应商也会努力工作，因为这样可以提高自己的声誉，从而提高收入。

4. 信息激励

在信息时代，信息对企业而言意味着生存。企业获得更多的信息意味着会拥有更多的机会、更多的资源，信息对供应链的激励属于一种间接的激励模式，但是它的激励作用不可低估。如果能够获取下游企业的需求信息，供应商就能够主动采取措施提供优质服务，从而获得更高的服务满意度。这对供应链企业间建立信任有着非常重要的作用。供应商在信息不断更新的条件下，要始终拥有获取信息的动机，关注合作双方的运行状况，不断探求解决新问题的方法，这样就达到了对供应链企业激励的目的。信息激励机制的提出，也在某种程度上克服了由于信息不对称而使供应链企业相互猜忌的弊端，消除了由此带来的风险。

5. 淘汰激励

淘汰激励是一种负激励。为了使供应链的整体竞争力保持在一个较高的水平，供应链必须建立对成员企业的淘汰机制，同时供应链自身也面临淘汰。保持淘汰机制对于优秀企业或供应链来讲，淘汰弱者可使企业获得更优秀的业绩；对于业绩较差者而言，为避免被淘汰的危险则需要更上进。淘汰激励是在供应链系统内形成的一种危机激励机制，让所有合作企业都有一种危机感。如此一来，供应链成员企业为了能在供应链中获得群体优势，又能自身获得发展，就必须承担一定的责任和义务；对自己承担的各项任务，从成本、质量、交货期等各方面负责。

6. 新产品/新技术的共同开发

传统管理模式下，制造商独立进行产品的研究与开发，只将零部件的最后设计结果交给供应商制造。这种合作方式最理想的结果就是供应商按期、按量、按质交货，不可能使供应商积极、主动地关心供应链管理。供应链管理实施好的企业，都将供应商、零售商甚至用户结合到产品的研究开发中来，按照团队的工作方式(team work)展开全面合作。在这种环境下，合作企业也成为整个产品开发的一分子，其开发不仅影响制造商，也影响供应商和零售商。因此，每个成员都会关心产品的开发工作，这就形成了一种激励机制，对供应链中的各企业起到激励作用。

7. 组织激励

在一个良好的供应链环境下,企业之间合作愉快,供应链运作顺畅,少有争执。也就是说,一个组织良好的供应链对企业及供应链都是一种激励。减少供应商的数量,并与主要的供应商保持长期稳定的合作关系是供应链下游企业采取组织激励的主要措施。但有些企业对供应商的态度忽冷忽热,产品供不应求时,对供应商的态度冷淡傲慢;而产品供过于求时,往往企图将损失转嫁给供应商,因此得不到供应商的信任与合作。产生这种现象的根本原因,就是企业管理者没有树立与供应商长期战略合作的意识,目光过于短视。如果不能从组织上保证供应链管理系统的运行环境,供应链的绩效就会受到影响。

【案例分析9-3】

康师傅与家乐福的冲突

在通货膨胀压力加剧的背景下,康师傅与家乐福两大巨头围绕涨价问题发生激烈冲突,造成双方合作中断。

2010年11月初,康师傅对外宣布,"受限于原材料价格飙涨,我公司于11月起不得已将部分袋面价格小幅上调"。随后其袋面系列涨价10%。据了解,下游的零售商家乐福就此曾与康师傅私下沟通,表示零售价涨价可以,但是必须双方对涨幅部分进行五五分成,家乐福的提议遭到康师傅的拒绝。随即,家乐福对外表示,出于控制物价的考虑,不同意康师傅提出的涨价要求,于是导致双方合作破裂,出现断货现象。

近年来,家乐福屡屡与供应商爆发冲突。2003年,上海、南京两地的炒货行业协会曾联手抵制家乐福,抗议其收取高额进场费;2005年,澳柯玛与家乐福谈判进驻问题,终因超市方采购费用高等诸多潜规则导致合作破裂;2006年,乳制品大户蒙牛爆出要从家乐福撤柜的消息,原因是家乐福方面开出的促销费、返利费等费用过高,使蒙牛不堪重负;2009年,青岛一家食品公司因讨要货款无效将家乐福告上法庭,而家乐福仍以促销费、海报费、卡夹费等名目以期抵偿欠款。

两强相争,和则双赢、斗则双输。康师傅退出家乐福,毫无疑问导致了两败俱伤。对于康师傅而言,它不可能冒着风险完全退出家乐福,这对康师傅的宣传形象不利;而对于家乐福而言,它也不可能将康师傅逼到绝境。所以,双方都需要做一定的妥协与让步,才可能将谈判继续进行下去,并重新修复与合作。

康师傅方便面一直占据着国内市场50%的份额。其中,在中高端产品上,康师傅在容器面、高价袋面、中价袋面的市场份额接近70%。家乐福方面坦言,康师傅在其卖场内的方便面类产品中销量是第一位的,康师傅退出的影响不言而喻。正因为如此,家乐福此次并未表露出过分强硬的姿态,家乐福中国区总部表示,家乐福不希望与供应商进行口舌之争,而是希望尽快找到一个解决方案。似乎家乐福比康师傅更期盼早日找到台阶下。

(资料来源:卢斐. 康师傅与家乐福的PK站[J]. 经理人,2011(2). 略有改动)

思考题:
家乐福应当如何改进自身的供应商管理方式?

第三节 供应链环境下的采购方式

一、准时采购

(一)准时采购的基本思想

准时采购(just in time procurement)，也叫 JIT 采购法，是一种基于供应链管理思想的先进的采购管理模式。它的基本思想是：在恰当的时间、恰当的地点以恰当的数量、恰当的质量提供恰当的物品。

准时采购是从准时生产发展而来的，是为了消除库存和不必要的浪费而进行的持续性改进。准时化生产最早起源于日本的丰田汽车公司，目的是减少公司库存和降低成本，在生产控制中采用订单流的准时化生产模式，实现生产过程的几个"零"化管理：零缺陷、零库存、零交货期、零故障、零(无)纸文书、零废料、零事故、零人力资源浪费。要进行准时化生产必须有准时的供应，因此准时采购是准时化生产管理模式的必然要求。它和传统的采购方法在质量控制、供需关系、供应商的数目、交货期的管理等方面有许多不同之处，其中选择供应商(数量与关系)、质量控制是其核心内容。

(二)准时采购的原理

日本丰田公司的大野耐一创造的准时化生产方式是在美国参观超级市场时，受超级市场供货方式的启发而产生的想法。实际上，超级市场模式本来就是一种采购供应模式。有一个供应商和一个用户，双方形成了一个供需节点，需方是采购方，供方是供应商，供方按照需方的要求给需方进行准时化供货，它们之间的采购供应关系，就是一种准时采购模式。采购的主要原理主要表现在以下几个方面。

(1) 与传统采购面向库存不同，准时采购是一种直接面向需求的采购模式，它的采购送货是直接送到需求点上。

(2) 用户需要什么产品就送什么产品，品种、规格符合客户需要。

(3) 用户需要什么质量的产品就送什么质量的产品，品种、质量符合客户需要，拒绝次品和废品。

(4) 用户需要多少就送多少，不少送，也不多送。

(5) 用户什么时候需要，就什么时候送货，不晚送也不早送，非常准时。

(6) 用户在什么地点需要，就送到什么地点。

以上六条，是准时采购的原理，它既满足了企业运营的需求，又使企业的库存量最小，只要在生产线旁有一点临时的库存，一天工作干完，这些临时库存就消失了，库存完全为零。依据准时采购的原理，一个企业中的所有活动只有当需要进行的时候接受服务才是最合算的。

(三)准时采购的特点

和传统的采购方式相比，准时采购具有许多不同之处，主要表现在以下几个方面。

1. 供应商数量较少

传统采购模式中企业一般是采取多头采购方式，供应商的数量相对较多。准时采购模式中的供应商数量较少，甚至采取单一供应商的方式。这种变化一方面可以使供应商获得长期订货和内部规模经济效益，从而降低产品的价格；另一方面有利于供需双方建立长期稳定的战略合作关系，保证产品质量。但是，采用单一的供应商方式也有风险，如供应商可能因意外而中断交货，以及供应商缺乏竞争意识等。

2. 综合评价供应商

在传统采购模式中，供应商是通过价格竞争而确定的，供需双方是短期合作关系，一旦发现供应商不符合要求，可以通过市场招标的方式重新选择。但在准时采购模式中，供需双方是长期战略合作关系，因而对供应商的选择要更加慎重，需要对供应商进行综合评价。在选择供应商时，价格不再是主要的因素，质量则成为最重要的标准，这里的质量不仅包括产品质量，还包括交货质量、技术质量、售后服务等。

3. 小批量采购

小批量采购是准时采购的一个基本特征。准时采购和传统采购模式的一个重要不同之处是，准时化生产需要减少生产批量，因此采购物资也应采用小批量办法。对供应商来说，小批量采购势必会增加配送次数和物流成本，这是很为难的事情，特别是在供应商距离较远的情况下，实施准时采购的难度就更大。解决的办法可以通过混合运输、代理运输等方式，尽量使供应商靠近用户。

4. 有效的信息交流

只有供需双方进行可靠而有效的双向信息交流，才能保证所需的原材料和外购件的准时供应，同时充分的信息交流可以增强供应商的应变能力。所以，实施准时采购就要求上下游企业间进行有效的信息交流。信息交流的内容包括生产作业计划、产品设计、工程数据、质量、成本、交货期等。现代信息技术的发展，如 EDI、电子商务等，为有效的信息交换提供了强有力的支持。

5. 交货具有准时性

交货准时是实施准时生产的前提条件，其能力取决于供应商的生产与运输条件。对于供应商来说，要做到交货准时，首先应当不断改善生产条件，提高生产的可靠性和稳定性，减少延迟交货或误点现象。为此，供应商应当采用准时生产模式，提高生产过程的准时性。其次，应当改进运输系统，因为运输问题决定了交货准时的可能性，特别是全球的供应链系统，运输路线长，而且可能要先后采用不同的运输工具，需要中转运输等。因此，要通过有效的运输计划与管理，使运输过程准确无误。

(四)准时采购实施的要点

企业实施准时采购需要注意以下几点。

1. 选择最佳的供应商，并对供应商进行有效的管理是准时采购成功的基石

合作伙伴是影响准时采购的重要因素，如何选择合适的供应商、选择的供应商是否合

适就成了影响准时采购的重要条件。在传统的采购模式下，企业之间的关系不稳定，具有一定的风险，影响了合作目标的实现。供应链管理模式下的企业是合作性战略伙伴，为准时采购奠定了基础。

2. 供应商与用户的紧密合作是准时采购成功的钥匙

准时采购成功的关键在于和供应商维持好的关系，而最困难的问题也是缺乏供应商的合作。供应链管理所倡导的战略伙伴关系为实施准时采购提供了基础条件，因此在供应链环境下实施准时采购比传统管理模式下实施准时采购更加有现实意义和可能性。在实际运作中，要使供应商与企业合作，成功实施准时采购，必须建立完善、有效的供应商激励机制，使供应商和用户分享准时采购的好处。

3. 卓有成效的质量控制是准时采购成功的保证

产品的质量关乎企业的生存，其中采购环节的质量控制是关键的一步，它是准时采购的质量保证。这包括企业按照双方协定的标准和程序对供应商质量保证能力的监控、对供应物资定期或不定期的抽查、检验，以及建立相应的奖惩机制激励、约束供应商等。

(五)准时采购实施的步骤

企业实施准时采购要经过以下步骤。

1. 创建准时采购团队

专业化的高素质采购队伍对实施准时采购至关重要，准时采购团队应当承担寻找货源、商定价格、发展与供应商的合作关系并不断改进的责任。为此，应成立两个采购团队：一个专门处理供应商事务，负责认定和评估供应商的信誉、能力，或与供应商谈判签订准时订货合同，向供应商发放免检签证等，同时负责供应商的培训与教育；另一个专门从事消除采购过程中浪费现象。

2. 制订计划

企业要制定采购策略，改进当前的采购方式，应减少供应商的数量，科学评价供应商，给予供应商适当的激励，等等。在这个过程中，企业要与供应商一起商定准时采购的目标和有关措施，保持经常性的信息沟通。

3. 选择供应商，建立合作伙伴关系

供应商和企业之间建立的互利的伙伴关系，意味着双方建立了一种紧密合作、主动交流、相互信赖的关系，共同承担长期合作的义务。企业可以选择少数几个最佳供应商作为合作对象，加强业务方面的合作。选择供应商应考虑产品质量、供货情况、应变能力、地理位置、企业规模、财务状况、技术能力、价格和其他供应商的可替代性等。

4. 进行试点工作

企业可以先从某种产品或某条生产线开始试点，对准时采购进行摸索和实践。在试点过程中，取得企业各个部门的支持是很重要的，特别是生产部门的支持。通过试点，总结经验，为正式实施准时采购打下基础。

5. 培训供应商，确定共同目标

准时采购是供需双方共同的业务活动，单靠需方的努力是不够的，需要供应商的配合；只有供应商也对准时采购的策略和运作方法有了认识和理解，才会愿意支持和配合，因此需要对供应商进行培训。通过培训，大家达成一致的目标，相互之间就能够很好地协调，做好采购的准时化工作。

6. 向供应商核发产品免检合格证书

准时采购与传统的采购方式的不同在于买方无须对采购的产品办理比较多的检验手续。当供应商的产品100%合格时，便可核发免检证书。

7. 实现配合生产节拍的交货方式

准时采购的最终目的是实现企业的生产准时化。为此，要实现从预测的交货方式向准时化适时交货方式的转变，最终达到当生产线恰好需要某种物资时，该物资恰好到货并运至生产线。

8. 持续改进，扩大成果

准时采购是一个不断完善和改进的过程，需要在实施过程中不断总结经验，从降低运输成本、提高交货的准确性和产品的质量、降低供应商库存等各个方面进行改进，不断提高准时采购的运作绩效。

【案例分析9-4】

施乐欧洲公司与一汽的准时采购

一、施乐欧洲公司实施准时制采购取得显著成效

从20世纪80年代起，施乐欧洲公司开始实施准时制采购。作为准时制采购计划的一部分，公司还采用自动化物料和采购信息的处理系统，修正了生产流程，取得了一系列显著的成效。

供应商数量从3000个减少到了300个；入库交货的准时率高达98%，其中有79%是在需要时1小时内送达；仓库库存从3个月的供给下降到半个月；整体物料成本减少了约40%；供应商物料质量的提高，使绝大多数入库产品质检站被相应地撤销了；因产品质量不佳而被拒收的水平从17%骤降到0.8%；标准化的包装，使40多个负责重新包装的职位被取消了；财务数据统计，运输和配送总成本减少了40%；仓库给生产线的物料配送准时率提高了28%。

针对准时采购模式而构建出的供应链系统，在战略管理方面也取得了重大突破：形成了完整的采购绩效评估体系；在企业组织架构中修正了权属关系，对有关战略物流和采购的决策权进行了有效的分配；采购业务更加及时和敏捷，企业内部各部门之间物流的协调性逐渐增强；公司起用了专业的物流采购经理人，从而使采购业务更趋于专业化；通过准时采购所体现出的高效率，也带动性地改进了企业内部其他部门的绩效。

二、中国第一汽车制造厂的准时采购策略

1982年，中国第一汽车制造厂(以下简称一汽)就用看板管理监控零部件送货，且送货

量达到总数的 43%。在此基础上，一汽又进一步实行了零部件直送工位制度。一汽与周边 15 个协作厂，就 2000 种原材料签订了直送工位的协议，这一举措改变了厂内层层设库储备的老办法，直接取消 15 个中间仓库，大大减少了库存成本。例如，刹车碲片的进料过去是由石棉厂每月分 4 次送往供应处总仓库，再由总仓库分发到分库，再从分库发到生产现场。而今改为直送生产现场，减少了重复劳动，实施当年就节约了流动资金 15 万元。过去，橡胶协作厂供应的轮胎采用集中发货方式，最多时一次发货 20 个火车皮，一汽作为接受方轮胎库存竟高达 2 万套。现在要求橡胶协作厂实行多频次、小批量的按需发货，使一汽轮胎储备从过去的 15 天降到现在的 2 天，由此直接节省流动资金高达 190 万元。由于实施小批量、及时化的采购策略，杜绝了采购人员吃拿回扣的可能性。在一汽生产线中也配套使用了看板管理生产，轴承座生产线的 7 道工序，简化为现在的 1 个人操作，把装在生产线第一道工序上的信号灯作为看板，每当后一道生产线取走一个零件时，信号灯显示为绿色，工人即按步骤进行生产。该生产线的 7 道工序，除了工序上加工的工件外，只有一个待加工工件，工序件的在制品库存基本为零。

推崇看板管理，追求所得即所需，是准时采购的精髓。一汽不但利用看板对其生产作业进行调整，也实施了准时采购策略，从而实现了在制品零库存的极限。

(资料来源：邹鸿驰. 准时采购在制造型企业中的实用性分析[J]. 现代商业，2007(24). 略有改动)

思考题：
结合案例，分析准时采购策略应当如何实施？实行准时采购的好处是什么？

二、全球采购

(一)全球采购的定义

全球采购(global sourcing)是指利用全球的资源，在全世界范围内寻找供应商，寻求质量好、价格合理的产品。

【知识拓展 9-9】

全球采购主要有贸易代理、在当地合资和独资的外商投资企业及建立全球采购中心或采购办事处三种模式。

(二)全球采购的优势与风险

1. 全球采购的优势

全球采购的显著优势就是供应商的选择范围大，不是"货比三家"而是"货比多家"，可以集中管理供应商，通过批量采购增强议价能力等，可以选择到质量优良、价格合理的产品。这有助于提高企业的产品质量、控制产品成本，从而提高企业竞争力和顾客满意度。

2. 全球采购的风险

尽管采购地域范围的扩大可以使企业获得价位更低、质量更好的物资，但同时也使企业供应链链条延长,不确定因素大幅增加,这些必将给企业带来风险。具体体现在以下几个方面。

(1) 如果对运输费用、保管费用、关税、产品过时、库存成本、机会成本、市场保护等因素加以综合考虑,总成本可能比预计的要多,从而影响净收益的增长。

(2) 链条的延长可能使企业对市场需求变化的反应速度比本地采购要慢,因此造成销售机会的丧失。

(3) 距离远可能存在质量和执行方面的问题。另外,产品在运抵目的地的过程中,要经过多次交接,当中的不确定性因素很可能导致服务水平降低,产生更大的成本负担。

(4) 长远的供需关系的不透明,可能对市场的获利产生误导。

【案例分析9-5】

洋码头的海外买手模式

随着电商与物流等产业的发展,海淘渐渐火爆起来,各大海淘平台层出不穷,中国消费者不再困守于中国市场购买商品,全球购时代来临了。

2015年,上海市消保委受理的跨境电商投诉达1059件,同比上升368.6%。投诉主要集中在配送、支付、售后三个方面。在配送环节,不按约定时间发货、配送周期长、物品丢失是主要反映的问题。在支付环节,资金安全是消费者最为关注的问题。除国际信用卡直接支付外,支付宝、快钱、财付通是目前普遍使用的支付平台,主要问题是交易被取消后资金退还周期过长。在售后环节,存在商品质量难以保证,订单随意变更或取消,实物与网页介绍不符,以及难退货等问题。

2009年成立的洋码头是中国海外购物平台,满足了中国消费者不出国门就能购买到全球商品的需求。洋码头建立了业内独一无二的买手制,集结了来自美、日、澳、法、英等多地的认证买手,覆盖全球40多个国家,他们扫购2万多个海外知名品牌产品,与主打单品、爆款的跨境电商网站相比,覆盖全品类是洋码头目前的发力点。

洋码头自建的贝海物流为海外买手模式提供了物流保证。为了给用户提供极致的物流体验,贝海物流在口岸清关、海外站、关务等诸多环节下了功夫。其中,在口岸清关方面,实现了全面的系统优化,清关速度大幅提升;在遍布全球的国际物流中心,严格监控每个航班的起飞,保证当天包裹当天出货;在关务方面,更是24小时安排专人监控,提高处理效率。如消费者通过洋码头订购了一双某品牌鞋子,海外入驻洋码头的买手在三天内找到最便宜的渠道将鞋子买好,并送到洋码头旗下贝海物流在当地的中转站,贝海物流会立即打包发货进入海外端物流,经过清关进入国内端物流体系送到消费者手中,这个时间一般为7天到10天。而正常海淘物流渠道则平均需要半个月。

对于假货问题,首先,洋码头对买手有严格的审核流程,对买手是否确实在海外居住以及个人信誉有一套审核机制,如果的确是海外买手,一般不会销售假货,因为海外非常重视信誉问题,销售假货是违法的,不仅会带来信誉损失,还可能面临牢狱之灾;其次,洋码头的物流体系也能够让产品在运输过程中不被调包并减少损坏率;再次,洋码头通过支付宝等支付体系可以让消费者验货后再确认付款;最后,洋码头也支持退换货业务。

思考题：
结合案例，分析全球采购会面临哪些风险？洋码头是如何进行全球采购的？

三、联合采购

(一)联合采购的定义

联合采购(joint procurement)是指对同一产品或服务有需求的许多买方，在相互合作的条件下合并各自需求，以一个购买商的形式向供应商统一订货，用以扩大采购批量，达到降低采购价格或者采购成本的目的。

(二)联合采购模式

联合采购的模式有很多种，但主要有合作型联合采购和第三方联合采购两种。

(1) 合作型联合采购。合作型联合采购是指联合采购参与者之间通过达成的各种协议(包括成本分担、利益分配、权利约束等)，由联盟中的部分或者全部企业完成在协议范围内的采购活动。

(2) 第三方联合采购。第三方联合采购是指所有联合采购参与者都不直接控制联盟采购权利，而是将所有的采购活动委托给第三方进行。

(三)联合采购的优势和不足

1. 联合采购的优势

(1) 降低采购成本和其他环节的成本。通过联合多家企业有选择地向供应商进货，可以扩大采购规模，实现批量采购，获得较大的议价能力或折扣，从而降低采购成本。另外，现代通信技术的发展，使企业可以通过电子商务平台进行订货，提高采购效率，节省人工和通信费用，降低间接采购成本。

在采购过程中，为了保证采购质量，企业需要在采购前后做大量的工作，包括供应商的选择、评价、管理和控制，采购标准的制定，入库检验工作程序的制定和实施，等等。在各企业独立采购的情况下，每个企业都要重复这些工作，而实施联合采购以后，对生产同类产品或采购相同原料的企业，可以将这些管理工作统一实施，再将相关费用分摊到各个企业，这样可以有效避免低水平的重复工作，为企业减少大量成本。

在联合采购模式下，通过实施各企业库存资源的共享和统一调配，可以实现以下目标：①备用物资由各企业分别储存改为共同储存，所需资金由各企业分摊，以大幅减少备用物资的积压和资金占用；②增加各企业已有积压物资的利用机会，以逐渐减少各企业物资积压，盘活资产；③提高各企业紧急需求满足率，减少因物品供应短缺而造成的生产停顿损失。

同时，可以在一定程度上减弱供应链上的"牛鞭效应"。在联合采购模式下，上级供应商订单处理次数减少且更加集中，增强其对需求预测的确定性，这在一定程度上有利于减弱"牛鞭效应"。

另外，企业可通过运输环节的联合，合并小批量的货物运输，使单次运量加大，从而可以降低运输费率,减少运输费用。

(2) 提高市场透明度。市场透明度关系到企业的有效采购,它包括产品透明度(可以采购何种产品代替现有产品)、供应商透明度(哪家供应商可以取代现在的供应商)和价格透明度(此产品在市场上的价格是多少)。

(3) 有利于创造协同效应。每个企业的资源和能力都是有限的,并且资源在各企业之间的分布又是不均衡的。通过合作走联合发展之路,围绕共同目标,合理使用资源,发展各自的优势,弥补各自的劣势,可以产生良好的协同效应。

(4) 避免无谓的竞争。传统的竞争方式是一种零和博弈,一方获利必然意味着另一方失利,最终导致"双输"的局面。联合采购通过同行的竞争合作,可以改变企业之间相互替代的横向竞争关系,减少恶性竞争,改变"双输"的局面。

(5) 有利于降低采购风险。随着市场经济的不断发展,企业环境更趋国际化、社会化、复杂化。单一的企业面对多变的市场,生存和发展的难度愈来愈大,难以独自承担来自各方面的采购风险。如果几个企业联合起来,在采购领域进行合作,就能减少诸如资本不够雄厚、信息不对称等带来的风险。

(6) 有利于实现规模经济。在多数企业中,实现有竞争力的规模经济非单一企业所能做到的,它不仅难度大,时间也长。通过联合采购,能够迅速扩大成员企业的采购规模,实现规模经济。

2. 联合采购的不足

(1) 为了与联合采购协调一致需要改变企业本身原有的采购周期,偏离企业经济订购批量,会产生额外成本。

(2) 为配合联合采购需改变企业原有的采购流程。

(3) 为实现信息共享,可能会泄露企业产品设计等重要信息,使企业失去竞争优势。

(4) 协调成本过大或难以协调,可能会影响到企业的正常生产,反而会得不偿失。

四、电子采购

(一)电子采购的定义

电子采购(e-procurement),又称网上采购、在线采购,是指以互联网等现代信息技术为手段,实现从寻找供应商、洽谈、签约到付款等业务网络化的采购活动,它通过信息技术来增强采购及日常采购的管理能力。

电子采购既是电子商务的重要形式,也是采购发展的必然,它不仅是形式上和技术上的改变,更重要的是传统采购业务的处理方式上的改变,它优化了采购过程,提高了采购效率,降低了采购成本。

(二)电子采购模式

1. 卖方电子采购模式

卖方电子采购模式是指供应商在互联网上发布其产品的在线目录,采购方则通过浏览网站来获取所需的商品信息,以做出采购决策,并下订单及确定付款和交付选择。

2. 买方电子采购模式

买方电子采购模式是指采购方在互联网上发布所需采购产品的信息,供应商在采购方的网站上介绍自己的产品信息,供采购方评估,并通过采购方网站双方进行进一步的信息沟通,完成采购的全过程。目前,企业的电子采购一般都是买方模式,这种模式广泛存在于由少数几家大型购买方主导的行业,如航天、汽车、零售等行业。

【课外资料9-2】

买方电子采购模式的一种演进形式为网上联合采购模式。这种模式既有电子化的快捷、高效、方便、透明,又有联合采购的价格折扣和成本下降的优点。在应用网上联合采购模式时,联合的各个企业都必须在采购中信息共享、风险分担、渠道共用、运作一致。典型的例子就是,美国三大汽车厂商(通用汽车、福特、克莱斯勒)的合作,运营B2B网上采购的商务网站,该网站面向所有的汽车零配件供应商,它的网上交易额将达到6000亿美元;美国零售业排名第二的Sears和欧洲排名第一的家乐福联合成立B2B网上采购公司,共同在全球采购连锁商品,目的是与沃尔玛竞争,预计网上的交易额将达到3000亿美元。

3. 第三方模式

第三方模式是指供应商和采购方通过第三方设立的网站进行采购业务的过程。在这个模式中,无论是供应商还是采购方都只需在第三方网站上发布并描绘自己提供或需要的产品信息,第三方网站则负责产品信息的归纳和整理,以便于用户使用。

(三)电子采购的优势和劣势

1. 电子采购的优势

在电子化采购的整个流程中,人工参与的因素越来越少,信息的传递基本依赖网络,从而保证采购过程的公正、高效,对克服采购过程中的暗箱操作十分有效。具体而言,电子采购具有以下优势。

(1) 缩短采购周期。采购方企业通过电子采购交易平台可以最大化地找出所有采购事件的公共属性,各环节可以像生产流水线一样流转。同时,供需双方企业间信息的传递是以电子脉冲的速度进行的,很多环节可以在线进行,网上竞价、网上设定交易时间和交易方式等,从而大大缩短采购周期。

(2) 节约采购成本。美国全国采购管理协会的统计数据显示,传统方式生成一份订单所需要的平均费用为150美元,而同种情况下电子采购解决方案则减少到30美元。IBM采用电子采购后,平均每年能节省20亿美元。这是因为电子采购使企业间通过互联网传递信息,这就减少了文件处理、通信和对面交易程序的交易成本,避免了纸质文件传递过程中的烦冗和复杂,节省了人力成本。

(3) 优化采购管理。电子采购是在对业务流程进行优化的基础上按软件规定的标准流程进行的,可以规范采购行为,有利于建立一种比较良好的经济环境和社会环境,减少采购过程的随意性。同时,网上采购实现了企业采购行为的集中统一,既能降低采购价格,又能使采购活动统一决策，协调运作。另外，电子化采购是一种即时性采购，使企业由"为库存而采购"转为"为订单而采购"，提高物流速度和库存周转率，实现采购管理向供应链管理的转变，达到逐步由高库存生产向低库存生产的目的，直至实现零库存生产。

(4) 降低安全库存。采购周期缩短后，相应的安全库存也会减少。海尔集团采用电子采购平台后，采购周期缩短，释放约 7 亿元的库存资金，库存资金周转从 30 天降为 12 天以内。

(5) 实现信息共享。供需双方的交易活动都会记录在这样一个电子采购平台上，包括过往的价格信息、交货记录、履约情况，买方得以更清楚地把握市场，货比三家，获得最合适的需求产品，同时这样的数据积累也督促供应商提供更完善的产品质量和服务，增进双方对彼此的了解，从而促进整个供应链的和谐发展。

(6) 增进交易透明度。在传统的采购活动中，交易透明度常常因为采购信息的不充分而受到影响，有的交易是暗箱操作，不仅给企业造成损失，也使不少人犯错。电子采购可提高供应商、采购商品及采购价格的透明度，对提高交易的透明度，减少暗箱操作将起到重要的作用。

2. 电子采购的劣势

电子采购需要借助网络完成。因此，如何防止网络攻击，避免敏感的或私有的信息被盗或被泄露是企业及供应商要解决的问题。

【案例分析9-6】

IBM 的华丽转身

20 世纪 80 年代，IT 行业的龙头企业 IBM 陷入对市场的迟缓反应和自身发展的停滞当中。严峻的现实，使 IBM 不得不实行全球集中采购和电子采购。

一、改革前的状况

IBM 过去采用"土办法"采购：员工填单子、领导审批、投入采购收集箱、采购部定期取单子。不同地区的分公司、不同的业务部门的采购大都各自为政，实施采购的主体严重分散。没有统一的采购标准，造成重复采购严重，也失去了大批量采购的价格优势；同时，各子公司各自为政，采购员难以找到最优秀的供应商，进而使采购商品的质量难以得到保证。

二、体制改革"六脉神剑"

措施之一：设立全球采购部门。IBM 设立全球首席采购官，下设采购战略、供应源选择、物流采购、采购外包业务、物料与供应保障等部门，同时根据全球每个地区供应商的不同状况，分别在不同国家和地区设立采购部门，如主要负责 CPU 采购的美国罗利采购部门，负责存储设备采购的匈牙利采购部门，负责办卡和机械类的中国采购公司。通过设立全球采购部门，IBM 将整个公司的物资需求汇聚至此，形成了大批量的采购，在获得价格优势的同时也减少了各个分公司物资采购之间的竞争和冲突，最大限度地避免了物资的重复采购。

措施之二：采购物品类别化。IBM 公司将全部的采购物资按照不同的性质进行分类，生产性的物资分为17个大类,非生产性的物资分为12个大类。每一类成立一个产品委员会。这样,统一了全球的需求,形成大的采购订单,通过寻找最合适的供应商,谈判、压价并形成统一的合同条款。不同国家和地区的分支机构所产生的采购,只需通过合同在线系统,查找相应的现有合同执行就可以。

措施之三:规范采购流程。采购流程也进行了更新。不同国家和地区存在不同的法律制度、社会文化、风俗习惯,必须因地制宜地规范采购流程。这就需要律师合理地制定合同,统一全球采购流程,使合同从法律角度审查时,确保设计流程更可靠而且合法,既能最大限度地保护IBM公司的利益,又能保持对供应商的公平,还能对不同国家的法律和税收制度留有足够的空间,适应本地化的工作。

措施之四:采用电子采购模式。通过电子采购,IBM与供应商之间的日常数据交换、事务处理变得更加容易,供应商的反馈信息,一旦通过互联网传送到IBM的服务器上,该数据相关的全球人员,就可以在数据库进行查找和分析信息,极大地保证了供应的顺利进行。这样,大大降低了采购成本,缩短了采购周期,并且使采购流程透明化,实现了"阳光采购",杜绝了采购流程中的暗箱操作。

措施之五:统一物资标准。每当新的采购任务出现时,IBM都会组织专业的工程师组成全球采购管理员,负责每一类产品的全球采购及供应商管理工作。在制定流程时,首先遇到的问题是如何对采购物资进行分类,才能形成一张完整而清晰的查询目录。同种物资汇总全球各地所采购该类物资的类别都会有千差万别的类型达上万种。对此,就需要采购工程师们长时间地细致工作。

措施之六:"过渡方案"为改革护航。IBM公司的电子采购系统在推广过程中并不是一帆风顺的。"传统势力"很顽固,在电子采购变革刚刚开始阶段,60%的员工不满意新的采购流程,原因是平均长达40页的订单合同,需要30天的处理时间。于是,仍有1/3的员工忙于"独立采购",以绕过标准的采购流程,避免遇到官僚作风,而这种员工的独立采购方式往往导致花费更高的成本。

三、中央采购系统平稳运转

(1) 采购成本显著降低。当电子采购系统在IBM公司内部平稳运转后,效果立竿见影。以2000年第三季度为例,IBM公司通过网络采购了价值277亿美元的物资和服务,降低成本2.66亿美元。集中采购实施后,给IBM带来的不仅仅是成本的降低,在保证生产顺利进行的基础上,最大限度地降低了物资库存占有率。

(2) 采购效率大幅度提高。基于电子采购,IBM公司降低了采购的复杂程度,采购订单的处理时间已经减少到1天,合同的平均长度减少到6页,内部员工的满意度提升了45%,"独立采购"也减少到2%。订单处理时间的缩短,合同页数的减少,最大限度地为采购人员取得物资争取了时间。

(3) 供应商满意度提升。集中采购实施后,近2万家IBM供应商对IBM公司的电子采购表示满意。供应商更喜欢通过这种简便、快捷的网络方式与IBM公司进行商业往来,与IBM公司一起分享电子商务的优越性,从而达到一起降低成本和增强竞争力的"双赢"效果。

(4) 人力资源得到优化。现在IBM公司全球的采购都集中在该中央系统之中,而该部门只有300人,这样采购部人员总体成本也降低了。同时,员工中出现了分流:负责供应商管理、合同谈判的高级采购的员工逐渐增多，执行采购的人员逐渐电子化、集中化。科技在发展，时代在进步，负责采购的人员也要与时俱进，这样才能应对企业不断发展的采购形式。

(资料来源：王倩．"蓝色巨人"的华丽转身[J]．石油石化物资采购，2012(7)．略有改动)

思考题：
1. IBM 采购改革方面采取了什么措施，最终取得了哪些成果？
2. IBM 的采购模式对你有哪些启示？

习　　题

一、单选题

1. (　　)是供应商管理的核心。
   A. 供应商选择与评价　　　　　　B. 供应商联盟与绩效管理
   C. 供应商绩效管理与评价　　　　D. 供应商选择与绩效管理评价
2. 相关采购企业联合将所有的采购活动委托给第三方进行属于(　　)。
   A. 合作型联合采购　　　　　　　B. 买方电子采购模式
   C. 准时采购　　　　　　　　　　D. 第三方联合采购

二、多选题

1. 按照采购规模，采购可分为(　　)。
   A. 分散采购　　　　　　　　　　B. 集中采购
   C. 批量采购　　　　　　　　　　D. 集中与分散相结合的采购
2. 采购的目标包括(　　)。
   A. 适当的供应商　B. 适当的质量　C. 适当的时间　　D. 适当的价格
3. 供应商管理主要包括(　　)等方面。
   A. 供应商选择　　B. 供应商联盟　C. 供应商绩效管理　D. 供应商评价

三、简答题

1. 选择供应商应遵循哪些原则？
2. 准时采购的特点是什么？
3. 简述供应商的激励机制。
4. 全球采购的风险有哪些？

第十章 供应链环境下的库存控制

【案例导入】

美的：供应链双向挤压控制成本

一、零库存梦想

美的虽多年名列空调产业的前三名，但是不无一朝城门失守之忧。自2000年以来，在降低市场费用、裁员、压低采购价格等方面，美的频繁变招，其路数始终围绕着成本与效率。

美的较为稳定的供应商有300多家，其零配件(出口、内销产品)加起来一共有3万多种。从2002年中期，利用信息系统，美的集团在全国范围内实现了产销信息的共享。有了信息平台做保障，美的原有的100多个仓库精减为8个区域仓，在8小时可以运到的地方，全靠配送。这样美的流通环节的成本降低了15%~20%。运输距离长(运货时间为3~5天)的外地供应商，一般都会在美的的仓库里租赁一个片区(仓库所有权归美的)，并把其零配件放到片区里面储备。

在美的需要用到这些零配件的时候，它就会通知供应商，然后再进行资金划拨、取货等工作。这时，零配件的所有权才由供应商转移到美的手上；而在此之前，相关库存成本由供应商承担。此外，美的在企业资源计划(ERP)基础上与供应商建立了直接的交货平台。供应商在自己的办公地点，通过互联网络就可登录到美的的公司页面，看到美的的订单内容，包括品种、型号、数量和交货时间等，然后由供应商确认信息，这样一张采购订单就合法化了。

实施供应商管理库存(VMI)后，供应商无须像以前一样疲于应付美的的订单，而只需备一些适当的库存即可。供应商不用备很多货，一般能满足3天的需求即可。其零部件库存也由原来平均的5~7天存货水平，大幅降低为3天左右，而且这3天左右的库存也是由供应商管理并承担相应成本。库存周转率提高后，一系列相关的财务"风向标"也随之"由阴转晴"，让美的"欣喜不已"：资金占用降低、资金利用率提高、资金风险下降、库存成本直线下降。

二、消解分销链存货

在供应体系优化的同时，美的也对前端销售体系的管理进行渗透。在经销商管理环节，美的利用销售管理系统可以统计到经销商的销售信息(分公司、代理商、型号、数量、日期等)。近年来，美的公开了与经销商的部分电子化往来，以前半年一次的手工性的繁杂对账，现在需进行业务往来的实时对账和审核。

在前端销售环节，美的作为经销商的供应商，为经销商管理库存。这样的结果是，经销商不用备货了，即使备货也是5台或10台。经销商缺货，美的立刻就会自动送过去，而无须经销商提醒。经销商的库存"实际是美的自己的库存"。这种存货管理上的前移，让美的可以有效地削减和精准地控制销售渠道上昂贵的存货，而不是任其堵塞在渠道中，让其占用经销商的大量资金。

美的以空调为核心对整条供应链资源进行整合,更多的优秀供应商被纳入美的空调的供应体系,美的空调供应体系的整体素质有所提升。依照企业经营战略和重心的转变,为满足制造模式"柔性"和"速度"的要求,美的对供应资源布局进行了结构性调整,供应链布局得到优化。通过厂商的共同努力,整体供应链在成本、品质、响应期等方面的专业化能力得到了不同程度的发展,供应链能力得到提升。

目前,美的空调成品的年库存周转率大约是10次,而美的的短期目标是将成品空调的库存周转率提高1.5~2次。目前,美的空调成品的年库存周转率不仅远低于戴尔等电脑厂商,也低于年周转率大于10次的韩国厂商。库存周转率提高一次,可以直接为美的空调节省超过2000万元的费用,以保证其在激烈的市场竞争下维持一定的利润。

(资料来源:成本控制案例:美的:供应链双向挤压[J]. 中外物流, 2008(3). 略有改动)

第一节 库存与库存控制

一、库存的定义

库存(stock)是指储存作为今后按预定的目的使用而处于闲置或非生产状态的物品(GB/T 18354—2021)。

广义的库存包括处于制造加工状态和运输状态的物品。

二、库存的分类

(一)按照经营过程分类

(1) 经常库存(cycle stock)又称周转库存,是指为满足企业生产和客户日常需求而建立的库存。

(2) 安全库存(safety stock)是指用于应对不确定性因素(如大量突发性订货、交货期突然延期等)而准备的缓冲库存。

(3) 在途库存(in-transit stock)是指处于运输状态(在途)或为了运输的目的(待运)而暂时处于储存状态的商品。

(4) 投机性库存(speculative stock)是指为了避免因物价上涨造成的损失或者为了从商品价格上涨中获利而建立的库存,具有投机性。

(5) 季节性库存(seasonal stock)是指为了满足特定季节出现的特定需求而建立的库存,或指对季节性生产的商品在出产的季节大量收储所建立的库存。

(6) 积压库存(obsolete stock),又称沉淀库存,是指因商品品质变坏或损坏,或者因没有市场而滞销的商品库存,还包括超额储存的库存。

(7) 促销库存(promotional stock)是指为了应付企业的促销活动产生的预期销售增加而建立的库存。

(二)按照库存的需求特性分类

(1) 独立需求库存(independent demand inventory)是指企业的最终产品库存,其需求是随机的、由市场决定的;企业对该库存物品的需求与其他种类的库存无关。

(2) 相关需求库存(dependent demand inventory)是指将被用于生产的零部件库存,其需求量取决于企业最终产品的需求;一旦企业最终产品的需求确定,就可以精确计算相关需求库存的需求量和需求时间。

三、库存的作用和弊端

(一)库存的作用

库存的作用主要有以下几个方面。

(1) 满足不确定的顾客需求。消费者对产品的需求在时间与空间上均有不确定性,库存可以满足不确定的市场需求。

(2) 平滑对生产能力的要求。当需求与生产能力不平衡时,企业可以利用库存来满足需求的变化。例如,可以在淡季时持有库存,供旺季时使用,通过预先库存使生产能力保持均衡,更好地利用生产能力。

(3) 分离生产过程中的作业。库存使生产过程中密切相关的加工阶段、作业活动相对独立,使生产效率不同的各加工阶段、作业活动可以更独立和经济地运行,而且不会因为生产过程中某加工阶段或作业活动的中断导致整个生产过程停止。

(4) 降低单位订购费用与生产准备费用。批量订购或生产,会使单位产品的订购费用或生产准备费用降低,同时充分利用生产能力。

(5) 利用数量折扣。供应商为了增加销量,通常会对达到一定采购量的客户提供价格优惠,通过增加采购量可以享受到优惠的价格,从而降低采购成本。

(6) 避免价格上涨。原材料的价格可能会发生波动,在价格上涨之前进行采购,可以降低企业的运营成本。

【案例分析 10-1】

丰田的 BCP 计划

2020 年年底,汽车行业都在为芯片供应短缺焦灼,丰田却表示,其产量不会因芯片短缺而受到重大影响,这得益于丰田 10 年前提出的"业务连续性计划"(BCP)。

丰田的 BCP 计划始于 2011 年。2011 年 3 月 11 日,日本发生里氏 9.0 级地震,并引发了震惊世界的海啸,地震和海啸造成福岛核电站泄漏。这一系列灾难让丰田的供应链遭受重创,丰田汽车估计其采购的 1200 多种零件和材料可能会受到影响,拟定了 500 项未来需要安全供应的优先项目清单,其中就包括日本主要芯片供应商瑞萨电子制造的半导体。

丰田当时花了 6 个月的时间才将日本以外的生产恢复到正常水平,这也正是 BCP 计划提出的原因。丰田意识到,一些汽车关键零部件的生产周期过长,且无法应对自然灾害等毁灭性冲击的影响,为此丰田决定定期囤积汽车关键零部件。按照 BCP 计划的要求,供应商需要为丰田储备 2~6 个月的芯片库存,具体取决于从订购到交付所需要的时间。显然,这对丰田的 JIT 系统造成了很大冲击。因为从供应商到工厂再到装配线的零部件的顺畅流动以及稀薄的库存对于丰田成为效率和质量的行业领导者至关重要。

新冠肺炎疫情发生以来，供应链风险管理已成为各行各业应对不确定性因素的重要措施，如此看来，丰田提出 BCP 计划的确是明智之举。

(资料来源：杜莎. 丰田为何未陷入"缺芯"困境？汽车与配件，2021(7). 略有改动)

思考题：

结合案例，分析丰田关键零部件库存是否有必要？

(二)库存的弊端

虽然库存在企业经营中具有积极的作用，但是库存太多也存在诸多弊端。

(1) 库存的增加会占用企业大量资金。通常情况下，库存会达到企业总资产的 20%～40%，库存管理不当会形成大量资金的沉淀。

(2) 产生库存成本。库存材料的成本增加直接增加了产品成本，而相关库存设施、管理人员的增加也加大了企业的管理成本。

(3) 库存掩盖生产或运作过程中发生的问题，如计划不周、采购不力、生产不均衡、产品质量不稳定及市场销售不力等。

【案例分析 10-2】

美特斯邦威的危机

2008 年，美特斯邦威(以下简称美邦服饰)在深交所上市，营收达到 99.5 亿元人民币，净利润超过 12 亿元，但是这种辉煌也仅仅维持了一年。

当时，电子商务尚未完全兴起，线下渠道是主力，门店收入是主力收入来源。但是从 2010 年开始，ZARA、优衣库等国外快时尚品牌纷纷进入市场，凭借高周转的运营模式，迅速站稳脚跟。例如，ZARA 的产品从设计到上架所需仅 10 天，其专卖店能做到每周款式品类更新 2 次。通过这种高周转的运营模式，快时尚品牌迅速在国内市场攻城略地，专卖店开始遍布大街小巷。在无法比拼周转速度的情况下，开店成为美邦服饰争夺市场的一个手段。2012 年，美邦服饰在全国拥有 5220 家门店，是门店数量最多的一年。

在美邦服饰的经营模式中，企业主要负责品牌经营、产品设计和供应链管理，生产、物流、连锁经营均采用外包模式。这种"轻资产"模式，在创业时期对美邦服饰极其有利，能够最大限度地利用有限的资源来创造价值。但随着企业规模的扩大，这种模式的弊端开始显现——中间环节变多，使设计、生产、销售无法及时同步，也就无法提高周转速度。

同时，美邦服饰与其加盟商无法有效形成共赢理念，上下游之间无法实现高效统一，以至于无法与加盟商形成利益共同体。在国外快时尚品牌的冲击之下，库存压力随之诞生。

2012 年，美邦服饰曾出现大面积库存积压事件。在 2012 年的第一季度财报中，公司营收额为 26 亿元，但库存量高达 23 亿元，过季衣服库存量更是超过 13 亿元。作为服装快消品，过季意味着存货的巨大贬值，意味着经营性现金流和库存周转率的急剧减少。同年，为了消化库存，美邦服饰开设了 300 多家折扣店，专门用来打折促销。但是随着库存压力的不断加大，各种问题便接踵而至。比如，为了消灭库存，美邦服饰不得不降价、打折，使自身品牌与廉价挂钩，让企业陷入恶性循环中。

2018年，美邦服饰存货为23.49亿元，相比2017年下降了2.16亿元。存货周转天数为208.18天，较2017年减少25天；资产减值损失为3.13亿元，与2017年同期相比减少了1.4亿元，其中存货跌价损失为2.30亿元，同比减少1.4亿元。虽然与2017年相比，美邦服饰的存货周转天数有所下降、存货跌价损失减少，但仍高于2017年此前的数据。2012年至2016年，美邦服饰的存货周转天数分别为155.86天、147.75天、149.53天、169.08天、182.17天。

有专家指出，大量的实体店不可避免地会有高库存积压，而且店铺越多，库存量也会越大。在实体店铺发展走弱的趋势下，出现抢购或快速销售的概率越来越小，如果企业无法生产出让消费者抢购的爆款，必然会出现库存积压的问题。

(资料来源：王倩. 美特斯邦威，消失的未来路[J].商学院，2021(4). 略有改动)

思考题：
结合案例，分析高库存有哪些危害？

第二节 传统的库存控制方法

库存控制(inventory control)又称存货控制，是指在保障供应的前提下，为使库存物品的数量合理所采取的有效管理的技术经济措施。

一、概述

一个完整的库存过程包括订货、进货、保管和销售(供应)四个环节。从库存控制的角度来看，在库存过程的四个环节中，能影响库存量大小的有订货、进货和销售(供应)三个环节。订货和进货使库存量增加，销售(供应)环节使库存量减少。库存控制既要控制订货、进货环节，也要控制销售(供应)环节，从而达到控制库存的目的。

【知识拓展10-1】

通过控制销售(供应)环节控制库存，意味着对客户的需求进行限制性的满足，这样将影响客户的满足度。因此，这种库存控制方式很少使用，一般仅在物资紧缺，即供不应求时采用，虽然这一做法比较被动，但对于紧缺物资只能采用这种方法。通过对订货、进货过程的控制来控制库存，在保证客户需求的情况下，通过控制订货、进货的批量和频次达到控制库存的目的。这种库存控制方式更加可行、主动，可以在保障客户需要的前提下，尽可能地降低库存成本，因此这种库存控制方式更加常见。

不管是独立需求库存控制还是相关需求库存控制，都要回答这些问题：如何优化库存成本？怎样平衡生产与销售计划来满足一定的交货要求？怎样避免浪费，避免不必要的库存？怎样避免缺货损失和利润损失？归根结底，库存控制主要解决三个问题：确定库存检查周期、订货点(订货时间)、订货量。一般地，独立需求与相关需求的库存控制原理是不同的。

【知识拓展 10-2】

订货点是指库存量降至某一数量时，应立即予以补充的点或界限。

【知识拓展 10-3】

在独立需求情况下，有两种基本的订货策略：①连续检查订货策略，即每次取货后都对库存水平进行检查，看其是否低于事先设定的订货点，一旦低于订货点就发出订货；②定期检查订货策略，即每隔一段固定的时间对库存水平进行一次检查，然后发出订单，将存货补充到预先设定的目标库存水平。

二、库存成本的构成

在决定持有的库存量时，必须确定每一具体决策对成本的影响。在库存控制中涉及的成本主要有订货成本、存储成本和缺货成本三类，即库存总成本=订货成本+存储成本+缺货成本。

1. 订货成本

订货成本(ordering cost)是指由于向供应商发出订单购买商品而产生的成本。这种成本主要包括内部人员的费用和管理费用，前者主要包括如采购、财务、原材料控制与存储人员的工资等，后者主要包括如办公用品、电话、计算机系统等的应用费用。订购成本主要与采购次数有关，而与订货量的大小无关。

2. 存储成本

存储成本(holding or carrying cost)，又称持有成本，是因一段时间内存储或持有商品而导致的，一般与所持有的平均库存量成正比，其中包括存储设施成本、装卸搬运费、保险费、过时损失、折旧费、税金及资金的机会成本等。

3. 缺货成本

如果订货时没有客户所需要的商品可供发货，就可能失去销售的机会或可能增加额外的费用，通常称这种费用为缺货成本(stock-out cost)。

三、常用的库存控制方法

传统的库存控制方法主要有 ABC 分类法、定量订货法、定期订货法。

(一)ABC 分类法

ABC 分类法基于二八定律，是一种重点管理方法。这种方法简单易行，在管理中得到广泛的应用。

1. ABC 分类法的基本原理

ABC 分类法的基本原理是将库存物资按品种和占用资金的多少分为特别重要的库存(A 类)、一般重要的库存(B 类)和不重要的库存(C 类)三个等级，然后针对不同重要等级分别进行管理与控制。ABC 分类法的核心是"分清主次，抓住重点"，对占用大量资金的少数物资，加强对它们的控制与管理；对占用少量资金的大多数物资，则进行较松的控制和管理。这样，只用 20%左右的精力就控制了 80%左右的资金。

2. ABC 分类法的步骤

(1) 收集数据。确定一个合适的统计期，按分析对象和分析内容，收集有关数据，主要包括库存物资的种类、每种物资的平均库存量和购买单价等。

(2) 绘制 ABC 分类汇总表。绘制 ABC 分类汇总表有以下步骤。

- 计算每种物资的平均资金占用额，即购买单价×平均库存量，并按计算结果降序排序。
- 将库存物资按其平均资金占用额的大小顺序排列。
- 计算平均库存累计和平均库存累计百分比。
- 计算平均资金占用额累计和其累计百分比。
- 将以上计算结果汇总，填入表 10-1。

表 10-1 ABC 分类汇总表

库存物资名称	购买单价	平均库存	平均库存累计	平均库存累计百分比	平均资金占用额	平均资金占用额累计	平均资金占用额累计百分比	分类结果

(3) 确定物资 ABC 分类。按照分类标准，依据汇总表中平均库存累计百分比和平均资金占用额累计百分比，对库存物资进行 A、B、C 分类。

平均库存累计百分比约为 10%，而平均资金占用额累计百分比约为 70%的前几种物资，确定为 A 类；平均库存累计百分比约为 20%，而平均资金占用额累计百分比也约为 20%的物资，确定为 B 类；其余均为 C 类，其平均库存累计百分比约为 70%，平均资金占用额累计百分比仅约为 10%。上面的分类标准仅为参考比例，现实中，根据实际情况可做适当调整。

例 10-1 某公司对上一季度 10 种库存物资统计了平均库存和平均购买单价(见表 10-2)。为了对库存物资进行有效的控制，公司决定采用 ABC 分类法进行库存管理。

表 10-2 库存物资平均库存和平均购买单价

序号	库存物资名称	平均库存	平均购买单价/元	序号	库存物资名称	平均库存	平均购买单价/元
1	GC	21	19.2	6	GZ	20	135.96
2	YL	14	249.2	7	DQ	64	2.88
3	SN	45	1.28	8	BZ	15	46.08
4	TJ	30	24.00	9	WJ	56	1.80
5	WJ	72	0.56	10	LB	36	1.80

解：第一步，将库存物资按平均资金占用额的大小顺序进行排列，并计算平均库存累计百分比和平均资金占用额累计百分比，填入 ABC 分类汇总表。

第二步，在第一步的基础上，按照分类标准，确定 ABC 类物资，并填入 ABC 分类汇总表，如表 10-3 所示。

表 10-3 某公司库存物资 ABC 分类汇总表

序号	物品名称	平均库存/件	平均库存累计/件	平均库存累计百分比/%	平均资金占用额/元	平均资金占用额累计/元	平均资金占用额累计百分比/%	分类结果
2	YL	14	14	3.75	3488.80	3488.80	41.2	A
6	GZ	20	34	9.11	2719.20	6208	73.3	A
4	TJ	30	64	17.16	720.00	6928	81.8	B
8	BZ	15	79	21.18	691.20	7619.20	90.0	B
1	GC	21	100	26.80	403.20	8022.40	94.7	B
7	DQ	64	164	43.97	184.32	8206.72	96.9	C
9	WJ	56	220	58.98	100.80	8307.52	98.1	C
10	LB	36	256	68.63	64.80	8372.32	98.8	C
3	SN	45	301	80.70	57.60	8429.92	99.5	C
5	WJ	72	373	100.00	40.32	8470.24	100.0	C

3. ABC 分类法的应用

ABC 分类法通过对 ABC 类物资分别采取不同的库存管理策略，从而达到降低库存总量和资金占用、节约成本和使库存结构合理化等目的。

A 类物资，应实行严格的控制，包括最完整、精确的记录，最高的作业优先权，高层管理人员经常检查，小心、精确地确定订货量和订货点，制定缜密的跟踪措施以使库存时间最短。

B 类物资，应实行正常的控制，包括做记录和固定时间检查，只有在紧急情况下，才赋予较高的优先权；可按经济批量订货。

C 类物资，只需进行简单的控制，设立简单的记录甚至可以不设立记录，可通过半年或一年一次的盘点来补充大量的库存，给予最低的优先作业次序。

(二)定量订货法

定量订货法是指当物资的库存量下降到事先预定的最低库存数量(订货点)时，按规定数量(一般以经济批量)进行订货补充的一种库存控制方法。

1. 定量订货法的原理

在图 10-1 中，Q 是每次的订货量，LT_k 为订货提前期，Q_R 为订货点，Q_s 为安全库存量，其中订货提前期(LT)是指从发出订货到收到所订货物的整个时间段。当库存量下降到预先设定的订货点 Q_R 时，立即按预先确定的订货量 Q 发出订单，在经过 LT_k 的时间后，将收到所订货物，使库存水平上升。

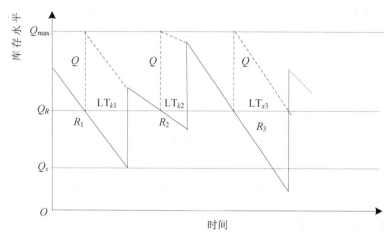

图 10-1　定量订货模型

2. 定量订货法控制参数的确定

采用定量订货法需要解决两个关键问题——确定订货点和订货批量，即解决什么时候订货和一次订多少的问题。

1) 确定订货点

在定量订货法中，当库存下降到订货点时就发出订货信息。订货点的高低对库存运营具有非常重要的影响。如果订货点过高，库存量过大，占用资金就多，导致成本上升；如果订货点过低，则可能缺货，导致客户的服务水平下降。

订货点主要由需求率(R)和订货提前期(LT)两个要素确定，可以定义为：$Q_R=D_L$。其中，D_L是一个随机变量，为订货提前期内的需求量，即在整个订货提前期内出库的货物总量。

【知识拓展 10-4】

需求率是指单位时间的需求量，也就是每天(或周、月、年等)仓库物资的出库消耗量，也是每天(或周、月、年等)库存物资减少的数量，或库存下降的速率。

(1) 在订货提前期(LT_k)和需求率(R)均固定不变的情况下，订货提前期内的需求量保持不变，通常没有必要设安全库存(Q_s)，订货点的公式为：$Q_R=LT_k\times R$。

(2) 通常情况下，需求和订货提前期均为随机变量，D_L是一个随机变量。此时，确定订货点需要借助一定的概率论方法。

如果订货提前期内的需求量(D_L)、需求率(R)和订货提前期(LT_k)均服从正态分布，则：

$$D_L \sim N(\bar{D}_L, \sigma_D), \quad R \sim N(\bar{R}, \sigma_R), \quad LT_k \sim N(\bar{T}_k, \sigma_T)$$

根据概率论知识，订货点满足：$Q_R = \bar{D}_L + \alpha\sigma_D = \bar{D}_L + Q_s = \bar{R}\bar{T}_k + \alpha\sqrt{\bar{T}_k\sigma_R^2 + \bar{R}^2\sigma_T^2}$ 　　(10-1)

其中，α为安全系数，表示标准差的个数，安全系数可以根据库存满足率或缺货率查安全系数表查出来。

在实际运用时，也可以采取一些简单的办法。通常把订货点看成由两部分构成：一部分是平均订货提前期的需求量；另一部分是安全库存量。其计算公式为：

订货点=平均订货提前期的需求量+安全库存量 (10-2)

平均订货提前期的需求量=平均订货提前期的天数×日平均需求量 (10-3)

安全库存量=(预计日最大需求量-日正常需求量)×平均订货提前期的天数 (10-4)

例 10-2 某公司某项零件过去 6 个订货提前期消耗量(单位:吨)分别为 112、132、126、136、129、139,安全系数为 1.95,求订货点 Q_R。

解:$\bar{D}_L = \dfrac{112+132+126+136+129+139}{6} = 129$ (吨),$\sigma_D = \sqrt{\sum_{i=1}^{6}\dfrac{1}{6}(D_{L_i}-129)^2} = 8.72$,

$Q_R = D_L = \bar{D}_L + Q_s = 129 + 1.95 \times 8.72 = 146.004$ (吨)。

2) 订货批量

经济订货批量(economic order quantity,EOQ)模型是解决独立需求库存订货批量的基本模型,主要通过平衡订货成本和库存持有成本,以确定使库存总成本最低的经济订货批量。它是在一系列假设的基础上建立的,其假设条件主要有以下几个。

- 市场需求已知,且具有均匀和连续特征。
- 成本已知且不变。
- 不允许出现缺货。
- 不考虑订货提前期,即货物从下订单到收到货物的时间间隔忽略不计。

已知当年需求量为 D,单位购买价格为 P,每次订货成本为 S,单位产品库存持有成本为 H。若每次订货批量为 Q,则年订货次数为 $\dfrac{D}{Q}$,平均库存量为 $\dfrac{Q}{2}$,则年库存总成本 TC 为:

$$TC = DP + \dfrac{D}{Q}S + \dfrac{Q}{2}H \tag{10-5}$$

通过对式(10-5)求导,可得经济订货批量为:

$$Q^* = \sqrt{\dfrac{2DS}{H}} \tag{10-6}$$

例 10-3 已知某种商品年需求量 D=10 000 件,订购成本为 40 元/次,存储成本为 20 元/年,订货提前期为 5 天,产品单价为 125 元/件。求经济订货批量、订货点和年库存总成本。

解:经济订货批量:$Q^* = \sqrt{\dfrac{2DS}{H}} = \sqrt{\dfrac{2 \times 10\,000 \times 40}{20}} = 200$ (件)

订货点:$Q_R = R \times LT_k = \dfrac{10\,000}{365} \times 5 = 137$ (件)

年库存总成本:$TC = DP + \dfrac{D}{Q}S + \dfrac{Q}{2}H = 10\,000 \times 125 + \dfrac{10\,000}{200} \times 40 + \dfrac{200}{2} \times 20 = 1\,254\,000$(元)

3. **定量订货法的应用**

定量订货法特别适用于需求均匀稳定的物资的订货。在这种情况下,定量订货法既能更好地满足需求,又能节省总费用。

1) 定量订货法的优点

- 实际操作简单易行。实践中,常常采用双堆法(双箱法)进行库存控制。

- 随时掌握库存动态。平时要详细检查和盘点库存，检查其是否降到订货点，以便可以随时了解库存动态。
- 充分发挥经济订货批量的作用，可降低库存量和库存成本，有利于节约费用，提高经济效益。

【知识拓展 10-5】

> 双堆法，就是将货物分成两堆，一堆为订货点库存，另一堆为经常库存。平时使用经常库存，当消耗完就开始订货；订货期间则使用订货点库存，直到所订货物到达。双堆法省去了随时检查库存的工作，简化和方便包装、装卸搬运和运输，实施起来简单方便。

2) 定量订货法的缺点
- 增加了库存保管费用，需要经常对库存进行详细检查和盘点，工作量大且需花费较多的时间、人力和物力。
- 订货模式过于机械，缺乏灵活性。
- 订货时间不能预先确定，所以难以严格管理，也难以做出较精确的人员、资金、工作等计划安排。

(三)定期订货法

定期订货法是指按照预先设定的订货间隔时间进行订货补充库存的一种库存管理方法。相邻两次订货的时间间隔称为订货周期。定期订货法主要靠设定订货周期和最高库存量以达到控制库存的目的，每次订货批量均不相同。

1. 定期订货法的原理

按照预先确定的时间周期(T)和一个最高库存量(Q_{max})，周期性地检查库存，随后发出订货，将库存补充到目标水平(Q_{max})，如图 10-2 所示。根据检查时刻的实际库存量(Q_{ki})、在途库存量(I_i)及已发出出库通知还没有出库的延迟出库库存量(B_i)，计算出每次订货量(Q)，使订货后的"名义库存量"等于最高库存量(Q_{max})。

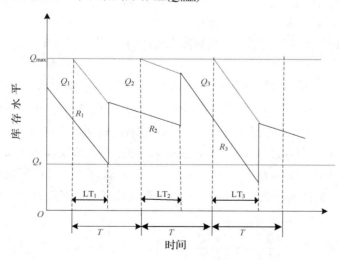

图 10-2 定期订货模型

2. 定期订货法控制参数的确定

(1) 订货周期的确定。定期订货法是一种基于时间控制的订货方法。订货周期对库存总成本具有重要影响。订货周期太长，会使库存持有成本上升；订货周期太短，会增加订货次数，使订货成本增加。

一般情况下，从费用角度出发，如果要使库存总成本最低，可以采用经济订货周期作为订货周期(T)。

已知年需求量为 D，单位购买价格为 P，每次订货成本为 S，单位产品库存持有成本为 H。若订货周期为 T，则平均库存量为 $\frac{DT}{2}$，则年库存总费用为：

$$\text{TC} = PD + mS + H\frac{D}{2m} = PD + \frac{S}{T} + H\frac{DT}{2} \tag{10-7}$$

其中，$m = \frac{1}{T}$ 为一年内的订货次数。

通过对式(10-7)求导，可得经济订货周期为：$T^* = \sqrt{\frac{2S}{DH}}$。

(2) 订货量的确定。定期订货法中的订货量是变化的，它取决于很多因素，关键是预先确定最高库存量($Q_{\max}$)。

① $Q_{\max}$ 的确定。在定期订货法中，把订货周期(T)和其后一个订货提前期(LT_k)结合在一起，即 $T+LT_k$ 的长度为一个时间单元，把 $T+LT_k$ 期间内的需求量(D_{T+LT_k})作为确定 $Q_{\max}$ 的依据。

如果订货提前期内的需求量(D_{T+LT_k})、需求率(R)和订货提前期(LT_k)均服从正态分布，则：

$$D_{T+LT_k} \sim N(\bar{D}_{T+LT_k}, \sigma_{T+LT_k}), \quad R \sim N(\bar{R}, \sigma_R), \quad LT_k \sim N(\bar{T}_k, \sigma_T)$$

根据概率论知识，可知：

$$Q_{\max} = \bar{D}_L + Q_s = D_{T+LT_k} + \alpha\sigma_{T+LT_k} = \bar{R}(T+\bar{T}_k) + \alpha\sqrt{(T+\bar{T}_k)\sigma_R^2 + \bar{R}^2\sigma_T^2} \tag{10-8}$$

② 每次订货量的确定。在定期订货法中，每次的订货量均不相同，其取决于当时的实际库存量。具体地，订货量的确定方法为：

订货量(Q)=最高库存量($Q_{\max}$)-现有库存量(Q_{ki})-在途库存量(I_l)+延迟出库库存量(B_i) (10-9)

在实际运用时，也可以采取一些简单办法计算每次订货的订货量，计算公式为：

订货量(Q)=需求率(R)×订货提前期($\bar{T}_k$)+订货周期(T)+安全库存量(Q_s)-

现有库存量(Q_{ki})-在途库存量(I_l)+延迟出库库存量(B_i) (10-10)

例 10-4 某种物资月需求量 D 服从正态分布 $N(20, 3)$，订购成本 S=40 元，存储成本 H=2 元/(件·月)，平均订货提前期为 T_k=1 月。采用定期订货法，盘点得到 Q_0=21，在途库存量为 5，已经售出但尚未发货的库存为 5。如果要使库存满足率达到 97.7%，求订货周期 T 和最高库存量 $Q_{\max}$。

解：订货周期为：$T = \sqrt{\frac{2S}{HR}} = \sqrt{\frac{2\times 40}{1\times 20}} = 2$ (月)

要使库存满足率达到 97.7%，则安全系数 $\alpha=2$

则最高库存量为：$Q_{\max} = \overline{D}_{k+T_k} + \alpha D_{T+T_k} = \overline{R}(T+T_k) + \alpha \sigma_R \sqrt{T+T_k}$

$\qquad\qquad\qquad = 20 \times (2+2) + 2 \times 3 \times \sqrt{2+2} = 92$（件）

订货量为：$Q = Q_{\max} - Q_0 - I + B = 92 - 21 - 5 + 5 = 71$（件）

3. 定期订货法的应用

1) 定期订货法的优点

- 可以合并订货与进货，减少订货管理费与物料运输费。
- 周期盘点比较彻底、精确，无须每天检查和盘点库存，这样既减少了工作量，也节省了管理费用，还提高了工作效率。
- 库存管理的计划性强，能预先制订订货计划和工作计划，有利于实行计划管理。

2) 定期订货法的缺点

- 需要较大的安全库存量来保证物料需求。定期订货法不能及时监测库存动态，为避免突发的大量物料需求引起缺货而带来的损失，需要制定较高的安全库存量。
- 每次订货的批量不固定，无法确定经济订货批量，不能发挥经济订货批量的优势，因而运营成本较高，经济性较差。
- 手续麻烦，每次订货都得检查储备量和订货合同，并要计算订货量。

【课外资料 10-1】

定量订货法与定期订货法的比较

定量订货法与定期订货法都是独立需求库存控制的重要方法。两者各有所长，它们的基本区别是：定量订货法是采用"事件驱动"的控制方法；而定期订货法是采用"时间驱动"的控制方法。在定量订货法中，必须连续监控剩余库存量。两种方法的比较如表 10-4 所示。

表 10-4 定量订货法与定期订货法的比较

项 目	定量订货法	定期订货法
订货量	每次订货量相同	每次订货量不同
订货时间	随机(库存量降到订货点时)	随机(订货间隔期相同)
库存量大小	小，安全库存也小	大，安全库存也大
库存记录	每次出库都需记录	只在盘点期记录
库存控制要求	较松	严格
库存控制品种数	同时控制多种物资	较少
物资类型	昂贵、关键或重要物资	不太重要的物资

第三节 供应链环境下的库存问题

一、供应链环境下的库存控制问题

供应链环境下的库存问题和传统的企业库存问题有许多不同点。传统的库存管理仅从单一的优化库存成本的角度做出决策，但从供应链整体的角度看，这种方法显然是不合理的。供应链管理环境下的库存控制存在的主要问题有三个：信息类问题、供应链的运作问题、供应链的战略与规划问题。这些问题具体表现为以下几个方面。

(一)缺乏供应链整体观念

虽然供应链的整体绩效取决于各个供应链的节点绩效，但是各个节点都是独立的行为主体，都有各自独立的目标。有些目标和供应链的整体目标是不相干的，甚至是冲突的。因此，整体观念的缺乏使供应链上的企业"各行其道"，这必然导致供应链的整体效率低下。

(二)对用户服务的理解与定义不恰当

供应链是以用户需求为驱动的，目的是给用户提供更好的产品或服务。供应链管理的绩效好坏应该由用户来评价，或者由对用户的反应能力来评价。但是，供应链各节点企业对用户服务的理解与定义不同，导致用户服务水平不同。

(三)交货状态数据不及时、不准确

用户在下订单时，通常希望获悉准确的交货时间。在等待交货过程中，企业也可能会对订单交货状态进行修改，特别是当交货时间被推迟以后。这并非否定一次性交货的重要性，但必须看到，许多企业并没有及时、准确地把订单推迟交货的数据提供给用户，其结果当然会引起用户的不满。交货状态数据不及时、不准确的主要原因是信息传递的问题。

(四)信息传递效率低

供应链各节点企业的需求预测、库存状态、生产计划等都是供应链管理的重要数据，这些数据分布在不同的供应链组织之间，要做到快速响应用户需求，必须实时地传递。为此，需要集成供应链信息，使供应链的库存数据能够实时、快速地传递。但是，很多企业的信息系统并没有很好地集成起来，使供应商获得的往往是延迟的和不准确的用户需求信息。延迟引起误差和影响库存量的精确度，因此短期生产计划的实施也会遇到困难。

(五)轻视不确定性对库存的影响

供应链运作中存在诸多的不确定因素，如订货提前期、货物运输状况、原材料的质量、生产过程的时间、运输时间、需求变化等。为了减少不确定性因素对供应链的影响，首先应了解不确定性因素的来源和影响程度。很多企业对这个问题并不重视，导致错误地估计供应链中物料的流动时间(提前期)，造成库存过量或库存不足的情况。

(六) 库存控制策略简单

在实际运行中，许多企业对所有物品均采用统一的库存控制策略，物品的分类没有反映供应与需求中的不确定性。对于传统的库存控制策略，多数是面向单一企业，采用的信息基本上都来自企业内部，其库存控制没有体现供应链管理的思想。因此，如何建立有效的库存控制体系，并能体现供应链管理的思想，是供应链库存管理的重要内容。

(七) 缺乏合作性与协调性

协调的目的是使满足一定服务质量要求的信息可以流畅地在供应链中传递，从而使整个供应链能够根据用户的要求步调一致，形成更为合理的供需关系，适应复杂多变的市场环境。

为了应对不确定性风险，供应链各节点企业都设有一定的安全库存。问题是许多供应链特别是全球化的供应链，组织的协调涉及众多的利益群体，相互之间的信息透明度不高。在这种情况下，企业不得不维持一个较高的安全库存，并为此付出较高的代价。

在企业内部，一般有各种各样的激励机制加强部门之间的合作与协调，但是当涉及企业之间的激励时，困难就大得多。问题还不止如此，信任风险的存在更加深了问题的严重性，相互之间缺乏有效的监督机制和激励机制是供应链各企业之间合作关系不稳固的原因。

(八) 产品的过程设计没有充分考虑供应链上库存的影响

科学技术的进步，使生产效率大幅提高，企业的运营成本大幅降低。但是供应链库存的复杂性却没有得到重视，使节省的成本都被供应链的分销与库存成本给抵销了。一方面，在引进新产品时，如果不合理规划供应链，就会造成运输时间过长、库存成本过高，使供应链不能获得成功；另一方面，在供应链的结构设计中，同样需要考虑库存的影响。要在供应链中增加或减少一个工厂或分销中心，一般是先考虑固定成本与相关的物流成本，至于网络变化对运作的影响因素，如库存投资、订单响应时间等常是放在第二位的。

二、供应链中的"牛鞭效应"

(一) 概述

"牛鞭效应(bullwhip effect)"最早是被宝洁公司发现的。1995年，宝洁公司管理人员在考察婴儿一次性纸尿裤的订单分布规律时发现，虽然婴儿对产品的消费比较稳定，零售商那里销售波动也不大，但厂家从经销商那里得到的订单却出现大幅波动，同一时期厂家向原材料供应商的订货量波动幅度就更大。同样，惠普、通用、福特和克莱斯勒等许多企业也发生这种供应链上最终用户的需求沿供应链向上游前进过程中波动程度逐级放大的情况。

这种信息扭曲的放大作用在图形显示上很像一根甩起的牛鞭，最下游的客户端相当于鞭子的根部，而最上游的供应商端相当于鞭子的梢部，在根部一端只要有一个轻微的抖动，传递到末梢端就会出现很大的波动，因此被形象地称为"牛鞭效应"，也即需求变异放大效应。"牛鞭效应"扭曲了供应链上的市场需求信息，每个环节对需求的估计不同，从而导致了供应链的失调。供应链上各节点企业的订货量如图 10-3 所示。

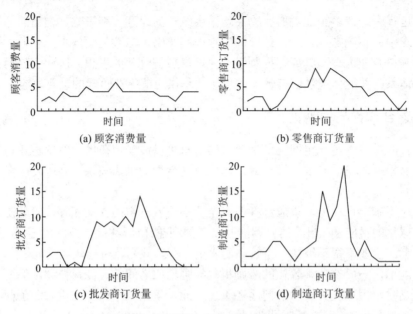

图 10-3　供应链上各节点企业的订货量

(二)"牛鞭效应"的危害

(1)"牛鞭效应"导致各节点企业拥有过量的库存，库存成本增加。"牛鞭效应"的存在，使上游企业的订单会在下游企业订单的基础上产生额外的波动，即使最终的顾客需求比较稳定，零售商、批发商、制造商、供应商的订购量波动幅度也会逐级增大，这就增加了供应链中需求的不确定性。供应链上的各节点企业通常会拥有大量的库存应对需求的不确定性，这势必增加企业的库存，增加库存成本，占用企业资金。

(2)"牛鞭效应"降低了产品供给水平，降低了顾客的满意度。企业对市场需求的预测失真，往往导致当前生产能力和库存不能满足订单的需求，造成供应过程中的缺货现象，使顾客的有效需求得不到满足，这就大大降低了顾客的满意度，降低了顾客服务水平，减少了销售额。同时，企业也可能过高地估计市场需求，导致过量生产，出现库存积压现象。

(3)"牛鞭效应"导致生产成本的增加。制造商通常以下游企业的订单进行产品预测和编制生产计划。"牛鞭效应"使制造商面临的订单波动很大，这给生产计划带来了很多问题，导致生产的平稳性变差，有时处于停顿状态，有时为了满足突然出现的需求又必须加班加点。生产的不稳定性带来的直接后果就是导致生产成本大大增加。

(4)"牛鞭效应"增加了企业的运输成本及相应的劳动力成本。企业的运输需求是与订单的大小密切相关的。"牛鞭效应"使运输需求以及相应的劳动力需求会随着订单的波动而波动。在不同的阶段，供应链上的各节点企业有不同的选择，或者持有剩余运力、劳动量；或者变动运力、劳动量，但是无论是哪种选择，都会增加运输成本及相应的劳动力成本。

(5)"牛鞭效应"会给企业间的合作关系带来负面影响。供应链上的各企业都会认为自己的计划、决策是正确的,一旦出现订单的波动、需求的不确定,就会将责任归咎于供应链上的其他企业,这就会损害供应链上各节点企业之间的合作关系,使彼此不信任,增加供应链协调的难度。

(三)产生"牛鞭效应"的成因

"牛鞭效应"产生的根本原因在于供应链各节点企业之间缺乏沟通和信任机制,而每一个企业又都是理性人,有各自的利益,由此造成需求信息在传递过程中不断地扭曲。"牛鞭效应"的主要成因有以下几方面。

1. 需求预测修正

供应链各节点企业会采用各种不同的预测方法预测自身需求,以此向上游企业订货。当供应链的成员企业直接采用下游订货数据作为需求信息时,就会产生需求放大现象。零售商通常采用指数平滑法来预测平均需求及其方差,按顾客需求预测订货,确定订货点和安全库存,观察的数据越多,其对预测值的修正也就越多,从而增大了需求的变动性。同样地,批发商按零售商的订货数量来预测需求,连续对未来需求进行修正,最后到达上游供应商手中的订货数量是经过多次修正的库存补给量,变动更大了,从而产生了需求的虚增。需求预测修正(demand signal)是引发"牛鞭效应"的直接原因。

2. 批量订货方式

在供应链中,每个零售商都会向上游企业订货,并且会对库存进行一定程度的监控。从订货到收货有一定的时间间隔,在入库的物料耗尽以后,零售商不能马上从供应商那里获得及时补给,因此会采用批量订货(order batching)方式,并保持一定的安全库存。供应商也通常采用数量折扣的方法鼓励零售商批量订货。同时,零售商向供应商订货时,也会倾向于大批量订货,以降低单位运输成本。

如果所有客户的订购时间均匀分布,那么"牛鞭效应"的影响就会最小。然而,这种理想状态极少存在。订单通常都是随机分布的,甚至是相互重叠的。当顾客的订货时间重叠时,需求高度集中,从而导致"牛鞭效应"高峰的出现。

3. 短缺博弈

当潜在的需求超过制造商的生产能力时,制造商会根据下游零售商的订货数量按照一定的分配制度进行限量供应。在这种情况下,为了避免缺货,零售商会夸大实际需求量。当供不应求的情况得到缓解时,零售商会取消大部分订单,销售量会远远小于订货量,这样就产生了"牛鞭效应"。这是零售商们在考虑自身利益的前提下多方博弈的结果,即短缺博弈(shortage game)。一方面,供应商无法区分这些增长中有多少是由于市场真实需求增加而增加的,有多少是零售商害怕限量供给而增加的,因而不能从零售商的订单中得到有关产品需求的真实信息;另一方面,只要零售商认为可能会有短缺情况发生,就会发生这种情况。

4. 价格波动

供应链中的价格波动(fluctuation prices)一般是由企业的促销策略引起的。企业经常会采取价格折扣、数量折扣等方式来增加销量。折扣往往会刺激购买者以低价大量购入产品，而这个购入量大于实际的需求量，因此引发了需求的不确定性，当这个不能真实反映顾客需求的信息沿供应链向上游传递时，就会对整个供应链的需求产生影响。除此之外，价格波动还可能是由竞争对手的恶性竞争、供不应求、通货膨胀、自然灾害和社会动荡等经济环境突变引起的，这类因素使许多零售商预先采购的订货量大于实际的需求量。如果库存成本小于由于价格折扣所获得的利益，零售商当然愿意预先多买，而这样订货并不能反映真实的需求变化，从而产生"牛鞭效应"。

5. 库存责任失衡

供应商需要在销售商(批发商、零售商)结算之前按照销售商的订货量负责将货物运至销售商指定的地方，而销售商并不承担货物搬运费用；在发生货物毁损或者供给过剩时，供应商还需承担调换、退货及其他相关损失；在销售商资金周转不畅时，销售商会利用这些存货与其他供应商易货，或者不顾供应商的价格规定，低价出货，加速资金回笼。另外，销售商掌握的大数量的库存也可以作为与供应商进行博弈的筹码。因此，销售商普遍倾向于加大订货量掌握主动权，这样也必然会导致"牛鞭效应"。

6. 应对环境变化

自然环境、人文环境、政策环境和社会环境时刻都在变化，销售商为了应对这些变化就要保持库存，并且随着环境的变化库存量也会随之变化。当对不确定性的预测被人为渲染，或者形成一种较普遍认识时，为了保持有应对这些不确定性的安全库存，销售商会加大订货，将不确定性风险转移给供应商，这样也会导致"牛鞭效应"。

(四)"牛鞭效应"的缓解方法

"牛鞭效应"导致需求信息失真，扭曲的信息使供应链中的成员对市场需求的预测出现偏差，如果不能缓解"牛鞭效应"，就会导致企业领导者决策失误。常用的缓解"牛鞭效应"的方法有以下几个。

(1) 共享信息，避免多次预测需求。
(2) 增强合作，减少订货批量。
(3) 采用新的分配机制，消除短缺时的博弈行为。
(4) 稳定价格控制。

【案例分析10-3】

长安福特汽车消除供应链上"牛鞭效应"的秘诀

在2007年全球业绩溃败的大背景下，销售报告显示，长安福特在2008年上半年中国地区的销售量达到172 411辆，业绩上升了近21%。此期间是蒙迪欧、福克斯、S-MAX、马自达2、马自达3集中上市的阶段，快速反应、多样化的新产品战略，是长安福特销量快速提升的根本。这些傲人销售成绩的背后是长安福特在供应链管理上的成功实践。

"市场变化后，销售部门通知生产部门减少产量，但生产部门不知道应该减产多少，为什么减产。""市场要求变化的信息没有及时反馈到计划部、产品设计部，产品过时，老产品库存积压。"需求不明确、供给不稳定造成了供应缺乏、库存居高不下、成本过高等现象，引起这些问题的根源有许多，但主要原因是"牛鞭效应"。在汽车供应链上，这种效应越往上游，变化就越大，距最终客户越远，影响就越大。汽车属于制造行业中最顶端、最复杂的产品，最终成品由几万个零件构成，相关供应商有数千家，这种信息扭曲如果和制造过程中的不确定性因素叠加在一起，就会导致上下游巨大的经济损失。事实上，长安福特在处理供应链上的"牛鞭效应"方面做得非常成功，其成功的关键在于全程供应链的有效管理和IT支持。

一方面，长安福特依靠出色的全程供应链管理(设计、采购、生产、配送和终端销售)，引进六西格玛完善供应链，解决以往的"顽症"。通过全球化资源组合开发，快速地推出新车型，以实现快速设计、快速生产、快速出售、快速更新的目标。同时，福特汽车公司要求其供应商在生产计划变化的时候能迅速反应，总装厂也尽量保证生产计划的稳定性，降低短期计划调整的频率。2006年，长安福特又开始主动减少直接与之交易的供应商的数量。公司不再致力于强调供应商提供的零配件的价格竞争性，而是转向和那些有潜力的能够为福特公司提供完整的汽车生产子组件的供应商保持一种长期的关系。目前，福特汽车公司的供应链周转时间比原来规划减少了45%，各个装配厂和生产厂获得零配件和原料所需的平均时间以及联系供应商所需的人数都有大幅度下降，从而使整个供应链以一个既快速又可以预测的节奏运行，大大消除了需求预测修正、限量供应和短缺博弈等产生"牛鞭效应"的因素，进而从供应链的根源处来消除"牛鞭效应"。这种供应链管理革新方式可以为福特汽车公司每年减少数以亿计的成本。

另一方面，供应链全程管理顺利进行需要一套强有力的IT支持系统来保障。长安福特新的战略要求公司利用技术来克服由于区域的限制而带来的信息流的不顺畅。原来，长安福特采购订货用于生产和售后服务的零部件用手工填写订单，用传真通知供应商，因为和供应商关系不错，有时订单修改采用电话方式通知供应商，往来信息经常不准确。现在，长安福特使用最新的信息技术工具和目视化平台来促进一些非正式的交流。特定的经销商数据库用于支持专卖店和重庆或南京总装厂之间的联系，其中既包括像订单和销售趋势那样的硬数据，也包括顾客反馈和针对某个零部件、可选项产品、新款反响等软信息，从而避免"闭门造车"之类的错误。

同时，长安福特与福特全球共用供应商数据平台 SIM 和 IMS 订单系统，及时了解供应商出货和产品在途运输的数量，在末端收货以条形码扫描为准，避免了人为操作的错误和波动，实现物流运作的可视化和数字化。福特汽车公司还建立了日报交货系统，专门应用于它在中国的四个分厂，该系统反映各厂每天大致的原材料需求量。

(资料来源：沈广宇. 福特汽车消除供应链上"牛鞭效应"的秘诀[J]. 才智，2009(3). 略有改动)

思考题：

长安福特是如何处理"牛鞭效应"的？

第四节 供应链管理下的库存控制方法

一、供应商管理库存

在传统的库存管理理论中,为了降低缺货风险,各企业不得不持有一定量的库存,这就造成整个供应链的库存成本增加、市场需求信息扭曲、上下游关系恶化、不利于合作与沟通等问题。供应商管理库存(vendor managed inventory,VMI)突破了传统的条块分割的库存管理模式,以系统的、集成的管理思想进行库存管理,使供应链系统能够获得同步化的运作。

(一)供应商管理库存的定义

供应商管理库存是指按照双方达成的协议,由供应链的上游企业根据下游企业的物料需求计划、销售信息和库存量,主动对下游企业的库存进行管理和控制的库存管理方式(GB/T 18354—2021)。

(二)VMI 的实施条件

要实现 VMI,关键是对供应商保持库存状态的透明性。供应商必须对其下游企业的库存状况进行实时跟踪和检查,务必做到了如指掌,从而加快供应链上的信息传递和实时处理速度,并对自身的供应(生产)状态做出相应的调整。因此,供应商要想对其用户实施 VMI,必须参照以下几个关键条件进行一些有关 VMI 的硬件和软件支持建设。

(1) 建立用户情报信息系统。通过建立用户信息库,供应商能够实时掌握需求变化的情况,快速了解市场需求动态和商品的需求信息,以便有针对性地及时进行商品补给,从而有效地管理用户的库存。

(2) 建立销售网络管理系统。供应商通过构建完善的销售网络管理系统,能够保证自己产品的需求信息和物流畅通。只有实现了供应商的产品信息标准化,以及商品储存和运输过程中的有效识别,才能既加快用户需求的响应速度,又降低用户的库存水平。

(3) 建立供应商与用户的合作框架协议。建立供应商与用户的合作框架协议使双方订单处理的业务流程标准化。供应商应当和用户通过协商来确定库存检查周期、库存水平、订货点等库存控制的关键参数,以及合作双方如何进行信息的交流和传递的方式等问题。

(4) 建立适应 VMI 运作模式的组织机构。因为 VMI 策略改变了供应商的组织运作模式,尤其是与订单处理相关的流程。所以,需要专人负责处理供应商与用户之间的订货业务、控制用户的库存和服务水平及协调处理其他的相关业务活动。

【案例分析 10-4】

VMI 管理为何还能被盗卖材料?

宋某是东莞市某容器公司设立在某电脑公司的驻厂仓库员工。他违规获得了采购部的账号和密码,在对方发出了采购单之后,他擅自修改系统数据和单据,将套取的材料卖给废品收购站获利。

从 2005 年起,被害单位电脑公司向容器公司采购包装材料,容器公司在电脑公司厂区内设置驻厂仓库(VMI 仓库),并派员工宋某到该仓库工作。从 2011 年 4 月开始,每当电脑公司领料员携带系统开具的纸质用料生产工单(一式三联)到宋某管理的仓库领料时,宋某在生产工单上签名确认后,就按照生产工单上的数量发放包装材料给电脑公司领料员,之后将纸质生产工单(白联)上的数值做加大修改,再将该生产工单(白联)交到电脑公司资材部入账结算。同时,宋某又进入系统对电子生产工单做相应的加大修改,使电脑公司财务未能发现数据异常,按照被加大修改后的需货量向容器公司结算货款。当容器公司派司机配送包装材料到仓库时,宋某安排司机将其改单多出来的包装材料运到废品收购站卖掉。从 2011 年 4 月至 2013 年 7 月,共导致电脑公司损失包装材料货款 85.6 万余元。

(资料来源:钱熙俊,陈皓,高垚. 先进的 VMI 管理为何还能被盗卖材料? [N]. 财会信报,2015.
略有改动)

思考题:
试分析容器公司与电脑公司的 VMI 实施过程中存在哪些问题?应当如何改进?

(三)供应商管理库存的优点和缺点

1. 供应商管理库存的优点

实施 VMI 的好处主要有两方面:一是成本的缩减;二是服务水平的提升。

对于供应商而言,通过信息共享,能够更准确地了解需求市场信息,简化配送预测工作,可以实现及时补货以避免缺货,同时结合需求信息进行有效的预测使生产商更好地安排生产计划。对于需求方而言,VMI 提高了供货速度,减少了缺货;将计划和订货工作转移给供应方,降低了运营费用;在恰当的时间适量补货,提升了总体物流绩效。除此之外,VMI 还为双方带来了共同利益,如通过计算机互联通信,减少了数据差错;提高了供应链整体的处理速度。从各自的角度考虑,各方更专注于提供更优质的用户服务,使所有供应链成员受益;真正意义上的供应链合作伙伴关系得以确立;等等。

2. 供应商管理库存的缺点

VMI 尽管可以为供需双方带来成本缩减、服务改善的优势,但在实施中,它也存在许多缺点。

(1) VMI 中供应商和零售商协作水平有限。作为独立的经济个体,供应商和零售商的合作原则还是基于自身利益的最大化,因此在 VMI 实施过程中,双方的协作水平会受到限制。

(2) VMI 对于企业间的信任要求较高。要真正实施 VMI,就要求供需双方充分信任,从而实现信息共享、密切合作。但在现实中,这种充分的信任是很难实现的。

(3) VMI 中的框架协议虽然是双方协定,但 VMI 是将需方库存决策权代理给供应商,因此供应商是处于主导地位的。在决策过程中,如果缺乏足够的协商,很容易造成失误。

(4) VMI 的实施减少了库存总费用,但在 VMI 系统中,库存费用、运输费用和意外损失(如物品毁坏)不是由用户承担,而是由供应商承担。

由上可知，VMI实际上是对传统库存控制策略进行"责任倒置"的一种库存管理方法，这无疑加大了供应商的风险。

二、联合库存管理

联合库存管理(joint managed inventory，JMI)，是一种在VMI基础上发展起来的，让供应链上游企业与下游企业共同参与和决策，将VMI中供应商的权责转化为供应链各节点企业之间的责任分摊，实现风险共担、利润共享，从而提高供应链的同步化程度和运作效率的一种库存管理模式。

(一)联合库存管理的定义

联合库存管理是指供应链成员企业共同制订库存计划，并实施库存控制的供应链库存管理方式(GB/T 18354—2021)。

(二)JMI的实施

1. 建立供需协调管理机制

为了发挥JMI的作用，供需双方应当秉持合作的态度，建立供需协调管理机制，明确各自的目标和责任，建立合作沟通的渠道，为JMI的实施提供有效的机制。建立供需协调管理机制，需要从以下几个方面着手。

(1) 建立共同的合作目标。要建立JMI模式，首先供需双方要坚持互惠互利的原则，建立共同的合作目标。为此，通过协商形成共同的目标，如提高服务质量、利润共同增加和降低风险等，要在理解双方的共同之处和冲突点的基础上，建立联合库存的协调控制方法。而联合库存管理中心担负着协调供需双方利益的角色，发挥着协调控制器的作用，其中需要对库存优化的方法进行明确确定。主要控制点包括库存如何在多个需求方之间调节和分配、库存的最大量、最低库存水平、安全库存的确定、需求的预测等。

(2) 建立一种信息沟通的渠道或系统。为了增强供应链需求信息的一致性和稳定性，减少由于多重预测导致的需求信息扭曲，供应链各方应增加对需求信息获得的及时性和透明性，为此应建立一种信息沟通的渠道或系统，以保证需求信息在供应链中的畅通和准确性。要将条码技术、扫描技术、POS系统和EDI集成起来，同时充分利用互联网的优势，在供需双方之间建立一个畅通的信息沟通桥梁和联系纽带。

(3) 建立利益的分配、激励机制。要有效运行基于协调中心的库存管理，必须建立一种公平的利益分配制度，并对参与协调库存管理中心的各个企业进行有效的激励，以增强协作性和协调性。

2. 发挥两种资源计划系统的作用

为了发挥联合库存管理模式的作用，在供应链库存管理中应充分利用目前比较成熟的两种资源管理系统：物料需求计划(MRPⅡ)和配送需求计划(DRP)。原材料库存协调管理中心应采用MRPⅡ，产品联合库存协调管理中心则应采用DRP。这样，在供应链系统中可以把两种资源计划很好地结合起来。

3. 发挥第三方物流的作用

第三方物流是供应链集成的一种技术手段。通过把库存管理的部分功能代理给第三方，可以使企业更加关注自己的核心业务，第三方物流起到了连接供应商和用户的作用，这样可以降低企业成本，使企业集中于核心业务，获得更多的市场信息和一流的物流咨询，提升服务质量，快速进入国际市场。

(三)联合库存管理的优点和缺点

联合库存管理的优点：为实现供应链的同步化运作提供了条件和保障；减少了供应链中的需求扭曲现象，降低了库存的不确定性，增强了供应链的稳定性；库存作为供需双方信息交流和协调的纽带，暴露了供应链管理中的缺陷，为提升供应链管理水平提供依据；为实现零库存管理、准时采购以及精细供应链管理创造了条件；进一步体现了供应链管理的资源共享和风险分担的原则。

联合库存管理的缺点：联合库存管理过度以客户为中心，使供应链的建立和维护费用都很高。

【案例分析 10-5】

美国通用汽车售后零件运作公司的联合库存管理实践

美国通用汽车售后零件运作公司，早在 21 世纪初期便着力于改进和优化"联合库存管理"的概念，其特点是与经销商和零售商一起分担库存的风险。

美国通用汽车售后零件运作公司(土星分部)采用了一种基于需求的方法来推动售后零件在供应链上的流动，这种方法考虑到了售后零件消耗的概率特点。公司将所有的售后零件都集中存放在一个配送中心里，经销商存放一部分，不同的经销商可以存放不同数量的不同售后零件。售后零件的需求来自车辆维修、事故、定期保养和车主的自行维修，这些需求可以是事前计划好的，也会是完全的突发事件。在确定了需要哪些零件以后，经销商就会在仓库中查找是否有这些零件，然后发货给维修点。如果缺货，经销商就会向售后零件共享团体(美国通用汽车售后零件运作公司组织起来的实现零件共享的经销商团体)的成员发出请求，看其他成员是否有该零件。美国通用汽车售后零件运作公司为此提供了一套信息系统，帮助经销商进行这种查询。如果在售后零件共享团体中也没有，那么就只能从配送中心或供应商处订货。经销商可以实时查询零件在全美国各地点的库存情况。

在每天的工作快结束的时候，经销商会收到美国通用汽车售后零件运作公司发来的关于零件目标库存的水平的建议。经销商可以选择是或者否，也可以调高或调低目标库存水平，然后根据经销商反馈的结果，公司会自动地为经销商补货。所有的补货订单会发到中央配送中心，然后根据发运计划安排发货。如果配送中心有货，响应时间为 3 天或者更短；如果缺货，配送中心就会将补货订单设为未结订单，或者直接从工厂的生产库存中采购。

土星分部零件供应链的一个重要的特点是"基于目标库存的拉动系统"。土星分部采用的是一对一的补库策略(在目标库存水平上，经销商用掉一个，土星分部就补充一个)，因此土星分部并不会根据需求预测值来安排库存。除了上述业务流程以外，美国通用汽车售后零件运作公司(土星分部)还提供了一套专门的财务制度，包括将自己的零件拿出来共享的经销商以合理的补偿，并且土星分部会在3天内或者更少的时间内自动补货。对于经销商根据土星分部的建议购入的零件，如果在9个月内都没有卖掉，土星分部将负责将这些零件取回并退款。

每一家经销商的库存系统都直接与土星分部的管理系统相连。经销商当天的零件交易会传送给土星的中央系统。根据每天晚上收到的记录，土星的中央系统就可以立即做出零件库存决策，确定对每一个库存单元需补库的数量。

通过联合库存管理，美国通用汽车售后零件运作公司(土星分部)显著地提高了库存管理水平并确保能够在非常短的时间内为每一家经销商进行供货，此种订货和库存管理方法迅速地在美国通用汽车售后零件运作公司的各品牌分部推广开来。

(资料来源：杨轶珺. 中国通用汽车售后零件的物流运作管理[D]. 上海：上海交通大学工程硕士学位论文，2010. 略有改动)

思考题：
美国通用汽车售后零件运作公司是如何进行联合库存管理的？

习　题

一、单选题

1. 每年情人节，商家都会提前预订大量的玫瑰花，这属于(　　)。
   A. 经常库存　　B. 安全库存　　C. 季节性库存　　D. 促销库存
2. 为了防止由于不确定因素影响的订货需求而准备的缓冲库存称为(　　)。
   A. 安全库存　　B. 促销库存　　C. 季节性库存　　D. 经常库存

二、多选题

1. 库存的成本包括(　　)。
   A. 订货成本　　B. 持有成本　　C. 检验成本　　D. 缺货成本
2. 传统的库存控制方法主要有(　　)。
   A. ABC管理法　B. 定量订货法　C. 定期订货法　D. 即时订货法

三、计算题

某零售企业对某一种日用品的年需求量为40 000件，每订购一次订货费用为80元，单位产品库存年保管费用为10元，该产品的订货提前期为3天，日用品的单位采购价格为10元。问：企业应该如何组织进货？一年进货几次？多久需要订一次货？每次进货量为多少？计算该企业的年库存总费用(1年以365天计)。

第十一章 农产品供应链管理

【案例导入】

三鹿奶粉的供应链之痛

"三鹿婴幼儿配方奶粉事件"是一起典型的严重食品质量安全危机事件。据事后估算，需要召回的问题奶粉总量超过10 000吨，涉及退赔金额7亿元以上，而患者的索赔评估在39亿元左右。2007年年底，三鹿在全国的销售额达到100亿元，品牌价值达149亿元，总资产为16.19亿元，负债为3.95亿元。问题奶粉事件后，品牌价值荡然无存，算上退赔金额，三鹿集团已经严重资不抵债。2008年，三鹿集团宣布破产。"三鹿婴幼儿配方奶粉事件"后，许多国家限制对中国乳制品的进口，这直接导致我国乳制品出口量的骤降。与此同时，进口奶粉利用消费者对国产奶粉的信任危机，以低价倾销的方式大量涌入国内市场。

三鹿集团在供应链管理方面的失败原因主要有以下方面。

(1) 不合理的供应链结构无法建立有效的质量追溯系统。奶牛养殖是整个奶业供应链的基础和核心环节。养殖场发展投资规模大，见效周期长，三鹿集团选择把奶牛卖给农民，农民再把奶卖给三鹿。为了解决收奶问题，在奶农和乳企之间出现了大小不同的奶站，奶农的奶都通过奶站最终被集中至三鹿各家工厂。这些奶站或者由乳企直属，或以加盟形式存在，位置比较分散。这样就形成了"奶农—奶站—乳企"的奶源供应模式，但这种模式失去了奶源的品质保障。一方面，养牛利润远高于种地，养牛农户的激增使供应链前端迅速膨胀，但相应的配套信息管理措施却没有建立起来；另一方面，奶牛由奶农散养的家庭作坊式的养殖方式，不但造成了奶源的分散，而且各个农户由于受生产方式、经济因素等的制约，缺乏对奶牛的健康状况、产奶的卫生指标及饲料的安全控制，导致原奶质量参差不齐。另外，三鹿集团在企业运营上采用"产品联合"模式，即全国各地以加盟经营或者分部形式建立分厂，这使产能和规模迅速扩张。产品监察上，三鹿仅仅是派驻厂人员监控。这种监督方式并不能掌管工厂生产，所以作用有限，甚至可能有驻厂监督人员与分厂利益联合导致产品质量下降的风险。这种模式使三鹿迅速扩大了规模和占领了市场，付出的代价就是无法控制产品质量。

(2) 畸形的利润分配无法保证信息的透明。虽然奶业形成了完整的供应链，但并没有合理的供应链利润分配机制和风险共担机制。奶源供应环节的投入约占整个奶业供应链的70%，加工环节占20%，流通环节占10%。而从利润分配来看，这三个环节的利润分配比例为1:3.5:5.5。奶牛养殖环节的投入和利润分配严重倒置。中国乳企与奶农分属两个利益体，彼此之间的直接利益连接机制并没有真正形成，加之"农户+奶企"这种松散的结构，无法使农户避免"机会主义倾向"，难以控制农户在短期利益驱使下的不规范行为。信息不对称，使奶站或乳品公司很难及时发现奶牛或牛奶的问题。

(3) 检测标准滞后，产品名目繁杂。分散家庭养殖的生产方式使奶业供应链上的原料供给难以做到数量与质量上的标准化与规模化。同时，中间环节过多，以及企业展开的争夺奶源行动，客观上降低了原奶的监测标准。我国乳品国家标准涵盖从奶牛饲养、防疫与检验到产品加工等近250项，其中一部分标准是近10年制定的，但还有一些标准沿用了近20年而没有更新。这些长期没有得到更新的标准，监测指标少，检查方法落后，跟不上形势的发展，如"三鹿婴幼儿配方奶粉事件"中的三聚氰胺就未列入国家标准的常规监测。另外，奶源建设的不足，造成原料奶短缺，为了占有市场、降低成本、迎合消费者的需求，企业从自身利益出发不断"创新"奶产品，过度使用食品添加剂甚至向食品中非法添加化工原料来掩饰风味的不足。

(4) 产业链缺乏时效性。乳品的易腐性和不耐储藏性决定产品在流通销售中需要全程冷藏，除了超高温处理的产品和奶粉外，乳品都需要低温冷藏。目前，大型的乳品加工企业一般由奶站来收购鲜牛奶，从原料奶被挤出到运往奶制品生产车间的多个环节，其质量控制几乎完全依赖奶站。农户与奶站、大型奶站与小型奶站、奶站和乳企之间并没有严格的专供契约关系，合同定制也较为简单，只规定了原料奶的价格和质量标准。中间环节的增多，延长了集奶中转的过程，势必影响牛奶的新鲜度和质量水平。

(5) 信任危机。对于农产品供应链来说，信任是建立合作关系的基础，也是获得质量可靠食品的重要保障。从整个奶业供应链内部来说，整合程度低，奶农与乳品加工企业只是单纯的买卖关系，缺乏必要的利益联结机制。此外，奶源基地多数由地方政府和奶农投资建设，乳品加工企业投资较少或没有投资，在这种松散的利益联结机制下，一旦奶业终端产品价格低迷，乳品加工企业就会把市场风险转嫁给奶源基地和奶农，损害奶农利益。另外，乳企大多十分重视品牌建设，其营销策略依靠巨额广告和外包装投入。重广告、重包装而轻奶源的销售收入的分流结构，虽然可以短期内提升企业形象，但是更深层次意味着消费者为牛奶支付的钱很少用到改善奶源上。品牌不等于信任，信任来自对整个供应链条每个环节的风险严格控制。依靠广告和包装换来的信任，在危机面前不堪一击，三鹿近150亿元的品牌价值瞬间蒸发。

(资料来源：张煜，汪寿阳. 食品供应链质量安全管理模式研究：三鹿奶粉事件案例分析[J]. 管理评论，2010，22(10). 略有改动)

我国是一个农业大国，农业的发展关乎国计民生。近年来，我国食品安全事件频发，极大地打击了消费者的信心，影响到我国农业在国际市场上的竞争力。案例中提到的"三鹿婴幼儿配方奶粉事件"，因为没有对供应链管理引起足够重视，使供应链各成员只顾自身利益，不能为了供应链整体目标共同合作，最终出现了安全漏洞，导致整个供应链的消亡。

第一节　农产品供应链概述

一、农产品供应链的定义

有关农产品供应链的研究始于20世纪90年代初期，是从研究危机中的美国杂货店开始的。目前，农产品供应链还没有统一的称呼和定义。

国外研究通常采用"Agricultural Supply Chain""Agri-Supply Chain"和"Agro-Supply Chain"等来描述农产品供应链，也有些专家学者采用其他描述。例如，澳大利亚昆士兰大学的 Peter Nicholas 教授使用"Agribusiness Supply Chain",美国华盛顿州立大学 Kenneth Cassavant 使用"Food and Agriculture Supply Chains"。国内使用较多的称呼有"农业供应链""农产品供应链""涉农供应链""食品供应链""食用农产品供应链"等。

结合供应链的定义,可以把农产品供应链看作围绕核心企业,通过对信息流、资金流、物流的控制,从采购农产品生产所需的原材料开始,到农产品成熟后经由销售网络把农产品送到消费者手中的将供应商、农户(农场)、批发商、零售商直到最终用户连成一个整体的网链结构。

二、农产品供应链的特点

农产品供应链主要有以下特点。

(1) 农产品供应链的安全运营要求条件相对较高。农产品自身的生化特性和特殊重要性决定了它在基础设施、仓储条件、运输工具、技术手段等方面具有相对独立的特性。在农产品储运过程中,为使农产品的使用价值得到保证,需采取低温、防潮、烘干、防虫害等一系列技术措施。农产品物流中的发货、收货及中转环节都需要进行严格的质量控制,以确保农产品品质、质量达到规定要求。另外,农产品流通加工技术和物流各环节的信息处理技术也是制约农产品物流发展的重要因素。

(2) 农产品供应链交易具有很强的随机性。与其他行业的供应链相比,农产品供应链在节点连接上随机性较强,不易建立稳定的供应链结构。农产品供应链系统要素众多且产品具有季节性、地域性特点,使供应链组成节点企业多变,进而改变供应链的层级和宽度。产业结构调整、农户行为方式变化、价格信号作用、自然灾害等因素常常导致农产品供应链频繁地重组。

(3) 市场不确定性较大。农产品生产和消费的分散性,使经营者难以取得垄断地位,市场信息极为分散,很难全面把握市场供求信息及竞争者、合作者的信息。此外,农产品的鲜活易腐性限制了农产品在跨区域间和跨季节间的及时调节,这使农产品供应链具有更多的风险。

第二节　农产品供应链的主要模式

近年来,我国在农产品供应链整合方面已经有了一些尝试,目前主要的模式有以批发市场为核心的农产品供应链、龙头企业带动型农产品供应链、"农户+公司+协会+零售商"农产品供应链、以专业合作组织为核心的农产品供应链(农民专业合作组织),以及政府积极倡导的"农超对接"农产品供应链模式。

一、以批发市场为核心的农产品供应链

以农产品批发市场为核心的农产品供应链是一种传统的农产品供应链模式,也是目前我国主要的模式。在这种模式下,农产品的供求通过市场机制来实现,生产者同需求者之

间仅存在买与卖的关系。该模式的主导者是农产品批发市场,参与者主要是农户、中介组织(也称为批发商)和零售商。农户将生产出的农产品运到当地的批发市场进行销售,中介组织在产地进行收购,达到一定的数量后,运送到销地批发市场进行分销,城市的零售商从批发市场上把产品批发回来,在零售市场或其他形式的零售终端进行销售。

【知识拓展 11-1】

> 农产品批发市场是在集市贸易基础上建立和发展起来的,它有两个层次:一是作为农产品集散地分布在农村乡镇的产地批发市场,其主要功能是为农户和中介组织建立一个交易平台;二是作为农产品批发零售点、分布在城市的销地批发市场,其主要功能是为农产品批发商、分销商和零售商建立一个交易平台。

从供应链管理的角度来看,批发市场是整个供应链的核心。在批发市场上,供需双方的交易既可以是一次性的,也可以是重复性的,有较大的不确定性,现代化的供应链管理手段难以实施,信息链在批发市场处容易断裂,效率相对较低,农产品流通基本上还处在时间长、消耗大、效率低、效益差的低层次状况,食品安全管理难度很大。

【课外资料 11-1】

日本农产品批发市场建设与运作管理模式

一、批发市场在生鲜农产品流通中居主导地位

目前,日本全国有农产品批发市场 1300 多家,其中中央批发市场 80 多家,基本覆盖了日本城乡。近些年,由农协与连锁超市直接挂钩销售生鲜农产品的市场份额逐步增加,但经由中央批发市场和地方批发市场流通的蔬菜、水果和水产品仍分别占其流通总量的 65%左右。日本建立了完善的农产品批发市场拍卖制度,批发市场的批发业者(一级代理批发商)接受卖方即农协的委托,专职从事农产品批发拍卖业务,中间批发商和配送销售商等采购者是买方,通过竞价拍卖实现交易。农协在产地将农户送来的产品进行验收、精选分级、规格化包装并贴上农协标识,然后根据农林水产省批发市场信息网络中心提供的农产品供求与价格信息,适时把农产品送到批发市场,委托在市场上具有专门经营资质的批发业者销售;批发业者接受委托后,视农产品的新鲜度、质量、外形规格及包装等进行竞拍,通过电子显示屏发布产品的产地、品种、数量、质量等信息,中间批发商和配送销售商等买方经过激烈竞争,出价最高者买取某一商品。随后,中间批发商等再将竞买采购得到的商品运到自己的店里或仓库,进行分门别类的挑选、加工、陈列,进行再批发或配送、零售。农产品拍卖成交后,批发市场的计算机系统自动结算货款,并通过银行系统进行转账,不存在现金交易。

二、政府高度重视扶持农产品批发市场建设

日本人多地少,农户家庭小规模经营的收入与其他产业相比,相对较低。为了稳定农业、稳定农民,政府当局均强调农产品批发市场的公益性。日本的中央农产品批发市场和地方农产品批发市场建设所需资金分别由中央和地方财政负担。

三、相关法律法规制度健全完善

日本早在1923年就制定了《中央批发市场法》,规范农产品批发市场的建设和管理。1971年,日本修订了该法,将其改为《批发市场法》。中央批发市场和地方批发市场在开设、投资以及运营上严格受《批发市场法》的约束。对新建批发市场的位置、面积、库房以及停车场等硬件设施也有明确的要求和规定。市场交易必须坚持公平、公正、公开的原则。法律规定到达批发市场的农产品必须以当天上市、全量出售为准则,批发商必须无条件接受委托、代理拍卖,禁止批发商、中间批发商和采购商在批发市场外开展批发业务。

四、农民合作组织是农户连接农产品批发市场的重要桥梁和纽带

日本农协在组建产地批发市场和集配中心、组织物流配送等方面发挥着重要作用。日本全国农协系统共有2800多个基层集配中心(集货场),同时建立了众多农产品运输联合会等合作组织,确保生鲜农产品快速运到批发市场。

(资料来源:http://www.scs.moa.gov.cn/sclt/201106/t20110606_2008211.htm. 略有改动)

二、龙头企业带动型农产品供应链

龙头企业带动型农产品供应链可简单表示为"农户(基地)→龙头企业→批发商→零售商→消费者",其核心环节是龙头企业(食品加工企业或者流通企业)。

龙头企业可以充分利用自身具有的资源,集中人、财、物,把企业不断做大做强,形成强有力的辐射带动能力,向上游带动基地与农户,向下游建立稳定的客户关系,形成一个完整的农产品供应链。企业与上游农户后向一体化的建立,一方面可以通过订单的方式与农户签订长期合同,形成长期合作关系;另一方面企业可以建立自己的生产基地,自然形成后向一体化。通过土地有偿租赁的形式把农民的耕地经营权租赁给公司,这样基地就相当于一个车间,农民相当于这个车间的工人。农民除了定期向企业收取租金外,还当起了企业的"产业工人",这不仅有效解决了结构调整中资金、技术和信息短缺的困难,还避免了自然灾害风险、自主经营的市场风险及生产上的技术风险。

【案例分析11-1】

别具一格的温氏模式

广东温氏食品集团有限公司创立于1983年,由7户农民集资8000元起步,现已发展成一家以养鸡业、养猪业为主导,兼营食品加工的多元化、跨行业、跨地区发展的现代大型畜牧企业集团,目前已在全国22个省(自治区、直辖市)建成140多家一体化公司。

"温氏养猪模式",即由公司向合作农户统一供应猪苗、统一供应饲料、统一供应兽药、统一技术服务、实行保护价收购,并免费为之办理生猪保险。农民和温氏公司合作养猪,除了需要自己投资8万元建造猪舍外,其余的诸如苗猪、饲料、兽药等,全部先由该公司提供,实行记账赊欠,待出售肥猪时一次性扣除。

从该公司肉猪委托养殖合同上看到,加盟的农户养猪每次至少达到100头,120天育

成肥猪后，回收价为 6.6 元/斤。不管市场行情如何变化，公司确保农民每头肥猪获取纯利润 100~150 元。饲养期间，公司派技术人员上门巡回指导。如果公司违反合同，每延迟一天收购，每头给予 1 元补助；延迟支付结算款的，按照延迟款总额的每天万分之三赔偿养殖户。拒收养殖户交付符合标准的猪，每头赔偿养殖户 80 元。

温氏与农户的合作始于 1986 年，也由此开创了我国龙头企业带动型农产品供应链模式的先河，从而实现了农产品的规模化生产、标准化管理、产业化经营，确保了产品质量。这种模式将农户的土地、劳动力和公司的市场、资金、管理经验和技术等农业产业化经营所需要的各种要素进行了有机结合。

温氏模式的核心内容是以一个技术先进、产权明晰的现代农业企业为龙头，以专业化农户为生产基础，由龙头企业组织现代农业产业生产经营，把农户生产纳入现代农业产业链经营中，利用契约和全员股权占有等形式缔结成利益共生体，通过创建"一体化养殖公司"的形式，实现种苗、饲料、饲养、疫病防治、销售等环节的产业链一体化经营。

在产业链中，温氏公司购进的是玉米、豆粕等饲料原料，产出的是活猪，整个运营过程分为五大环节：饲料原料采购、饲料生产环节、种苗生产环节、生猪饲养环节、技术配套环节、销售、加工环节。具体分工为：公司负责统一的计划制订，负责承担市场风险，并对内部各环节的利益进行平衡，实行综合经营；各地分公司负责技术配套、销售、加工环节；基地负责饲料原料采购、饲料生产、种苗生产、药物生产环节，农户负责肉鸡、肉猪的饲养管理环节。公司为养殖户提供种苗、饲料、药物、技术、销售等一条龙服务。对农户的管理可分为申请入户、交付定金(合作互助金)、领取种苗和生产资料、技术指导和相关服务、统一回收、结算 6 个环节。

(资料来源：王筱. 温氏模式：分享之魅[J]. 农经，2012(10). 略有改动)

思考题：
1. 温氏食品有限公司是如何和农民合作的？
2. 结合案例分析，龙头企业带动型农产品供应链成功的关键是什么？

虽然龙头企业带动型农产品供应链可以利用龙头企业的资金优势、技术优势、市场优势、信息优势和管理优势带动一大批农户，有效推动市场农业的发展。但与此同时，该模式也凸显一些问题，主要有订单的履约率低、合约的制定不够完善、行政干预多、农民的谈判空间少、公司与农户的交易成本过高等。

三、"农户+公司+协会+零售商"农产品供应链

"农户+公司+协会+零售商"模式是把分散的小农户转向规模生产的一种有效方式。在协会的统一规划下，公司向农户发放订单，实现"四统一"，即统一标准、统一包装、统一品牌、统一调运，使农产品生产、加工、销售等环节有机结合、相互促进，推动农业走上以质量和效益为中心的轨道，向专业化、市场化和现代化转变。

协会一般由农户自发组织或由政府协调组成，是一种自下而上的农民自己的经济组织。它能够维护农民的利益，与农民之间的关系比较稳固，与其他组织(如龙头企业)相比，在农村更有影响力。这类组织的存在与规范运行，对帮助农民组织起来进入市场，解决分散

的小农生产和大市场的矛盾，实现农业生产的标准化，增强农户在整体上的市场竞争和讨价还价能力，降低交易成本，具有重要作用。同时，这种合作组织将通过市场信息网络获得的全面、准确的食品安全信息、政策、法律、法规、标准等，及时传递给农民，可以帮助农民按照市场需求进行农业生产决策和调整农产品结构，避免盲目生产带来的损失。

四、以专业合作组织为核心的农产品供应链

农民专业合作组织是市场经济发展的产物，是在市场竞争中处于不利地位的广大小规模农户在坚持家庭承包经营、保持各自财产所有权不变的前提下，按照自愿原则建立起来的经济互助组织。发展较为成熟、规模较大的合作组织能够承担起农产品产销一体化管理的责任，实现上连农户下接农产品批发市场、连锁店、超市等零售终端，形成完整的农产品供应链。加入合作组织的农户通过在农产品销售、技术、信息服务及农产品加工等某个环节上展开合作经营，降低各自分散经营的成本，实现规模经济，提高市场议价能力，增强抵御市场风险的能力，最终达到增加经营收入的目标。

【知识拓展 11-2】

农民专业合作组织的发展类型

(1) 从组织的功能角度看，可把农民专业合作组织划分为四种类型。一是农产品营销型，主要解决农产品销售难题，打造农产品品牌，搞活农产品流通。二是农业生产资料供应型，主要为农民及时提供质优价廉的农业生产资料，减少农户购买生产资料的中间环节，确保农用生产资料的质量。三是产加销一体化经营型，主要解决农民生产与农产品加工、销售脱节及利益分割问题，集生产、加工和销售于一体，增加农民的经营收益，抵御市场风险。四是技术服务型，主要解决生产中的技术问题，开展技术引进和推广，提高农业生产的科技含量和水平。

(2) 从组织的合作程度和运行机制角度看，可把农民专业合作组织划分为三种类型。一是专业协会。它是由从事专项农产品生产、销售、加工的农民，按照自愿互利的原则，以产品和技术为纽带联合组建起来的社团性合作经济组织，主要包括技术协会和研究会。其合作关系一般比较松散，大多数专业协会是非实体性的，不直接为会员销售产品，不以营利为目的。专业协会每年向会员收取一定金额的会费，以提供技术和信息服务为主。二是专业合作社。它是合作经济组织的典型形式，是由从事同类产品生产的农户或农民自愿按照合作制原则组成的经济组织。其合作关系一般比较紧密，多数专业合作社是实体性的，其内部制度比较健全，管理比较规范。专业合作社多数在工商管理部门登记为企业法人。成员一般缴纳一定数量的股金，只吸纳身份股，年底按银行存款利率进行股金分红，并按照为社员销售的产品数量返还利润。三是股份合作社。它是在合作制基础上实行股份制的一种新型合作经济组织。一般由企业、农技推广单位、基层供销社等出资作为股东，再吸收少量的社员股金组建成股份合作社。这类组织也是实体性和紧密型的，采取劳动与资本联合的方式，从事某种专业生产，实行按劳分配与按股分红相结合。目前，在农民专业合作组织中，专业协会所占的比重最大，专业合作社次之，股份合作社最小。

(资料来源：侯保疆. 我国农民专业合作组织的发展轨迹及其特点[J]. 农村经济，2007(3). 略有改动)

【课外资料11-2】

法国农民合作社的发展

法国是欧洲最大的农业生产和农产品出口国,但在20世纪70年代以前却是一个农产品及食品净进口的国家。从1971年起,农产品及食品贸易开始转为顺差,此后迅速发展成仅次于美国的世界第二大农产品净出口大国和第一大食品加工出口国。法国农业快速发展的外部条件得益于欧盟共同农业政策,内部动因则是通过大力兴办农村合作经济组织并予以多方面的政策扶持,不断进行农业生产和经营组织的创新。法国农业部官员称:"今天法国农民的富裕,很大程度上是合作社带来的。"

农业合作社是法国农业生产体系最基本的组织形式,是农业发展的主要推动组织,在法国农村经济中占有举足轻重的地位。目前,法国有农业合作社6500余个,入社社员130万人,90%的农民加入了农业合作社。全法农业合作社有雇员12万人,年营业额1650亿欧元,占相关行业的全国市场份额分别是粮油收购75%、餐用葡萄酒收购60%、鲜奶收购47%、羊奶奶酪生产61%、牛肉生产38%、猪肉生产89%、羊肉生产49%、谷物出口45%、鲜果出口80%、家禽出口40%等。农业合作社成为广大农户与全球化大市场联系的桥梁。

法国合作社联盟是合作社的最高组织机构,成员主体是14个行业合作社联合会,22个大区的区域性合作社联盟和少量大型的专业合作社。全国的合作社联盟和区域合作社联盟的主要任务是组织协调和为社员服务,作为协会性组织,与政府、议会对话,开展对外联络和交流,保护合作社的利益。联盟的经费主要是成员社上交的会费,同时通过提供专业的法律等事务性服务收取少量服务费。

(资料来源:农馨. 法国合作社[J]. 农产品市场周刊,2013(16). 略有改动)

五、"农超对接"农产品供应链

"农超对接"是国外普遍采用的一种农产品生产销售模式,"农超对接"是指农户和零售商签订意向性协议书,由农户向超市、菜市场和便民店直供农产品的流通方式。

与传统的农产品供应链组织模式相比,"农超对接"使农户生产的产品直接面向消费者,减少了中间的流通环节,流通环节的减少势必减少运营费用,除了能有效地降低农产品物流运输成本外,还可以降低对农产品供应链运营的监管难度,有效保证食品安全。

【案例分析11-2】

家家悦的"农超对接"模式

家家悦于1998年进军现代化零售业,从一开始就非常重视生鲜农产品的营销。为了促进农民参与到家家悦的"农超对接"项目中来,家家悦采用了多种合作模式。

第一种模式是通过村干部组织农户。乡村干部在农村具有一定的影响力和号召力,家家悦联系优质农产品产区或已经实施了"一村一品"村庄的干部,请他们出面来为家家悦组织超市所需要的农产品。

第二种模式是与种植大户合作。种植大户具有规模大、技术水平高等特点。家家悦选择具有稳定产量和质量的种植大户,让他们把产品直接送到销售门店或者物流配送中心。

第三种模式是同农民专业合作社合作。从2007年以来,山东省农民专业合作社发展的速度非常快,这些由技术骨干或者乡村干部组织的合作社能够对社员农户的生产提供技术支持和进行管理。家家悦非常重视同农民专业合作社的合作。除了已经成立的农民专业合作社外,在一些农产品的主产区,如果农民有意向,但还没有成立合作社,家家悦会帮助农民成立专业合作社,并为新成立的合作社提供有利的采购条件,支持新生合作社的发展。例如,山里红果蔬专业合作社在村委会的组织下,种桃农户开始与家家悦建立直接采购关系。2008年,在家家悦和地方政府的支持下,姜家疃村117户桃农共同成立了合作社,村书记被大家推选为社长。合作社成立后,社员被分成种植组、打药组等多个小组,每个小组都有专人负责。合作社为社员提供农产品生产、技术、销售等一条龙服务。桃子的整个生产过程必须严格按照家家悦的标准,统一购买并使用化肥、有机肥、农药等。

此外,合作社与家家悦签订采购意向书,家家悦除了收购合作社社员生产的合格桃子外,还通过自己敏锐的市场触觉指导生产者生产适销对路的农产品,一旦家家悦发现市场对某种农产品有需求,但尚未有农民生产,他们就会组织有兴趣的合作社来生产。合作中,家家悦为合作社提供免费种子,专门聘请有种植经验的农民对社员进行技术指导,并邀请一家农资公司参加这个项目。农资公司通过赊账的方式向合作社提供农药、化肥,并必须保证出售农药的安全。

截至2010年6月,家家悦超市通过农民专业合作社采购的生鲜农产品已经占到其采购总量的40%,涉及60多家合作社,基地面积超过了25万亩,使大量的农户和消费者从中受益。

(资料来源:胡定寰. 几种成熟的农超对接模式[J]. 农产品加工, 2011(12). 略有改动)

思考题:
家家悦是如何实施"农超对接"模式的?实施"农超对接"模式有什么好处?

在实际运营过程中,"农超对接"的农产品供应链模式面临着诸多挑战。采购成本和运输成本,是超市在"农超对接"中盈利的关键。只有大批量地采购才能降低采购成本和运输成本,只有达到一定规模的农村合作社,才有可能与大型超市对接,但是大型超市对农产品品质要求严格,使极少有合作社能达到要求,超市往往无法达到规模运营。另外,合作社在与超市谈判过程中,地位并不对等,不能保证农户的利益,农户所得的利益往往并不比以批发市场为核心的模式多。同时,超市对供应商的货款结算,一般采用银行结算的支付方式,并且有结算周期,而农户更趋向于传统模式下的现金交易,因此"农超对接"模式在我国全面推广仍有一定的难度。

【案例分析11-3】

"农超对接"缘何H市遇冷

H市本地蔬菜生产即将进入高产期,农产品"卖难买贵"现象日渐凸显。为破解本地菜"卖难买贵"的难题，H市相关部门积极开展多种形式的产销对接，缩短"菜园子"和"菜篮子"的距离，降低流通费用。但治标难治本，小生产和大市场之间的矛盾依然存在。

H市开展"农超对接"已经有多年，这本是一件一举多得的好事，然而近年来却遭到农民和超市的冷遇。

富强晨光蔬菜专业合作社于2008年成立，已经由最初的7户农民发展到现在的100余户，种植面积达到2000余亩。现在合作社已经创出了自己的品牌，销售渠道也更广了，一点儿也不愁卖。合作社现在可以将产品销往农贸市场，或将蔬菜制成礼品包装，走高端精品路线销售等多种销售途径。

多家曾寄希望于"农超对接"的合作社，现在也敬而远之。一位合作社负责人指出："虽然超市和合作社之间实行提前预报蔬菜价格，但价格的最终制定权还是掌握在超市手中；进入超市特别是大型连锁超市的门槛费高，资金回笼期长。另外，进入超市的蔬菜所产生的损耗都要合作社自己承担，这些都增加了农户的负担。"

一家规模较小的合作社负责人说："如果超市需要10样蔬菜，而我们的地里只有2样菜，那剩下的8样菜，只能从批发市场配货，但是价格肯定高，这就失去了'农超对接'的意义。另外，H市产的菜有季节性，不能终年供应，根本无法满足超市需要。"

不只是合作社对"农超对接"不积极，超市也不十分情愿。一位不愿透露姓名的超市负责人说："我们把它作为一项配合政府的'公益活动'，利润少点但只要不赔本就行。"

(资料来源：李天池."农超对接"缘何哈尔滨遇冷[N].农民日报，2013-07-09.略有改动)

思考题：
"农超对接"在H市实施过程中为什么没有得到积极响应？

第三节　农产品供应链中的违约问题

一、订单农业概述

(一)订单农业的定义

农业产业化经营是继家庭联产承包责任制后，我国农村产业组织制度的又一创新。在农业产业化的发展中，最为人们所称道的模式是订单农业(contract farming)。

订单农业是指农产品订购合同、协议，也叫合同农业或契约农业，签约的一方为企业或中介组织，包括经纪人和运销户，另一方为农民或农民群体代表。订单中规定了农产品收购数量、质量和最低保护价，使双方都有相应的权利、义务和约束力，不能单方面毁约。订单是在农产品种养前签订的，是一种期货贸易，所以也叫期货农业。在一定程度上，订单农业有利于解决小生产与大市场的矛盾，也在一定程度上让农民规避了生产经营中的风险。

我国订单农业的主要形式有农户与科研、种子生产单位签订合同，农户与生产加工型龙头企业签订购销合同，农户与专业批发市场签订合同，农户与专业经济组织、专业协会签订合同，农户与流通企业签订合同。

(二)订单农业的作用

从企业的角度来说,为了满足消费者的需求,企业在收购农产品时,会要求农产品具有优质、优价的特性;在下订单时,会对农户生产的产品提出高标准的要求,以实现自身最大的利益。具体地说,企业必定会根据消费者需求,在生产、加工、包装等环节,为农民提供技术、信息、设备、人员等多方面的服务。有的企业甚至协助农民建立一个高标准的生产基地,引导农民实行专业化、区域化、多样化、标准化的生产,以保证农产品的高品质。

对于农民来说,为了达到企业的要求,履行契约,获得收入,农民会在生产中避免不利因素,以最大限度地做到最好。在农产品种类较为丰富的今天,农民面临着激烈竞争下的"卖难"问题,农民面对的是产品相对过剩的市场和激烈的竞争,因此一旦有了订单的合作者,主观上自然会给予足够的重视。如果生产的农产品品质达不到企业的要求,按照订单合同的规定,企业有权利单方面终止合同,而这对于农民来说,损失是不可估量的。

【案例分析 11-4】

"宋小菜"的农产品反向供应链

"宋小菜"是 2015 年 1 月创建的生鲜 B2B 平台,专注于面向中小批发零售商提供蔬菜采购、配送与售后服务。针对生鲜产品生产分散、流通效率低、损耗大等痛点问题以及消费需求个性化与多样化的趋势,"宋小菜"致力于打造订单和数据驱动的以销定采、按需生产的农产品反向供应链。

一、以销定采

2015 年 5 月,"宋小菜"客户端 App 正式上线运营。客户通过"宋小菜"客户端 App 下单并全额付款,平台对订单进行汇总并给到上游,再通过物流运营直接送达客户。最初,公司希望能将需求端的订单直接给到产地供应商,实现产地和销地的对接。但是,在运营初期,由于订单量小,很难影响到上游的源头,"宋小菜"转而通过销地一级农批市场直接拿货。随着业务的开展,平台积累了一批种子用户,订单量也在逐步增长,"宋小菜"开始影响到上游。在这个过程中,"宋小菜"逐步对接了合作社、农民经纪人等生产组织者,直接拿货,甚至与农业大户直接进行对接。运营上,"宋小菜"通过提供"集单、集采、集配"的"一站式"服务,打造"反向供应链"的运营模式,以实现"以销定采"。"宋小菜"的反向供应链运营模式中,以农产品批发市场中小摊贩为主的生鲜零批商,通过"宋小菜"客户端 App 下订单,并全额付款,平台整合订单向蔬菜供应商(包括一级批发市场、生产基地、农业合作社、经纪人)进行集采,蔬菜供应商通过"宋小菜"供应商版 App 接单。对于根茎类的蔬菜品类如土豆,当天在田间采摘并送到产地仓进行分类、冷藏(对于像大蒜类的一年只生产 2~3 个月的品类,"宋小菜"会向供应商提前下单并进行备货,这些品类会提前送到产地仓进行仓储),并通过社会化的物流方式进行长途干线运输和城市配送。

所谓的反向供应链,就是搞清楚客户需求并把这个需求反馈给上游。例如,杭州某农贸市场里一家商户一年需要多少土豆,这个信息如果能反馈到上游,供应商则可以提前规划一年的产值,从而最大限度地避免生产浪费。

二、按需生产

随着"反向供应链"运营模式和上游业务的开展,"宋小菜"逐步对蔬菜商品的特性有了更深入的了解。于是,公司开始考虑对蔬菜商品进行分类分级。类似工业品,蔬菜也可以通过一些属性如自然属性、商品属性和服务属性等维度进行分类。当蔬菜商品可以按照一定的标准如产地、规格等进行分类时,就能够将这些分类信息在客户端 App 上呈现,供客户进行选择。在认识到上游的重要性后,公司于 2018 年 5 月提出了"all in 上游"战略,即将大部分资源和精力集中在上游产地和蔬菜产品上,在蔬菜品类交易数据的沉淀和尊重蔬菜商品特性的基础上,指导上游的生产种植,实现"按需定产"。同时,通过平台交易和消费数据的长期沉淀,打造数字化的产业服务平台,还原整个市场的消费结构和需求特征,进而推动上游的供给侧改革。在这个战略引领下,目前"宋小菜"90%的订单实现了上游直采。

在"集中资源主攻上游"的战略推进下,"宋小菜"培育了一批农民合伙人,"土豆大王"胡宗龙就是典型代表。胡宗龙成立太和县龙艳种植专业合作社,并与"宋小菜"联合设立"互联网+"农产品示范基地,目前种植面积达到 3000 亩。双方的合作模式是,龙艳种植专业合作社根据"宋小菜"的订单,生产符合标准的土豆,"宋小菜"按约定的价格和数量采购。

(资料来源:朱传波,陈威如. 宋小菜:以数字化供应链破局生鲜[J]. 清华管理评论,2020(4). 略有改动)

思考题:
"宋小菜"的反向农产品供应链是如何运作的?有哪些优势?

二、订单农业违约问题分析

订单农业在农业产业化推广和食品安全保障中发挥了积极的作用,但是订单履约有一段农业生产过程,可能受到市场、自然和人为因素等的影响,因此具有一定的风险。在实践中,诸多问题渐渐暴露出来,其中最为严重的问题就是违约,农户违约现象和龙头企业违约现象都存在,农业订单的履约率相对比较低。

【课外资料 11-3】

订单农业早在第二次世界大战以前就已在美国出现,20 世纪 50 年代时在欧美地区迅速发展起来,到了 20 世纪末,订单农业已成为发达国家现代农业的基本特征之一。以美国为例,早在 1997 年,美国国内的农作物和畜产品就有约 1/3 是通过合同生产和交易的。2001年,肉猪总产量中的合同销售份额占到 72%;活牛销售在集中上市期间全部是通过合同来定价销售的;棉花和大米销售的 30%以上采用合同销售。2002 年,美国 79%的烤烟通过合同销售,截至 2003 年,几乎所有的烟草公司和烟叶经销商都与生产者签订了合同。

【知识拓展 11-3】

订单农业中的违约可分为显性违约和隐性违约。显性违约是指违约事实清楚的违约事件。例如，明显的欺诈行为，对于这类违约，法庭可以容易地进行裁决。隐性违约是指违约事实不太清晰、有关信息难以收集或证实的违约事件。例如，基于信息不对称的逆向选择、道德风险和"敲竹杠"行为。对于这类违约，法庭不容易解决甚至根本无能为力。

违约现象屡屡发生的原因是合同失去了约束力，使违约行为得不到惩罚。违约现象的出现与当前我国农业现状及订单农业具有其自身无法克服的弱点直接相关。

(1) 在现实中，无论是龙头企业违约还是农户违约，受害一方诉诸法律，都是得不偿失的。农户小规模经营的现状造成了农户与龙头企业之间的交易量小，胜诉的收益也小，而诉讼及执行的成本却很高，这样法律便彻底失去了威慑力。

(2) 外部环境的复杂性和多变性及人的有限理性，在签订订单时，双方很难预见未来可能发生的一切事件，因而很难确定详尽和精确的契约条款。为了降低交易费用，便签订了一个较为粗略的契约，这就为违约埋下了隐患。由于缺乏规范统一的质量标准，当市场价格低于订单价格时，一些龙头企业为保障自身利益，在收购时对农产品质量标准、等级方面提出不合理的要求，压级、压价收购，有意损害农户的利益，或者违约直接按市场价格收购。于是，在签约之后便会出现契约执行问题，任何一方都很难阻止另一方的机会主义违约行为。

(3) 我国的信誉机制不够健全与信息传播不流畅。信誉机制对小农户的约束作用是微弱的，小农户的生存经济特征和高风险规避倾向，使其更注重眼前，而不看重未来，因而容易违约。同时，小农户是分散的经营个体，交易量小，在市场中大多属于"匿名交易者"，获悉其信用是非常困难和不经济的。因此，小农户的违约成本很低，无形之中助长了其违约行为。

与小农户相比，企业虽然注意市场信誉所带来的长期利益，但在垄断和信息传播不畅时，企业同样有违约倾向。一方面，不少地方只有一家龙头企业，局部垄断现象非常普遍。许多农产品不适合长途运输，农户只能选择就近销售；另一方面，农民普遍与外界交往少，信息相对闭塞，一些企业在一个地方违约之后，可以轻而易举地换个地方继续和农户签约。因而，只要存在这些情况，信誉机制对企业也就没有多少约束作用，企业也具有很强的违约倾向。

【案例分析 11-5】

云南丽江瓦莎毕公司与农户利益冲突

一、公司发展现状

云南省丽江瓦莎毕实业有限公司是创汇型农业龙头企业，也是云南省受扶持的农业龙头企业。公司采用"公司+基地+农户"的经营模式，现有三大基地——丽江市龙山、鲁甸、九河三个乡，挂钩农户 1500 多户。公司对其基地种植的山嵛菜在 70 亩以上的每个自然村都派出一个技术员负责技术指导，每个技术员需要服务 100 多户种植农户。农户现已掌握了育苗技术，公司技术员的育苗工作已结束，现已由农户自己育苗。

近年来，公司一直负债经营，负债高达 3900 多万元，而公司向挂钩农户投入(即垫支款)1300 多万元至今收不回来。由于受外地商贩抢购山嵛菜原料的影响，受扶持的农户有一半甚至一半多的山嵛菜产品外流或外销，公司原料严重短缺，2002 年 1—8 月，一直处于停产状态。公司按1000吨设计的加工厂,2002年仅加工、出口山嵛菜鲜冻品200多吨,规模效益未能发挥出来。

二、山嵛菜种植户发展概况

在公司的带动下,丽江山嵛菜产业得到了很快的发展。例如,龙山乡在公司技术指导服务下,受扶持的农户试种103亩,这也是丽江最早试种山嵛菜的乡镇,当时收购标准是一级品80元/公斤,二级品40元/公斤,等外品20元/公斤,由于品质达不到标准,加之错过收购期,公司及农户均亏损。由于第一期试种未成功,因此第二期种植面积削减至75亩,农户在这一期基本上能保本。第三期,种植面积继续削减至30亩左右,公司按统一价格6元/公斤收购,农户扣除成本,每亩可获纯收入2500元,这是历年来效益最好的一期。第四期,种植面积增加至100亩。按毛利计算,即统一价格是2~3元/公斤,农户每亩纯收入高达1000元,一般都在500~800元/亩。第五期,种植面积增加到400亩左右,这时来自昆明、成都甚至台湾的外地商贩趁机提高价格抢购农户种植的山嵛菜,农户交给公司,纯利在1000元/亩,而交给外地商贩,则可获纯利2000~3000元/亩。2002年,龙山乡山嵛菜的种植面积扩大到1000余亩。

龙山乡的成功试验经验,现已推广到鲁甸、九河及龙蟠等乡镇,以及大理州部分山区。丽江现有山嵛菜种植面积近4000多亩,其中鲁甸乡占45%,近2000亩的基地;龙山乡约1200亩,占30%;九河乡约800亩,占20%;龙蟠乡种植面积有200亩左右。

三、公司与农户之间的利益冲突表现

(一)农户认为山嵛菜种植能为增收带来机遇

山嵛菜产业在丽江山区确实是一种可以为农户增收的、有巨大市场潜力的产业。龙山村五组66户中有50户种植山嵛菜,户均种植面积达4亩。2001年,该村95%的农户获得收益,其中30%~40%的农户能获得50%以上的高收益率。据估计,2002年该村山嵛菜种植农户中能获得高收益率在50%以上的农户占70%~80%。

(二)农户不满公司压价收购其农产品

龙山乡龙山村村民和建军一家7口人,与公司挂钩种植山嵛菜3.5亩,亩产0.8~1.2吨,按协议向公司出售产品,一般亩产值达3000元左右,这与外地商贩收购价8000元/亩,相差5000元/亩。公司为农户提供的种苗是1.5元/苗,农户自己育苗,则每苗的成本仅0.2~0.3元;公司为农户提供的遮光棚1500元/亩,而农户自己投资则仅需1000元/亩。一方面,公司压价收购产品;另一方面,在原料成本上,公司以高价出售给农户。这让农户很不满公司的做法。另外,农户还认为,公司不按产销合同价收购产品,农户的利益得不到有效保障,为此曾几次自发组织到乡政府申诉、静坐,请求乡政府出面解决。

(三)公司认为受扶持的农户信用不好,存在"短视"行为及"搭便车"现象

5年来,公司前后投入和垫支共1300多万元,12个技术员组成的服务队常年无偿为农户提供技术服务。丽江4个乡镇1000多农户种植近4000亩山嵛菜,初步形成种植基地。但每逢山嵛菜收获时节,外地商贩便来丽江高价抢购,受扶持的一半甚至一半多农户贪图高价,同时为避免公司从销售的产品收入中扣除垫付款,纷纷将山嵛菜卖给外地商贩,甚至少数农民还把质量好、卖价高的山嵛菜卖给外地商贩,而把外地商贩不要的次品卖给公司,使公司蒙受损失。目前,公司面临日本客户订货的电话和传真不断,由于没有足够的

货源，不得不拒绝大量的订单。尽管公司根据协议打官司全部胜诉，但没有一起官司能够执行，公司扶持农户的垫支款始终无法收回。

(资料来源：张体伟. 云南丽江瓦莎毕公司与农户利益冲突的调查报告. 农业经济问题[J], 2003(5). 略有改动)

思考题：
云南丽江瓦莎毕公司与农户之间冲突的根源在什么地方？应当如何解决？

习　题

一、简答题

1. 农产品供应链的特点是什么？
2. "农超对接"模式的优缺点分别是什么？
3. 我国农产品供应链主要有几种模式？

二、论述题

结合我国农业发展实际，分析我国应采用哪种农产品供应链模式。

第十二章 绿色供应链管理

【案例导入】

沃尔玛：从绿色供应链中掘金

"环保360"项目是2007年2月1日由沃尔玛CEO宣布的。沃尔玛希望通过该项目将环保从简单地减少公司本身对环境的损害扩展为员工、供应商、社区和顾客的共同参与及分享利益。

"环保360"主要包含包装、物流、供应商及店铺设计四方面。

在沃尔玛已经进行的工作中，包装是成效最为明显的一环。沃尔玛与供应商一起努力以求达到目标：在2013年前减少5%的包装用料，相当于每年从道路上减少21.3万辆卡车，节省32.4万吨煤和6700万加仑(1加仑=3.785412升)柴油。但对于沃尔玛及其伙伴来说，更重要的还在于这样做所能够获得的商业利益。据沃尔玛估算，此举能为全球供应链节约110亿美元，仅沃尔玛自身的供应链就能节省34亿美元。

沃尔玛的绿色包装倡议实施措施很多，其中比较重要的包括每吨包装材料的"温室效应"气体排放量平均减少15%；通过精简产品包装，节约产品运输成本10%；包装材料回收量提高10%；节约能源提高5%。此外，沃尔玛还规定，凡是产品包装材料超过300美元的须报沃尔玛分管部门核准，超过500美元的须获得沃尔玛总部批准，而对于超过900美元的，则必须由行业组织专家委员会审核批准。

此外，沃尔玛在包装环节操作中坚持"五个R"：第一个是"Remove"，即去掉不必要的包装；第二个是"Reduce"，即去掉不必要的包装，使包装达到正确的尺寸；第三个是"Reuse"，即重复使用、重复利用一些包装材料，如包装箱和托盘，过去托盘都是木质的，现在沃尔玛已经逐步开始改用塑料托盘，这样就可以反复使用；第四个是"Renewable"，即采用可回收利用、可降解的包装材料；第五个是"Recyclable"，即可循环利用。"五个R"项目自2005年实施以来，截至2007年年底，仅在沃尔玛的16个自有品牌的包装上就一共节省了212 600立方米的纸，相当于减少砍伐475 200棵树。此外，包装减少使在物流环节节省了102 350桶油、84 000个集装箱和26 400吨柴油，还有成千上万吨的聚氯乙烯。

在运输方面，沃尔玛规定，凡是冷藏货运卡车在仓库、码头和堆场进行装卸货或者其他作业期间，必须停止发动机，改用现场电源帮助制冷。仅此一项，沃尔玛全球冷藏车队就可以减少排放二氧化碳40万吨，减少能耗7500万美元。

(资料来源：李炯. 沃尔玛：从绿色供应链中掘金[N]. 第一财经日报，2008-05-16. 略有改动)

随着人类社会文明的不断发展和经济的高度繁荣，我们在享受现代文明成果带来的便利的同时，资源枯竭、环境污染和生态失衡等一系列问题也相伴而生。这些问题如果不能得到妥善解决，将对人类社会的生存和发展造成严重威胁。绿色供应链是将绿色环保意识贯穿到产品整个生命周期中，在强调供应链中节点企业取得"共赢"的同时，进一步考虑最大限度地降低对环境的负面影响，从而提高资源利用率，增强核心竞争力。

第一节 绿色供应链概述

一、绿色供应链的定义

在绿色供应链这一新领域，各国研究机构和学者提出了各自对绿色供应链的认识。

1996年，美国密歇根州立大学的制造研究协会在一项"环境负责制造(environmental resources management)"的研究中，首次提出绿色供应链的概念。当时，绿色供应链又称环境意识供应链(environmentally conscious supply chain，ECSC)或环境供应链(environmentally supply chain，ESC)，其定义为：绿色供应链是以供应链技术和绿色制造理论为基础，涉及供应商、生产商、零售商和消费者，综合考虑资源效率和环境影响的现代管理模式，其目的是使产品从原材料采购、加工、包装、储存、运输、废弃物处理的整个过程中，达到对环境的影响最小以及资源效率最高的目的。

1998年，Narasimhan和Carter提出绿色供应链是采购部门在废弃物减少、再循环、再使用和材料替代等活动中的努力。

2000年，我国学者但斌和刘飞提出，绿色供应链是一种在整个供应链中综合考虑环境影响和资源效率的现代管理模式，它以绿色制造理论和供应链管理技术为基础，涉及供应商、生产厂、销售商和用户，其目的是使产品从物料获取、加工、包装、仓储、运输、使用到报废处理的整个过程中，对环境的影响(副作用)最小，资源效率最高。

2005年，我国学者王能民等提出："绿色供应链是指在以资源最优配置、增进福利、实现与环境相容为目标的以代际公平和代内公平为原则的从资源开发到产品消费过程中包括物料获取、加工、包装、仓储、运输、销售、使用到报废处理、回收等一系列活动的集合，是由供应商、制造商、销售商、零售商、消费者、环境、规则及文化等要素组成的系统，是物流、信息流、资金流、知识流等运动的集成。"

二、绿色供应链的目标

绿色的本质特征直接体现在"5R"上，即节约资源、减少污染(reduce)；绿色生活、环保选购(reevaluate)；重复使用、多次利用(reuse)；分类回收、循环再生(recycle)；保护自然、万物共存(rescue)。不难看出，绿色要求人类的一切经济活动应当与环境相容。

从供应链的成员来看，绿色供应链应由供应商、制造商、分销商、零售商及消费者共同组成。绿色供应链可以分为两个子系统：生产系统与消费系统。前者主要包括供应商、制造商、销售商与零售商等企业的生产经营活动，后者主要包括消费者的消费活动。对于生产系统而言，其目标是提高其生产活动的效率或者提高资源的配置效率，实现资源科学、合理的利用。对于消费系统而言，其基本的目标是最大化消费过程中的效用，具体在绿色的含义中表现为消费的安全性，即要求在消费过程中与消费后对消费者健康不会存在损害，因此消费系统的主要目标是提高消费者的福利。由此可见，绿色供应链的目标主要包括三个方面：充分实现资源的优化利用(生产系统的主要目标)、提高活动的社会福利(消费系统的主要目标),供应链各成员的活动要与环境相容。

图 12-1 给出了绿色供应链的三维目标。

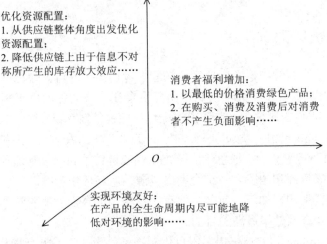

图 12-1　绿色供应链的三维目标

【课外资料 12-1】

影响绿色供应链运营的激励因素

影响绿色供应链运营的激励因素有以下三个方面。

(1) 市场压力。首先,绿色供应链的源发动者是消费者,大多数企业并不关注环境给其带来的商业收益,但是市场迫使其改善环境管理绩效;其次,为了企业的可持续发展和树立企业形象,供应链的核心企业往往成为其所处的供应链实施绿色供应链的发动者和激励者。

(2) 市场份额。为了保持其市场份额,有时甚至仅仅是为了生存,企业在与供应商进行谈判时强调环境因素,绿色供应链可以为企业提高顾客的忠诚度,甚至创造新的市场机会。

(3) 风险管理的需要。采取绿色供应链管理可以避免因为规制等因素所导致的供应中断的风险,因为污染或废弃物产生的环境风险,以及因为市场竞争要素变化而失去竞争优势的风险。

【课外资料 12-2】

阻碍绿色供应链运营的因素

阻碍绿色供应链运营的因素主要有以下几点。

(1) 成本。采取更有效的环保措施将使成本增加。

(2) 缺乏环保意识。不明确的环境标准及供应链内成员间烦琐的报告要求而导致沟通的冲突。

(3) 企业具有竞争优势的技术及商业机密存在曝光的危险。

(4) 绿色供应链要求在供应链内快速转移知识、技术及环境管理实践经验,但由于对技术创新缺乏保护及供应链内成员间知识与技术水平的不一致而产生技术与知识障碍。

(5) 绿色供应链因为供应商数量的减少和组织文化的一致性会导致其柔性降低，使得整个供应链不能有效而快速地应对市场的变化。

第二节 绿色供应链的内涵和特征

一、绿色供应链的概念模型

华盛顿大学的 Benita M. Beamon 博士在其研究中提出了有关绿色供应链的概念模型，其核心思想是在原来一般供应链概念模型的基础上增加了再利用(reuse)、再制造(remanufacture)、再循环(recycle)等活动，同时也描述了在供应、制造、销售、消费等过程中产生的废物的运动方向。

【知识拓展 12-1】

概念模型(conceptual model)，是指利用符号、图表等描述客观事物的性质、联系及逻辑关系的模型。

瑞典的 Tina Karlberg 等研究者提出的绿色供应链概念模型，将绿色供应链的组成成员在原来的供应商、制造商、分销商、顾客、运输商等基础上增加了回收商。

英国的克兰菲尔德大学 Remko I.van Hoek 也提出了有关绿色供应链的概念模型，其主要贡献是在绿色供应链中分析了各个环节是如何管理的问题，在绿色供应链的机构中增加了服务机构。

在分析已有成果不足的基础上，可以得到绿色供应链的概念模型，具体描述如图12-2所示。

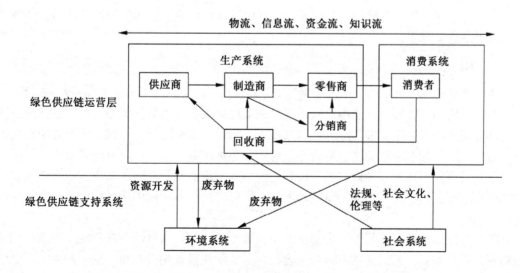

图12-2 绿色供应链的概念模型

二、绿色供应链的内涵

绿色供应链的概念模型可以反映绿色供应链区别于一般供应链的内涵,主要体现在以下三个方面。

(1) 概念模型系统地反映了绿色供应链的结构。绿色供应链由生产系统和消费系统组成,并与社会系统和环境系统发生联系。生产系统由供应商、制造商、分销商、零售商、回收商组成;消费系统则由消费者组成;社会系统由绿色供应链运营的社会因素构成,具体包括法规、社会文化、伦理等;环境系统则由资源和生态等组成。

(2) 概念模型反映了绿色供应链的子系统之间的联系。从图12-2可以看出,环境系统为生产系统和消费系统提供必需的生产资料和生活资料,生产系统与消费系统所产生的废弃物将进入环境系统;生产系统为消费者创造使用价值,而消费者则将消费过程中产生的可回收利用的废弃物通过回收商回收的方式为生产系统提供部分资源;社会系统以法规、社会文化、伦理等方式约束与影响生产系统及消费系统中各行为主体的活动,要求达到与环境相容的目标。

(3) 概念模型反映了绿色供应链中的活动。绿色供应链主要包括物流、信息流、资金流与知识流的运动。一般供应链与绿色供应链的区别是:一般供应链的物流与资金流的运动是单向运动,即物流从供应商→制造商→分销商→零售商→消费者,资金流则从消费者→零售商→分销商→制造商→供应商;而在绿色供应链中,回收商的参与,使物流与资金流从原来的单向运动变为双向运动,因此绿色供应链是封闭的供应链。另外,一般供应链强调的是物流、信息流与资金流的运动;而绿色供应链更多强调知识流运动在绿色供应链的运作过程中的重要性。

三、绿色供应链的特征

从绿色供应链的概念模型及其内涵的分析中可以得到绿色供应链的特征,其具体特征体现为以下五个方面。

1. 整体性

整体性是绿色供应链的一个显著特征。绿色供应链由生产系统和消费系统组成。其中,生产系统不仅为消费者创造使用价值,同时还要提高供应链的盈利能力、保证生产经营活动与环境相容,这必然要求各行为主体在技术、知识、工艺选择、资源供应等方面相互协调,否则上述目标不可能实现。消费系统对于绿色供应链来说,也是十分必要的。如果消费者不具备相应的技术、知识、消费理念、价值观与道德观等,绿色消费就不可能实现,有利于环境改善的消费方式就不可能被采纳,同时可回收再利用的废弃物也不可能重新回到生产系统。

绿色供应链的运营是基于一定的支持系统进行的,支持系统的存在决定了绿色供应链的运营条件与方式,为绿色供应链的运营提供了资源约束、制度约束、道德约束,以上约束的存在是保证绿色供应链在运营过程中按照其确定的目标来运营的决定性因素。

2. 目的性

一般供应链的主要目标是实现供应链整体利润最大化。绿色供应链的主要目标是由三个子目标所组成的目标体系，旨在实现资源的最优配置、增加消费者福利、供应链内各成员主体的活动与环境相容的目标。

3. 层次性

绿色供应链可分为支持层和运营层两个层次，支持层又分为环境系统和社会系统两个子系统，而运营层又分为生产系统和消费系统两个子系统。各子系统均由不同要素组成，逐层隶属，逐层关联，最终形成一个递阶的结构。因此，绿色供应链具有明显的层次性。

4. 环境适应性

环境适应性具体体现为运营层中的生产系统与消费系统和支持层的联系，这种联系体现为物质、能量、信息的交换。

生产系统通过生产过程将环境系统的资源转换为产品，同时也将产生的废弃物反馈给环境系统；生产系统、消费系统与社会系统之间存在信息交换，各国政府及国际组织通过法规来约束与引导生产系统中企业的行为，同时通过文化和伦理的引导来激励消费者实现其消费行为的绿色化；环境系统与社会系统的变化将导致绿色供应链的运营层行为的变化，如环境系统出现了资源短缺的情况，则要求生产系统中的各行为主体做出改变，要么放弃原有的产业，要么寻找可替代的资源。

5. 复杂性

绿色供应链的组成由原来的供应商、制造商、分销商、零售商与消费者的简单结构变化为由生产系统和消费系统运营、环境系统与社会系统支持的复杂结构，使其具有复杂性。除组成结构表现出的复杂性特征之外，绿色供应链的复杂性还表现为在其运营过程中面临的较一般供应链更加复杂的新问题。例如，如何激励供应链成员采用与环境相容的活动，如何选择、设计、控制与环境相容的原材料、工艺等问题。

第三节 绿色供应链管理的定义、内容和流程

一、绿色供应链管理的定义

有关绿色供应链管理，目前还没有统一的定义。

1998 年，Steve V. Walton 等认为，绿色供应链管理就是将供应商加入企业的环境战略中，其核心思想是将集成管理的思想应用到绿色供应链的领域中。

2000 年，M. H. Nagel 认为，环境意识是供应链管理的一种从顾客到直接供应商的长期的战略驱使过程，主要集中在激发供应链中环境友好的技术创新，有效的成本节约，在顾客与供应商中建立起环境保护的意识平台进而实现在供应链内保持长期的战略关系，绿色供应链的管理涉及产品的使用、组成及生产的全过程。

2001 年，Zsidisin 和 Siferd 认为，绿色供应链管理在环境可持续发展基础上，在设计、

采购、生产、分销、使用及回收再制造等业务流程中考虑环境因素，并在供应链企业之间形成环保合作的伙伴关系。

【案例分析12-1】

宜家的绿色供应链管理

宜家家居的环境管理经验值得学习与借鉴。

一、绿色投入与原材料

宜家家居在投入上强调环境管理，大部分宜家产品原材料(约70%)是木材或木纤维，要求所有用于宜家产品生产制造的木质原材料均应取自经林业监管专业认证的林带，或经森林管理委员会(Forest Stewardship Council，FSC)等具有同等效力的标准认证的林带。为了保护林业资源，宜家提出森林行动计划(Forest Action Plan，FAP)，以系统地处理森林事宜。

宜家家居在选择原材料时充分强调环境友好与消费者权益的保护：如纺织品和皮革中使用的偶氮染料在某些情况下会释放出对健康有害的芳基胺，宜家的产品中禁止使用含有这些物质的染料；镉是一种无法销毁的重金属，宜家禁止使用以镉作为添加剂的原材料；CFC和HCFC是对高层大气中臭氧层有害的物质，宜家禁止在其产品中使用这些物质；羽绒和羽毛用作枕头和被子的填充物，宜家使用该类原料不是取自活的禽类，而是家禽业的副产品。

二、对供应商的管理

目前，宜家在全球50个国家拥有约2000家供货厂商，为宜家生产制造行销于宜家目录册和宜家商场内的所有产品。在2000—2003财政年度，宜家环境工作的一项主要任务是帮助改善部分供货厂商的生产环境条件。具体措施是，向他们提供有关基本要求的文件材料，然后对于要求执行情况进行跟踪检查。生产厂家对于制作材料和生产工艺的选择在很大程度上取决于宜家提供的产品规格文件。文件内容包含所有有关限制性规定，例如，对于某种化学成分、金属材料或其他原材料的指定使用。宜家同时对4 SEA(4-point supplier environmental assurance)的环境管理制度做了简化修订。该系统的目的是帮助供货商明确了解他们的生产活动对环境造成的影响，从而鼓励他们以可持续发展的方式组织生产。

三、绿色运输

宜家货品由外部承运代理负责运输。所有宜家承运代理须遵从环境标准和多项检查，如环境政策与行动计划、机动车尾气排放安全指数等，必须达到最低标准要求。为了减少公路运输中尾气成分CO_2的排放，宜家设法增加了产品的单位包装数量，如宜家产品的平板包装就是一种好的方式，可以最大限度地降低货运量。同时，采用CO_2排放量较小的货运方式，所有宜家仓库现已连接于或直通于铁路网或货运港口。

宜家针对包装材料的环保标准也十分严格，要求包装材料可以回收利用，或二次重复使用。关注产品单位包装数量，以豪特茶壶为例，宜家利用产品外形，将其中几个茶壶倒转放置，一个包装就可以容纳10件产品，而以前只能容纳6件，提高了产品单位包装的数量，节省了包装材料。

四、绿色营销

宜家集团在营销环节强调环境友好。宜家的每一家商场都拥有一名环境协调员负责对商场员工进行环境知识培训；在废品管理方面，宜家要求商场将各自产生的垃圾废品分拣为至少五大类，以便回收处理。这意味着约75%的商场废品都可以得到回收。提高商场的能源使用率，是宜家环境行动计划的另一个重点，具体措施包括推广使用新型节能照明产品，试用如太阳能、地热和来自地下蓄水层的其他能源。

与此同时，宜家家居在营销过程中充分强调产品对消费者的安全性，其在企业内进行周期性检查，一旦发现某一产品对消费者的健康构成潜在的威胁，宜家家居往往主动采取措施解决问题。例如，2002年宜家家居在全球范围内的玩具熊退货事件：在宜家家居决定回收这类产品之前该产品并没有产生任何安全事故，但最近从国外顾客退回的破损"思纳迪"玩具中发现可能存在的隐患——玩具外部缝合线和内胆质量有问题，漏出的塑料珠可能被儿童不慎吸入肺内或放到嘴里吞下，会对他们的健康造成危害。虽然宜家所有产品均经过质量检测，以确保品质和安全性能，但得知此事后，宜家立即对该产品进行了二次检测。宜家认为，在正常使用时，该款儿童产品破裂的可能性极小，但出于对儿童安全的考虑，只要存在一点可能性，宜家都会召回该产品。

(资料来源：王能民，孙林岩，汪应洛. 绿色供应链管理[M]. 北京：清华大学出版社，2005. 略有改动)

思考题：
宜家是如何实施绿色供应链管理的？有什么值得借鉴的成功经验？

二、绿色供应链管理的内容

在与一般供应链管理存在相似内容的同时，绿色供应链管理也存在特有的管理内容。这些管理内容具体表现为以下三个方面。

(一)绿色供应链管理有必要考察其运营的支持系统，尤其是政府行为的影响

绿色供应链要求充分考虑其对环境的影响，实现与环境相容。与环境相容和企业追求利润最大化的目标一般存在冲突，从当前的经营状态来看，企业追求利润最大化的过程中几乎不考虑社会效益，更不用说可持续发展。为了实现可持续发展，政府有必要通过包括法规政策、社会文化与伦理的引导来约束供应链行为主体。对于绿色供应链管理而言，政府行为在绿色供应链中的规制和引导作用是十分必要的，其根本目标是要保证供应链内的成员有动机采取与环境相容的活动，进而实现绿色供应链的运营目标。政府行为对于绿色供应链的运营而言，其核心目标是通过市场竞争环境的规范与绿色市场的培育为绿色供应链的行为主体提供良好的运营环境。

(二)绿色供应链内的知识与技术因素的管理

在绿色供应链的运营中，知识与技术是决定性因素，对知识与技术因素的管理是绿色供应链管理的重要内容之一。

1. 实现绿色设计

绿色设计(面向环境的设计、生态设计等)是指在其生命周期全过程的设计中，充分考虑对资源和环境的影响，在充分考虑产品的功能、质量、开发周期和成本的同时，优化各有关设计因素，使产品及其生产过程、消费、回收等环节中对环境的负面影响和资源消耗降到最小；绿色设计体现了对污染与环境的负面影响采取防治的措施而不是采取传统的末端控制的思想。一个产品从原材料的投入到产品的最终消费与回收处理所涉及的行为主体有很多，通过传统的某一个制造商设计产品的制造工艺的效率是十分低的。因此，如何在供应链中实现绿色设计是绿色供应链管理的重要内容之一。

2. 技术与知识在供应链内的创新与传播

技术与知识的创新具有十分明显的正外在性，因此让谁成为创新的主体是绿色供应链管理中必须解决的问题；技术与知识的传播是整个供应链得以有效协调的关键因素。当新的知识与技术生产出来以后，如何让知识与技术在供应链内有效传播是绿色供应链管理的又一关键问题。

(三)从绿色供应链的运营过程来看，其管理的内容也存在不同的方面

(1) 从投入来看，要求选择绿色材料。其中，绿色材料是指具有良好使用性能并能在制造、加工、使用乃至报废后回收处理的全生命周期过程中能耗小、资源利用率高、对环境无污染且易于回收处理的材料。

(2) 从生产工艺来看，要求工艺能与环境相容。具体地，要求生产工艺能够保证在生产过程和产品使用中不存在安全隐患、不对工作人员和消费者的健康造成威胁，同时也不对环境造成污染，要求生产工艺尽可能降低不可再生资源的使用量，在生产过程中出现的废弃物尽量回收利用，最终废弃物应易于处理。

(3) 在生产过程中强调再制造，因而强调能够回收消费、生产过程中产生的废弃物。

(4) 从产品的消费来看，要求消费者实现绿色消费，如何激励消费者选择绿色产品，同时选用与保证顾客有能力采取绿色消费的方式是绿色供应链管理的又一关键问题。

【课外资料 12-3】

汽车零部件再制造的市场前景

汽车零部件再制造是指批量化使用废旧汽车零部件，进行专业改造修复，使其拥有与新品一样的规格和品质。与新品相比，再制造零部件节约成本50%，节能60%，节材70%，大气污染物排放量降低80%以上。汽车再制造不是翻新和维修，而是延长产品生命周期的重要方式。部分再制造汽车零部件的质量、售后服务能够达到新品的标准，但终端价格约是新品的一半。

可进行再制造的汽车零部件包括内燃式发动机、传动装置、离合器、转向机、水泵、空调压缩机、雨刮器马达、油泵、动力控制泵、减震器等。汽车零部件再制造产业在国外发展非常迅速，现已作为一个独具特色的新兴产业成为制造业和服务业的重要组成部分。

我国汽车生产销售量连续多年居全球首位，截至2022年8月，我国汽车保有量达到

3.12 亿辆,汽车保有量的持续增加促进了汽车零部件行业和汽车售后市场规模的快速扩大。据行业协会测算,2020 年全国汽车售后市场规模达到 1.6 万亿元,其中售后维修市场规模约为 6770 亿元。从国际发展规律看,再制造零部件在售后维修市场占据重要地位,欧美等国再制造产品在汽车售后市场占比均超过 70%,我国汽车零部件再制造产业发展空间巨大。

(资料来源:[1]刘晓冰. 汽车零部件再制造新政及市场机会[J]. 表面工程与再制,2022(3). [2]张振,陈思锦. 规范汽车零部件再制造行为和市场秩序:国家发展改革委环资司有关负责同志就《汽车零部件再制造规范管理暂行办法》答记者问[J]. 中国经贸导刊,2021(10).)

三、绿色供应链管理的流程

绿色供应链管理的主要业务流程包括绿色设计(green design)、绿色制造(green manufacturing)、绿色采购、绿色物流、绿色营销、绿色消费和绿色回收等。

(一)绿色设计

绿色设计主要从零件设计的模块化、可拆卸、标准化和可回收设计上进行研究。模块化设计满足绿色产品的快速开发要求,按模块化设计开发的产品结构便于装配,易于拆卸、维护,有利于回收及重复使用等;可拆卸设计是零件结构设计布局合理,易于接近并分离的联结结构,便于毫无损伤地拆下目标零件和回收再利用及处理,减少环境污染;标准化设计使零件的结构形式相对固定,减少加工难度和能量的消耗,减少工艺装备及拆卸的种类和复杂性;可回收设计是指回收设计的产品在其生命周期内达到最大的零部件重复利用率、尽可能大的材料回收量,减少最终处理量。

(二)绿色制造

绿色制造是指在保证产品的功能、质量、成本的前提下,综合考虑环境影响和资源效率的现代制造模式。它使产品从设计、制造、运输、使用到报废整个产品生命周期中不产生环境污染或环境污染最小化,符合环境保护要求,对生态环境无害或危害极小,节约资源和能源,使资源利用率最高,能源消耗最低。绿色制造关注的问题主要涉及三部分领域:一是制造领域,强调在产品的整个生命周期的每一个阶段并行、全面地考虑资源因素和环境因素;二是环境保护领域,绿色制造强调生产制造过程的"绿色性",这意味着它不仅要对环境的负面影响最小,而且要达到保护环境的目的;三是资源优化利用领域,绿色制造对输入制造系统的一切资源的利用达到最大化。

【案例分析 12-2】

通用汽车破产的启示

2009 年 6 月 1 日 20:05,美国通用汽车正式向纽约当地破产法庭递交破产保护申请,正式进入破产保护程序。这是美国汽车历史上最大的一次破产保护事件。通用汽车的衰落值得反思。

(1) 不能忽视理念的创新。通用汽车历来特别关注舒适，设计生产的汽车以大排量为主，而没有及时推行节能环保的绿色设计理念。通用的管理者认为，其产品的主要销售地区——北美的消费者就是喜欢大排量的轿车和运动型多功能汽车。但随着原油价格的上涨，北美地区的消费者在购车时也考虑环保和节能因素，通用的汽车因为耗能大而逐渐被消费者抛弃。而先采取技术改革提高汽车燃料利用效率的福特汽车却坚持了下来。这再次说明理念的创新、技术的创新、产品的创新对汽车工业至关重要。

(2) 不能忽略制造过程。美国发达的金融体系给企业带来便利的同时也带来了巨大的诱惑，金融行业巨大的利润是专心关注制造的实业无法想象的。通用汽车误入歧途，将自己的重心放在了如何增加销售网络，如何使旗下的金融公司 GMAC 放出更多的车贷，创造更多的利润。而对于制造过程中废品率高的问题，则采取降低质量标准的措施，反正"有的是钱"，买到次车退回厂家就是。因而，美国消费者认为福特车的性价比更好，更喜欢买福特车。可以说，过于注重流通环节的增值，而忽视制造过程的持续改进，才是通用的最大败笔。

(资料来源：华雨. 通用汽车破产的启示[J]. 上海质量，2009(6). 略有改动)

思考题：
通用汽车为什么会破产？通用汽车应该如何改善自身的管理经营？

(三) 绿色采购

采用绿色原材料，从源头上进行环境管理是确保生产环节与环境相容的前提，因此从原材料投入开始就应充分强调资源的减量化、再循环与再利用。采购环节的环境管理重点是对供应商的管理，为了保证供应活动的绿色性，主要对供应商物流进行分析。选择供应商除了考虑质量、价格、交货期、批量柔性、品种多样性以外，还应考虑供应商产品的绿色性，目的就是降低原材料使用，减少废物产生，要求供应商对生产过程的环境问题、有毒废物污染、是否通过 ISO 14000、产品包装中的材料、危险气体排放等进行管理。

【课外资料 12-4】

国外政府绿色采购发展之路

目前，全世界已有 50 多个国家积极推行绿色采购，以联合国、世界银行等为代表的一些国际组织组成了绿色采购联合会，绿色采购已成为世界性趋势。事实证明，政府绿色采购发挥了重要的表率和引领作用。联合国统计署调查显示，84%的荷兰人、89%的美国人、90%的德国人在购物时会考虑选择环境友好型产品。

一、美国的政府绿色采购制度及特点

美国是世界上第一个走上政府绿色采购道路的国家，主要以联邦法令与总统行政命令作为推动政府采购的法律基础。例如，1976 年颁布的《资源保护与回收法》(RCRA) 与 1998 年美国总统第 13101 号行政命令——"通过废弃物减量、资源回收及联邦采购来绿化政府行动"，要求采购机关需优先采购绿色产品、使用再生物品。美国政府采购法也明确指出，政府应采购对人民健康和环境影响最小的产品和服务。除颁布法律和法令外，美国政府还先后制订并实施了采购再生产品计划、能源之星计划、生态农产品法案等一系列绿色采购计划。美国联邦政府推动绿色采购以美国环保署(EPA)的"全面性采购指导意见"(CPG)为主。依据 RCRA 与美国总统行政命令的规定，EPA 应指定含有回收材料的产品目录，并颁布采购这些产品的指导意见。一旦某项产品列入 EPA 指定目录，使用联邦经费进行采购的部门就必须尽可能地采购含有最高回收物质比例的该类产品。美国政府绿色采购制度还非常重视信息公开。例如，列入 EPA 指定的产品目录均公布于众，并经常对其更新，以方便政府、公众的购买，并有利于公众对其监督。此外，美国越来越重视电子产品的环境影响，由 EPA 资助，推出针对电子产品的多维环境绩效标准——电子产品环境影响评估工具(简称 EPEAT)，已于 2006 年全面启动。

二、日本的政府绿色采购制度及特点

日本被公认为在政府绿色采购事业上做出了卓越的贡献。1995 年，日本政府采取了第一个"政府操作的绿色行动计划"，并要求所有的政府部门和机构都制订自己的计划，以提高地方政府、商业企业和公民的自愿性行动。除了公布产品标准外，"行动计划"还是一个过程的标准，被认为是改变生产和消费模式向社会可持续发展的战略性政策手段之一。日本还公布了采购商品的建议清单，该清单主要包括绿色采购的原则、各个商品类别的指南及各个类别的产品列表。执行的状况则通过强制性报告对这些产品清单的份额进行评估。1996 年，日本设立了绿色采购网络(GPN)，覆盖了日本的所有地方政府、大城市及很多大的公司，其目的是在日本的消费者、公司和政府组织之中促进绿色采购。GPN 促进了绿色采购思想的传播和实践，并为各种产品拟定了采购指南，出版各种产品的环境资料书籍，还负责组织会议、每年一度的论坛和产品展览等。2000 年，日本颁布了《绿色采购法》，其中明确规定，所有中央政府所属的机构包括国会和法院都必须制订、实施并向社会公开年度绿色采购计划，提交年度实施报告，地方政府要尽可能地制订和实施年度绿色采购计划，努力采购环保型物品。为了便于实施绿色采购，日本还建立了有关信息的国家数据库。GPN 公布的调查数据表明，《绿色采购法》实施的效果非常明显，法律颁布实施仅 1 年后，就有 74%的供应商增加了绿色产品的销售量，有 75%的供应商推出了新的绿色产品。在消费方面，环保型复印纸消费比例从 2000 年的 11.6%迅速提高到了 2002 年的 26.6%。

三、欧盟的政府绿色采购制度及特点

许多欧盟国家的政府开展主动性环境采购计划已近 10 年，各国之间的绿色采购合作也日益密切。在借鉴日本绿色采购网络成功经验的基础上，欧盟执行委员会以委托契约的方式，成立了欧洲绿色采购网络组织(EGPN)，主要收集欧盟各国绿色采购的背景和法律法规资料、拟定相关的绿色采购工作手册，为促使地方政府进行绿色采购提供经验与信息交流。为进一步协调欧盟各国的行动，2004 年 8 月，欧盟委员会发布了"政府绿色采购手册"，主要用于指导欧盟各成员国如何在其采购决策中考虑环境问题。为此，欧盟委员会还建立了一个采购信息数据库。目前，信息库中已有 100 多类产品的信息，包括产品说明书、生态标签信息等。欧盟通过"政府绿色采购手册"统一了绿色采购纲领。欧盟的公共采购占其成员国国内生产总值(GDP)的 14%，绿色采购占公共采购的平均份额为 19%，其中瑞典达 50%、丹麦为 40%、德国为 30%、奥地利为 28%、英国为 23%，均超过欧盟的平均值。

(资料来源：杨鹏，马向晖. 国外政府绿色采购发展之路[J]. 中国财政，2011(9). 略有改动)

(四)绿色物流

绿色物流是指在物流过程中通过科学、合理地制定物流方案,降低能源消耗、尾气排放及废弃物的产生,实现物流活动与社会和环境的协调。绿色物流包括绿色仓储、绿色运输、绿色包装、绿色流通加工、绿色配送等环节。

绿色仓储的目的是占用少的资源,降低污染和损失。

运输和配送是物流的主要功能要素,也是环境最大的污染源,绿色运输和配送以节约能源、减少废气排放为前提。

【课外资料12-5】

把物流行业作为经济生命线的日本,非常重视物流绿色化,除了在防止交通事故、抑制道路沿线的噪声和震动等方面加大政府部门的监管和控制作用外,还特别出台了一些实施绿色物流的具体目标值,如货物的托盘使用率、货物在停留场所的滞留时间等,来减少物流对环境造成的负荷。1989年,日本提出了10年内3项绿色物流推进目标,即含氮化合物排放标准降低3~6成,颗粒物排放标准降低6成以上,汽油中的硫降低1/10;1992年,政府公布了汽车二氧化氮限制法,并规定了允许企业使用的5种货车车型;1993年,除了部分货车外,政府要求企业必须承担更新旧车辆、使用新式符合环境标准货车的义务。在2001年出台的《新综合物流实施大纲》中,其重点之一就是要减少对大气的污染排放,加强地球环境保护,对可利用的资源进行再生利用,实现资源、生态和社会经济良性循环,建立适应环保要求的新型物流体系。

绿色包装的理念具有保护环境和节约资源两个方面。

绿色流通加工是出于环保考虑的无污染流通加工方式及相关政策措施的总和,要求采用高科技专业集中的加工方式,加大科技投入力度,促使科技转化为生产力。同时,对流通加工中产生的废料进行集中处理,提高资源利用与再利用的效率,减少废弃物对周围环境造成的污染。

【案例分析12-3】

"菜鸟"的绿色物流实践

"小物件、大包装"是很多消费者在收到快递后的第一直观感受。"菜鸟"通过装箱算法,让箱型更匹配、装箱更紧凑,避免了"大材小用、过度包装",包装材料使用减少15%,仅在"菜鸟"仓内一年就可"瘦身"5.3亿个包裹。

在电子面单方面,早在2014年,"菜鸟"电子面单就已率先上线。迄今为止,累计服务了1000多亿个快递包裹,帮助全行业节省纸张5000亿张,节约成本200亿元。仅2020年,"菜鸟"通过电子面单减少的碳排放就达到45万吨。

在包装箱方面,"菜鸟"携手天猫超市等推广原箱发货和回收纸箱发货,实现70%的包裹发货不再用新纸箱,一年向消费者送达数亿个绿色低碳包裹。通过2019年"菜鸟"联合快递企业发起的"回箱计划",在全国31个省(自治区、直辖市)的315个城市的菜鸟驿站和快递网点铺设绿色回收箱,推动快递纸箱分类回收、二次利用,培养消费者垃圾分类、回收利用的习惯。

在包装绿色化上,"菜鸟"和商家力推绿色环保包装使用。仅在2020年"双11"期间,"菜鸟"仓的包裹使用原箱或无胶带纸箱发货,减少的胶带长度就超过8600万米,可绕地球2.15圈。

在物流园方面,"菜鸟"推出"绿园"计划,通过在物流园区建设屋顶光伏电站,为园区提供清洁能源,减少碳排放。以"菜鸟"网络广州增城园区为例,装机量达10兆瓦,不仅实现了园区用电的自给自足,还能为市政电网输送绿色能源。

在智能分仓与配送路径规划方面,"菜鸟"则通过将商品放在离消费者最近的仓库实现就近发货、门店发货,可以有效地优化配送的时效,减少配送的距离。通过智能路径规划算法的应用在配送中选择最优的配送路线,可以减少1/3的配送距离,有效减少碳排放。

(资料来源:庞彪. 菜鸟:让低碳实现数字化和可视化[J]. 中国物流与采购,2021(17). 略有改动)

思考题:
"菜鸟"在哪些方面进行了绿色物流实践?

(五)绿色营销

绿色营销是一种新型的营销理念与营销战略,实施绿色营销的企业注重环境保护,认可绿色文化,尽力消除或减少销售环节对环境的破坏,满足消费者对绿色消费的需求,并在此基础上挖掘新的市场机会,通过适合的营销方式实现盈利。绿色营销的核心是以绿色技术、绿色市场和绿色经济为基础,按照环保与生态原则选择和确定营销组合。绿色营销的特点是兼顾消费者利益、企业效益、社会效益与环境效益的统一,实现四者之间的平衡。

(六)绿色消费

绿色消费强调在消费过程中尽可能地降低对环境的负面影响。绿色消费涉及消费者对绿色产品的崇尚、选购、使用与对剩余物良化处理四个环节。绿色消费首先是一种观念,即意识到环境恶化已影响到人们的生活质量及生活方式,应通过积极消费绿色产品及承担环境质量提高的必要支出,把节约能源、反对浪费、保护生态环境、主动承担社会责任等看作个人素质、修养、身份和地位高低的重要标志;其次是积极关注绿色信息,积极选择购买绿色产品;再次是根据绿色产品的要求进行科学使用;最后是对使用过后的残余物积极进行以分类回收为基本内容的良化处理。

(七)绿色回收

技术进步速度的加快使产品的功能越来越全面,同时产品的生命周期也越来越短,它不仅产生了越来越多的废弃物,也造成了资源、能源的浪费,成为固体废弃物和污染环境的主要来源。产品废弃阶段的绿色性主要包括回收利用、再循环和报废处理。

产品的回收需要经过收集、再加工、再生产品的销售三步完成。首先,收集可重用零部件(它又分为可直接重用的零部件,即可经修理、整修、再制造、零部件拆用、材料回收等,生产出多种再生产品;可再生零部件,即零部件本身完全报废,但其材料再生后可再利用)。其次,可将废旧产品运输到回收加工工厂处理。最后,把再生产品运输到销售地点进行销售。

产品的循环再利用是指本代产品在报废或停止使用后,产品或其有关零部件在多代产品中的循环使用。

在初步处理和再加工过程中产生的废弃物需进行填埋、焚烧等处理。

【案例分析12-4】

动力电池回收前景分析

随着我国新能源汽车产业的快速发展,动力电池退役量也在逐年上升,一个体量日渐庞大的动力电池回收蓝海市场开始浮现。东亚前海证券研报显示,2020年我国约有20万吨动力电池退役。预计到2030年,动力电池退役总量将达237万吨,动力电池回收市场有望超过千亿元。据光大证券预测,2030年,三元锂电池与磷酸铁锂电池回收将形成千亿元市场。其中,三元锂电池金属合计回收市场空间在均价情况下将达600亿元;磷酸铁锂电池的梯次利用和回收市场空间预计达480多亿元。

废旧动力电池如果不能及时有效地处理,将会给生态环境和人体健康带来严重隐患。一方面,电池中的正负极材料、电解液等物质及其转化产物含有大量有害物质,一旦进入环境可能造成重金属镍、钴污染,氟污染,有机物污染,粉尘和酸碱污染,等等;另一方面,废旧动力电池处置不当也将带来安全隐患。比如,电池在内外部出现短路时容易发生燃爆事故;在缺乏防护措施下接触容易造成触电事故;等等。目前,退役动力电池回收利用主要有梯次利用和再生利用两种方式。其中,梯次利用主要通过改装、再制造等方式将退役电池"降级使用",如用于电网储能等领域;再生利用主要是拆解回收退役电池中的可利用资源,如锂、镍、钴等能源金属,再进行循环利用。

除了环境因素外,资源供给也是推动动力电池回收的重要推手。在原材料供给方面,我国锂资源供应不足,原材料端受制于人。近几年,在新能源汽车行业的需求拉动下,锂盐供不应求。2021年年初电池级碳酸锂的价格为5万元/吨,2022年年初则达到30万~50万元/吨,涨幅惊人,给电池企业供应链和车企带来巨大压力及挑战。当前,我国锂、镍、钴等能源金属对外依存度超过70%,存在战略资源安全供给风险。虽然现阶段电池退役量远远无法满足动力电池的大规模需求,但是动力电池的循环利用在一定程度上还是能解决原材料紧缺的问题。

(资料来源:田瑞颖. 动力电池回收"暗流"涌动[N]. 中国科学报,2022-06-20. 略有改动)

思考题:
诺基亚的绿色回收具有哪些效益?

习 题

简答题

1. 绿色供应链管理的内容有哪些？
2. 绿色供应链区别于一般供应链的内涵是什么？

参 考 文 献

[1] 鲍晓峰，尹航，黄志辉，等. 机动车排放是雾霾元凶吗[J]. 中国经济报告，2017(2).
[2] 曹翠珍. 供应链管理[M]. 北京：北京大学出版社，2010.
[3] 陈剑，肖勇波. 供应链管理研究的新发展[J]. 上海理工大学学报，2011，33(6).
[4] 陈志红. 运输管理实务[M]. 北京：人民交通出版社，2007.
[5] 褚方鸿. 京客隆生鲜食品配送中心[J]. 物流技术与应用，2006(4).
[6] 储雪俭，余宏亮. 仓储企业的增值服务、金融仓及其运作模式初探[J]. 浙江金融，2013(1).
[7] 崔介何. 物流学概论[M]. 北京：北京大学出版社，2010.
[8] 崔羚. 飞鹤乳业智能化婴幼儿奶粉加工项目的自动化物流系统[J]. 物流技术与应用，2021(8).
[9] "双 11"再掀快递狂潮绿色包装已成大势所趋[J]. 中国包装，2017(1).
[10] 底洁. 每日优鲜：定义生鲜电商新模式[J]. IT 经理世界，2016(13).
[11] 底真真. 福喜事件引发麦当劳供应链"蝴蝶效应"[J]. 农村·农业·农民，2014(8).
[12] 杜莎. 丰田为何未陷入"缺芯"困境？汽车与配件，2021(7).
[13] 杜壮. 智能港口：节约工人数超 90%[J]. 中国战略新兴产业，2018(21).
[14] 董毅. 物流为王 B2C 巨头自建物流仓储[J]. 中国产业，2010(7).
[15] 范丽君. 物流基础[M]. 北京：清华大学出版社，2011.
[16] 从"盒马鲜生"看传统生鲜零售企业如何布局线上电商[J]. 中国合作经济，2021(3).
[17] 高广志，程子龙. 为何奶贱奶贵都伤农[J]. 农家参谋，2008(2).
[18] 成本控制案例：美的：供应链双向挤压[J]. 中外物流，2008(3).
[19] 亚马逊颠覆物流业[J]. 中国物流与采购，2015(22).
[20] 何德功. 日本震灾撼动全球制造业供应链[N]. 新华每日电讯，2011-03-28.
[21] 何龙斌. 中美发展农产品物流的比较与启示[J]. 广东农业科学，2011(24).
[22] 何欣，宋亚林，安健，等. 移动感知物联网技术研究[J]. 计算机应用研究，2011，28(7).
[23] 洪黎明. 从顺丰速运看快递业信息化管理[N]. 人民邮电，2013-01-28.
[24] 胡彪，高廷勇，孙萍. 物流配送中心规划与经营[M]. 北京：电子工业出版社，2008.
[25] 胡定寰. 几种成熟的农超对接模式[J]. 农产品加工，2011(12).
[26] 华雨. 通用汽车破产的启示[J]. 上海质量，2009(6).
[27] 黄河，但斌，刘飞. 供应链的研究现状及发展趋势[J]. 工业工程，2001(1).
[28] 黄中鼎. 现代物流管理[M]. 3 版. 上海：复旦大学出版社，2014.
[29] 姜蓉，沈伟民. 京东：以物联网抢跑供应链竞争：运用物联网 GIS 系统，竞争"最后一公里"[J]. 经理人，2012(9).
[30] 李创，王丽萍. 物流管理[M]. 北京：清华大学出版社，2008.
[31] 李炯. 沃尔玛：从绿色供应链中掘金[N]. 第一财经日报，2008-05-16.
[32] 李宁，刘铮. 基于物流视角下的装卸搬运研究：以振华货运公司为例[J]. 商场现代化，2017(5).
[33] 李天池. "农超对接"缘何哈尔滨遇冷[N]. 农民日报，2013-07-09.
[34] 李征. 物联网带宽优化分配与智能物流监管系统研究[D]. 天津：天津大学博士学位论文，2012.
[35] 黎红. 物流设施与装备[M]. 广州：广东高等教育出版社，2008.

[36] 刘国信. 买菜也看"颜值",净菜走上百姓餐桌[N]. 中国审计报,2016-05-09.

[37] 刘菁. 孟菲斯的货运革命[J]. 大飞机,2020(6).

[38] 卢斐. 康师傅与家乐福的PK站[J]. 经理人,2011(2).

[39] 陆钦纹. 工业物流柔性之变[J]. 产城,2021(7).

[40] 罗卫强,郑业鲁,王永基,等. 基于物联网的生猪质量安全追溯技术研究与应用[J]. 农业网络信息,2011(12).

[41] 马士华,林勇. 供应链管理[M]. 3版. 北京:高等教育出版社,2011.

[42] 梅艺华,吴辉,李海波. 仓储管理实务[M]. 北京:北京理工大学出版社,2010.

[43] 木淼. 中远海运:数字化转型在路上[J]. 中国远洋海运,2021(9).

[44] 农馨. 法国合作社[J]. 农产品市场周刊,2013(16).

[45] 潘家轺. 现代生产管理学[M]. 北京:清华大学出版社,1994.

[46] 庞彪. 菜鸟:让低碳实现数字化和可视化[J]. 中国物流与采购,2021(17).

[47] 庞玉兰,彭邱玲. 物流基础[M]. 武汉:武汉理工大学出版社,2008.

[48] 钱熙俊,陈皓,高垚. 先进的VMI管理为何还能被盗卖材料?[N]. 财会信报,2015-05-11.

[49] 齐二石. 物流工程[M]. 北京:清华大学出版社,2009.

[50] 祁娟. 罗宾逊:全球物流巨头是这样"链"成的[J]. 运输经理世界,2018(1).

[51] 任芳. 菜鸟将如何重塑物流行业?[J]. 物流技术与应用,2016(7).

[52] 沈厚才,陶青,陈煜波. 供应链管理理论与方法[J]. 中国管理科学,2000,8(1).

[53] 陶宇轩,朱子源. 苏伊士运河堵塞事件之鉴:加强关键海运通道通行风险防控[J]. 中国远洋海运,2021(5).

[54] 邹鸿驰. 准时采购在制造型企业中的实用性分析[J]. 现代商业,2007(24).

[55] 王方玉. 苏宁物流VS京东物流 轻重仓储博弈[J]. 英才,2019(22).

[56] 王姣娥,景悦,王成金. "中欧班列"运输组织策略研究[J]. 中国科学院院刊,2017(4).

[57] 王能民,孙林岩,汪应洛. 绿色供应链管理[M]. 北京:清华大学出版社,2005.

[58] 王倩. 美特斯邦威,消失的未来路[J]. 商学院,2021(4).

[59] 王倩. "蓝色巨人"的华丽转身[J]. 石油石化物资采购,2012(7).

[60] 王筱. 温氏模式:分享之魅[J]. 农经,2012(10).

[61] 王玉. 京东日趋完善的物流体系建设[J]. 物流技术与应用,2016(5).

[62] 王玉. 乘风而进 破浪前行的即时配送[J]. 物流技术与应用,2020(11).

[63] 王玉. 零售物流中心越库配送作业如何高效[J]. 物流技术与应用,2020(12).

[64] 吴健. 现代物流与供应链管理[M]. 北京:清华大学出版社,2011.

[65] 吴贵生,孟菲,王毅. 罗计:构建物流信息平台[J]. 清华管理评论,2017(4).

[66] 肖生苓. 现代物流装备[M]. 北京:科学出版社,2009.

[67] 杨俊锋. 沃尔玛与宝洁:供应链协同的双赢模式[J]. 经理人,2007(7).

[68] 杨鹏,马向晖. 国外政府绿色采购发展之路[J]. 中国财政,2011(9).

[69] 杨轶珺. 中国通用汽车售后零件的物流运作管理[D]. 上海:上海交通大学工程硕士学位论文,2010.

[70] 禹心. 钢贸企业自办仓库不划算[N]. 现代物流报,2013-01-21.

[71] 张晶. 夏晖物流:与麦当劳"共生"的"鱼"[J]. 物流技术(装备版),2011(8).

[72] 赵志军,沈强,唐晖. 物联网架构和智能信息处理理论与关键技术[J]. 计算机科学,2011,38(8).

[73] 张丽霞. 跨境进口电商：保税备货 v.s.直邮进口[J]. 对外经贸实务，2015(5).

[74] 张敏. 农产品供应链组织模式与农产品质量安全[J]. 农村经济，2010(8).

[75] 张敏，林略. 物流学[M]. 北京：清华大学出版社，北京交通大学出版社，2011.

[76] 张晟义. 涉农供应链管理理论体系构建：国家级农业产业化重点龙头企业的供应链实践[M]. 上海：上海交通大学出版社，2012.

[77] 张体伟. 云南丽江瓦莎毕公司与农户利益冲突的调查报告[J]. 农业经济问题，2003(5).

[78] 张晓莺. 运输管理实务[M]. 武汉：武汉理工大学出版社，2007.

[79] 张煜，汪寿阳. 食品供应链质量安全管理模式研究：三鹿奶粉事件案例分析[J]. 管理评论，2010，22(10).

[80] 赵向阳. 优菜网"卖身"内幕：生鲜电商遭遇供应链短板[N]. 中国经营报，2013-01-21.

[81] 赵霞. 公路运输：西煤南运的最佳运输方式[J]. 中国物流与采购，2005(18).

[82] 赵皎云，王玉. 远达物流：用"共享"推动快消品行业供应链优化[J]. 物流技术与应用，2021(5).

[83] 周晓杰. 物流仓储与配送实务[M]. 北京：机械工业出版社，2011.

[84] 朱传波，陈威如. 宋小菜：以数字化供应链破局生鲜[J]. 清华管理评论，2020(4).

[85] 左娅，孙阳，王丹. 过度包装太浪费[N]. 人民日报，2013-04-15.

[86] 左雨晴. 高管倒卖纸箱牟利68万元，网红零食过度包装该停了[J]. 中国食品工业，2021(12).

[87] 戴姆勒-克莱斯勒灵动的供应链[N]. 计算机世界，2004-09-13.

[88] 田瑞颖. 动力电池回收"暗流"涌动[N]. 中国科学报，2022-06-20.

[89] GB/T 18354—2021，中华人民共和国国家标准 物流术语[S].

[90] GB/T 4122.1—2008，中华人民共和国国家标准 包装术语[S].

[91] GB 6974.1—1986，中华人民共和国国家标准 起重机械名词术语——起重机械类型[S].

[92] GB 6974.12—1986，中华人民共和国国家标准 起重机械名词术语——桥式机械类型[S].

[93] GB 14521.1—1993，中华人民共和国国家标准运输机械术语——运输机械类型[S].

[94] GB/T 3730.1—2001，中华人民共和国国家标准 汽车和挂车类型的术语和定义[S].

[95] JTGB01—2003，中华人民共和国交通运输部 公路工程技术标准[S].